Stefan Ulz

Dreifaltigkeit leben

Trinitarische Anthropologie bei Chiara Lubich

echter

Bibliografsche Information der Deutschen Nationalbibliothek
Die Deutsche Nationalbibliothek verzeichnet diese Publikation in der
Deutschen Nationalbibliografe; detaillierte bibliografsche Daten sind
im Internet über ›http://dnb.d-nb.de‹ abrufbar.

2. Auflage 2019
© 2019 Echter Verlag GmbH, Würzburg
www.echter.de
Druck und Bindung: CPI-books, Clausen & Bosse, Leck

ISBN
978-3-429-05401-4
978-3-429-05044-3 (PDF)

Vorwort

Die vorliegende Studie ist eine leicht veränderte und im ersten Teil stark gekürzte Version meiner Dissertationsschrift[1] im Fachbereich Dogmatik, die ich im Sommer 2017 an der Katholisch-Theologischen Fakultät der Karl-Franzens-Universität Graz im Rahmen eines Rigorosums vorgestellt und verteidigt habe. Sie behandelt erstmals im deutschsprachigen Raum das theologische Denken Chiara Lubichs in anthropologischer Perspektive. Ermutigt von meinem Doktorvater sowie weiteren Personen biete ich mit dieser Publikation die Ergebnisse der auch für mich sehr bereichernden Forschung der Öffentlichkeit an und hoffe, dass sie zu weiteren wissenschaftlichen Auseinandersetzungen anregen können.

Ein großer Dank gilt meinem Dogmatikprofessor Bernhard Körner, der dieses Projekt in hervorragender Weise betreut hat. Er hat mir in allen Phasen der Arbeit die nötige Unterstützung zukommen lassen und mir gleichzeitig große Freiheit gewährt, was die Themenstellung und den Aufbau der Studie anbelangt. Ebenso danke ich dem Zweitbegutachter Leopold Neuhold, der diese Arbeit in seiner professionellen und zugleich unkomplizierten Art begleitet hat.

Meinem Bischof Wilhelm Krautwaschl bin ich zu besonderem Dank verpflichtet, da er mich für zwei Jahre von pastoralen Verpflichtungen als Priester in der Diözese Graz-Seckau freigestellt hat. Dies ermöglichte ein konzentriertes Studium in Loppiano bei Florenz, wo ich abgesehen von einer geschützten Zeit am Päpstlichen Universitären Institut *Sophia* (IUS) einen inspirierenden Studienort sowie wertvolle Gesprächspartnerinnen und Gesprächspartner fand und gleichzeitig etwas von dem in der Praxis leben konnte, wovon diese Studie handelt.

Unter mehreren Personen, mit denen ich wertvolle Gespräche zur Thematik geführt habe, möchte ich zwei hervorheben. Vor allem den Rektor des Universitären Instituts *Sophia* Piero Coda, der unter den Dogmatikern weltweit bislang der profundeste Kenner des Charismas von Chiara Lubich ist, und mit dem ich inhaltliche Fragen stets rasch und zufriedenstellend klären konnte. Als zweiten Gesprächspartner möchte ich Hubertus Blaumeiser dankend erwähnen, der sich seit vielen Jahren theologisch mit dem Gedankengut Lubichs befasst und als

---

[1] Die vollständige Version ist als Hochschulschrift (Ulz, Stefan: Trinitarische Anthropologie bei Chiara Lubich, Mai 2017) auf der Internetseite der Universitätsbibliothek Graz als Pdf-Datei abrufbar.

Mitglied der internationalen und interdisziplinären Studiengruppe *Scuola Abbà* ihr schriftliches Werk wie wenige andere kennt.

Ein von Herzen kommendes Vergelt's Gott gebührt meinem Mitbruder Roman Kriebernegg, der in vielen Stunden akribischer Kleinarbeit die Korrekturlesung vornahm.

Zu guter Letzt gilt meine große Dankbarkeit den Herausgebern, allen voran Univ.-Prof. Jan-Heiner Tück, für die Aufnahme meiner Arbeit in diese Studienreihe des Echter-Verlags.

Möge der Inhalt dieses Buches, das einige Monate vor dem 100. Geburtstag von Chiara Lubich publiziert wird, für die Leserinnen und Leser inspirierend sein und zu weiterer Vertiefung und wissenschaftlicher Auseinandersetzung anregen.

Stefan Ulz, Pfingsten 2019

Inhaltsverzeichnis

ZWEITER TEIL
Trinitarische Anthropologie bei Chiara Lubich

Resümee und Ausblick

Wissenschaftlicher Anhang

EINLEITUNG

Die Frage nach dem Menschen ist heute virulenter denn je. Antworten darauf haben weitreichende Folgen in allen Lebensbereichen. Ist der Mensch Verhandlungsmasse von Mächtigen in Politik, Wirtschaft, Technik, Medizin, Religion oder auch im persönlichen Bereich; ist er ein Etwas, das deren Interessen unterliegt und entsprechend gebraucht, manipuliert, modelliert oder bei scheinbarer Unbrauchbarkeit weggeworfen und vernichtet werden kann? Oder ist der Mensch, und zwar jeder Mensch, ein einmaliges Geschöpf, dessen innerstes Geheimnis zwar nicht vollends entschlüsselt werden kann, dem aber – gerade als dieses Geheimnis und in diesem Geheimnis, welches auf das ihn und die Welt umfassende göttliche Geheimnis verweist – eine unveräußerliche Würde zu eigen ist, sodass ihm gegenüber eine Ehrfurcht geboten ist, die der Ehrfurcht gegenüber Gott nahe- oder gar gleichkommt? Die Antwortversuche zwischen diesen beiden Polen sind heutzutage vielfältig und zum Teil stark kontrastierend. Sie hängen nicht zuletzt wesentlich von philosophischen und religiösen Grundüberzeugungen derer ab, die sie formulieren.

Die Theologie ist gefordert, ihre Stimme im Diskussionsfeld um die anthropologische Frage zu erheben und eine klare Botschaft vernehmbar zu machen, die aus dem christlichen Offenbarungsglauben kommt. Sie muss sich mit fundierten Beiträgen offensiv an der Diskussion beteiligen. Dies nicht um der Diskussion willen oder um Bibliotheken zu bereichern, sondern weil es um den Menschen und um das menschliche Leben in all seinen Aspekten geht. Die Theologische Anthropologie als noch junge Disziplin im Fächerkanon tut dies seit mittlerweile einigen Jahrzehnten mit Engagement, wofür die wachsende Fülle an Literatur in diesem Bereich ein deutlicher Beleg ist. Eine unverwechselbare Stimme im Gespräch um die Frage nach dem Menschen ist die Italienerin Chiara Lubich (1920-2008). Diese Trägerin eines modernen Charismas, das von der Katholischen Kirche als *Charisma der Einheit* anerkannt ist, diese Mystikerin, deren Mystik und Spiritualität das Attribut *trinitarisch* zugeschrieben wird, diese Gründerin einer kirchlichen Erneuerungsbewegung, die weltweit Millionen Menschen aus allen Altersgruppen und sozialen Schichten, aus vielen christlichen Kirchen und Religionen sowie Menschen ohne explizit religiöse Weltanschauung umfasst, hat ein reichhaltiges schriftliches Erbe hinterlassen, in dem faszinierende Inhalte einer Trinitarischen Anthropologie und Theologie enthalten sind.

Etwas von diesem Schatz für den Bereich der Theologischen Anthropologie zu heben ist das Ziel der vorliegenden Studie. Dieser Arbeit liegt die Annahme zugrunde, dass im Charisma von Chiara Lubich, einer Frau unserer Zeit, für die in der Katholischen Kirche ein Kanonisationsverfahren im Laufen ist, nicht nur wertvolle Inhalte für ein Leben nach dem Glauben enthalten sind (also eine Spiritualität) – im deutschen Sprachraum sind die Schriften der Autorin bis dato hauptsächlich der Kategorie 'Geistliche Schriften' zugeordnet worden –, sondern auch theologisch relevante Inhalte. Diese sind – so wird sich zeigen – einerseits fest in der christlichen Offenbarung sowie in der Tradition der kirchlichen Lehre verwurzelt und bringen zugleich inhaltliche Aspekte der christlichen Botschaft über den Menschen zum Leuchten, die sich in der Thematik als neu erweisen. Im Laufe der Untersuchung soll aufgezeigt werden, welche spezifischen Elemente Lubich für die Anthropologie einbringt. Am Ende soll sichtbar sein, dass ihre Schriften einen genuinen Beitrag für die wissenschaftlich-theologische Anthropologie – und für die Theologie im Allgemeinen – leisten und zugleich ein trinitarisches Menschenbild vor Augen stellen, das zu einem Leben gemäß dieser Lehre des Menschen animieren kann. Sie will eine Lehre *über* den Menschen sein, die zugleich – und von der Intention der Verfasserin noch ursprünglicher – eine Lehre *für* den Menschen ist.

Als Motivation für diese Studie ist abgesehen vom genannten inhaltlichen Aspekt die Tatsache zu erwähnen, dass die Autorin bislang in der deutschsprachigen theologischen Fachliteratur kaum rezipiert ist. Dies liegt einerseits an der sprachlichen Hürde, andererseits aber auch daran, dass Lubich – auch wenn ihr fünf theologische Ehrendoktorate verliehen wurden – keine Theologin im landläufigen Sinn ist, da sie nie ein akademisches Theologiestudium absolvierte und ihre Schriften von der Gattung her nicht als theologische Traktate oder als wissenschaftliche Diskurse konzipiert wurden. In der Tat hat sie auch nie eine abgerundete Abhandlung über die Anthropologie verfasst. Diese muss vielmehr aus dem umfangreichen Werk herausgefiltert werden. Außerdem müssen all jene Texte, die als direkte Belegstellen ihre Gedanken aufzeigen bzw. untermauern, aus dem italienischen Original übersetzt werden, da es bislang keine unter wissenschaftlichem Gesichtspunkt verwendbare Übersetzungen gibt. Mir schien dieses Projekt reizvoll und durch meine persönliche jahrelange Kenntnis des Charismas einerseits sowie durch meine Kenntnisse in der italienischen Sprache andererseits auch möglich. Abgesehen vom Zugang zu den Quellen hatte ich die Möglichkeit, mit jenen in ein fachliches Gespräch einzutreten, die sich seit vielen Jahren wissenschaftlich mit dem Gedankengut Lubichs befassen.

Einige Hinweise in formaler Hinsicht: Alle in dieser Arbeit verwendeten Übersetzungen der Texte Chiara Lubichs aus dem Italienischen ins Deutsche werden, wenn nicht eigens anders vermerkt, von mir selbst verantwortet. Im Textkorpus wird der Lesbarkeit wegen im Normalfall nur der deutsche Text verwendet, ausgenommen bei speziellen Ausdrücken und heiklen Textpassagen, wo der Bezug zum Originalwortlaut vom Inhalt her nötig erscheint. In den Fußnoten sind Textausschnitte jeweils dann italienisch wiedergegeben, wenn dies zu einem besseren Verständnis beitragen kann und wenn sie Hervorhebungen vonseiten der Autorin sichtbar machen, die in der deutschen Übersetzung allein nicht erkennbar wären. Längere zentrale Schlüsseltexte sind zudem im Anhang der Arbeit im italienischen Original abgedruckt, um auf diese Weise ein Verifizieren wichtiger Inhalte am Originaltext zu ermöglichen. Für die gesamte vorliegende Arbeit gilt die Generalklausel, dass die direkten Zitate nicht buchstäblich, sondern wörtlich – gemäß der aktuellen Rechtschreibung – wiedergegeben werden. Bibelzitate entsprechen, wenn nicht anderes vermerkt, der revidierten Einheitsübersetzung (Rekognoszierung durch Rom im März 2016). In den Fußnoten werden für die bibliografischen Angaben der zitierten Werke jeweils die Kurztitel verwendet. Im Quellen- und Literaturverzeichnis befinden sich die vollständigen bibliografischen Daten, wobei der Kurztitel jeweils in runder Klammer und in fett gedruckt am Ende jedes Titels steht, um ein rasches Auffinden zu erleichtern.

ERSTER TEIL

Auf dem Weg zu einer
Trinitarischen Anthropologie

Die Frage nach dem Menschen ist dem Menschsein inhärent. Der Mensch ist ein Fragewesen, das nicht nur etwas befragen kann, sondern auch sich selbst. Was und wer ist der Mensch? Hier ist das Frage*objekt* zugleich das Frage*subjekt*.[1] Jede wissenschaftliche Anthropologie muss sich dieses Spezifikums von Anfang an bewusst sein, um nicht eine falsche Objektivität vorzutäuschen. Wenn es beim Fragegegenstand nicht nur um etwas außerhalb des Fragenden geht, sondern um ihn selbst, gewinnen Fragen und Antworten darauf für das fragende Subjekt deutlich an Brisanz, weil es um die eigene Identität, um Sinn, letztlich ums Ganze des eigenen Lebens geht. Die *Quaestio*, was und wer der Mensch sei, ist und bleibt die Menschheitsfrage schlechthin und deren Beantwortung ist mitentscheidend für Gegenwart und Zukunft der Einzelnen wie der Menschheit. Ob der Mensch »ein nackter Affe« (Desmond Morris), ein »betendes Tier« (Alister Hardy), ein »Irrläufer der Evolution« (Arthur Koestler), ein »Reiz-Reaktions-Automat« (Burrhus Frederic Skinner), die »phänotypische Entfaltung eines genetischen Codes« (Joshua Lederberg), die »Fulguration des Selbstbewusstseins als Folge einer Systemkomplexität« (Konrad Lorenz), ein »Mängelwesen mit ausgleichender Handlungsfähigkeit« (Arnold Gehlen), die »zum Bewusstsein ihrer selbst gekommene Evolution« (Julien Huxley), ein »Überlebensmechanismus der in ihm enthaltenen Gene« (Richard Dawkins)[2] ist, oder aber ein von Gott geliebtes Geschöpf, das diesen Gott als ein personales Du ansprechen darf, macht einen eminent großen Unterschied für das (Selbst-)Verständnis des Menschen ebenso wie für die Lebenspraxis.

---

[1] Vgl. Schoberth, Theologische Anthropologie, 78.
[2] Die Aufzählung der verschiedenen Definitionen unter Anführungszeichen entstammen: Bröker, Mensch, 168.

4

Im folgenden Abschnitt soll in aller Kürze die Fragestellung der Anthropologie mit ihren spezifischen Herausforderungen für eine wissenschaftliche Auseinandersetzung aufgezeigt (1. Kapitel), die Theologische Anthropologie synthetisch dargestellt (2. Kapitel) und schließlich einige Grundlagen und Ansätze von Trinitarischen Anthropologien (3. Kapitel) beleuchtet werden. Dieser erste Teil bildet gleichsam die Hintergrundfolie, auf der ich im zweiten Teil das Spezifische des Denkens von Chiara Lubich über den Menschen ersichtlich mache.

Erstes Kapitel
Anthropologie in ihrer Vielfalt und Relevanz

Die Frage nach dem Menschen sowie Antwortversuche darauf sind so alt wie der Mensch. Zunächst zeigt sich das Verstehen des Menschen seiner selbst einfachhin darin, wie er sein Leben gestaltet. Gab es etwa besonders in den Zeugnissen der Hochkulturen bereits eine »implizite Anthropologie«[3], so ist das Wort *Anthropologie* (zusammengesetzt aus den beiden altgriechischen Wörtern ἄνθρωπος und λόγος) in der Bedeutung als wissenschaftliche Auseinandersetzung mit dem Menschen ein neuzeitlicher Begriff[4]. Kaum ein Thema ist in den letzten Jahren im wissenschaftlichen Diskurs so stark behandelt worden und präsent wie die Anthropologie. Es gibt dazu reichlich Literatur, so dass es an dieser Stelle genügt, auf die entsprechenden Publikationen zu verweisen. In dieser Arbeit präsentiere ich lediglich jene Inhalte, die zu einem besseren Verständnis der Anthropologie Lubichs, der das Hauptaugenmerk des Buches gewidmet ist, nötig sind.

---

[3] Ausdruck vom jüdischen Schweizer Philosophen Michael Landmann. Vgl. Honnefelder, Art. Anthropologie, 721. Vgl. auch: Schoberth, Theologische Anthropologie, 82f.
[4] Er ist im 16. Jahrhundert aufgekommen. »Der erste Nachweis des Begriffs im Sinne eines wissenschaftlichen Arbeitsfeldes findet sich in dem 1594-1596 erschienenen Werk von Otto Casmann ‚Psychologia anthropologica sive animae humanae doctrina‘, das auch die erste ausdrückliche Definition bietet« (Schoberth, Theologische Anthropologie, 43).

I. Relevanz anthropologischer Fragen und Antworten

Der Theologe und Kardinal Walter Kasper bezeichnet die anthropologische Frage als die »Grundfrage des Abendlandes«[5]. An der Beantwortung dieser Frage entscheidet sich, welche Werte eine Gesellschaft hochhält, welche Kultur – im umfassenden Sinn von Denk-, Werte- und Lebenskultur – sie fördert. An der Frage nach dem Menschen scheiden sich die Geister. Sie entscheidet über die Zukunft oder auch Nicht-Zukunft der einzelnen Personen, der Völker und Kulturen, wie über die Zukunft oder auch Nicht-Zukunft der Menschheitsfamilie samt ihrem Planeten. Das Menschenbild war und ist ausschlaggebend für die Heranbildung von Kultur, Kunst sowie gesellschaftlichen und politischen Systemen. Bedeutende Persönlichkeiten, aber leider ebenso grausame Führergestalten, wussten dies genau und setzten dieses Wissen gezielt – zumeist im Sinne ihrer eigenen (Macht-)Interessen – ein.[6] Dass es in der Frage der Ökologie letztlich wesentlich um eine anthropologische Frage geht, hat Papst Franziskus in seiner Umwelt-Enzyklika *Laudato si'* aus dem Jahr 2015 eindrücklich dargelegt. Prägnant schreibt er: »Es wird keine neue Beziehung zur Natur geben ohne einen neuen Menschen. Es gibt keine Ökologie ohne eine angemessene Anthropologie.«[7] Dieses Wort von Papst Franziskus über den Zusammenhang von Anthropologie und Ökologie lässt sich, der Christlichen Soziallehre folgend, in analoger Weise auf andere Bereiche des menschlichen Lebens anwenden: auf die Ökonomie, die Ethik, die Medizin[8], die Politik, die Bildung. Wenn der Mensch nicht als Person mit seiner von Gott geschenkten unveräußerlichen Würde erkannt und anerkannt ist, und wenn zudem die Zugehörigkeit jedes einzelnen Menschen zur Menschheitsfamilie[9] zu wenig Beachtung findet, wird er fast

---

[5] Zitiert nach: Scheele, Mensch, 13.

[6] Man denke beispielsweise an Adolf Hitler mit seiner Idee von der reinen arischen Rasse und das darauf aufbauende nationalsozialistische Regime mit einer Ideologie, die von bestimmten anthropologischen Theorien wie dem Sozialdarwinismus gestützt wurden.

[7] Papst Franziskus: Laudato si' (24.05.2015) Nr. 118.

[8] Wenn der Mensch ausschließlich als ein von der Evolution zufällig hervorgebrachtes Häufchen von Erbgut und verschiedenen Zellkonstellationen gesehen wird, wird die Medizin Eingriffe, Versuche und Manipulationen dieses ‚Materials' ethisch anders bewerten und in der Folge vornehmen, als wenn der Mensch als von Gott gewolltes, unverwechselbares Geschöpf im Blick ist.

[9] Einen Gedanken des deutschen Moraltheologen Eberhard Schockenhoff aufgreifend formuliert Helmut Hoping:»Das einzige nichtdiskriminierende Kriterium, um das Personsein von Individuen anzuerkennen, ohne es dem eigenen Urteil oder dem Interesse der Politik, der Ökonomie oder der *scientific community* der

unweigerlich anderen Interessen ausgeliefert.»Besondere Sensibilität
haben in den derzeitigen anthropologischen Kontexten die Ränder des
Lebens, sowohl der vorgeburtliche Anfang des Menschen als auch die
Würde seines Endes.«[10] Wenn es in diesen – exemplarisch genannten –
Bereichen um ethische Auseinandersetzungen und politische Entschei-
dungsfindung geht, darf nie außer Acht gelassen werden, was der evangelische Theologe Wolfgang Schoberth in seiner *Einführung in die theologische Anthropologie* formuliert:»Handlungen, Bewertungen und
Orientierungen basieren auf spezifischen Vorstellungen vom Menschsein und wirken auf diese Vorstellungen zurück.«[11]
Abgesehen von den erwähnten Bereichen, mit denen sich hauptsächlich
Experten und einige Verantwortungsträger zu beschäftigen haben, ist
die anthropologische Frage in jeder einzelnen menschlichen Existenz
virulent.»Anthropologie kann [...] keine Angelegenheit von akademi-
schen Spezialisten sein; vielmehr ist hier in spezifischem Sinn jeder
Mensch Experte.«[12] Das Dasein und Sosein des Menschen ist nicht von
diesem selbst geplant, gewollt und gemacht, sondern es ist ihm zunächst einfach gegeben und aufgegeben in einer Welt, in der er sich,
die Mitmenschen und die Umwelt annehmen soll. Eine Daseinsakzep-
tanz fällt dem Menschen umso leichter, je bedeutsamer er sich in dieser
Welt erfährt. Der Mensch ist herausgefordert, seinem Leben eine Deutung und Bedeutung zu geben.
Was unterscheidet den Menschen von anderen Lebewesen? Sind die
von den Natur-, und Humanwissenschaften erkannten Wesensmerk-
male des Menschen ausreichend, um sein Dasein als bedeutsam und
sinnvoll zu erachten? Der Kölner Theologe und Religionsphilosoph
Hans-Joachim Höhn verneint dies und meint, dass sie den Menschen
»keineswegs aus dem elementaren biologischen und evolutiv-prozess-
haften Lebensbedingungen der anderen Lebewesen heraus[heben]«[13].
Fast scheint das Gegenteil der Fall zu sein: selbst die Ratio, die in der
Aufklärung als das Spezifische des Menschen beschworen wurde, erweist sich als nur ein Teil des Wesens Mensch[14]. Höhn nennt vier

---

Biowissenschaftler zu unterwerfen, besteht in der Zugehörigkeit eines Individu-
ums zur Menschheit.« (Hoping, Gottes Ebenbild, 135).
[10] Frevel, Frage nach dem Menschen, 41. Erwähnt seien in diesem Zusammenhang
die Themen Abtreibung, die verschiedenen Techniken der künstlichen Empfäng-
nisverhütung, die Stammzellenforschung an Embryonen und – am anderen Ende
des Lebens – die Euthanasie und der ärztlich assistierte Selbstmord.
[11] Schoberth, Theologische Anthropologie, 11.
[12] Schoberth, Theologische Anthropologie, 14.
[13] Höhn, Zustimmen, 18.
[14] So hält Höhn fest: »Das Vernunftsubjekt steht größtenteils im Dienst ich-fremder
Größen. Was als Ausdruck autonomer Rationalität erscheint, erweist sich als
Oberfläche von Prozessen und Strukturen, die dem reflexiven Zugriff des Subjekts
entzogen sind.« (Ebd., 18).

»Dezentrierungen« und »Depotenzierungen« des Menschseins durch die modernen Human- und Naturwissenschaften, die das »Dasein unter Vorbehalt« prägen: die »*Naturalisierung* menschlicher Subjektivität«, durch die der Mensch nur als ein »neuro-physiologisches System der Informationsverarbeitung« begriffen wird; die »*Psychologisierung* menschlicher Subjektivität«, die aufzeigt, dass es in Wirklichkeit keine Autonomie des Subjekts gibt und es nicht einmal »Herr im eigenen Haus« (Sigmund Freud), sondern Kräften ausgeliefert ist, die von innen und von außen auf es einwirken; die »*Soziologisierung* menschlicher Subjektivität«, die den Menschen als »Produkt und Reflex der ökonomischen Produktionszusammenhänge« präsentiert, und schließlich die »*Historisierung* menschlicher Subjektivität«, die den Menschen als Ergebnis und Fortsetzung geschichtlicher Vorgegebenheiten sieht.[15] Dass das Menschsein, wenn es nur unter diesen Vorzeichen gesehen wird, nicht befriedigend oder gar beglückend lebbar ist, bedarf keiner weiteren Beweise. Unter der Annahme dieser Dezentrierungen und Depotenzierungen wird die Frage nach dem Menschen auf jeden Fall nochmals virulenter.

Ob schließlich Gott in der Lehre vom Menschen eine Rolle spielt, ist gleichfalls von hoher Relevanz. Die grundlegende Botschaft, die der jüdisch-christliche Glaube vermittelt, lautet, dass der Mensch Geschöpf Gottes ist. Ohne Gottesbezug ist der Mensch schlicht ein Erdling[16]. Entsprechend dem zweiten Schöpfungsbericht im Buch Genesis (Gen 2,4b-25) wird der Mensch erst durch den von Gott eingehauchten Lebensatem ein lebendiges Wesen. Ohne Gott und seinen Lebensatem ist der Mensch, grob gesprochen, »nur ein Haufen Dreck – ohne Bestimmtheit und ohne Bestimmung«[17]. Dass sich an der Frage, ob der Mensch *coram Deo* oder aber ohne jeglichen Bezug zu Gott zu verstehen versucht wird, letztlich der Respekt vor der unveräußerlichen Würde des Menschen entscheidet, wird in der Theologischen Anthropologie allgemein vertreten, im nichttheologischen Diskurs über den Menschen allerdings oft ausgeblendet.

Dass das Religiöse, im weiten Sinn verstanden, in jeder Anthropologie eine Rolle spielt, darf in der Diskussion nicht übersehen werden. Wie jede wissenschaftliche Auseinandersetzung immer schon von bestimmten Annahmen ausgeht, so auch in der Anthropologie. Hier umso mehr, als der fragende Mensch im – noch so objektiv sein wollenden – Fragen nach seinesgleichen stets seine Grundüberzeugungen, wenn auch unbewusst, mitträgt und zugrunde legt. Der Mensch kann gar nicht ohne –

---

[15] Alle Zitate in diesem Satz: Ebd., 18-21.
[16] Die lateinischen Wörter *homo* für Mensch und *humus* für Boden, Erde haben bezeichnenderweise denselben Wortstamm.
[17] Höhn, Zustimmen, 66.

im weiten Sinne – philosophische und religiöse Grundüberzeugungen leben und denken. Jeder Wissenschaft liegt bereits eine Anthropologie zugrunde. Dies leugnen zu wollen, wäre unredlich und folglich auch unwissenschaftlich.

II. Anthropologien:
verschiedene Zugänge und Disziplinen

Wer heute im Internet oder in aktuellen Lexika zu den Stichworten *Anthropologie, anthropologische Frage, anthropologische Disziplin* Recherchen anstellt, könnten allein mit den gefundenen Ergebnissen ein großes Werk publizieren; so umfangreiches Material ist mittlerweile vorhanden. Hinzu kommt jene Literatur, die zwar das Wort *Anthropologie* nicht ausdrücklich enthält, jedoch die anthropologische Frage zum Inhalt hat.[18] Für diese Studie genügt es, diese Komplexität zu erwähnen, auf die entsprechende Literatur zu verweisen und – der Übersichtlichkeit in der »Unübersichtlichkeit«[19] halber – jene Zugangsweisen und Wissenschaftskategorien zu benennen, die für die weiteren Gedankengänge hilfreich sind. Schematisch möchte ich dabei zwischen drei unterschiedliche Ansätzen differenzieren: dem naturwissenschaftliche Ansatz, dem geisteswissenschaftliche Ansatz und drittens den Mischformen und andere Zugangsweisen.

Was die Quantität der anthropologischen Disziplinen und Themen betrifft, liegen die naturwissenschaftlichen Fächer an der Spitze und werden in der Regel als erste zum Thema Anthropologie genannt. Gemäß den naturwissenschaftlichen Methoden von Messbarkeit, Kausalität, empirischer Überprüfbarkeit sowie ihrer Grenzen, wird der Mensch unter spezifischen Gesichtspunkten untersucht, die – der Methode entsprechend – naturwissenschaftliche Erkenntnisse erbringen.[20]

---

[18] Zur Problematik, wie eng oder weit der Begriff von Anthropologie in der Wissenschaft verwendet wird, siehe: Schoberth, Theologische Anthropologie, 36-38. »Die Frage, was genau der Gegenstand der Anthropologie sei und was sie als Wissenschaft charakterisiere, gehört zu den umstrittensten überhaupt.« (36).

[19] Erwin Dirscherl verwendet den von Jürgen Habermas entlehnten Ausdruck ‚Neue Unübersichtlichkeit' im Blick auf unsere Thematik. Vgl. Dirscherl, Anthropologie, 20.

[20] Dazu gehören die Biologische Anthropologie mit verschiedenen Teilgebieten, die Forensische Anthropologie, die Kulturanthropologie und die Sozialanthropologie.

Den verschiedenen Mischformen[21] der anthropologischen Disziplinen ist gemeinsam, dass Erkenntnisse aus unterschiedlichen anthropologischen Forschungsgebieten zusammengesehen und für den jeweils eigenen Fachbereich[22] dienstbar gemacht werden. Zum Bereich der geisteswissenschaftlichen Ansätze zählen die Theologische Anthropologie, die Philosophische Anthropologie sowie die Historische Anthropologie. Ihnen ist gemeinsam, dass sie den Menschen als geistiges, personales Wesen sehen und Methoden der Geisteswissenschaften zu dessen Erforschung anwenden. Resümierend kann festgehalten werden, dass es *die* Anthropologie nicht gibt, sondern dass Anthropologie heute einen »Sammelbegriff«[23] meint, unter dem unterschiedliche anthropologische Wissenschaften subsumiert werden, die verschiedene Grundannahmen vom Menschen, unterschiedliche Methoden, Sprachen sowie den jeweiligen Forschungsgebieten entsprechende Interessen und Ziele verfolgen.

Eigens hervorheben möchte ich die *Philosophische Anthropologie*, da ihr aufgrund des Versuchs, den Menschen als Ganzen in den Blick zu nehmen, sowie durch seinen Beitrag für die Theologische Anthropologie eine Sonderstellung zukommt. Die Frage nach dem Wesen des Menschen, seiner Bedeutung, dem Sinn des Menschseins kann nicht mit empirischen, naturwissenschaftlichen Methoden oder mit den sogenannten Mischformen entschieden werden. Sie geht über diese hinaus und führt uns auf die Bedeutungs- und Sinnebene und damit auf die philosophische bzw. religiöse Ebene. Sobald der *ganze* Mensch im Blick ist, kann von dieser Ebene nicht mehr abgesehen werden.[24] Philosophieren heißt hier, die Wirklichkeit des Menschen als Ganze erfassen und ergründen wollen, verschiedene Ansätze und Teilaspekte überdenken, miteinander in Beziehung bringen, kritisch hinterfragen und in

---

[21] Zu ihnen zählen die Medizinische, die Pädagogische, die Psychologische, die Kybernetische Anthropologie und die Anthropologie in den Sozial- und Humanwissenschaften.

[22] Mittlerweile gibt es fast keine Disziplin, die nicht auch eine eigene anthropologische Forschung entwickelt hat. Es gibt die Anthropologie der Literatur, der Musik und des Tanzes, eine Sportanthropologie und eine Theateranthropologie genauso wie die Ökonomische Anthropologie oder Sinnanthropologie. Jüngeren Datums sind die Cyberanthropologie, die Medienanthropologie, die Digital Anthropology sowie die Anthropologie der Umweltzerstörung.

[23] Schoberth, Theologische Anthropologie, 73.

[24] Carl Friedrich von Weizsäcker formuliert es folgendermaßen: »Ein herrschendes Paradigma einer umfassenden wissenschaftlichen Anthropologie hat es bisher nicht gegeben. Es hat zersplitterte Einzelwissenschaften mit anthropologischen Fragestellungen gegeben. Fragen wir überhaupt nach einer umfassenden Anthropologie, so philosophieren wir bereits.« (Weizsäcker, Garten des Menschlichen, 12).

eine Gesamtsicht des Menschen bringen wollen. Diese Aufgabe hat die Philosophische Anthropologie mit der Theologischen Anthropologie gemein und »begründet, dass Philosophie und Theologie hier engste Gesprächspartner sind; [...] [dass] ihnen anthropologisch in der Tat ein gewisser Vorrang [gebührt], eben weil in ihnen explizit wird, was sonst nicht selten unreflektiert und damit unkritisch erfolgt«[25]. Anthropologische Fragen sind im Letzten immer auch Orientierungsfragen, und anthropologische Aussagen, zumindest philosophische und theologische, sind immer auch Orientierungsaussagen für den Menschen.

In diesem Zusammenhang muss Kants Philosophie und sein Begriff vom Menschen zumindest erwähnt werden; dies deshalb, weil seine Charakterisierung des Menschen als *animal rationale*[26] in der Spannung zwischen Naturwesen und Vernunftwesen für das Denken der Neuzeit und für viele anthropologische Denkansätze prägend geworden ist, weil die »Diskrepanz zwischen Naturkausalität und Freiheit in der Bestimmung des Menschseins [...] nicht nur charakteristisch für Kants Anthropologie, sondern für neuzeitliche Anthropologie insgesamt« ist, und seine Philosophie nachhaltig Einfluss auf die Theologische Anthropologie hat. In seinem Werk *Theologische Anthropologie* ruft Thomas Pröpper den Lesern ins Gedächtnis, dass freilich weit vor Kant und dem neuzeitlichen Denken in der Philosophie die Frage nach dem Menschen Thema war und die philosophische Vernunft »Orientierung für den Menschen sein wollte«[28]. Gerade in »der im 7./5.Jh.vC. einsetzenden Bewegung der Philos[ophie]«[29] beginnt ja bereits eine ausdrückliche thematische Auseinandersetzung mit dem Menschen.[30] Wichtig ist an dieser Stelle ebenso der Hinweis auf die Heranbildung der Philosophischen Anthropologie in Deutschland am Beginn des 20. Jahrhunderts, da sie »nach wie vor ein zentraler Bezugspunkt anthropologischer Reflexion«[31] ist, wie Schoberth betont. Die klassischen

---

[25] Schoberth, Theologische Anthropologie, 86.
[26] Thomas Pröpper weist darauf hin, dass dieser Begriff *animal rationale* als ζῷον λόγον ἔχον auch schon bei Aristoteles »in verschiedenen (kaum schon definitorisch fixierten) Fassungen« (Pröpper, Theologische Anthropologie, 16, Anm. 22) vorkommt. Auch bei Thomas von Aquin und in der Scholastik wird der Mensch als *animal rationale*, als vernunftbegabtes Wesen, bezeichnet.
[27] Schoberth, Theologische Anthropologie, 52; vgl. ebd., 28f.
[28] Pröpper, Theologische Anthropologie, 15.
[29] Honnefelder, Anthropologie, 722.
[30] Als Beispiel für frühere explizite Anthropologie wird in der Literatur zur Thematik meistens Sokrates (469 – 399 v. Chr.) angeführt, der mit seiner vielzitierten Aufforderung »Erkenne dich selbst!« (»Γνῶθι σαυτόν«) eine philosophische Selbstbesinnung des Menschen angestoßen hat, die viele weitere philosophische Denkansätze inspirierte.
[31] Schoberth, Theologische Anthropologie, 60.

Proponenten, die den Menschen als Ganzen mit seiner Bestimmung wie auch mit seiner Sonderstellung in der Natur herauszustellen versuchten, sind die drei deutschen Philosophen Max Scheler, Helmuth Plessner und Arnold Gehlen.[32] Max Scheler, der die empirische Verhaltensforschung mit dem phänomenologischen Ansatz von Edmund Husserl verbindet, prägt den Begriff der »Weltoffenheit«[33]. Helmuth Plessner richtet den Fokus auf die »exzentrische Positionalität«[34], um die Sonderstellung des Menschen gegenüber den übrigen organischen Lebewesen zu beschreiben. Plessner versteht darunter – mit den Worten Pröppers zusammengefasst – das »subjektive Vermögen der Distanzierung und Selbstreflexion«[35]. Arnold Gehlen schließlich spricht vom Menschen als »Mängelwesen«[36], das von der biologischen Ausgangssituation her gegenüber den Tieren in vielem benachteiligt ist. Die andere Seite seines Befundes ist, dass der Mensch durch sein Handeln fähig ist, sich sowohl den Umweltbedingungen anzupassen als auch sich seine Umwelt selbst so umzugestalten, dass sie ihm lebensmöglich und lebensdienlich ist. Mit anderen Worten: Der Mensch hat die Fähigkeit der »Kompensation des Mangels durch Handeln«[37]. Für eine detaillierte Darstellung und Analyse der drei genannten Autoren kann bereits

---

[32] Wolfhart Pannenberg, der sich in seinem zum Standardwerk gewordenen Buch *Anthropologie in theologischer Perspektive* ausführlich und kritisch mit diesen drei Philosophen und ihren Thesen auseinandersetzt (Vgl. Pannenberg, Anthropologie, 40-71), nennt zu diesen dazu noch *Johann Gottfried Herder*, der bereits über hundert Jahre vorher, in seiner *Abhandlung über den Ursprung der Sprache* eine Sicht des Menschen vertrat, auf die sich Arnold Gehlen mit seinem Gedanken vom »Mängelwesen« explizit, aber in ihren Ansätzen auch Max Scheler und Helmuth Plessner bezogen haben.

[33] Der Gedanke der Weltoffenheit ist freilich ein viel älterer und kommt sowohl bei Aristoteles als auch bei Thomas von Aquin vor, wie Otto Hermann Pesch betont. (vgl. Pesch, Gnade, 53). Der von Max Scheler geprägte Begriff der Weltoffenheit ist in späterer Folge im Kontext der theologischen Anthropologie gerne aufgegriffen und im Sinne einer Gottoffenheit theologisch vertieft worden.

[34] Ausführlich behandelt wird dieser Begriff von Joachim Fischer, der in ihm den Grundbegriff der Philosophischen Anthropologie sieht. Vgl. Fischer, Exzentrische Positionalität, 265-288.

[35] Pröpper, Theologische Anthropologie, 426. Mit den Worten Plessners selbst ausgedrückt: »Ist das Leben des Tieres zentrisch, so ist das Leben des Menschen, ohne die Zentrierung durchbrechen zu können, zugleich aus ihr heraus, exzentrisch.« (Plessner, Stufen des Organischen, 364).

[36] Die biologischen Voraussetzungen sind nach Gehlen dermaßen schlecht, dass der Mensch – auf diese beschränkt – gar nicht überlebensfähig wäre. Gehlen meint sogar, »innerhalb *natürlicher*, urwüchsiger Bedingungen würde er als bodenlebend inmitten der gewandtesten Fluchttiere und der gefährlichsten Raubtiere schon längst ausgerottet sein." (Gehlen, Der Mensch, 33).

[37] Schoberth, Theologische Anthropologie, 68.

reichlich Literatur[38] konsultiert werden, so dass diese wenige Hinweise genügen mögen.

Was von der Philosophischen Anthropologie für die theologische Literatur zur Anthropologie bis heute nachwirkt, ist das *neuzeitliche anthropozentrische Denken.*[39] Was nach eingehendem Studium der unterschiedlichen Ansätze ebenfalls bleibt, ist die nüchterne Erkenntnis, dass in der Philosophischen Anthropologie des 20. Jahrhunderts mit ihrer empirischen Zugangsweise und ihren Konzepten letztlich die Frage nicht beantwortbar ist, was der Mensch als solcher ist. Stellvertretend für viele Autoren sei Pröpper zitiert, der lapidar feststellt: »Kurz: Der empirische Befund gibt Deutungsprobleme auf, die empirisch nicht mehr entscheidbar sind. Die Frage nach dem Menschen *als solchem* bleibt offen«[40] und sie hat dies »auch zu *bleiben* – es sei denn, man wollte in wissenschaftstheoretischer Naivität ihre positiven Erkenntnisse [die Erkenntnisse der Erfahrungswissenschaften, Anm. d. Verf.] mehr sagen lassen, als sie tatsächlich besagen«[41].

III. Kritische Bilanz und Ausblick

Bevor die Untersuchung zur Frage nach dem Menschen als *Theologische* und in weiterer Folge als *Trinitarische* Anthropologie eine Fokussierung erfährt, möchte ich noch auf kritische Punkte aufmerksam machen, die von großer Bedeutung sind, weil sie nicht bloß ein theoretisches Verständnis vom Menschen betreffen, sondern zusätzlich praktische Konsequenzen für das Leben der Menschen haben. Ich nehme dabei vor allem bei Wolfgang Schoberth Anleihe, der sich in seiner *Einführung in die theologische Anthropologie* unter der

---

[38] Beispielhaft seien angeführt: Pannenberg, Anthropologie, 40-70; Pröpper, Theologische Anthropologie, 23-30 und 426-428 (wo Pröpper Pannenbergs Verständnis der genannten Autoren kritisch untersucht); Schoberth, Theologische Anthropologie, 60-69 und Honnefelder, Anthropologie, 723f.

[39] Das gilt für Wolfhart Pannenbergs Programm einer *Anthropologie in theologischer Perspektive* ebenso wie für jenes in *Frei sein aus Gnade* von Otto Hermann Pesch, für Wolfang Schoberths *Einführung in die theologische Anthropologie* nicht weniger wie für Erwin Dirscherls *Grundriss Theologischer Anthropologie* oder für Thomas Pröppers *Theologische Anthropologie.*

[40] Pröpper, Theologische Anthropologie, 25.

[41] Ebd., 29.

Überschrift *Das Ende der Anthropologie und die Anthropologie nach ihrem Ende*[42] mit einigen Aspekten der Anthropologiekritik auseinandersetzt.

Als ein wichtiger Kritikpunkt gilt die vor allem von manchen Vertretern empirischer Wissenschaften immer noch vertretene Meinung, ihre Anthropologien seien durch die ihnen eigenen Methoden grundsätzlich neutral und damit auch wertfrei. Dass dies keineswegs der Fall ist, belegt Schoberth anschaulich am Beispiel der »Verflechtungen der anthropologischen Wissenschaften in den Rassismus und Nationalsozialismus«[43], an dem er aufzeigt, wie die naturwissenschaftliche Anthropologie (in diesem Fall die biologische) von deutschen Wissenschaftlern die Rassenideologie durch ihre Erkenntnisse gestützt hat. Die Katalogisierung von bestimmten Merkmalen hatte Jürgen Habermas schon im Jahr 1958 kritisch hinterfragt, weil die Kriterien für die Beachtung und Einteilung bestimmter Charakteristika am Menschen bereits aufgrund von Vorverständnissen zustande kommen.[44] Ein weiterer Aspekt ist die Kritik gegen Implikationen politischer Natur, »die in der Definition des Menschen zugleich die Option für ein bestimmtes Gesellschafts- und Institutionsmodell verankern wollen«[45]. Nicht zu unterschätzen ist bei jeder noch so rein empirisch anmutenden Wissenschaft zudem das erkenntnisleitende Interesse[46], das immer schon methodische wie inhaltliche Vorentscheidungen beinhaltet, die die Ergebnisse mitbestimmen. Aktuell wäre die Frage nach dem

---

[42] Schoberth, Theologische Anthropologie, 70-90. Siehe auch den Exkurs von Schoberth über *Anthropologie und Rassismus*: ebd., 56-59. Nach einer Zeit großer Euphorie über anthropologische Erkenntnisse begannen seit den 60er Jahren des 20. Jahrhunderts verschiedene Formen von Anthropologiekritik laut zu werden. Exemplarisch für die philosophische Anthropologiekritik sei auf den im April 2015 erschienenen Sammelband hingewiesen, dessen Autoren sich zum Ziel gesetzt haben, »die Geschichte der philosophischen Anthropologie aufzuarbeiten, indem es [das Buch, Anm. d. Verf.] die Potentiale der philosophischen Anthropologiekritik ins Licht rückt«. (Rölli [Hg.], Fines hominis, 16). Ein früheres, im Jahr 1973 publiziertes Werk zur Anthropologiekritik stammt von Dietmar Kamper: vgl. Kamper, Geschichte und menschliche Natur.

[43] Schoberth, Theologische Anthropologie, 57.

[44] Eine empirische Wissenschaft, die sich dessen nicht bewusst ist oder dies leugnet, ist »unkritisch und führt am Ende gar zu einer Dogmatik mit politischen Konsequenzen, die umso gefährlicher ist, wo sie mit dem Anspruch wertfreier Wissenschaft auftritt« (Habermas, Anthropologie, 32f).

[45] Schoberth, Theologische Anthropologie, 70f. Ob solche Implikationen nun ausdrücklich intendiert sind oder nur unabsichtlich mitgeliefert werden, ist dabei zweitrangig; sie dürfen nicht übersehen oder gar bewusst kaschiert werden.

[46] *Wer* macht *in wessen Auftrag* und *mit welchem Ziel* eine Untersuchung? Zum Begriff ,erkenntnisleitendes Interesse' vgl. die Ausführungen in: Habermas, Erkenntnis und Interesse.

Einfluss des erkenntnisleitenden Interesses im Bereich der modernen Medizin kritisch ins Auge zu fassen und offensiv zu thematisieren, vor allem in Bezug auf Fragen vom Anfang und vom Ende des menschlichen Lebens (Forschung an embryonalen Stammzellen und Organtransplantation[47] als Beispiele), in der Genderforschung sowie der Gen- und Reproduktionstechnik.

Anthropologien haben ethische Relevanz und sind mit normativen Implikationen verbunden. Schoberth behauptet in seiner Analyse der Anthropologien grundsätzlich:

>>Alle Bestimmungen dessen, was der Mensch sei, sind ungeachtet ihrer jeweiligen sprachlichen Form und ihres wissenschaftlichen Kontextes nie nur beschreibend, sondern zugleich immer mit normativen Implikationen verbunden. Wer Aussagen über die ‚Natur' des Menschen formuliert – ob in naturwissenschaftlicher Hinsicht oder als philosophische oder theologische Reflexionen –, beschreibt nie nur neutrale Tatsachen, sondern legt zumindest auch Vorstellungen nahe, wie ein Mensch leben *soll*.<<[48]

In diesem Zusammenhang möchte ich die >>feministische Anthropologie-Kritik<<[49] nicht unerwähnt lassen. Hier muss auch eine theologische Anthropologie wachsam, kritisch und auch selbstkritisch prüfen, wo und inwieweit geschichtliche, kulturelle, gesellschaftliche und auch politische Komponenten die Lehre beeinflusst haben und noch immer beeinflussen.[50]
Ein weiteres Problemfeld stellt das Phänomen der Geschichtlichkeit der Anthropologie dar. Der Mensch ist kein Gegenstand, den man isoliert von seinem Umfeld, seiner Herkunft und seiner Geschichte – quasi hygienisch rein – 'als solchen' untersuchen kann. In seinem Buch über die Anthropologiekritik schreibt Dietmar Kamper, dass jene Ansätze zu kritisieren sind, >>welche eine 'menschliche Natur' ohne Rücksicht auf ihre historische Veränderbarkeit dingfest machen wollen<<[51]. Bei

---

[47] Inwieweit spielen wirtschaftliche Interessen (auch hier gibt es einen weltweiten Markt, wo es um sehr viel Geld geht) und Prestigeinteressen (in den Forschungsgebieten am weitesten voran zu sein) eine Rolle für wissenschaftliche Erkenntnisse in der Frage, ab wann und bis wann nun menschliches Leben tatsächlich als solches zu bezeichnen sei?

[48] Schoberth, Theologische Anthropologie, 86.

[49] Ebd., 75.

[50] Dass etwa bestimmte Aussagen über das Wesen der Frau selbst aus der Feder von bedeutenden Heiligen und Theologen wie Augustinus oder Thomas von Aquin stärker von historischen gesellschaftlichen Vorstellungen als vom Geist Christi geprägt sind, gilt mittlerweile als unbestritten.

[51] Kamper, Geschichte und menschliche Natur, 11.

15

dieser Kritik geht es wiederum nicht nur um eine akademische Angelegenheit, sondern um eine Warnung vor den Folgen einer geschichts-
losen Anthropologie. »Indem sie einen bestimmten historischen Stand
der menschlichen Gesellschaft zur 'Natur des Menschen' erklärt, müssen ihr alle Veränderungen über diesen Stand hinaus illegitim und
schädlich erscheinen.«[52] Wenn also Fakten unreflektiert und von der
Sache her nicht begründbar zur Norm erhoben werden und desgleichen
geschichtlich gewachsenes Veränderbares zum überzeitlich Unverän-
derbaren deklariert wird, werden in Konsequenz Abweichungen davon
als Deformationen beurteilt, die entsprechend 'behandelt' werden
müssten. Eine Anthropologie hat ernst zu nehmen, dass sowohl das
Forschungsobjekt Mensch als auch das *Forschungssubjekt* Mensch geschichtlich sind und somit Veränderungen unterliegen.
Zudem zeigt sich die Schwierigkeit, überhaupt definieren zu können,
was der Mensch als solcher, was sein Wesen ist. Für den Menschen ist
nach Ingolf Dalferth sogar der »Wesensbegriff [...] selbst höchst prob-
lematisch«[53], wenn unter *Wesen* das erfasst werden soll, was als das
Unveränderbare gilt. Auch der Wissensbegriff im Sinne von 'ein *Wissen über* etwas haben' greift in der Anthropologie zu kurz, denn wenn
Menschen nach dem Menschen fragen, geht es letztlich immer auch
darum, was das *eigene Menschsein* 'menschlich' macht und wie
Menschsein im Leben geht. Jeder Versuch, den Menschen ähnlich einem anderen Untersuchungsobjekt definieren zu wollen, verkennt das
Eigentliche des Menschseins. Menschsein ist je einmaliges Leben in
vielfältigen Bezügen und Beziehungen, in Gemeinschaft eingebunden,
die synchron und diachron die Menschheit insgesamt umfasst. Menschsein ist Leben, das sich je konkret ereignet und das von sich aus nach
Bedeutung und Sinn verlangt.
Anthropologiekritik muss sich melden, wenn es zu Verengungen methodischer oder inhaltlicher Art kommt, die zur Ausblendung wichtiger
Aspekte bzw. zur Verabsolutierung eines Aspektes führen können.
Eine Form der inhaltlichen Verengung geschieht dort, wo der Mensch
ausschließlich als isoliertes Individuum mit seinen Wesensmerkmalen
erforscht und der Gemeinschaftsbezug des Menschen nicht berücksichtigt wird, der jedoch selbst ein Wesensmerkmal darstellt. Schoberth
meint in diesem Kontext pointiert: »Nicht das isolierte Individuum und
seine Eigenschaften und Fähigkeiten, sondern die Beziehungen von Individuen sind Gegenstand von Anthropologie und Ethik.«[54] Wie wichtig
– im Extremfall über Leben und Tod entscheidend – die Beachtung des

---

[52] Schoberth, Theologische Anthropologie, 71.
[53] Dalferth, Homo definiri nequit, 193.
[54] Schoberth, Theologische Anthropologie, 81.

kommunitären Aspekts ist, wird deutlich, wenn Definitionen für den Menschen wie *homo sapiens* oder *animal rationale* eingeschränkt im Blick auf einzelne Individuen angewandt werden.[55] Eine methodische Verengung liegt dann vor, wenn das Ganze des Menschen mit nur einer Methode, zum Beispiel der naturwissenschaftlichen, erforscht wird. Dadurch werden menschliche Phänomene, die auf anderer Ebene liegen und daher auch andere Erkenntniszugänge erfordern, auf biologische Phänomene reduziert. Diese Problematik zeigt sich etwa dort, wo der menschliche Geist, seine Tätigkeiten und die damit verbundenen Phänomene mit rein naturwissenschaftlichen Methoden erforscht werden. Dies führt zu einer Naturalisierung des Geistes, bei der selbst Phänomene wie Gedanken, Bewusstsein, Gefühle, personale Entscheidungen, Freiheit als rein biochemische Vorgänge erklärt werden. Jürgen Habermas weist auf die gefährlichen Konsequenzen hin, die damit verbunden sind, nämlich eine Entpersonalisierung und Entsozialisierung[56] des Menschen.

Abschließend zu diesem ersten und zugleich ausblickend auf die folgenden Kapitel kann festgehalten werden: Weder die empirischen Wissenschaften noch die philosophischen Anthropologien konnten das Rätsel Mensch lösen, sie haben jedoch wertvolle Erkenntnisse geliefert, über die sich niemand mehr leichtfertig hinwegsetzten kann, wenn er bzw. sie im wissenschaftlichen Diskurs ernst genommen werden will. Auch kann nicht nostalgisch hinter die neuzeitliche Wende des Denkens zurückgegangen werden, wohl aber kann und soll diese selbst kritisch auf ihre Implikationen und Grenzen im Blick auf die Anthropologie reflektiert werden. Jede Anthropologie, ob naturwissenschaftlicher, philosophischer oder theologischer Art, muss sich selbst den Anfragen stellen, die unter dem Stichwort Anthropologiekritik genannt wurden und sich genauso von anderen kritisch anfragen lassen.

---

[55] Am Beispiel des australischen Ethikers Peter Singer, der eine Definition der menschlichen Person über die Fähigkeit zum Selbstbewusstsein vorgenommen hat, wird ersichtlich, dass dies bei ihm in Konsequenz dazu führt, dass Föten und geistig schwerstbehinderte Menschen ohne diese Fähigkeit nicht als menschliche Personen betrachtet werden, somit auch nicht dasselbe Recht auf Leben haben und daher getötet werden können. Vgl. Singer, Praktische Ethik, 221 und 232f.

[56] Habermas wörtlich: »Der Fluchtpunkt dieser Naturalisierung des Geistes ist ein wissenschaftliches Bild vom Menschen in der extensionalen Begrifflichkeit von Physik, Neurophysiologie oder Evolutionstheorie, das auch unser Selbstverständnis vollständig entsozialisiert.« (Habermas, Glauben und Wissen, 17).

Zweites Kapitel

Theologische Anthropologie:
Kontext, Zugänge, Grundthematiken

Um das Gedankengut Chiara Lubichs in seinem Spezifikum erheben zu können, ist es nötig, es in das Fachgespräch zur Thematik einzubringen und es in seinem Bezug zu anderen Ansätzen zu beleuchten. In diesem Kapitel geht es demnach nicht um ein lehrbuchmäßiges Referieren der Theologischen Anthropologie[57], sondern um das Aufzeigen einzelner Aspekte im aktuellen Diskurs, die für das Verständnis der Anthropologie Lubichs nötig bzw. hilfreich sind. Nachdem es bei ihrer Person und ihrem Charisma um eine zeitgenössische Frau bzw. um ein schriftliches Werk unserer Tage geht, ist es wichtig, ihr Gedankengut in den heutigen Kontext zu stellen, in welchem sich die Frage nach dem Menschen stellt. Außerdem muss auf den methodologischen Aspekt in der Anthropologie ein Augenmerk gelegt werden, weil Lubichs Ansatz nur auf diese Weise in seiner Neuheit sichtbar gemacht werden kann. Schließlich sollen jene grundlegenden Inhalte der Theologischen Anthropologie benannt werden, auf die spezifische Inhalte Lubichs bezogen sind, damit diese nicht im luftleeren Raum hängen. Eine grundsätzliche Kenntnis der Thematik wird für die Leserschaft dieser Studie vorausgesetzt.

I. Kontext der Anthropologie –
Herausforderung und Chance

Die Lehre vom Menschen hat je nach geschichtlichen, soziologischen, kulturellen, geistigen Kontexten innerhalb der Theologie unterschiedliche Nuancen bekommen. Wenn im Folgenden stichwortartig der Kontext für die Theologische Anthropologie beschrieben wird, so bezieht sich dieser auf die sogenannte westliche Welt am Beginn des 21.

---

[57] Dazu gibt es ausreichend Fachliteratur. Abgesehen davon, dass eine Gesamtdarstellung der Theologischen Anthropologie den Rahmen dieser Arbeit bei weitem sprechen würde, ist jeder einzelne Entwurf je nach Zugang, Schwerpunktsetzung, Zielsetzung der Autorin bzw. des Autors persönlich geprägt, so dass es höchstens möglich wäre, das Gedankengut Lubichs mit konkreten Entwürfen zu vergleichen, was nicht die Intention dieser Studie ist.

Jahrhunderts[58] und ist aufgrund der gebotenen Kürze notwendigerweise vereinfacht charakterisiert. Er soll dennoch einige Merkmale des geistigen Umfelds zeigen, in den hinein die Anthropologie von Chiara Lubich eine unverwechselbare Stimme bekommen kann.

1. Post-Postmoderne – *Der tolle Mensch*

Ein erstes Merkmal bezieht sich auf die geistige Großwetterlage, in der sich der Mensch von heute befindet. Wir leben im Zeitalter der Moderne bzw. der Postmoderne[59] oder gar Post-Postmoderne. So wie sich die Postmoderne von einigen Grundannahmen der Moderne – Primat der Vernunft, Autonomie des Subjekts[60], um zwei Beispiele zu nennen – bewusst absetzt, hat sich wiederum die Post-Postmoderne von Denkansätzen der Postmoderne distanziert. Die Tatsache, dass gar nicht eindeutig definierbar ist, in welchem Zeitalter wir uns genau befinden bzw. dass wir in mehreren geistigen Strömungen zeitgleich leben, ist selbst schon charakteristisch für das 21. Jahrhundert. Hans-Joachim Höhn meint im Ausdruck »Unbehagen an der Moderne«[61] so etwas wie einen Grundduktus zu erkennen. Die theologische Lehre vom Menschen trifft heute auf Ohren und Herzen, die mitgeprägt sind von dieser geistigen Großwetterlage.

Sie trifft auf Ohren und Herzen, die den Ausruf »Gott ist tot! Gott bleibt tot!«[62] im Text *Der tolle Mensch*[63] von Friedrich Nietzsche nicht ganz

---

[58] Durch die Globalisierung sind einige Merkmale inzwischen auch in vielen anderen Ländern wahrnehmbar und lassen sich nicht mehr so klar einzelnen Kulturen oder Regionen zuordnen.

[59] Auf das komplexe Phänomen der Postmoderne, die eine heterogene philosophische, kulturelle, gesellschaftliche Denkbewegung seit dem 20. Jahrhundert umfasst, braucht hier nicht näher eingegangen werden. Dem Begriff nach spricht man seit der im Jahr 1979 veröffentlichten Schrift von Jean-François Lyotard *Das Postmoderne Wissen* populär von Postmoderne. Für die vorliegende Untersuchung sind die Stichworte ,Relativismus und Ablehnung eines universalen Wahrheitsanspruchs' sowie ,Abwendung vom Primat einer Autonomie der Vernunft' erwähnenswert, weil sie das religiöse Denken und Empfinden betreffen. Eine aufschlussreiche kritische Auseinandersetzung mit der Postmoderne bietet der Sammelband: Goebel / Suarez (Hg.), Kritik der postmodernen Vernunft.

[60] Klaus Viertbauer dazu in seiner Beschreibung des *Ensemble postModerner Dekonstruktionsmodelle* (so der Titel einer Zwischenüberschrift) wörtlich: »Das Subjekt ist nicht länger autonom, sondern findet sich vielmehr als fremdbestimmte Größe vor.« (Viertbauer, Am Abstellgleis der Wirklichkeit, 14f).

[61] Höhn, Zustimmen, 15. Er nennt dabei exemplarisch einige Werke, die diesen Ausdruck im Buchtitel haben: »Ch. Taylor, Das Unbehagen an der Moderne, Frankfurt 1995 [...] Z. Bauman, Das Unbehagen in der Postmoderne, Hamburg 1999« (141, Anm. 1).

[62] Nietzsche, Die fröhliche Wissenschaft, 109.

[63] Ebd., 108f.

150 Jahre nach seiner Erstveröffentlichung (1882) gar nicht mehr so erschreckend finden und die die Anschuldigung » *Wir haben ihn getötet – ihr und ich!* Wir alle sind seine Mörder!«[64] nicht mehr wirklich trifft, weil Gott in ihrem Bewusstsein vielleicht gar nie lebte. Es sind Menschen, die allerdings von den im Text Nietzsches beschriebenen Konsequenzen durchaus geprägt sind, für die also *der Horizont weggewischt*, die *Erde von ihrer Sonne losgekettet* ist und die darum *rückwärts, seitwärts, vorwärts, nach allen Seiten fortwährend stürzen*, die wie *durch ein unendliches Nichts irren*, für die es *kälter geworden* ist und *immerfort die Nacht und mehr Nacht* kommt.[65] Die Erfahrung der Nacht, der Abgründigkeit der Abwesenheit Gottes, ist bezeichnend für die heutige Lebens- und Denkwelt.[66] Papst Johannes Paul II. sprach bereits 1982 davon, dass der moderne Mensch die persönliche wie kollektive Erfahrung der abgründigen Gottverlassenheit kennt, und die dunkle Nacht der Abwesenheit Gottes »bisweilen epochale Dimensionen und kollektive Ausmaße«[67] annimmt. Abgesehen von dieser bisweilen von gläubigen oder suchenden Menschen schwer erlittenen Abwesenheit Gottes gibt es auf der anderen Seite die bewusste Ausblendung Gottes aus dem Leben und Denken der Menschen mit epochalen Folgen, weil sie »uns immer mehr an den Rand des Abgrunds – zur Abschaffung des Menschen«[68] führt, wie Joseph Ratzinger in seiner Rede in Subiaco knapp vor seiner Wahl zum Papst mahnend ausführt.

2. Neuzeitliches Freiheits- und Subjektverständnis

Gleichzeitig ist das *Losketten der Erde von ihrer Sonne* – um im Bild Nietzsches zu bleiben – ein epochaler Befreiungsakt des Menschen von der Abhängigkeit Gottes und drückt einen Grundzug des neuzeitlichen

---

[64] Ebd., 108.

[65] In Nietzsches *Die fröhliche Wissenschaft* heißt es wörtlich: »Wer gab uns den Schwamm, um den ganzen Horizont wegzuwischen? Was taten wir, als wir diese Erde von ihrer Sonne losketteten? Wohin bewegt sie sich nun? Wohin bewegen wir uns? Fort von allen Sonnen? Stürzen wir nicht fortwährend? Und rückwärts, seitwärts, vorwärts, nach allen Seiten? Gibt es noch ein Oben und ein Unten? Irren wir nicht wie durch ein unendliches Nichts? Haucht uns nicht der leere Raum an? Ist es nicht kälter geworden? Kommt nicht immerfort die Nacht und mehr Nacht?« (109).

[66] Eine vertiefte philosophische Auseinandersetzung zur Thematik, die deren Auswirkungen auf die Frage des Menschen miteinbezieht, bietet das Werk von Giuseppe Maria Zanghí mit dem Titel *Notte della cultura europea. Agonia della terra del tramonto?* Vgl. Zanghí, Notte della cultura.

[67] Johannes Paul II.: Ansprache im Rahmen einer Wort-Gottes-Feier in Segovia am 4. November 1982, Art. 8.

[68] Ratzinger, Europa in der Krise, 82.

Menschen aus. Unabhängigkeit, Freiheit, Autonomie stehen in der Wertehierarchie ganz oben, und zwar im Lebensvollzug ebenso wie im Denken und nicht minder im Glauben.

Auch wenn die Idee vom autonomen Subjekt und dessen Selbstvergewisserung in der Philosophie mittlerweile schon wieder stark in der Krise ist,[69] bleibt doch ein Freiheitsbegriff bestimmend, der im Tiefsten in Konkurrenz zur Freiheit Gottes steht. Also bleibt den Menschen nach der Loskettung der Erde von ihrer Sonne nichts Anderes übrig, als dass sie »selber zu Göttern werden«[70]. Außerdem macht Gisbert Greshake in seinem Werk *Der dreieine Gott* darauf aufmerksam, dass in der Neuzeit »die Philosophie die Weiterentwicklung des Personverständnisses sowohl innerhalb der Gotteslehre als auch [...] innerhalb der Anthropologie«[71] übernommen hat, und durch die starke Betonung der Autonomie des einzelnen Subjekts der gemeinschaftliche Aspekt des Personbegriffs aus dem Blick geraten ist. Das führte dazu, dass »der neuzeitliche Begriff des Subjekts a-trinitarisch, wenn nicht anti-trinitarisch konzipiert ist«[72].

3. Cartesianischer Leib-Seele-Dualismus

Auf einen anderen Aspekt der neuzeitlichen Vorstellung vom Menschen macht Wolfgang Schoberth aufmerksam. Der Ansatz des *cogito ergo sum* (*Ich denke, also bin ich*) führt zu einer – von René Descartes nicht intendierten, aber in Konsequenz seines Denkens implizierten – Trennung der Einheit von Leib/Körper und Seele/Geist. Schoberth erklärt dies folgendermaßen:

»Das dabei verwendete ‚Ich‘ ist nämlich keineswegs ein individueller Mensch [...], sondern zunächst lediglich das Denken

---

[69] Vgl. dazu den Tagungsband: Viertbauer / Kögerler (Hg.), Das autonome Subjekt. Vonseiten der Naturwissenschaften stellen vor allem die Gehirnforschung und die Psychologie eine Autonomie des Subjekts infrage.

[70] Nietzsche, Die fröhliche Wissenschaft, 109. Thomas Pröpper vertritt die These, dass »dieses Konkurrenzschema die Auffassung des Verhältnisses von göttlicher und menschlicher Freiheit in der Neuzeit weitgehend beherrscht hat (bis hin zur Aufhebung der menschlichen Freiheit in die Geschichte des allein freien Absoluten bei Hegel einerseits und bis zur radikalen Religions-kritik bei Feuerbach oder Sartre andererseits)« (Pröpper, Theologische Anthropologie, 1014f). Er sieht die Ursache für dieses Konkurrenzschema allerdings schon bei Augustinus und meint, es »geht zum Teil wohl auf das Konto des im Mittelalter nur mühsam modifizierten Aristotelismus, wohl noch mehr aber auf das Konto eben des großen Augustinus.« (1015).

[71] Greshake, Der dreieine Gott, 127.

[72] Ebd., 127.

21

selbst. Descartes spricht dann auch präzise von einer *res cogitans*, einer denkenden Sache, die er der Welt der Objekte, der *res extensa* (der ausgedehnten Sache) entgegensetzt. Das Selbstbewusstsein, das hier erscheint, besteht für sich selbst und ist erst sekundär auf die Sinnenwelt bezogen; das Denken, das sich selbst begründet, ist leiblos. Das denkende und sich seiner selbst bewusste Subjekt tritt an die Stelle der Selbstwahrnehmung des leibhaftigen Menschen.«[73]

So entsteht im cartesianischen Paradigma ein Leib-Seele-Dualismus[74], eine »Aufspaltung des Menschen in Körpermaschine und Vernunftseele«[75], die für die theologische Anthropologie, die eine Leib-Seele-Einheit vertritt, keine geringe Herausforderung darstellt.

4. Krone der Schöpfung?

Dass der Mensch, entsprechend den biblischen Schöpfungsberichten, die Krone der Schöpfung ist, wurde nicht nur in der Theologie, sondern im Wesentlichen auch in der säkularen Welt lange Zeit nicht infrage gestellt und gab dem Menschen einen hohen Selbstwert. Mit den Erkenntnissen der empirischen Wissenschaften verlor diese 'Krone' sukzessive an Glanz und fiel vom Haupt der Schöpfung, wobei der Aufprall zu ebener Erde sehr hart war. Der Mensch verlor also seine hervorragende Stellung in Welt und Kosmos. Pröpper spricht in diesem Zusammenhang von »Demütigungen« und »wissenschaftlichen Kränkungen des Menschen«[76]. Seit der kopernikanischen Wende des Weltbildes durch die Erkenntnisse von Nikolaus Kopernikus und dann von Johannes Kepler und Galileo Galilei »musste das Ebenbild Gottes zunächst einmal die Erkenntnis verkraften, keineswegs in der Mitte eines auf den Menschen zentrierten Universums zu wohnen, sondern bloß ein winziges Staubkorn in einem versprengten Winkel des Weltalls zu sein«[77]. Statt als Krone der Schöpfung beschreibt ihn Jacques Monod in seinem zum Bestseller gewordenen Buch *Zufall und Notwendigkeit* als

---

[73] Schoberth, Theologische Anthropologie, 132.

[74] Ansgar Beckermann zeigt in einem Beitrag die Problematik dieses cartesianischen Dualismus auf, der sich bis in die Neurowissenschaften hinein fortsetzt und zu Aporien im Verständnis des menschlichen Willens führt. Vgl. Beckermann, Neurowissenschaft und Autonomie, 115-133.

[75] Schoberth, Theologische Anthropologie, 133.

[76] Pröpper, Theologische Anthropologie, 21. »Die Liste dieser wissenschaftlichen Kränkungen des Menschen ist lang und ihm immer wieder – teils in hämischer, teil in stimulierender Absicht – vorgehalten worden.« (21).

[77] Pröpper, Theologische Anthropologie, 21.

Zufallstreffer in der Evolutionsgeschichte, der sich vorkommt wie »ein Zigeuner am Rande des Universums [...], das für seine Musik taub ist und gleichgültig gegen seine Hoffnungen, Leiden oder Verbrechen«[78]. Dies führt laut Hans-Joachim Höhn zum »Paradox, dass der Mensch sein für ihn höchst bedeutsames Dasein als für die Natur ganz und gar gleichgültig und unerheblich anerkennen muss«[79].

Mit der Evolutionslehre von Charles Darwin ist der Mensch auch im Verbund der Lebewesen auf eine Ebene und in eine Verwandtschaftslinie mit der Tierwelt degradiert worden. Und konnte er sich eine Zeit lang wenigstens noch auf seine Sonderstellung als vernunftbegabtes Wesen und auf seine Autonomie als freies Subjekt stolz von der Tierwelt abheben, so ist mit Sigmund Freud selbst diese Herrschaft des Ich als 'König im eigenen Haus' zu einem guten Teil entmachtet, weil »eingeklemmt zwischen die Triebe der Es-Schicht und die internalisierten Mächte des Über-Ich«[80]. Dazu gesellen sich noch Erkenntnisse über gesellschaftliche[81], kulturelle und historische Konditionierungen des Menschen, so dass sich der moderne Mensch paradoxerweise mit dem Fortschritt der wissenschaftlichen Erkenntnisse über den Menschen selbst zugleich gedemütigt und gekränkt vorfindet.

5. Die Frage nach dem Ort des Menschen

Gleich einer – psychologisch gesprochen – Trotzreaktion eines gekränkten Kindes, das zu wenig Beachtung findet, und in Auflehnung gegen diese Demütigungen stellt sich der Mensch nun erst recht selbst in die Mitte seines Denkens und Handelns, so als müsste er seine Wichtigkeit beweisen.[82]

Die genannten wissenschaftlichen Kränkungen und Demütigungen können für den Menschen jedoch nur als solche empfunden werden, wenn sie ihn in seinem Menschsein *als Ganzem* betreffen. Nur wenn eine naturwissenschaftliche Erkenntnis das eigentliche Wesen des Menschen trifft, kann es eine Kränkung oder Demütigung in diesem hervorrufen.

---

[78] Monod, Zufall und Notwendigkeit, 129.

[79] Höhn, Zustimmen, 30.

[80] Pröpper, Theologische Anthropologie, 22.

[81] Vgl. Karl Marx, bei dem in seinen *Thesen über Feuerbach* das Wesen des Menschen als »Ensemble der gesellschaftlichen Verhältnisse« (Marx, Frühe Schriften, 3) erscheint.

[82] Nach Franz Gruber kann man den neuzeitlichen Anthropozentrismus in diesem Sinn deuten, wenn er schreibt: »So paradox es klingen mag: In dem Augenblick, als der europäische Mensch mit der Durchsetzung des kopernikanischen Weltsystems seine herausragende Stellung im religiösen und metaphysischen Weltbild verlor, betrachtete er sich als Zentrum der Weltgeschichte« (Gruber, Geschöpf, 24).

Der neuzeitliche Anthropozentrismus[83] kann m.E. nicht zuletzt als Reaktion auf das Trauma der naturalistischen Kränkungen gedeutet werden.

Exakt gegenläufig zum Anthropozentrismus, aber in der modernen Gesellschaft zeitgleich auftretend, sind gedankliche Tendenzen zu einer Menschenflucht[84] bis hin zu innerer Ablehnung des Menschen. Diese »anthropofugale«[85] Sichtweise tritt vor allem da auf, wo zu den erwähnten Demütigungen noch die Grausamkeiten ins Visier genommen werden, die der Mensch in den vergangenen Jahrzehnten gegenüber seinesgleichen wie gegenüber der Natur angerichtet hat.

Die theologische Anthropologie ist gefordert zu zeigen, dass das Wesen des Menschen nicht auf der Ebene der naturwissenschaftlichen Erkenntnisse zu suchen ist, dass es von daher nicht entscheidend für die Würde und den Stellenwert eines Menschen ist, wo er astronomisch beheimatet ist oder ob er evolutionsgeschichtlich in einer Linie mit den Tieren steht oder nicht. Ihre Aufgabe besteht darin, die wahre Zentralität des Menschen zu erschließen, die er im Geheimnis des dreifaltigen Gottes hat.

Der in groben Zügen hier gezeichnete Kontext ist dabei Herausforderung und Chance zugleich. Herausforderung, weil es darum geht, den modernen Menschen in seiner Denkwelt zu erreichen und dogmatisch-theologische Aussagen über den Menschen so zu vermitteln, dass sie für ihn zugänglich werden. Chance, weil die Philosophie und die empirischen Wissenschaften keine befriedigende Antwort auf die Frage nach dem Wesen und der Bestimmung des Menschen gefunden haben und somit – zumindest bei ausreichender Redlichkeit dieser Wissenschaften respektive ihrer Vertreterinnen und Vertreter – das Feld offen ist für Antwortversuche vonseiten der Theologischen Anthropologie.

II. Zugänge zur Theologischen Anthropologie

Es gibt nicht *die* Theologische Anthropologie, sondern eine Fülle von theologischen Entwürfen zur Lehre des Menschen, die – abgesehen vom jeweiligen Kontext der Entstehung – auch geprägt sind von der

---

[83] Zu einem falschen Anthropozentrismus vgl. Franziskus, Laudato si' (24.05.2015) Nr. 115-121 mit der Überschrift *Krise und Auswirkungen des modernen Anthropozentrismus.*

[84] Ulrich Horstmann, ein später Schüler von Schopenhauer, beschreibt es als »ein Auf-Distanz-Gehen des Untiers zu sich selbst und seiner Geschichte, ein unparteiisches Zusehen, ein Aussetzen des scheinbar universalen Sympathiegebotes mit der Gattung, der der Nachdenkende selbst angehört, ein Kappen der affektiven Bindungen« (Horstmann, Das Untier, 8).

[85] Höhn, Zustimmen, 33.

Zugehensweise der Verfasser. Lubichs Zugang, der im zweiten Teil (2. Kap.) näher analysiert wird, baut einerseits auf bekannten und in der Theologie geläufigen Ideen und Konzepten auf, ist jedoch andererseits ein unverwechselbarer, und führt als solcher auch zu unverwechselbaren Erkenntnissen. Um dies aufzeigen zu können, möchte ich in diesem Abschnitt jene Ansätze und Zugänge charakterisieren, welche als Bezugspunkte für die weiteren Gedankengänge nötig sind.

1. Biblische Anthropologie(n)

Weil für Chiara Lubich die Heilige Schrift eine fundamentale Quelle ihres gesamten Gedankenguts ist, sind folglich auch ihre Aussagen zur Frage nach dem Menschen stark von der Botschaft der jüdisch-christlichen Bibel geprägt. Als Referenzpunkte ihrer Lehre vom Menschen sind vor allem die folgenden biblische Grundbotschaften zu nennen: Der Mensch ist Geschöpf Gottes.[86] Er hat sein Sein und In-der-Welt-Dasein von Gott empfangen und ist in die Beziehung mit ihm hineingestellt.[87] In der gesamten Bibel wird der Mensch zudem als Ganzer, also in seiner Einheit von Leib und Seele, gesehen. Es gibt »keine Trennung von Leib und Seele, vielmehr *ist* der Mensch Leib und Seele«[88]. Weiters ist die für alttestamentliche Anthropologie charakteristische Gott-, Welt-, und Gemeinschaftsbezogenheit zu nennen. Häufig bezieht sich Lubich auf die im ersten Schöpfungsbericht[89] gründende *Imago Dei* Lehre, deren Verständnis bei ihr eine besondere (gemeinschaftliche, trinitarische) Note bekommt, wie im zweiten Teil der Studie aufgezeigt wird. Das für das Neue Testament grundlegende enge Verhältnis von Christologie und Anthropologie[90], das vor allem bei Paulus zu finden

---

[86] »Diese Relation Schöpfer – Geschöpf ist konstitutiv für das biblische Menschenbild. Daraus folgt, dass die in den Schöpfungserzählungen der Bibel vorliegenden Reflexionen zu Ursprung und Ziel des Menschen ein gutes und sicheres Fundament für alle weiteren Überlegungen zum Menschenbild der Bibel darstellen.« (Dohmen, Zwischen Gott und Welt, 9).

[87] Oder wie Thomas Pröpper es beschreibt: »*Der Mensch existiert vor Gott (coram Deo) und als Antwort auf Gottes anrufendes Wort.«* (Pröpper, Theologische Anthropologie, 61).

[88] Gruber, Geschöpf, 36. Der Heiligen Schrift ist »jeder anthropologische Dualismus fremd« (Pröpper, Theologische Anthropologie, 137).

[89] »Als Bild Gottes geschaffen« (Gen 1,26-28).

[90] Zur Thematik vgl. Söding, Der erste und der zweite Adam, 390-424. Paulus entwickelt, Thomas Söding folgend, eine »Dialektik von Anthropologie und Christologie [...], um den Glauben zu begründen: Mit Blick auf Jesus, und zwar den Gekreuzigten und von den Toten Auferstandenen, lässt er wesentliche Aspekte

ist, bekommt bei Lubich ebenso eine besondere Dichte durch ihr spezifisches Verständnis von Jesus dem Gekreuzigten und Verlassenen, in welchem die für jede theologische Anthropologie nötige christologische Zentrierung zu finden ist, wie im zweiten Teil (3. Kap.) erläutert wird.

2. Erkenntnistheoretische und methodologische Differenzierungen

Epistemologische und methodologische Aspekte sind mit entscheidend über die Ergebnisse, welche die inhaltlichen Aussagen und Erkenntnisse über den Menschen betreffen. Dies macht nicht zuletzt die mittlerweile große Vielfalt von theologischen Anthropologien verständlich. Lubichs theologische und anthropologische Erkenntnisse sind daher auch unter diesem Aspekt in den Blick zu nehmen. In ihren Schriften wird eine spezifische Methodologie[91] sichtbar, die wiederum in Beziehung zu setzen ist mit anderen Entwürfen. Daher hier in gebotener Kürze eine Darstellung der in der Anthropologie geläufigsten Ansätze.

Gottes Mensch – *Mensch* Gottes

Die grundlegende Auskunft der Theologischen Anthropologie lautet, dass der Mensch Geschöpf Gottes ist und daher sein Wesen und seine Bestimmung nur im Licht der Offenbarung des Glaubens verstehbar sind. Es geht also beim Menschen, theologisch gesprochen, immer um den Menschen und um Gott, um Gott und den Menschen. Der Mensch ist 'Gottes Mensch' er ist 'Mensch Gottes'. Die unterschiedliche Satzstellung derselben Aussage, beide Mal mit dem Nominativ *Mensch* und dem Genetiv *Gottes*, macht bereits sichtbar, dass der Schwerpunkt der Aussage unterschiedlich sein kann, je nachdem, ob der Genetiv vorangestellt oder nachgestellt ist. Für die Erkenntnis ist es indessen nicht irrelevant, auf welchem Wort bzw. auf welcher dem Wort entsprechenden Wirklichkeit der Schwerpunkt liegt. Es macht einen Unterschied, ob der erste Blick derjenige auf Gott ist und der Mensch in der Folge als Gottes-Geschöpf bedacht wird (*Gottes* Mensch), oder ob zuerst auf den Menschen der Blick bzw. die Aufmerksamkeit fällt und es erst in einem zweiten gedanklichen Schritt dazu kommt, dass er als von Gott geschaffenes Wesen betrachtet werden muss (*Mensch* Gottes).
Im ersten Fall ist der Denkweg von Gott ausgehend. Man blickt auf das christliche Dogma, auf die theologische Schöpfungslehre bzw. auf die Lehre der Dreifaltigkeit, und versucht davon ausgehend, den Menschen als Gottes Geschöpf, biblisch als »Bild Gottes« (Gen 1,27), in seinem

---

des Menschseins entdecken, und mit Blick auf die Wirklichkeit der Menschen leuchtet er wesentliche Dimensionen der Christologie aus.« (Ebd., 398).
[91] Näheres dazu im Zweiten Teil (2. Kap.) der vorliegenden Studie.

Wesen und in seiner Bestimmung zu verstehen. Methodologisch lässt sich dies als eine *Anthropologie von oben*, die Denkbewegung *absteigend* von Gott zum Menschen charakterisieren. Die inhaltlichen Aussagen über den Menschen sind dabei letztlich metaphysisch begründet. Bis in die Neuzeit ist dieser Ansatz in der Theologie insgesamt und daher genauso für die anthropologischen Themen in der Theologie der gängige.[92] Der *Mensch* Gottes. Hier ist der Mensch, näherhin das Subjekt bzw. das Selbstbewusstsein, der Ansatzpunkt im Denken. Von der Verfasstheit des Menschen ausgehend wird dessen Gottfähigkeit, seine transzendentale Dimension erkannt, erschlossen und Gott als tiefster Grund des menschlichen Seins und Soseins freigelegt. Methodologisch lässt sich dieser Ansatz als *Anthropologie von unten*, die Denkbewegung *aufsteigend* vom Menschen zu Gott charakterisieren.[93] Inhaltliche Aussagen über den Menschen sind nicht primär metaphysischer Art, sondern gründen im denkenden Subjekt, das sich zur Erkenntnisgewinnung empirischer wie philosophischer Methoden bedient. Im Zuge der neuzeitlichen Wende zum Subjekt wählten fast alle Entwürfe[94] ab dem 20. Jahrhundert diesen Weg. Eine prominente Ausnahme stellt der Schweizer Theologe Hans Urs von Balthasar dar. Im Unterschied etwa zu Karl Rahner, der bei der Geistnatur des Menschen ansetzt, ist für Balthasar »einzig und allein Gottes Wort im Sohn und der Mensch als Person, nicht als Geistsubjekt«[95], der Ansatzpunkt der Anthropologie.

---

[92] Vgl. Honnefelder, Anthropologie, 722. Von den neutestamentlichen Schriften können der Hebräerbrief und das Johannesevangelium zu diesem Ansatz gezählt werden. »Beide setzten christologisch ganz oben an, bei der Präexistenz und Schöpfungsmittlerschaft Jesu Christi, und sehen die Aufgabe, christologisch ganz unten anzukommen, bei den fleischlichen, den leidenden, sündigen, den sterblichen Menschen.« (Söding, Der erste und der zweite Adam, 397)

[93] Die Terminologie lehnt sich an jene einer *Christologie von oben* bzw. *Christologie von unten* an, die hier für die Anthropologie entsprechend angewandt wird. Vgl. dazu: Kasper, Christologie von unten, 141-169; Ohlig, Christologie von unten, 259-273. Nach Hans Kessler sind letztlich »beide Blick- und Argumentationsrichtungen, die von unten und die von oben, richtig verstanden, *transparent aufeinander*. Die Spannung zwischen beiden muss daher immer aufrechterhalten werden.« (Kessler, Christologie, 385)

[94] Renommierte Proponenten mit entsprechenden anthropologischen Ansätzen im Gefolge des neuzeitlichen Denkens sind Karl Rahner und seine anthropologisch gewendete Theologie und seinem Begriff ,übernatürliches Existential', Otto Hermann Pesch mit seinem anthropologische Hauptwerk *Frei sein aus Gnade*, Wolfhart Pannenberg mit den beiden Hauptwerken *Was ist der Mensch? Die Anthropologie der Gegenwart im Lichte der Theologie* und *Anthropologie in theologischer Perspektive* sowie Thomas Pröpper mit seinem umfangreichen Werk *Theologische Anthropologie*.

[95] Meuffels, Einbergung des Menschen, 66. Zur Kritik Balthasars am Ansatz Karl Rahners vgl. den Exkurs *Zur Anthropologie Karl Rahners in der Kritik durch*

Ansätze ‚von oben' stehen vor der Herausforderung, ihre Inhalte so darzulegen, dass sie tatsächlich den konkreten Menschen in seiner Denk- und Lebenswelt bis in die Tiefe erreichen, dass sie also nicht weltfern und in Konsequenz menschenfern bleiben.[96] Entwürfe ‚von unten' sind dagegen stärker gefordert, den genuin christlichen Offenbarungswahrheiten das Wort zu erteilen und genügend Gehör zu verschaffen. Letztlich ist jede theologische Anthropologie einerseits gefordert von Gott auszugehen, den Ansatz ‚von oben' zu wählen, und sie muss desgleichen vom Menschen ausgehen, will heißen ‚von unten' den Zugang nehmen. Wie aber ist es möglich, diese beiden gegenläufigen Bewegungen in eins zu bringen? Es gibt einen – aber auch nur diesen einen – Punkt, vom dem aus beide, sich zunächst zu widersprechen scheinende Zugänge möglich sind: es ist die Person *Jesus Christus*, der wahrer Gott und wahrer Mensch[97] ist. Diese nötige christologische Mitte der christlichen Lehre vom Menschen erfährt freilich bei unterschiedlichen Ansätzen nochmals verschiedene Akzentuierungen. Lubichs Schriften bringen im Ensemble dieser wiederum neue Gedanken ein, die ich im weiteren Fortgang dieser Untersuchung analysieren werde.

III. Grundthematiken der Theologischen Anthropologie

Im Vorausblick auf den Hauptteil dieser Publikation müssen jene Thematiken benannt werden, für die durch das Gedankengut Chiara Lubichs Spezifisches in den theologischen Diskurs eingebracht wird.

Hans Urs von Balthasar (Ebd., 63-69). Vgl. auch die Ausführungen von Daniel Munteanu (Munteanu, Was ist der Mensch, 33).

[96] Bei Balthasars Ansatz etwa wird eine solche Weltferne vonseiten seiner Kritiker bemängelt. Dazu Werner Löser in seiner Analyse: »bei aller Betonung der Welt als des Ortes christlichen Glaubens und Lebens hat von Balthasar – wie es scheint – einen wachen Sinn für die Welt des Politischen, des Ökonomischen, ja des konkret Historischen nur in begrenztem Maß gehabt oder zumindest gezeigt. Kritische Leser seiner Schriften bemängeln deren Weltferne. Sie haben nicht Unrecht.« (Löser, Hans Urs von Balthasar, 163)

[97] »wahrhaft Gott und wahrhaft Mensch [...] unvermischt... ungetrennt und unteilbar« (Christologisches Dogma beim Konzil von Chalkedon [DH 301 und 302]), wie das Konzil von Chalzedon bereits im Jahr 451 in seinem Glaubensbekenntnis festhält. Von diesem christologischen Dogma geleitet ist jede echte christlich-theologische Anthropologie christologisch anzulegen. Sie darf also »weder von einem vorgefassten Gottesverständnis her über den Menschen noch von einem vorgefassten Verständnis des Menschen [...] her über Gott [ausgehen, sondern muss] aufgrund desselben einen Ereignisses« (Jüngel, Der Gott entsprechende Mensch, 297).

Ausgangsbasis aller inhaltlichen Aussagen ist dabei das christlich-trini-tarische Offenbarungsverständnis, wie es im Konzilsdokument *Dei Verbum*[98] synthetisch zusammengefasst ist, welches eine Hermeneutik »im Licht Christi« (GS 10) für alle inhaltlichen Erkenntnisse über den Menschen grundlegt.

Offenbarung ist gemäß dem Zweiten Vatikani-schen Konzil nicht eine 'Sache', sondern ein lebendiges Ereignis, ein Beziehungsgeschehen in Tat und Wort, ein aus überströmender Liebe zu den Menschen mit ihnen Verkehren wie mit Freunden (vgl. DV 2). Demnach kann theologische Rede vom Menschen nicht herausgelöst aus diesem lebendigen Beziehungsgeschehen erfolgen, sondern der bzw. die über den Menschen Sprechende muss sich auch in diesem Geschehen involviert sehen. Dieser methodologische Hinweis ist zu-gleich eine theologisch-ontologisch höchst relevante inhaltliche Aus-sage[99] über den Menschen.

Einen wichtigen Anknüpfungspunkt für die Anthropologie Lubichs fin-den wir in der Konzilskonstitution *Gaudium et spes*, die in Artikel 22 unter der pointierten Überschrift »Christus, der neue Mensch« gleich-sam ein Konzentrat katholischer Anthropologie[100] bietet. Was bzw. wer der Mensch im Licht der christlichen Offenbarung ist, lässt sich nach GS 22 prägnant zusammenfassen in der Aussage: Christus ist der voll-kommene Mensch. Der Mensch ist ein anderer Christus, Tochter bzw. Sohn im Sohn.

---

[98] »Gott hat in seiner Güte und Weisheit beschlossen, sich selbst zu offenbaren und das Geheimnis seines Willens kundzutun (vgl. Eph 1,9): dass die Menschen durch Christus, das fleischgewordene Wort, im Heiligen Geist Zugang zum Vater haben und teilhaftig werden der göttlichen Natur (vgl. Eph 2,18; 2 Petr 1,4). In dieser Offenbarung redet der unsichtbare Gott (vgl. Kol 1,15; 1 Tim 1,17) aus überströ-mender Liebe die Menschen an wie Freunde (vgl. Ex 33,11; Joh 15,14-15) und verkehrt mit ihnen (vgl. Bar 3,38), um sie in seine Gemeinschaft einzuladen und aufzunehmen. Das Offenbarungsgeschehen ereignet sich in Tat und Wort, die in-nerlich miteinander verknüpft sind: die Werke nämlich, die Gott im Verlauf der Heilsgeschichte wirkt, offenbaren und bekräftigen die Lehre und die durch die Worte bezeichneten Wirklichkeiten; die Worte verkündigen die Werke und lassen das Geheimnis, das sie enthalten, ans Licht treten. Die Tiefe der durch diese Of-fenbarung über Gott und über das Heil des Menschen erschlossenen Wahrheit leuchtet uns auf in Christus, der zugleich der Mittler und die Fülle der ganzen Offenbarung ist.« (DV 2)

[99] Der Mensch *ist* jenes in das trinitarische Offenbarungsgeschehen miteinbezogene Wesen, er *ist* Adressat der überströmenden Liebe des Vaters, der mit ihm verkehrt wie mit einem Freund, er *ist* zur Gemeinschaft mit dem Vater durch den Sohn im Heiligen Geist berufen sowie zur Teilhabe am trinitarischen Leben selbst.

[100] Alle klassischen anthropologischen Themen kommen in diesem Absatz vor und finden im menschgewordenen Gott Jesus Christus ihre erhellende Mitte, denn wie gleich im ersten Satz betont wird: »Tatsächlich klärt sich nur im Geheimnis des fleischgewordenen Wortes das Geheimnis des Menschen wahrhaft auf.« (GS 22)

Ein vielschichtiges und viel diskutiertes Thema ist sodann die *Imago Dei* Lehre, die Frage nach der Bedeutung bzw. den Bedeutungen der Gottebenbildlichkeit, besser bezeichnet als 'Gottesbildlichkeit'[101] oder 'Gottbildlichkeit'[102] des Menschen – die Kreatürlichkeit des Menschen[103] vorausgesetzt. Hier wird im zweiten Teil (3. Kap.) aufzuzeigen sein, wie – aufbauend auf vorhandene Deutungen – Lubich die *Imago Dei* als *Imago Trinitatis* näherhin versteht.

Die Thematik der Sünde bzw. der Wirkmacht der Sünde[104] darf in keiner theologischen Lehre über den Menschen fehlen. Interessant ist dabei nicht zuletzt die Frage, inwiefern die Sünde in den verschiedenen anthropologischen Entwürfen konsequent in der christologisch-soteriologischen Dimension gesehen wird – da gibt es durchaus große Unterschiede. Gerade in Bezug auf die Thematik von Sünde, Tod und Hölle ist das Gedankengut Lubichs äußerst inspirierend, da gemäß ihrem Verständnis von Jesus dem Verlassenen am Kreuz (ihre spezifische christologisch-soteriologische Zentrierung) die Erlösung, die nach GS 22 als Ziel die Gleichgestaltung des Menschen mit Christus, dem »Bild des unsichtbaren Gottes« (Kol 1,15), hat, bis ans Äußerste gedacht wird, wie im zweiten Teil (3. Kap.) aufzuweisen sein wird.

Dort wird auch sichtbar werden, wie die eschatologische Dimension der Anthropologie Lubichs besonders stark ausgeprägt ist. Ihre Sicht des erlösten und vollendeten Menschen befindet sich einerseits auf dem Boden der biblischen Botschaft – vor allem der präsentischen Eschatologie bei Paulus und Johannes – sowie der lehramtlichen Aussagen, zugleich nimmt sie das Sohn-bzw. Tochter-Sein im Sohn und das Im-Geist-*Abba*-Rufen-Können (vgl. Röm 8,15) in so radikaler Weise ernst, wie dies in der Fachliteratur kaum zu finden ist.

Dies zeigt sich schließlich an ihrem Verständnis der Vergöttlichung des Menschen. Die Theosis-Lehre[105], die in der westlichen Theologie im

---

[101] Vgl. Dohmen, Zwischen Gott und Welt, 29.

[102] Vgl. Sedlmeier, Vom Mutterschoß her, 301.

[103] Die in vielen theologischen Entwürfen zur Frage der *Imago Dei* unausgesprochen vorausgesetzt oder implizit mitbedacht wird, die aber m.e. heutzutage wieder eine explizitere Behandlung verdient, da sie im nicht-theologischen Diskurs nicht selbstverständlich geteilt wird. Wenn der Mensch als *Geschöpf* Gottes (und somit auch als Mitgeschöpf mit der übrigen Schöpfung) angenommen wird, heißt dies folglich ebenso, dass er selbst eben *nicht* Gott ist, sondern das *Andere Gottes*.

[104] Sowohl was die Heilige Schrift als auch was die Person Jesu Christi selbst anbelangt, ist es angemessener, nicht von einer *Lehre* der Sünde (im Sinne einer systematischen Harmatologie) zu sprechen, sondern eher vom *Zeugnis* der Sünde und ihrer Macht.

[105] Wie der Begriff der Vergöttlichung des Menschen dogmatisch richtig zu fassen ist und wie er im Laufe der patristisch-theologischen Literatur verstanden wurde, hat Christoph Schönborn ausführlich dargelegt (Vgl. Schönborn, Vergöttlichung des

Vergleich zur östlichen eher ein Schattendasein fristet, gelangt durch das trinitarische Charisma der italienischen Mystikerin denkerisch zu einem bis dato nicht erreichten Kulminationspunkt, der im letzten Abschnitt des zweiten Teils (3. Kap.) erörtert und auf seine anthropologischen Implikationen hin analysiert wird.

Drittes Kapitel
Ansätze Trinitarischer Anthropologien

Wenn im Untertitel des Buches von *Trinitarischer* Anthropologie bei Chiara Lubich die Rede ist, muss zunächst das Feld in den Blick genommen werden, in welchem ihre Aussagen über den Menschen sich einordnen lassen. In diesem Themenfeld zeigt sich, dass die erneute Hinwendung der Theologie zur Trinitätslehre, die laut Gisbert Greshake seit den ausgehenden 1970er Jahren[106] zu bemerken ist, auch in der theologisch-anthropologischen Literatur vermehrt zur Heranbildung von Ansätzen in trinitarischer Perspektive führte. Die wichtigsten Bezugspunkte zum Verständnis der Schriften Lubichs sollen dabei in diesem Kapitel in groben Zügen aufgezeigt werden.

I. Bezugspunkte für Anthropologien in trinitarischer Perspektive

Grundlage und wichtiger inhaltlicher Bezugspunkt ist zunächst die Botschaft der Heiligen Schrift, wobei im Neuen Testament besonders die Tauftheologie des Paulus sowie die johanneischen Schriften zu nennen sind.
Im Zuge des Wiedererstarkens der Trinitätslehre sind sodann einige Grunddaten des Glaubens erneut ans Licht gehoben worden, die auch

---

Menschen, 3-47). Unterstrichen sei an dieser Stelle nur, unter welchen Voraussetzungen theologisch vom vergöttlichen Menschen gesprochen werden kann, nämlich im Ernstnehmen der Kreatürlichkeit und der *Imago Dei* Lehre, des Dogmas von Chalzedon (Zwei-Naturen-Lehre: Christus wahrer Gott und wahrer Mensch, unvermischt und ungetrennt) sowie der im vierten Laterankonzil formulierten Analogieformel (»Denn zwischen dem Schöpfer und dem Geschöpf kann man keine so große Ähnlichkeit feststellen, dass zwischen ihnen keine noch größere Unähnlichkeit festzustellen wäre.« (DH 806).

[106] Vgl. Greshake, Der dreieine Gott, 18. Greshakes Werk *Der dreieine Gott* ist ein Standardwerk, das die Entwicklung der Trinitätstheologie detailliert darstellt.

für die Anthropologie von Relevanz sind und die nicht zuletzt bei Lubich eine bedeutende Rolle spielen. Als erstes ist das *Gottesbild* zu nennen. Hier kam es zu einer erneuten Schwerpunktsetzung auf die zentrale biblische Glaubensbotschaft »Gott ist Liebe« (1 Joh 4,8.16). Denn ein dreieiniger Gott ist nur denkbar als Gott, der Liebe ist. Die Trinitätslehre ist der theologische Versuch, Gott als Liebe verständlich zu machen. Sie ist »der unerlässlich schwierige Ausdruck der einfachen Wahrheit, dass Gott lebt, weil Gott als Liebe lebt.«[107] Zudem machte die Vertiefung des Trinitätsglaubens nach der neuzeitlichen Wende zum Subjekt eine neue Auseinandersetzung mit dem *Personbegriff* in Gott und folglich auch beim Menschen nötig. Der dreieinige Gott ist ein Gott in drei Personen und der Mensch ist Person. Es bedarf eines Personbegriffs, um von *Person* in theologisch angemessener Weise in Gott und beim Menschen sprechen zu können. Für die theologische Anthropologie zeigt sich die Notwendigkeit eines *relationalen Personbegriffs* in Gott und folglich im Menschen als Bild Gottes. Ein drittes Grunddatum der Trinitätstheologie ist der *Communio*-Gedanke. Die Communio ist die Form der interpersonalen Dynamik in Gott und – in analoger Weise – zwischen Gott und den Menschen bzw. unter den Menschen.[108] Der Mensch ist geprägt von und ausgerichtet auf trinitarische Communio.

Zwei Autoren, deren Schriften bis heute die Theologie prägen und deren Gedankengut bleibend Bezugspunkte für eine trinitarische Lehre vom Menschen bieten, sind der heilige Augustinus von Hippo und Richard von St. Viktor. Augustinus ist vor allem deshalb zu erwähnen, weil mit ihm und seinem Werk *De Trinitate* die wertvolle Wegbereitung für ein trinitarisches Denken gegeben ist. Er hat das aristotelische Substanz-Akzidenz-Denken aufgebrochen und stattdessen ein Relations-Denken eingeführt. Gott ist als Substanz der Eine, er ist dem Wesen nach eins. Wenn in Gott von drei Personen die Rede ist, so sind jedoch weder mehrere Substanzen gemeint, noch wird das Personsein als Akzidenz betrachtet, sondern gerade *im* Vatersein, Sohnsein, Geistsein drückt sich das *eine* Wesen aus. *Vater-*, *Sohn-* bzw. *Geistsein* sind nach Augustinus *Relationsbegriffe*.[109] Thomas von Aquin wird den

---

[107] Jüngel, Ökonomische und immanente Trinität, 265. Dass Gott Liebe ist und dass er dreifaltig ist, erhellt sich gegenseitig und wird in der Trinitätstheologie im inneren Zusammenhang gesehen.

[108] »Der eine christliche Gott ist Communio, er verwirklicht sein Sein im Dialog der Liebe dreier Personen.« (Greshake, Der dreieine Gott, 182).

[109] »In Gott gibt es keine Akzidentien, nur Substanz und Relation.« »In Deo autem nihil quidem secundum accidens dicitur, quia nihil in eo mutabile est; nec tamen omne quod dicitur, secundum substantiam dicitur [...] quod tamen relativum non est accidens, quia non est mutabile.« (Aug., trin. V 5, 6; PL 42, 914, 10-12.35f.)

Personbegriff in Gott dergestalt weiterentwickeln, dass er die göttlichen Personen als *relationes subsistentes* versteht, dass also »die Relationen als *subsistierend* und als *mit der göttlichen Wesenheit identisch* verstanden werden«[110]. Dieser Ansatz von Augustinus und Thomas hat die Trinitätslehre des Westens entscheidend geprägt. Ein relationales Personverständnis ermöglicht auch eine anthropologische Rede von Person in trinitarischer Perspektive. Zudem sei ein Bezugspunkt erkenntnistheoretischer Natur für eine trinitarische Anthropologie erwähnt, auf den Piero Coda in seiner Analyse zum Buch XV von *De Trinitate* hinweist. Coda kommt dabei zum Ergebnis, dass bei Augustinus die gegenseitige Liebe der *Ort* der Erkenntnis der Trinität[111] – ein *locus theologicus* – ist, weil der Geist der Liebe, in dem der Vater und der Sohn eins sind, den Menschen Anteil an seiner göttlichen Natur schenkt und sie in Christus eins sein lässt.

Richard von St. Viktor ist vor allem deshalb zu erwähnen, weil er einen Personbegriff[112] geprägt hat, der für eine trinitarische Anthropologie als hilfreich erscheint, und auf den in der Tat bis heute gerne Bezug genommen wird.[113] Richard hat mit seinem Personbegriff »den *relationalen Charakter* des Personseins nachhaltig zur Geltung gebracht. Personsein heißt immer schon Bezogenheit; und die Personen haben ihr In-Sich-Sein nur aufgrund ihres Bezogenseins«[114]. Gegen Ende seiner Ausführungen, in *De trinitate* V 20, bietet Richard zudem eine bemerkenswerte Aussage, die eine *relationale Ontologie der Liebe* andeutet und die einen interessanten Vergleichspunkt mit dem Gedankengut Lubichs bieten kann. Wörtlich schreibt er:

---

[110] Greshake, Der dreieine Gott, 114. Zum Verständnis des Personbegriffs in der Trinitätskonzeption des Thomas und dessen Grenzen vgl. ebd., 114-126.

[111] Piero Coda wörtlich: »Wo also die gegenseitige Liebe in Christus gelebt wird, realisiert sich die Erfahrung des Geistes, die gegenseitige Liebe des Vaters und des Sohnes. Und dort ist der eigentliche theologische Ort für die Erkenntnis des Dreifaltigen Gottes auszumachen. Wie der menschliche Geist ganz zum Abbild der Trinität wird, wenn er von Gott bewohnt ist, so gilt für die zwischenmenschliche Gemeinschaftsbeziehung, dass sie zum Abbild der Trinität wird, wenn sie vom Heiligen Geist bewohnt ist.« (Coda, Dalla Trinità, 387)

[112] Zum genauen Verständnis des Personbegriffs bei Richard von St. Viktor vgl. Greshake, Der dreieine Gott, 104-111; Werbick, Trinitätslehre, 508-511.

[113] Zur Begründung schreibt Werbick: »Richards Schrift 'De trinitate' ist die konsequenteste Ausarbeitung einer 'interpersonalen' Trinitätsauffassung geblieben.« (Werbick, Trinitätslehre, 511)

[114] Werbick, Trinitätslehre, 510. Damit ist bei Richard eine reine Substanz-Ontologie zugunsten einer relationalen Ontologie überwunden und zugleich ein theologisches wie anthropologisches Denken über Personen ermöglicht, welches mit dem boethianischen Personverständnis noch unvorstellbar wäre.

»Gewiss muss in der höchsten Einfachheit Sein und Liebe zu-
sammenfallen. In jedem der drei sind also die Person und ihre
Liebe identisch. Dass in der einen Gottheit mehrere Personen
sind, heißt dann nichts anderes als dass mehrere die eine und
selbige höchste Liebe haben, oder noch besser: gemäß der un-
terschiedenen Eigentümlichkeit diese Liebe sind.«[115]

Lubichs Anthropologie liegt ebenfalls eine trinitarische Ontologie der
Liebe zugrunde, wie sich im zweiten Teil der Studie zeigen wird,
wodurch sich hier Vergleichspunkte ergeben.

II. Im kirchlichen Lehramt und bei
ausgewählten Autoren

Theologische Entwicklungen im Bereich der Trinitätslehre fließen naturgemäß in die offizielle Lehre der Kirche ein. So lassen sich in lehramtlichen Dokumenten ab dem Zweiten Vatikanischen Konzil deutlich
Akzente einer christologisch-trinitarischen Sicht des Menschen ausfin-
dig machen. Der italienische Theologe Nicola Ciola spricht davon, dass
das Konzil neue Horizonte für eine trinitarische Anthropologie[116] eröffnet hat. Es gibt bislang zwar kein päpstliches Lehrschreiben bzw. Dokument des kirchlichen Lehramtes, das explizit einer kirchlichen trinitarischen Anthropologie gewidmet wäre. Dennoch sind in
unterschiedlichen Dokumenten Passagen aufzufinden, die einer trinitarischen Sicht des Menschen entsprechen. An dieser Stelle sollen sie
wenigstens stichwortartig Erwähnung finden.

---

[115] Richard, De Trinitate, 172. Diese von Richard gelegte Spur ist über mehrere Jahrhunderte nicht näher verfolgt worden, wie Piero Coda in seiner Analyse schreibt
(Vgl. Coda, Dalla Trinità, 404). Erst Hans Urs von Balthasar wird die 'Konvertibilität von Sein und Liebe' bzw. 'Koextensivität von Sein und Liebe' vertiefend
entfalten (vgl. Löser, Sein als Liebe, 411).

[116] Wörtlich schreibt Ciola: »Der Impuls, den das Zweite Vatikanum in der Offenheit
für neue Horizonte in der trinitarischen Anthropologie gegeben hat, ist auf jeden
Fall bedeutsam. Dabei geht es nicht um eine systematische Lehre, sondern um
das Hervorheben des trinitarischen Handelns Gottes in der Heilsgeschichte.« (Ciola, Teologia trinitaria, 219)

1. Im kirchlichen Lehramt

Ein wichtiger Beleg für eine trinitarische Sichtweise des Menschen ist der Artikel 24 von *Gaudium et spes,* der inhaltlich eine Ergänzung[117] zum Artikel 22 darstellt. In GS 24 wird betont, dass die kommunitäre Berufung eine anthropologisch konstitutive Dimension[118] des Menschen ist. Die Konzilslehre, dass sich der Mensch im Leben der Einheit nach dem Vorbild der Einheit der göttlichen Personen in seiner gemeinschaftlichen Dimension verwirklicht, werden wir im Gedankengut Lubichs – in dem ihr eigenen Verständnis – wiederfinden.

Wenn man die Lehre der Päpste seit dem Zweiten Vatikanum unter der Perspektive einer trinitarischen Anthropologie unter die Lupe nimmt, kann man ebenso entsprechende Elemente finden. Johannes Paul II. etwa deutet im Apostolischen Schreiben *Mulieris dignitatem* (1988) das Geschaffensein des Menschen als Mann und Frau bereits im Sinne einer trinitarischen *Imago Dei* und sieht im Dreifaltigen Gott das Urmodell[119] für die Familie. Diese Deutung der Zwei-Einheit von Mann und Frau als Abbild der Trinität hat eine trinitarische Anthropologie vor allem in Bezug auf die Ehe und die Familie gefördert und signalisiert nach Meinung von Kardinal Marc Ouellet »die offizielle Anerkennung der Wende zum Trinitarischen in der neueren Ehe- und Familientheologie«[120]. Als Beispiel für den *ekklesiologischen Aspekt* des trinitarisch verstandenen Menschenbildes sei auf das Apostolische Schreiben *Novo millenio inenunte* hingewiesen, vor allem auf die Artikel 42 und 43, in denen Johannes Paul II. über die gemeinschaftliche Berufung des Menschen im Kontext der Communio-Ekklesiologie spricht.

Unter den Schriften von Benedikt XVI., dessen vorrangiges Thema nicht die Anthropologie war[121], sei vor allem auf seine Sozialenzyklika

---

[117] GS 22 ist eingebettet in das erste Kapitel der Konstitution, in dem die Konzilsväter die Würde und die Berufung des einzelnen Menschen beleuchten und folglich vom Menschen immer im Singular sprechen. In GS 24 hingegen ist die Gemeinschaft der Menschen und ihre Berufung im Blickfeld des Interesses.

[118] »Der Mensch ist nämlich *aus seiner innersten Natur* [Hervorhebung d. Verf.] ein gesellschaftliches Wesen« (So bereits in GS 12, wo das Konzil über den Menschen nach dem Bild Gottes spricht).

[119] In diesem Sinne schreibt er im *Jahr der Familie 1994*: » Im Licht des Neuen Testamentes ist es möglich, das Urmodell der Familie in Gott selbst, im trinitarischen Geheimnis seines Lebens, wiederzuerkennen. Das göttliche 'Wir' bildet das ewige Vorbild des menschlichen 'Wir'; vor allem jenes 'Wir', das von dem nach dem Abbild und der Ähnlichkeit Gottes geschaffenen Mann und der Frau gebildet ist.« (Johannes Paul II., Brief an die Familien [1994], Art. 6)

[120] Ouellet, Familie, 57f.

[121] Vgl. Hoping / Tück (Hg.), Wahrheit des Glaubens, 7-21.

Caritas in veritate (2009) hingewiesen. Was die soziale Natur des Menschen und seine kommunitäre Berufung betrifft, lenkt Ratzinger den Blick auf das in Christus geoffenbarte Mysterium der Dreifaltigkeit mit ihren innertrinitarischen Relationen.[122] Für seinen Ansatz ist überdies relevant, dass er an der Stelle, wo vom Einssein der Menschen nach dem Vorbild des Einsseins der göttlichen Personen die Rede ist, das Thema *Kirche* einführt. Das neue Sein der Menschen in Christus lässt diese an der Dynamik der trinitarischen Liebe teilhaben, wodurch die Gemeinschaft der Christen als Kirche Sakrament der Einheit mit Gott und unter den Menschen ist. Weil für Benedikt XVI. »ein angemessener Zugang zu Jesus Christus nur im Lebens- und Traditionszusammenhang der Kirche gefunden werden kann«[123], ist die Kirche auch für sein anthropologisches Denken essenziell.

Anschaulicher als seine beiden Vorgänger betont Papst Franziskus die Notwendigkeit des aktiven Mitlebens der trinitarischen Dynamik, die er als »Vorrangigkeit des 'Aus-sich-Herausgehens'« (*Evangelii gaudium* 179) beschreibt. Diese in den trinitarischen Beziehungen gründende Dynamik ist der Schlüssel zur Realisierung des Seins, sowohl des einzelnen Menschen wie der Gemeinschaft der Kirche. Ausgangspunkt seiner Anthropologie ist der Glaube an den Dreifaltigen Gott, der Communio ist und von dem her »die gesamte Wirklichkeit in ihrem Innern eine eigentlich trinitarische Prägung besitzt« (*Lumen fidei* 239). Der Mensch, der von Gott Vater unendlich geliebt, durch die Inkarnation des Sohnes Gottes »bis zum Herzen Gottes erhöht worden ist« und in dem der Heilige Geist, der »in alle sozialen Bindungen einzudringen sucht«, wirkt, ist »nach dem Bild der göttlichen Gemeinschaft erschaffen«, woran uns das »Geheimnis der Trinität selbst erinnert« (*Evangelii gaudium* 178). Was für eine Spiritualität in Ehe und Familie gilt, nämlich, dass sie »ein Weg [ist], den der Herr verwendet, um [den Menschen] auf die Gipfel der mystischen Vereinigung zu führen« (*Amoris laetitia* 316), wird bei Franziskus erweitert auf das Miteinander *aller* Menschen. Im gelebten Miteinander transzendiert sich der Mensch, geht er aus sich heraus, und gerade auf diese Weise reift, wächst und weitet sich die menschliche Person, weil sie entsprechend den Beziehungen in der Dreifaltigkeit[124] lebt.

---

[122] Der Mensch als relationales Wesen, in dem »die Fähigkeit zur Beziehung ein wesentliches Element« (Benedikt XVI., Caritas in veritate [29.06.2009] Nr. 55.) des *humanum* ausmacht und der als Ebenbild des dreifaltigen Gottes geschaffen ist, verwirklicht sich in den interpersonalen Relationen nach dem göttlichen Modell.

[123] Hoping / Tück (Hg.), Wahrheit des Glaubens, 9.

[124] Gerade auf diese Weise »übernimmt sie [die menschliche Person] in ihr eigenes Dasein jene trinitarische Dynamik, die Gott dem Menschen seit seiner Erschaffung eingeprägt hat« (Laudato si' 240).

2. Bei ausgewählten Autoren

Den ersten Entwurf einer ausdrücklich so titulierten *Trinitarischen Anthropologie*[125] lieferte der zur Tübinger Schule gehörende Dogmatiker Franz Anton Staudenmaier bereits im 19. Jahrhundert. Die Anthropologie von Karl Rahner trägt das Adjektiv *trinitarisch* zu Recht, wie Klaus Fischer in seiner Studie *Der Mensch als Geheimnis* bekräftigt. Vor allem im dritten Teil[126] erörtert Fischer das trinitarische Geheimnis des Menschen in Rahners Theologie. In seiner engen Verbindung von Christologie und Anthropologie – Rahner begreift »Christologie als sich selbst transzendierende Anthropologie und diese als defiziente Christologie«[127] – versucht Rahner, »das Geheimnis des Menschen in das Geheimnis der Trinität selbst hineinmünden«[128] zu lassen. Vom Inhalt her betont Rahner den Aspekt der Selbsttranszendenz[129] für die Verwirklichung des Menschseins[130] nach dem Vorbild der trinitarischen Perichorese.

Eine konsequent trinitarisch begründete, »ausgiebige, vielschichtige Anthropologie«[131] ist im Werk von Hans Urs von Balthasar eingewoben. Hans Otmar Meuffels hat in seiner Studie[132] diese systematisch herausgearbeitet. Charakteristisch für Balthasars ist der Gedanke der *Einbergung des Menschen in das Mysterium der dreieinigen Liebe*, wie Meuffels seine Publikation betitelt. Durch diese Einbergung nimmt der Mensch am trinitarischen Leben Gottes selbst teil, »an den

---

[125] Peter Hünermann hat diesen Entwurf im Beitrag *Trinitarische Anthropologie bei Franz Anton Staudenmaier* untersucht und gewürdigt, nicht ohne zugleich auf kritische Punkte im Ansatz von Staudenmaier aufmerksam zu machen. Staudenmaiers Anthropologie, welche aufs Ganze gesehen von einem mehr idealistischen als trinitarischen Denksystem geprägt ist, ist in der Fachliteratur kaum rezipiert worden.

[126] Unter dem Titel *Das Geheimnis als Ur-Intuition der Theologischen Anthropologie* arbeitet Fischer das trinitarische Geheimnis des Menschen im Geheimnis der Dreifaltigkeit in Rahners Schriften heraus (vgl. Fischer, Mensch als Geheimnis, 209-388).

[127] Rahner, Schriften zur Theologie I, 184.

[128] Fischer, Mensch als Geheimnis, 300.

[129] Der Mensch ist bei Rahner gemäß der Darstellung von Karl-Heinz Menke »das Geschöpf, das sich in dem Maß selbst verwirklicht, als es den Gott der Selbsttranszendenz abbildet (Gottebenbildlichkeit).« (Menke, Mensch, 113)

[130] In seiner anthropologischen Kurzformel bringt Rahner diese Dynamik so ins Wort: »Der Mensch kommt nur wirklich in echtem Selbstvollzug zu sich, wenn er sich radikal an den anderen wegwagt.« (Rahner, Grundkurs des Glaubens, 437)

[131] Löser, Hans Urs von Balthasar, 91.

[132] Vgl. Meuffels, Einbergung des Menschen.

37

innertrinitarischen Lebensgesetzen und Vollzügen«[133]. Sie führt nach Balthasar zur Einheit[134] zwischen Mensch und Gott. Der Ort, an dem diese Einbergung in die trinitarische Liebe sich ereignet, kann nach ihm nur der 'Ort des Sohnes'[135] sein, Jesus Christus selbst, der »die Seinen in sein Geschick ein[bezieht] und [...] sie damit an seinen eigenen innertrinitarischen Ort«[136] versetzt. Anzumerken bleibt, dass das Gewicht im Ansatz von Balthasars auf der Einbergung des *einzelnen* Menschen in das Mysterium der dreieinigen Liebe liegt. Dass und wie sich das trinitarische Leben auch in den interpersonalen Relationen *zwischen Menschen* ereignen kann, ist bei ihm kaum entfaltet; dies wird bei Lubich hingegen ein wichtiger Aspekt sein.

Schließlich ist die trinitarische Theologie von Gisbert Greshake[137] besonders zu erwähnen, da sich daraus interessante Bezugspunkte zum Verständnis der Lehre Lubichs ergeben. Greshake erschließt das trinitarische Personverständnis in der Dreifaltigkeit und – in Analogie im *Menschen als Bild des dreieinigen Gottes*[138] – von seinem 'Communio-Modell'[139] her. Hinzu kommt – und das ist für ein *dialogisches und*

---

[133] Meuffels, Einbergung des Menschen, 348. *» Wir berühren damit die innerste Mitte einer trinitarischen Anthropologie.«* (Ebd.)

[134] Das johanneische Wort »Wie du, Vater, in mir bist und ich in dir bin, sollen auch sie in uns sein, damit die Welt glaubt, dass du mich gesandt hast. Und ich habe ihnen die Herrlichkeit gegeben, die du mir gegeben hast« (Joh 17,21f.) versteht Balthasar dabei als »Mit-Sein in Herrlichkeit. Im Überstieg in diese trinitarische Herrlichkeit findet der Mensch seine Eigentlichkeit. Keine geschöpfliche Eigenheit wird in dieser Herrlichkeits-Einheit zerstört, wohl aber so geprägt, dass sie ihrer geschöpflichen Ursprünglichkeit entspricht und von daher mühelos ins trinitarische Leben einbezogen werden kann.« (Meuffels, Einbergung des Menschen, 532)

[135] »Der Platz des eigeborgenen Menschen ist [...] in Gott am Ort des Sohnes, mit dem zusammen wir aus dem Vater geboren werden.« (Meuffels, Einbergung des Menschen, 521) Denn »Christus ist die Idee des wahren Menschen in Gott, die in der Menschwerdung konkrete Gestalt annimmt und in die hinein der Mensch auch wieder eingeborgen wird.« (Ebd., 515)

[136] Meuffels, Einbergung des Menschen, 412.

[137] Vor allem sein umfassendes Werk zur Trinitätstheologie mit dem Titel *Der dreieine Gott*, in welchem er ausdrücklich »das Erfordernis einer trinitarischen [...] Anthropologie« (Greshake, Der dreieine Gott, 42) unterstreicht.

[138] So die Überschrift zum entsprechenden Kapitel (vgl. Greshake, Der dreieine Gott, 251).

[139] Vgl. ebd., 200-207. Das Besondere seiner Trinitätstheologie – und das in der Folge auch für die Anthropologie Relevante – besteht darin, dass er sich vom in der Tradition der Trinitätslehre üblichen 'genetischen Konstitutionsmodell' mit Konzentration auf die 'Ursprungsbeziehungen' bzw. 'Hervorgänge' in den Relationen der drei göttlichen Personen ablöst und im Unterschied dazu das 'Communio-Modell' als angemessener favorisiert, um die schwierige Frage zu lösen, »wie die Ordnung der Hervorgänge zu vereinbaren ist mit der Gleichrangigkeit der drei göttlichen Hypostasen« (Werbick, Trinitätslehre, 561)

trialogisches Personverständnis[140], wie Greshake es bezeichnet – ein weiteres Moment, welches er als das 'Zwischen' bezeichnet. »Zwischen Ich und Du west ein eigentümliches 'Zwischen', was, beide transzendierend, sie aneinander verweist.«[141] Ein spezifisches Moment in der 'Rhythmik der Liebe' der trinitarischen Personen sei besonders hervorgehoben: das Moment des 'Nicht', das Greshake dem Vater als *Ur-Gabe* zuordnet.[142] Indem dieses 'Nicht' bereits ursprünglich in der Trinität lokalisiert ist und nicht erst in der Schöpfung auftritt, steht es unter einem positiven Vorzeichen. Damit das interpersonale Beziehungsgeschehen endlich trinitarisch im Sinne der communialen Trinitätstheologie Greshakes genannt werden kann, müssen alle Relationen eine *'reziproke Priorität'* aufweisen. Das heißt, dass immer der jeweils andere 'Pol' innerhalb der dreipersonalen Dynamik der Liebe Priorität hat, von welchem 'Pol' aus das Beziehungsgefüge auch betrachtet wird. Appliziert auf die interpersonalen Beziehungen unter Menschen, die dazu berufen sind, den trinitarischen Gott abzubilden[143], lässt sich die anthropologische wie desgleichen die gesellschaftliche und ekklesiologische Relevanz dieser 'trialogischen' Liebes-Dynamik erahnen. Im Gedankengut Lubichs werden Ähnlichkeiten mit Greshakes Ansatz aufleuchten wie auch spezifische Unterschiede, die in ihrem Charisma begründet sind.

---

[140] Vgl. ebd., 152-163.

[141] Ebd., 155. Ein spezifische Verständnis dieses 'Zwischen' lässt sich bei Chiara Lubich und ihrem Verständnis von 'Jesus in der Mitte' finden.

[142] Greshake schreibt: »Der Vater [...] hat seine 'Identität' gerade darin, dass er sich verschenkt, dass er das Je-von-sich-weg auf die andern hin ist, was aber zugleich heißt, dass er seine Identität von den andern her 'gewinnt'. In diesem Identität-Haben im Auf-den-andern-hin-Sein ist mit der Identität gleichursprünglich Differenz gesetzt [...] ein ursprüngliches *'Nicht'* (*Nicht*-in-sich-selbst-, sondern Im-andern-Sein), ein Nicht, das sowohl unendliche Selbst-'bejahung' wie Bejahung der andern meint, kurz: ein 'Nicht' in der 'Bejahung'.« (Greshake, Der dreieine Gott, 207)

[143] Gisbert Greshake vergisst bei der Analogie im Personbegriff bei Gott und dem Menschen nicht, auf den ontologischen Unterschied zwischen Mensch und Gott hinzuweisen, wenn er schreibt, »dass das menschliche Personsein sich als ein schwaches Gleichnis göttlicher Personalität zeigt. Was Personalität *im eigentlichen Sinn* ist, verwirklicht sich in voller Weise nur in Gottes unendlichem Sein. Andererseits aber ist sogleich hinzuzufügen, dass der trinitarische Glaube an Personen in Gott in der geschöpflichen Abbildlichkeit und Ähnlichkeit sozusagen 'plausibel', 'erfahrungsträchtig', geradezu 'erfahrungsdurchtränkt' wird (bei aller Beachtung der ontologischen Differenz zwischen Gott und Mensch).« (Ebd., 173)

III. Zwischenbilanz und Ausblick

1. Ertrag der bisherigen Ausführungen

Als Ertrag der Forschung zur Thematik kann festgehalten werden, dass nur eine *trinitarische Anthropologie* geeignet ist, den Menschen in seinem Wesen und seiner Bestimmung zu erfassen. Einige Ansätze in diese Richtung konnten gefunden werden. Dabei habe ich jeweils nur jene Aspekte dargeboten, die für das Verständnis der Anthropologie Lubichs von Relevanz sind. Folgende Punkte sind dabei – synthetisch zusammengefasst – wesentlich:

Als wichtigste Erkenntnisquelle gilt die auf der biblischen Botschaft gründende christliche Offenbarung. Es braucht eine heilsgeschichtliche, christologisch-trinitarische Betrachtungsweise des Menschen. Fundament für das theologische Reden über den Menschen bilden zudem das Dogma von Chalzedon (Jesus Christus als wahrer Gott und wahrer Mensch, unvermischt und ungetrennt) sowie die Analogieformel des Vierten Laterankonzils. Um eines trinitarischen Personbegriffs willen bedarf es der Überschreitung des *Cogito ergo sum* und des daraus resultierenden neuzeitlichen Subjektbegriffs. Was die Methodologie anbelangt, ist die Erfahrung als wichtiges Moment und als Erkenntnis-Ort für die Anthropologie miteinzubeziehen. Und schließlich ist der (bislang noch weniger bedachte) ontologische Aspekt (vgl. Konvertibilität von Sein und Liebe) in die Erwägungen miteinzubeziehen.

Zu beobachten ist in der Rückschau auf den bisherigen Verlauf der Untersuchung im Übrigen die Gefahr, bei trinitätstheologischen Entwürfen in einer rein spekulativen Sicht des Menschen stecken zu bleiben. Es gibt bis zum gegenwärtigen Zeitpunkt in der deutschsprachigen Fachliteratur noch kaum bis in die praktischen Lebensfragen hinein durchdachte Ansätze von trinitarischer Anthropologie im Sinne von angewandter und auch lebbarer trinitarischer Lehre und Sicht des Menschen im zwischenmenschlichen, gesellschaftlichen und ekklesiologischen Bereich. Doch gerade solche ist, zusätzlich zur spekulativen, erforderlich, wenn sie eine Anthropologie nicht nur *über* den Menschen, sondern auch *für* den Menschen sein will.

2. Ausblick auf den zweiten Teil der Studie

Der vorliegenden Untersuchung liegt die Überzeugung zugrunde, dass die Trinitarische Anthropologie eine Antwort auf die Frage des Menschen ist, und zwar auch im konkreten menschlichen Dasein; die Überzeugung, dass gerade im 21. Jahrhundert ein Umfeld gegeben ist, das wie ein trockener Boden auf das lebenspendende Wasser dieser Botschaft wartet. Stichwörter, die das 21. Jahrhundert kennzeichnen, wie 'Globalisierung' vieler Lebensbereiche, steigende 'Interkulturalität' in immer mehr Lebensräumen, 'Ökumene' und 'Interreligiosität' als Hoffnungs- wie auch als Unsicherheitsfaktor, 'ökologische und ökonomische Krisen', 'Terrorgefahr', die stets deutlicher hervortretende Notwendigkeit der weltweiten Verständigung und Zusammenarbeit bei gleichzeitiger Respektierung der Eigenwirklichkeiten und Eigenverantwortlichkeiten zeigen, stellen die Menschheit vor große Fragen und Herausforderungen, die allesamt anthropologische Grundüberzeugungen betreffen. Auf der Ebene der einzelnen Personen sind Kennzeichen wie 'liquid identity', Suche nach 'Selbstverwirklichung', 'Kultur der Vorläufigkeit'[144], der hohe Wert von Freiheit und Selbstbestimmung und zugleich eine starke Sehnsucht nach 'Authentizität', nach klarer Identität sowie nach echter *Communio* Indikatoren, die nach einem Verständnis des Menschen verlangen, das diesen Herausforderungen gewachsen ist.

Eine trinitarische Anthropologie kann für die Menschheit als ganze wie für die einzelnen Menschen Antworten geben, die diese Herausforderungen nicht zu fürchten braucht. In ihr gibt es, richtig verstanden, keinen Gegensatz und keine Konkurrenz zwischen der Identität des Einzelnen und tiefer Gemeinschaft mit den anderen, so wie sich in der Trinität die Drei-Personalität und die Einheit nicht aus-, sondern einschließen. In ihr schließen auch Freiheit und Einheit einander nicht aus, sondern ein, und so braucht weder der Einzelne dem Kollektiv untergeordnet oder gar geopfert werden (Tendenz im Kommunismus), noch gibt es eine egozentrische oder gar egoistische Vorherrschaft des Einzelnen und seiner Interessen gegenüber der Gemeinschaft und dem Gemeinwohl (Tendenz im Kapitalismus). In trinitarischen Beziehungen unter Menschen bedingen und fördern Vielfalt und Einheit vielmehr einander. In solcherart gelebten trinitarischen Beziehungen auf interpersonaler, gesellschaftlicher, ekklesiologischer, wirtschaftlicher und politischer Ebene können die einzelnen Personen zu einem verwirklichten Menschsein finden und die Menschheit als gesamte menschlicher werden. Auf diese Weise kann außerdem das tiefste Wesen des Menschen als Bild des Dreifaltigen Gottes aufleuchten, und für die Welt sichtbar werden, dass der christliche Glaube den Menschen tatsächlich in seinem Menschsein verwirklicht. Das wiederum gibt der Botschaft der christlichen Verkündigung und der Kirche insgesamt eine größere Attraktivität und verleiht dem genuin christlichen Beitrag in der Welt

---

[144] Diesen Ausdruck verwendet Papst Franziskus mehrmals, vor allem wenn er zu Jugendlichen spricht, die sich eben in einer 'Kultur der Vorläufigkeit' heutzutage schwertun, definitive Lebensentscheidungen zu treffen.

mehr Gehör als dies, zumindest in der westlichen Welt, zurzeit der Fall ist. Trinitarische Anthropologie – so die These – ist, wenn sie in ihrem Umsetzungspotential und ihrer Lebensrelevanz freigelegt wird, eine große Chance für Theologie und Kirche.

Wenn nun im zweiten Teil die Trinitarische Anthropologie Lubichs präsentiert und analysiert wird, soll sich zusätzlich zum theologischen Gehalt ihres Denkens auch diese Lebensrelevanz zeigen. Dies umso mehr, da der Ausgangspunkt für ihr Denken nicht wissenschaftliche Überlegungen sind, sondern ihre Glaubenserfahrung, die Lubich ins Wort bringt, um sie zu kommunizieren, und zwar im tiefsten Sinn des Wortes 'kommunizieren' als 'mitteilen', 'mit-anderen-teilen', 'mit-anderen-teilhaftig-werden' dieser Erfahrung, als 'in-Kommunion-treten' in dieser trinitarischen Gotteserfahrung. Die wissenschaftlich-theologische Auseinandersetzung mit dem anthropologischen Gedankengut von Lubich verspricht umso interessanter zu sein, da es auf einer mittlerweile jahrzehntelangen weltweiten sowie von bereits vielen Tausenden von Personen und Gemeinschaften gelebten Erfahrung beruht und außerdem die verschiedensten Bereiche des persönlichen wie des gesellschaftlichen und kirchlichen Lebens umfasst.

ZWEITER TEIL

Trinitarische Anthropologie bei Chiara Lubich

Im Hauptteil der Studie wird nun das Gedankengut Chiara Lubichs (1920-2008) in den Fokus genommen, welches – so die These (nicht nur[1]) des Verfassers – einen originären Beitrag im Fachdiskurs zur Trinitarischen Anthropologie liefern kann, der es lohnt ans Licht gehoben und untersucht zu werden. Aus der großen Fülle der Schriften Lubichs sollen wesentliche Elemente der Lehre über den Menschen erhoben und auf der Folie der theologischen und trinitarischen Anthropologie, wie sie im ersten Teil der vorliegenden Arbeit präsentiert wird, in ihrem Spezifikum dargelegt und analysiert werden. Dabei soll sich zeigen, dass und wie die Anthropologie Lubichs trinitarisch ist und überdies, dass und wie ihr Gedankengut Neues in das Fachgespräch einbringen und so zur weiteren Auseinandersetzung inspirieren kann. In mehrfacher Hinsicht verspricht diese Studie interessant und fruchtbringend gerade für die aktuelle und zukünftige theologische – und nicht nur für die theologische – Anthropologie zu sein. Zunächst deshalb, weil Chiara Lubich eine Person unserer Epoche und daher dem heutigen Menschen mit seinen Fragen um das Menschsein, sein Wesen und seine Bestimmung, nahe ist. Ihr ist das Zeitgenössische mit seiner Sensibilität, seinem Denken und seinen Herausforderungen[2] vertraut. Sie hat die breite Spanne vom traditionellen tridentinischen

---

[1] Der Italiener Piero Coda spricht an mehreren Stellen explizit von einer *trinitarischen Anthropologie bei Lubich*. Ausführlich in einem spanischsprachigen Beitrag (Coda, Trinidad y antropologia II, 125-151). In seinem Werk über die Trinität und die Trinitätslehre widmet er ein Kapitel der trinitarischen Mystik und der in ihr enthaltenen Anthropologie Lubichs, die nach Coda von Kopf bis Fuß trinitarisch ist (vgl. Coda, Dalla Trinità, 493-524).

[2] Der Kontext der Theologischen Anthropologie mit seinen Herausforderungen und Chancen, wie er im zweiten Kapitel dieser Untersuchung skizziert wurde, charakterisiert das geistige Umfeld, in dem Lubich sich bewegt und in das hinein sie ihr Denken formuliert.

Katholizismus über die Dramen des Zweiten Weltkriegs bis hin zum modernen und postmodernen Atheismus und den globalen Erschütterungen durch Terroranschläge wie jene auf die Twin Towers des World Trade Center am 11. September 2001 sowie andererseits die positiven Entwicklungen im Bereich der nachkonziliaren Kirche wie auch die Chancen der modernen Kommunikationsmittel und anderer technischer Errungenschaften in ihrer eigenen Biografie erlebt und im Licht des christlichen Glaubens reflektiert. Lubichs Lehre und ihr gesamtes Leben sind einerseits fest in der traditionellen katholisch-kirchlichen Theologie und Praxis verankert[3] und andererseits hat sie den Dialog mit der christlichen Ökumene, den großen Weltreligionen und den zeitgenössischen Kulturen[4] gelebt und ihrerseits evoziert, sowohl was den Dialog auf der Ebene des Lebens, als auch auf der Reflexionsebene anbelangt. Lubichs trinitarisches Verständnis des Menschen zeigt sich als gegenwarts-, zukunfts- und dialogfähig über das katholische Denken hinaus, was für eine aktuelle wissenschaftliche Theologie und Anthropologie von Interesse ist, zumindest wenn sie nicht selbst im Ghetto eines eng umgrenzten Fachzirkels verbleiben und damit einhergehend auch inhaltlich verengt sein möchte. Unter epistemologischem Aspekt kann für die theologische Anthropologie der *spezifische Weg* als interessant und gewinnbringend erachtet werden, auf dem die Lehre Lubichs über den Menschen Form und Inhalt erlangt hat. Dies wird Inhalt des zweiten Kapitels sein und ist zum richtigen Verständnis der *spezifischen Inhalte* (drittes Kapitel) einer trinitarischen Anthropologie Lubichs Voraussetzung.

Interessant ist diese Untersuchung weiters aufgrund der Tatsache, dass in der deutschsprachigen theologischen Fachliteratur die Schriften Lubichs bis dato kaum rezipiert sind. Zwar sind einige ihrer – im Original in ihrer Muttersprache Italienisch verfassten – Schriften auch in deutscher Übersetzung veröffentlicht, aber fast ausschließlich unter spirituellem Aspekt zur geistlichen Betrachtung für an der 'Spiritualität der Einheit'[5] Lubichs interessierte Leserinnen und Leser und folglich in der Literatur unter der Kategorie 'Geistliche Schriften' zu finden. Dass die Wurzel der Schriften Lubichs ein – von der Katholischen

---

[3] Zum Verhältnis Lubichs zur Katholischen Kirche, das für sie trotz Schwierigkeiten stets wichtig war, siehe die Ausführungen von Stefan Tobler (vgl. Tobler, Jesu Gottverlassenheit, 65-68).

[4] Vgl. Tobler, Jesu Gottverlassenheit, 381-384.

[5] Häufig wird mit dem Ausdruck 'Spiritualität der Einheit' das Charisma Lubichs tituliert, auch von Lubich selbst, wobei sie zur Verdeutlichung, was unter 'Einheit' gemeint ist, stets auf den trinitarischen Gott verweist, nach dessen Modell die Einheit zu leben sei.

Kirche als authentisch anerkanntes[6] – Charisma des Heiligen Geistes ist, welches auch eine spezifische theologische Doktrin beinhaltet, ist im deutschsprachigen Raum unter Theologinnen und Theologen bislang wenig zur Geltung gekommen. Zumindest gibt es noch kaum theologische Sekundärliteratur über die Inhalte der Doktrin Lubichs, wohingegen es in anderen Sprachen – die meisten in der italienischen, aber auch in Englisch, Französisch, Spanisch – bereits eine Fülle von theologischer Sekundärliteratur[7] gibt. Ausnahmen in der deutschsprachigen Theologie bilden bis dato folgende Autoren: Als erster der renommierte Theologe und Bischof Klaus Hemmerle (1929-1994), dessen theologische (und philosophische) Schriften seit seiner Begegnung[8] mit Chiara Lubich deutlich erkennbar von ihrem Charisma geprägt sind.[9]

---

[6] Die aktuell gültigen *Allgemeinen Statuten* vom *Werk Mariens* (Fokolar-Bewegung) sind von der Katholischen Kirche per Dekret durch den Päpstlichen Laienrat (Protokoll-Nr. 900/90/S-61/A-23) am 29. Juni 1990 approbiert worden und haben seither leichte Aggiornamenti erfahren, wobei die letzte Veränderung am 15. März 2007 vom Päpstlichen Laienrat (Protokoll-Nr. 522/07/S-61/A-23) approbiert wurde.

[7] Die Zeitschrift *Nuova Umanità* (http://www.cittanuova.it/riviste [abgerufen am 19.06.2019]) veröffentlicht seit Ende der 1970er Jahre regelmäßig Fachartikel verschiedener Disziplinen, darunter aus dem Bereich der Systematischen Theologie, zur Lehre Lubichs. Eine Reihe von Hochschulschriften, darunter 15 theologische Dissertationen (laut Auskunft des *Centro Chiara Lubich,* Stand: 2017) zeigen in der italienischsprachigen theologischen Landschaft eine bereits lebhafte Auseinandersetzung mit dem Gedankengut Lubichs.

[8] Die erste persönliche Begegnung zwischen Klaus Hemmerle und Chiara Lubich ereignete sich im Sommer 1958 auf der sogenannten 'Mariapoli' in Fiero di Primiero in den Dolomiten. Im einem Zeitschriftenartikel schreibt Hemmerle über diese Begegnung: »Es war eine Nähe und Gegenwart Gottes, wie ich sie trotz meiner intensiven theologischen Studien nie zuvor erlebt und ermessen hatte. [...] Zum ersten Mal habe ich da Gott wirklich erfahren.« (Hemmerle, Unser Lebensraum, 17)

[9] Diese Prägung Hemmerles durch das Charisma Lubichs – abgesehen vom Einfluss vor allem von Bernhard Welte, Franz von Baader, Bonaventura und Heinrich Rombach auf sein Denken – wäre eine eigene vertiefte Studie wert. Andreas Frick beschreibt in seiner Dissertationsschrift über das Denken Hemmerles auf 17 Seiten (Frick, Der dreieine Gott, 60-76) diesen Einfluss auf dessen Theologie und sieht in der Verbindung zu Lubichs Charisma der Einheit mitbegründet, dass »*Einheit* [...] das Leitmotiv im Lebenswerk Hemmerles geworden« (ebd., 60) ist. Bernhard Körner macht darauf aufmerksam, dass sich in Hemmerles – wohl am meisten bekannten und diskutierten – Schrift *Thesen zu einer trinitarischen Ontologie* die »Spiritualität der Einheit [Lubichs, Anm. d. Verf.] [...] auf Klaus Hemmerle erheblichen und besonderen Einfluss ausgeübt [hat]« (Körner, Dio in mezzo, 185). Deutlich erkennbar ist der Einfluss des Charismas von Lubich ebenso in Hemmerles Vortragsreihe bei den *St-Georgener-Gesprächen* in Kärnten im Jahr 1991, die als Buch publiziert wurde (vgl. Hemmerle, Leben aus der Einheit).

Hemmerle hat in einigen Beiträgen[10] die theologische Lehre dieses Charismas auch ausdrücklich zum Thema[11] gemacht, wobei er aufgrund seines zeitlich anspruchsvollen Bischofsamtes in Aachen nicht die nötige Zeit fand, um ihre Inhalte bis ins Details darzustellen. Daher hat er eher die großen Spuren aufgezeigt, die es theologisch zu vertiefen gilt. Das bislang ausführlichste wissenschaftliche Werk zum Gedankengut Lubichs in deutscher Sprache ist die Habilitationsschrift des evangelischen Theologen Stefan Tobler (* 1959), die 2002 unter dem Titel *Jesu Gottverlassenheit als Heilsereignis in der Spiritualität Chiara Lubichs*[12] veröffentlicht wurde und in welcher der Autor einen wesentlichen Angelpunkt im Charisma Lubichs (Jesus der Verlassene) theologisch erörtert. In seiner Habilitationsschrift[13] behandelt Eduard Prenga (* 1978) in einem der Kapitel die theologische Tragweite des Charismas Lubichs sowie ihren maßgebenden Einfluss im Denken Piero Codas. Unter den Systematikern aus dem deutschsprachigen Raum ist des Weiteren Bernhard Körner (* 1949) zu nennen, der in Zeitschriftenartikeln Elemente des Charismas der Einheit als Theologe bespricht.[14] In der italienischsprachigen Theologie gibt es bereits seit den 1990er Jahren eine lebhafte wissenschaftliche Beschäftigung mit Lubich, wobei unter dem Gesichtspunkt der systematischen Theologie der über Italien hinaus bekannte, aktuelle Rektor des Päpstlichen Universitären Instituts *Sophia*[15], Piero Coda (* 1955) als wichtigster Autor zu nennen ist.

---

[10] Die wichtigsten Schriften Klaus Hemmerles finden sich online unter http://www.klaus-hemmerle.de [abgerufen am 19.06.2019] sowie im fünfbändigen Sammel-Werk: Hemmerle, Klaus: Ausgewählte Schriften, 5 Bde., Freiburg im Breisgau: Herder 1996.

[11] Als Beispiele seien genannt: Hemmerle, Wegmarken der Einheit; ders., Spiritualität des Fokolar, 31-57; ders., Unser Lebensraum, 17-23.

[12] Vgl. Tobler, Jesu Gottverlassenheit. In synthetischer Weise fast Tobler den christologischen Kern der Gottesverlassenheit Jesu entsprechend dem Charisma Lubichs zusammen in seinem Beitrag am Symposion »Gott ver(w)orten« in Graz im Oktober 2013, der in der gleichlautenden Festschrift publiziert wurde (vgl. Tobler, Gottes Ort in dieser Welt, 277-295, besonders die Seiten 288-293).

[13] In Buchform erschienen als: Prenga, Gottes Sein als Ereignis sich schenkender Liebe.

[14] So in einem, gemeinsam mit dem Schweizer Theologen Fulvio Gamba verfassten, Aufsatz mit dem Titel *Das Kreuzesereignis in der Theologie Hans Urs von Balthasars und in der spirituellen Erfahrung Chiara Lubichs* (vgl. Gamba / Körner, Kreuzesereignis in der Theologie, 418-433), in einem Beitrag über Hemmerles Trinitarische Ontologie (vgl. Körner, Der Himmel ist zwischen uns, 401-411) sowie in einem italienischsprachigen Fachartikel (vgl. ders., Il Padre come luogo della teologia, 851-861).

[15] Informationen zur Universität Sophia unter: http://www.sophiauniversity.org [abgerufen am 19.06.1019].

Chiara Lubich ist eine Frau. Für eine trinitarische Anthropologie, in der es um den Menschen, geschaffen nach dem Bild des Dreifaltigen Gottes »als Mann und Frau« (Gen 1,27) geht, ist auch dieses Faktum bedeutsam. Im Panorama fast ausschließlich männlicher Stimmen zur Theologischen Anthropologie kann die Stimme Chiaras als Frau einen unverwechselbaren Beitrag im Chor der Theologie beisteuern, der den Klang des Ensembles insgesamt bereichert. Ihr Gedankengut als Frau kann einer der Beiträge für eine Stärkung der Rolle der Frau in der Kirche sowie in der Theologie sein, wie sie unsere Zeit erfordert und wie sie nicht zuletzt Papst Franziskus mit Nachdruck[16] wünscht.

Vor den Ausführungen in den drei folgenden Kapiteln bedarf es schließlich noch einer Vorbemerkung, um dem Spezifikum der Schriften Lubichs in einer theologischen Auseinandersetzung gerecht zu werden. Chiara Lubich ist keine Theologin im Sinne einer Wissenschaftlerin, auch wenn sie Ehrendoktorate in Theologie von verschiedenen Universitäten erhalten hat. Sie hat weder Theologie als Fach studiert, noch hatte sie je die Intention, wissenschaftliche Theologie zu betreiben. Lubich hat zudem nie einen wissenschaftlichen Traktat im engeren Sinn über theologische Themen verfasst, also auch nicht über die Anthropologie, abgesehen von den Vorlesungen, die sie jeweils nach Erhalt ihrer Ehrendoktorwürden gehalten hat. Sie ist schlichtweg eine katholische, gläubige Christin, die von Gott ein Charisma erhalten hat, welches Jesús Castellano (1941-2006) – Karmelit, ehemaliger Professor u.a. für Spirituelle Theologie an der Theologischen Fakultät Teresianum in Rom und profunder Kenner der klassischen und neuen Charismen in der Kirche – »neu und ursprünglich« nennt und dessen spirituelle Lehre er als »einen originellen Höhepunkt und eine der Synthesen der christlichen Spiritualität aller Zeiten«[17] bezeichnet. Dieses Charisma versuchte sie konsequent zu leben und zu bezeugen und infolgedessen entstand um sie eine Gemeinschaft, die sich nach und nach zu einer weltweiten Bewegung entwickelte.

Diese Tatsache erfordert folglich auch eine spezifische Art der wissenschaftlichen Auseinandersetzung mit ihrem Schrifttum, um dessen theologischen Gehalt zu erheben. Von daher der Aufbau dieses zweiten Teils der Studie, in dem es darum geht – ausgehend von den nötigen Grundlagen, was die Biografie und das Werk Lubichs anbelangt (erstes Kapitel) – den Weg aufzuzeigen, auf dem sie zu ihren theologischen und theologisch relevanten Aussagen kommt (zweites Kapitel), um schließlich wichtige inhaltliche Elemente ihrer Lehre des Menschen

---

[16] Bei verschiedenen Gelegenheiten fordert Papst Franziskus die Stärkung der Rolle der Frau in verantwortungsvollen Positionen innerhalb der Kirche und setzte auch selbst deutliche Schritte in diese Richtung.

[17] Cervera, Una spiritualità, 28.

darzustellen und theologisch zu reflektieren (drittes Kapitel). Dabei sind das Ineinander und die Untrennbarkeit von biografischen, methodologischen und inhaltlichen Elementen ein durchgehendes Charakteristikum und selbst schon für eine Theologische Anthropologie von großer Bedeutsamkeit.

Erstes Kapitel
Chiara Lubich – Grundlegendes zu Person und Werk

Wer ist Chiara Lubich? Eine Autorin? – Ja und Nein. Ja in dem Sinne, dass sie viele Publikationen als Autorin firmiert. Nein bzw. nur bedingt, wenn unter 'Autorin' – etymologisch vom Lateinischen *auctor* = *Urheber*, *Schöpfer* hergeleitet – die eigentliche geistige Urheberin bzw. Schöpferin von einem verschriftlichten Gedankengut verstanden wird. Lubich selbst verstand sich als 'Feder' bzw. 'Pinsel' in der Hand Gottes, der als Werkzeug Gottes von diesem geführt und geformt wird.

> »Die Feder weiß nicht, was sie zu schreiben hat. Der Pinsel weiß nicht, was er malen wird. Der Meißel kennt nicht das Werk, das er bearbeitet. So ist es, wenn Gott ein Geschöpf an die Hand nimmt, um in der Kirche eines seiner Werke entstehen zu lassen. Der Mensch ist das Werkzeug, er kennt das Werk nicht. Ich glaube, das ist auch bei mir so.«[18]

Dieses Bild, das Lubich in der Einleitung ihres Vortrags beim 19. Nationalen Eucharistischen Kongress (September 1977) in Pescara (Italien) sowie bei weiteren Gelegenheiten in ähnlichen Formulierungen verwendet, beschreibt ihr Selbstverständnis als Autorin treffend. Der von Gott geführte Pinsel, Meißel, die Feder namens Chiara Lubich ist zugleich eine unverwechselbare historische Person, ausgestattet mit eigener Intelligenz, eigenen Gedanken und geprägt von ihrem familiären, soziokulturellen und religiösen Umfeld. Auch diese Tatsache ist in ihrem Gedankengut erkennbar. Beides – der mystische und der historische Aspekt – muss daher bei der Behandlung ihrer Schriften im Blick sein, um ihrem Gehalt gerecht werden zu können. Zum historischen Aspekt kommt bei Lubich abgesehen von ihrer persönlichen Lebensbiografie die Fokolar-Bewegung hinzu, die von der Biografie der Person nicht zu trennen ist. Ganz allgemein gilt, dass der biografische Hintergrund bei theologischen Texten von Autorinnen und Autoren für das

---

[18] Lubich, Scritti Spirituali 1, 9.

rechte Verständnis hilfreich ist. Dies gilt »umso mehr für Spiritualität, die viel stärker oder zumindest ausdrücklicher mit der Erfahrung verbunden ist«[19]. Von daher ist es unabdingbar, zunächst Chiara Lubich als Person und auch mit ihrem Werk in der für die vorliegende Studie notwendigen Weise vorzustellen.

I. Biografisches

»Schau, ich bin eine Seele, die durch diese Welt geht.
Ich habe viele schöne und gute Dinge gesehen
und fühlte mich immer nur zu diesen hingezogen.
Eines Tages (unbestimmten Tages)
habe ich ein Licht gesehen.
Es schien mir schöner als die anderen schönen Dinge
und so folgte ich ihm.
Ich bemerkte, dass es *die Wahrheit* war.«[20]

In diesen Zeilen, die aus einem persönlichen Brief aus dem Jahr 1946 stammen, drückt Chiara Lubich prägnant ihr Selbstverständnis aus. Sie enthalten nach Meinung von Piero Coda,»vielleicht das Geheimnis der Geschichte Chiaras«[21]. Es kommt nicht von ungefähr, dass diese fünf Sätze, die zunächst wie ein poetischer Gefühlsausdruck wirken könnten, drei Büchern[22] vorangestellt sind, die sich mit ihrer Doktrin befassen. Der Text nennt theologisch und anthropologisch bedeutungsschwere Inhalte wie *Seele, Welt,* das *Schöne* und *Gute, Erfahrung* des *Hingezogenseins, Licht, folgen* und schließlich die *Wahrheit.* Dabei ist die Reihenfolge dieser Ausdrücke ebenso bedeutsam. Sie zeigt jene Dynamik auf, in welcher Inhalte in Lubichs Denken Form angenommen haben.

Hier spricht ein Mensch, der sich als Geschöpf Gottes versteht, seelenbegabt, eine Frau in dieser konkreten Welt, die die Erfahrung des Hingezogenseins zum Schönen und Guten zeit ihres Lebens kennt und immer auf der Suche danach war. Mit der Aussage, dass sie eines Tages *ein Licht gesehen* hat, wird auf das Charisma hingewiesen, das Gott

---

[19] Tobler, Jesu Gottverlassenheit, 60.
[20] So Chiara Lubich in einem Brief an Anna Melchiori (Lubich, Lettere dei primi tempi, 104f).
[21] Coda, Un carisma, 18. So schreibt Piero Coda im Vorwort zum Buch mit einer umfangreichen Sammlung von Texten Lubichs, die unter dem Gesichtspunkt der doktrinellen Bedeutsamkeit herausgegeben wurden.
[22] Zanghí, Leggendo un carisma, 11; Lubich, La dottrina spirituale, 39; Gillet / Parlapiano (Hg.), Dottorati honoris causa, 5.

ihr zuteilwerden ließ und das alle bisherigen schönen und guten Dinge so sehr übertraf, dass Chiara[23] sich entschied, diesem Licht, diesem Charisma, welches sie selber mehrmals als »Luce (Claritas)«[24] bezeichnete, zu folgen. In der Nachfolge merkte sie, dass dieses Licht die *Wahrheit* war. Die Erkenntnis der Wahrheit steht in Lubichs selbstbiografischer Notiz am Ende der Suchbewegung. Ihre inhaltliche Lehre über den Menschen hat auch diese biografische – und in der Folge methodologisch relevante – Grundlage.

Biografisches Material über Chiara und ihr Werk gibt es mittlerweile in reicher Fülle, in deutscher Sprache allerdings bislang noch bedeutend weniger als in ihrer Muttersprache. Für das vorliegende Werk ist es weder möglich noch nötig, viele Details vorzustellen; dazu können die entsprechenden Quellen[25] konsultiert werden. Biografisches ist zudem in sehr unterschiedlicher literarischer Form vorhanden. Veröffentlichungen reichen von autobiografischen Notizen über Fioretti[26] bis hin zu thematisch oder chronologisch strukturierten Biografien. Biografische und vor allem autobiografische Informationen haben dabei immer Zeugnischarakter, da es Chiara nie um ihre eigene Person ging, sondern um das Wirken Gottes in ihrem Leben, das es zu erzählen gilt. Und weil in ihrer persönlichen Geschichte die Fokolar-Bewegung eine entscheidende Komponente ausmacht und man mit Stefan Tobler festhalten muss, dass ihre Person untrennbar mit dieser

---

[23] Im Folgenden wird, wenn es um Chiara Lubich geht, des Öfteren einfach von *Chiara* die Rede sein. Wenn von der Trägerin des Charismas der Einheit (innerhalb des Werkes Mariens, aber inzwischen auch darüber hinaus) die Rede ist, wird Chiara Lubich im Allgemeinen oft schlicht *Chiara* genannt. Dies gilt mittlerweile auch für wissenschaftliche Werke über Lubich und ihr Charisma, so wie etwa in wissenschaftlichen Werken einfach von *Franziskus* gesprochen wird und nicht von *Francesco Bernardone*.

[24] Lubich: *Paradiso '49* [in weiterer Folge zitiert mit der Abkürzung *P'49*, die in den meisten Publikationen verwendet wird], 184, zitiert nach: Zanghí, Leggendo un carisma, 82.

[25] In deutscher Sprache finden sich die wichtigsten biografischen Fakten über die gesamte Lebensspanne Lubichs im Buch: Klann (Hg.), Einfach Chiara, 162-179. Biografisches bis zum Jahr 1998 in: Tobler, Jesu Gottverlassenheit, 59-79 und 376-385. In italienischer Sprache gibt es eine aktuelle, die wichtigsten Lebensstationen von der Geburt bis zum offiziellen Beginn des Seligsprechungsverfahrens in synthetischer Weise enthaltende Biografie Lubichs online abrufbar unter http://www.centrochiaralubich.org/it/chiara-lubich/nota-biografica.html [abgerufen am 19.06.2019]. Ausführlichere Details über den Zeitraum zwischen 1920 und 1949 bietet das Buch *Lettere dei primi tempi*, in dem – abgesehen von einer übersichtlichen Tabelle – anhand von vielen publizierten Briefen aus diesem Zeitabschnitt reichlich biografische Informationen enthalten sind.

[26] Vgl. Zambonini (Hg.), I fioretti.

Erneuerungsbewegung verknüpft ist[27], finden sich Informationen zur Person und zu ihrem Werk fast immer gemeinsam. Wenn in den folgenden Absätzen dennoch jeweils ein eigener Punkt der Person und dem Werk gewidmet ist, soll dies vor allem einer besseren Übersichtlichkeit dienen.

1. Die wichtigsten Fakten und Lebensstationen von Chiara Lubich

Am 22. Jänner 1920 wird sie in Trient als zweites von vier Kindern[28] geboren und auf den Namen Silvia getauft. Religiös erzogen wird sie von ihrer Mutter Luigia, einer tief gläubigen und kirchlich verwurzelten Christin, sowie von Ordensschwestern (Ordensgemeinschaft *Maria Bambina*), bei denen sie Katechismusunterricht erhält. Ihr Vater Luigi ist überzeugter Sozialist, ihr älterer Bruder Gino hingegen Partisan im Zweiten Weltkrieg und später Journalist für die kommunistische Zeitung *L'Unità*. Trotz unterschiedlicher Einstellungen herrscht im Hause Lubich ein gelassenes Klima der Liebe und des Zusammenhalts. Schon als Kind verspürt Silvia eine starke Anziehungskraft für das Göttliche, sie will als sieben-, achtjährige regelmäßig eine Stunde eucharistische Anbetung halten und kann vor dem Allerheiligsten innig mit Worten beten wie »Du, der du die Sonne erschaffen hast, die wärmt und erleuchtet, dring mit deinem Licht und deiner Wärme in mich ein!«[29] – so wird es in Berichten festgehalten.

Im zarten Alter von zehn Jahren macht Silvia eine erste intensive Erfahrung des Leidens, verursacht durch eine schwere Bauchfellentzündung, an der sie fast stirbt. Im Teenageralter von gerade mal dreizehn Jahren verspürt sie aus heiterem Himmel einen Ruf Gottes zum Martyrium, auf den sie – wie sie selbst im Nachhinein erzählen wird – mit dem Gesicht zum Himmel gewandt mit *Ja* antwortet. Die Freundinnen von Silvia erinnern sich, dass Silvia mit sechzehn Jahren den inneren Wunsch verspürt, heilig zu werden.[30]

Lubich absolviert eine pädagogische Ausbildung und unterrichtet ab 1938 als Grundschullehrerin. Ihrem Verlangen folgend, *die Wahrheit* immer tiefer kennen zu lernen, will sie Philosophie an der Katholischen Universität studieren. Aufgrund der prekären finanziellen Situation in der Familie nimmt sie an einem Wettbewerb teil, um einen der 33 Freiplätze an der Universität zu bekommen und landet, zu ihrer großen

---

[27] »Chiara Lubich als Person und ihr Werk, die Fokolar-Bewegung, lassen sich nicht voneinander trennen.« (Tobler, Jesu Gottverlassenheit, 60)
[28] Der ältere Bruder heißt Gino, die jüngere Schwester Liliana und die jüngste Carla.
[29] Zitiert nach: Giordani, Storia del nascente Movimento dei Focolari, 49.
[30] Vgl. ebd., 50.

Enttäuschung, auf dem 34. Platz. Dieses Ereignis wird für die jugendliche Silvia zu einer inneren Schlüsselerfahrung, denn in diesem Augenblick – so ihre Erzählung –»ereignete sich etwas eher Ungewöhnliches. Mir schien, als würde ich in der Tiefe meiner Seele eine leise Stimme vernehmen, die mir sagte: 'Ich selbst werde dein Lehrer sein!'. Daraufhin wurde ich sofort ruhig.«[31]

Eine wichtige Station auf dem Lebens- und Berufungsweg Lubichs ist im Jahr 1939 die Wallfahrt nach Loreto[32] mit der Katholischen Aktion, zu der sie – mittlerweile als besonders engagierte Aktivistin und Leiterin einiger Gruppen von Jugendlichen bekannt – eingeladen wird.[33] Fasziniert und innerlich ergriffen von der Vorstellung, wie Maria, Josef und Jesus im Haus von Nazareth miteinander lebten, nützt Silvia jede freie Minute, um dorthin zu gehen und innerhalb dieser Mauern zu beten.[34] Hier hat sie eine erste Intuition, was ihre Berufung sein würde: eine Lebensgemeinschaft mit Jesus in der Mitte, ein »Zusammenleben von jungfräulichen und verheirateten Menschen, nach dem Bild der Heiligen Familie«[35]. Lubich hat in Loreto ihre Lebensform gefunden, die sich als 'vierter Weg'[36] neben den damals in der Kirche üblichen Lebensformen zeigen und sich im *Fokolar* konkretisieren soll. Die tiefe Bedeutung dieses Erlebnisses wird für sie selbst erst einige Jahre später manifest werden, wenn sich das Fokolar tatsächlich realisieren und sich zeigen wird, dass diese Lebensform »das Positive der

---

[31] Lubich, Lezione magistrale in teologia [1997], 80.

[32] Loreto ist einer der bedeutendsten Wallfahrtsorte in Italien (Region Marken in Mittelitalien). Der Legende nach befindet sich im Inneren der Basilika das Haus von Nazareth, in dem die Heilige Familie gelebt haben soll und das von Engeln nach Loreto getragen worden sei.

[33] Auf die Frage einer Journalistin, was ihre erste geistliche Intuition gewesen sei, antwortet Lubich mit der Erzählung genau dieses Ereignisses (vgl. Lubich, Die Welt wird eins, 42f.).

[34] Von ihrer inneren Ergriffenheit zeugt ein Brief Lubichs an ihre ‚Aspiranten' (Jugendliche, die sie begleitete), in dem sie ihre Erfahrung im Haus von Nazareth beschreibt, in welchem sie sich »verändert, wie an einen anderen Ort, quasi im Paradies« (zitiert nach: Giordani, Storia del nascente Movimento dei Focolari, 60) vorkommt. Die Frage nach der Historizität des Hauses von Nazareth war für sie zu diesem Zeitpunkt nicht wichtig, wie sie selbst bei anderer Gelegenheit berichtet. »Als ich dort eintrat, war ich zutiefst ergriffen. Ich hatte nicht die Zeit, mich zu fragen, ob es historisch gesichert ist oder nicht, dass es das Haus der Familie von Nazareth ist. Ich war allein, eingetaucht in dieses große Geheimnis. Ich war so gerührt, dass ich fast unaufhörlich weinte, was mir eigentlich selten widerfährt.« (Lubich, Die Welt wird eins, 42)

[35] Lubich, Die Welt wird eins, 43.

[36] Der Priester, dem sie nach der Rückkehr von Loreto freudenstrahlend erzählt, dass sie ihren Weg gefunden habe, fragt, ob es die Ehe sei oder das Kloster oder ein Leben als Jungfrau in der Welt (das sind die drei damals üblichen Möglichkeiten), antwortet Chiara jeweils mit *Nein*. Es ist eben ein 'vierter Weg' (vgl. ebd.).

drei anderen Wege in sich aufnehmen [wird]: die Hingabe an Gott (als Unverheiratete oder Verheiratete), das Stehen mitten in der Welt und der Charakter der Familie«[37] und diese Lebensform zugleich eine neue Berufung in der Kirche darstellen wird.

1943: Silvia tritt dem Drittorden der Franziskaner bei und nimmt – fasziniert von Klara von Assisis »radikalen Entscheidung für Gott«[38] – den Namen *Chiara* (italienisch für *Klara*) an. Unter diesem Namen ist sie fortan bekannt und firmiert auch mit diesem. An einem kalten Dezembermorgen desselben Jahres, während Chiara ihrer Mutter zuliebe die Milch holen geht, vernimmt sie unterwegs plötzlich den Anruf Gottes im Herzen »Schenk dich mir ganz«[39]. Sie spricht mit ihrem geistlichen Begleiter, dem Kapuzinerpater Casimiro Bonetti, darüber und weiht sich am 7. Dezember 1943 während der Frühmesse für immer Gott mit einem privaten ewigen Gelübde der Jungfräulichkeit. Für die 23-jährige Chiara bedeutet diese Weihe an Gott ihre Hochzeit mit Gott. »Ich habe Gott geheiratet!«[40] sind die Worte, die Lubich benützen wird, um diese Erfahrung in ihrer Lebensgeschichte zu beschreiben.

Der 7. Dezember 1943 wird als der Beginn der Fokolar-Bewegung betrachtet, obwohl die Weihe von Chiara längere Zeit von ihr geheim gehalten wird und sie an diesem Tag nicht im Geringsten an die Gründung einer Bewegung denkt.[41] Für die vorliegende Thematik sind an diesem Ereignis zwei Aspekte von Interesse: Zunächst die Tatsache, dass Chiara den Anruf Gottes so deutlich vernimmt gerade in einem Moment, dem ein bewusster Akt der Nächstenliebe ihrerseits vorausgegangen ist. Und zweitens die Tatsache, dass eine kirchliche Bewegung mit einer ausgesprochen gemeinschaftlichen Spiritualität und dem Ideal der Einheit als zentralem Punkt von einem ganz persönlichen, allein in Stille vollzogenen, Akt der Hingabe an Gott ausgeht, wie Fabio Ciardi anmerkt.[42]

Mai 1944: Der Zweite Weltkrieg tobt und in der Stadt Trient werden die Bombardements häufig und stark. Am 13. Mai prasseln schwere

---

[37] Tobler, Jesu Gottverlassenheit, 63.
[38] Lubich, Die Welt wird eins, 40. Beeindruckt ist Lubich vor allem von der Erzählung aus dem Leben Klaras, in der diese auf die Frage des Franziskus »Tochter, was suchst du?« mit nur einem Wort antwortete »Gott!« (vgl. Giordani, Storia del nascente Movimento dei Focolari, 45). Ausführlich ist diese Episode berichtet in: Fondi / Zanzucchi, Un popolo nato dal Vangelo, 76f.
[39] Lubich, Ideale dell'unità, 24.
[40] »Ho sposato Dio«, »Sono sposa di Dio«; mit diesen Worten erzählt Lubich davon. Ein ausführlicher Bericht darüber – vom Wunsch, sich Gott zu weihen bis zur tatsächlichen Weihe, samt den damit verbundenen inneren Empfindungen und Gedanken Lubichs – findet sich in: Gallagher, Chiara Lubich, 29-34.
[41] Vgl. Fondi / Zanzucchi, Un popolo nato dal Vangelo, 50.
[42] Vgl. Ciardi, Un patto fondativo, 83.

Bombenhagel nieder. Das Elternhaus Lubichs wird so stark in Mitleidenschaft gezogen, dass man nicht mehr darin wohnen kann. Die Familie macht sich auf den Weg in Richtung Gebirge, um sich in Sicherheit zu bringen und eine neue Bleibe zu suchen. Chiara, um die sich in der Zwischenzeit eine kleine Gruppe von Weggefährtinnen gebildet hat, beschließt – unter dem Schmerz, ihre Eltern allein wegziehen lassen zu müssen[43] – in die Stadt zurückzukehren, um ihren Freundinnen und den unzähligen Notleidenden, die es aufgrund des Krieges gibt, beizustehen.[44] Was sie auf dem Weg in das bombardierte Stadtzentrum erlebt, wird zu einem weiteren Schlüsselereignis, das Lubich in einem Interview folgendermaßen wiedergibt:

»Die Straßen waren leer, die Bäume entwurzelt, alles lag in Trümmern. Ich war auf der Suche nach meinen Gefährtinnen, um zu sehen, ob sie noch lebten. Ich fand alle wohlauf. Unterwegs kam mir eine Frau entgegen. Völlig verzweifelt. 'Vier von uns sind gestorben', wiederholte sie unaufhörlich und packte mich bei den Schultern. Angesichts ihres Schmerzes erschien mir mein eigener Schmerz recht klein. Von diesem Moment an wollte ich an den Schmerz der anderen denken.«[45]

Mit der ersten kleinen Gruppe, die sich innerhalb kurzer Zeit auf mehrere hundert Personen ausweitet, macht sich Lubich – selbst ohne Zuhause und einige Tage lang provisorisch bei einer Bekannten untergebracht – entschieden daran, den vielen Notleidenden in Trient zu helfen. Eine Bewegung beginnt zu entstehen, die sich von da an rasant entwickeln und ausbreiten wird, wobei Chiara der natürliche Bezugspunkt und die Inspiratorin ist, die aus dem Evangelium und dem sich immer stärker zeigenden Charisma das nötige Licht erhält. Ab diesem Zeitpunkt ist die persönliche Biografie Lubichs eng mit der Fokolar-Bewegung verwoben, weshalb dieser Teil der Geschichte im nächsten Abschnitt dargestellt wird.
1949: Ein in der persönlichen Lebensbiografie wie für das *Werk Mariens* entscheidender Zeitraum ist der Aufenthalt in den Dolomiten im

---

[43] Die Erzählung über die Ereignisse in dieser Nacht wird häufig mit »Sterne und Tränen« übertitelt, da Lubich die ganze Nacht lang wachte und den Sternenhimmel beobachtete und dabei weinte bei dem Gedanken, ihre Eltern allein lassen zu müssen. Vgl. die ausführliche Beschreibung in: Gallagher, Chiara Lubich, 59-61.
[44] Ein anschaulicher Bericht über diese Ereignisse des 13. Mai 1944 findet sich in: Fondi / Zanzucchi, Un popolo nato dal Vangelo, 52-56.
[45] Lubich, Die Welt wird eins, 45.

Sommer 1949. Dieser stellt den Beginn einer intensiven mystischen Erfahrung dar, die von Chiara Lubich selbst fortan *Paradiso '49* oder einfach *Paradiso* genannt und in der vorliegenden Untersuchung mit dem Ausdruck *Paradies 1949* oder mit dem italienischen Originalbegriff *Paradiso*[46] bezeichnet wird. Von dieser Erfahrung[47] ist das gesamte Gedankengut Lubichs in der Folge geprägt, so auch die grundlegenden Elemente ihrer trinitarischen Anthropologie. Daher wird sie im weiteren Verlauf noch ausführlicher behandelt werden.

Das intensive Leben als Gründerin und Präsidentin eines weltweiten und viele Verzweigungen und Wirklichkeiten umfassenden Werkes, die vielen Vorträge in mehreren Erdteilen, ihre umfangreiche Korrespondenz und zahlreiche Begegnungen mit Persönlichkeiten aus dem gesellschaftlichen, politischen und kirchlichen, ökumenischen wie auch interreligiösen Bereich – und dies alles in einer Haltung der Ganzhingabe an Gott und die Menschen gelebt –, sowie die mittlerweile über 70 Lebensjahre hinterlassen körperliche Spuren. So erlebt Chiara Lubich im Jahr 1992 einen physischen Einbruch, der zu einer längeren Erholungszeit in den Schweizer Alpen führt. Nach dieser Regenerationsphase beginnen für sie nochmals sehr fruchtbare Jahre, an denen sie zahlreiche Anerkennungen von Universitäten, Städten und Organisationen erhält und das Werk Mariens in seiner Gestaltwerdung komplettiert. Die letzte Gründung wird im Jahr 2007 das Päpstliche Universitäre Institut *Sophia* sein, deren Errichtungsdekret vom 7. Dezember 2007 Chiara noch persönlich unterschreibt, allerdings körperlich bereits sehr geschwächt, da sie Ende September 2004 einen weiteren physischen Einbruch[48] erleidet und ab diesem Zeitpunkt nicht mehr in der Öffentlichkeit auftritt, wohl aber weiterhin von zuhause aus alle Entwicklungen im Werk aufmerksam verfolgt und inhaltlich mitprägt. Die letzten beiden Lebensjahre sind gekennzeichnet von körperlichen Beschwerden wie etwa einer schweren Lungenentzündung im November 2006, von Atembeschwerden und ständig nachlassender Kraft, wie

---

[46] Wenn in dieser Arbeit vom literarischen Werk aus dieser mystischen Periode die Rede ist, wird hingegen der Ausdruck *Paradiso '49* oder die Abkürzung *P'49* verwendet.

[47] Ein eigenes Kapitel mit der Überschrift »Un'estate di paradiso« (»Ein Sommer des Paradieses«) über diese Zeit besonderer Gnaden findet sich in der journalistisch aufbereiteten Biografie von Gallagher (vgl. Gallagher, Chiara Lubich, 119-130).

[48] Ihre jahrzehntelange Sekretärin und zugleich eine der ersten Fokolarinnen an der Seite Lubichs, Eli Folonari, berichtet, wie Chiara eines Tages, Ende September 2004, im Auto bei der Ankunft am Zentrum der Fokolar-Bewegung plötzlich zu ihr sagt »Ich fühle mich nicht gut«. Ab diesem Zeitpunkt – so Folonari – verliert sie völlig an Energie und Kräften, kann keine Reisen mehr unternehmen und nicht mehr an öffentlichen Veranstaltungen teilnehmen (vgl. Gallagher, Chiara Lubich, 359-361).

auch von tiefen geistlichen Prüfungen bis hin zur 'Nacht Gottes', die für Chiara einer immer stärkeren Identifikation mit ihrem 'Bräutigam' – Jesus dem Verlassenen[49] – gleichkam, wie jene berichten, die an ihrer Seite diese letzte irdische Lebensphase begleiten. Für das Heil aller Menschen lebt und leidet sie und vertraut alle Menschen, darunter besonders alle Sünder, der Barmherzigkeit Gottes und der Fürbitte der Muttergottes an, wie ihre Sekretärin Eli Folonari beschreibt.[50] Allen gegenüber ist Chiara bis zum letzten Atemzug immer in der Haltung der Liebe und schenkt Worte tiefer Weisheit jenen, die sie in den letzten Lebensmonaten besuchen bzw. denen sie Botschaften zukommen lässt.[51] Eine weitere Lungenentzündung führt am 3. Februar 2008 zur Aufnahme in die Intensivstation. Am 12. März wird Chiara – auf ihren ausdrücklichen Wunsch hin – nach Hause (Rocca di Papa) überstellt, wo sie am 14. März um 2 Uhr morgens stirbt, nachdem vorher noch unzählige Menschen sich persönlich am Sterbebett von ihr verabschieden konnten.[52] Die Begräbnisfeierlichkeiten am 18. März 2008 in Sankt Paul vor den Mauern (Rom) werden zu einem Zeugnis, dass das Testament Jesu »dass alle eins seien« (Joh 17,21)[53] – das biblische Lebenswort Chiaras, welches ihr Charisma ausdrückt – in ihrem irdischen Leben bereits mehr als nur im Keim Realität geworden ist. Neben unzähligen katholischen Christinnen und Christen – darunter 16 Kardinäle, 40 Bischöfe, über 100 Priester[54], zahlreiche Ordensleute verschiedenster

---

[49] Vgl. Folonari, Ultimo tempo di Chiara, 185. Näheres zur Bedeutung von Jesus dem Verlassenen bei Lubich im sechsten Kapitel dieser Studie.

[50] Vgl. ebd.

[51] Vgl. ebd., 179-181.

[52] Eli Folonari veröffentlichte einen Bericht über die letzte Lebensphase von Lubich, in dem vor allem das letzten Lebensmonat detailliert beschrieben ist (vgl. ebd., 177-189). Der englische Schriftsteller und Journalist Jim Gallagher hat in seiner Lubich-Biografie ein detailreiches Kapitel über diesen Zeitabschnitt verfasst. Es umfasst Berichte von jenen, die Chiara in dieser Zeit begleiteten, ein Telegramm, das Papst Benedikt XVI. am 3. März an Chiara Lubich schickte sowie einige signifikante Zitate von ihr, die zeigen, wie sie diese Zeit geistlich erfahren und gelebt hat (vgl. Gallagher, Chiara Lubich, 361-377).

[53] Die Erkenntnis, dass für Lubich und die Fokolar-Bewegung die Einheit im Sinne von Joh 17,21 zentral werden sollte, hat ihren historischen Sitz in einem der vielen Aufenthalte im Luftschutzkeller während des Krieges, wo sie das Evangelium mitnahmen, um durch die Worte des Evangeliums zu verstehen, was Gott konkret von ihnen wollte. Beim Lesen dieses Gebets Jesu um die Einheit in Joh 17 erfassten Lubich und ihre Weggefährtinnen intuitiv, dass sie genau dafür geboren waren und dass dies »die *Magna Charta* der beginnenden Bewegung« (Lubich, Die Welt wird eins, 50) sein würde.

[54] Diese und weitere Angaben in diesem Absatz stammen vom *Werk Mariens* und sind veröffentlicht unter: www.focolare.org/news/2008/03/19 [abgerufen am

Ordensgemeinschaften, Mitglieder der neuen kirchlichen Gemeinschaften sowie Pfarrangehörige, einzelne Gläubige und Suchende – sind fast alle christlichen Kirchen und kirchlichen Gemeinschaften vertreten, Vertreterinnen und Vertreter aller großen Weltreligionen, Menschen nicht-religiöser Überzeugungen, Vertreter von Wissenschaft, Kultur, Politik und Gesellschaft aus allen Erdteilen und Personen verschiedener sozialer Schichten; insgesamt über 40.000 Menschen[55], alle vereint im Dank an sowie für Chiara Lubich und das von ihr gelebte Charisma der Einheit, welches Geschwisterlichkeit, Frieden und Einheit schon zu ihren Lebzeiten in einem unerwartet hohen Ausmaß hervorgebracht hat. Papst Benedikt XVI. beauftragt den Kardinalstaatssekretär, der Begräbnisliturgie vorzustehen und übermittelt in einer schriftlichen Botschaft seinen Dank als Papst für das Geschenk, welches Chiara Lubich für die Kirche und im Besonderen für die Evangelisierung ist; einen Dank für »diese Frau unerschrockenen Glaubens, sanftmütige Botschafterin der Hoffnung und des Friedens [...] [welche] gleichsam eine prophetische Fähigkeit hatte, zu erahnen und im Voraus zu verwirklichen«[56], was die Anliegen der Päpste während Lubichs Lebenszeit waren.

7. Dezember 2013: 70 Jahre nach der Weihe Chiaras an Gott und nach Ablauf der von der Katholischen Kirche vorgeschriebenen Frist von fünf Jahren beginnt die Einleitung eines Seligsprechungsverfahrens für Chiara Lubich. Am 27. Jänner 2015 wird die offizielle Eröffnung des Selig- und Heiligsprechungsprozesses für die »Dienerin Gottes Chiara (Silvia) Lubich«[57] von Bischof Raffaello Martinelli im Dom von Frascati in feierlicher Zeremonie begangen.

2. Das Werk Mariens – die Fokolar-Bewegung

»Erano i tempi di guerra...«[58] (»Es war in der Kriegszeit...«). Mit diesen Worten beginnen viele Erzählungen über die Entstehungsgeschichte der

---

19.06.2019]. Ich selbst nahm auch am Begräbnis in Sankt Paul vor den Mauern teil.
[55] Die Begräbnisfeierlichkeiten wurden außerdem live im italienischen Fernsehkanal Rai Uno, sowie von weiteren internationalen Fernsehanstalten und im Internet übertragen.
[56] Papst Benedikt XVI. in seiner Botschaft zur Beerdigung von Chiara Lubich am 18. März 2008 (zitiert nach: Gallagher, Chiara Lubich, 390f.).
[57] »Serva di Dio Chiara (Silvia) Lubich", so im Wortlaut des entsprechenden Dokuments des Bischofs von Frascati, datiert mit 21. Jänner 2015.
[58] »*Erano i tempi di guerra...*« ist auch der Titel eines Buches über die Anfänge der Fokolar-Bewegung. In ihm ist einerseits ein Text Lubichs publiziert, in dem sie das *Charisma der Einheit* in seiner Entwicklung darlegt und somit eine wertvolle Hilfe zum Verständnis der Inhalte der Spiritualität und der in ihr enthaltenen

Fokolar-Bewegung[59]. In der Tat waren es die Jahre des Zweiten Welt-kriegs, in denen sich die zunächst kleine Gruppe – und alsbald größere Bewegung – heranbildete. In dieser Zeit kristallisierten sich zudem be-reits die wichtigsten inhaltlichen Schwerpunkte der *Spiritualität der Einheit*[60] heraus, welche jeweils ihren konkreten Sitz im Leben in die-ser Zeit der grausamen Kriegsgeschehnisse haben, die jedoch zum Hu-mus für das Wirken der Gnade in Chiara wurden. In der Anfangsge-schichte finden sich demnach mehrere Komponenten: die nüchternen und bisweilen in mehrfacher Hinsicht kalten historischen Fakten, die damit verbundenen und an ihnen herangereiften spirituellen Erkennt-nisse und in allem die Handschrift Gottes als eigentlicher Autor der Geschichte. Dieses Mit- und Ineinander der erwähnten Komponenten wird vonseiten der jeweiligen Autorinnen bzw. Autoren unterschiedlich ins Wort gebracht und bisweilen als große Herausforderung gesehen, wie der Journalist Michele Zanzucchi dies im Hinblick auf sein um-fangreiches Buch über die Bewegung Lubichs ausdrückt:

>»Seit sieben Jahren habe ich das Glück, die Gründerin der Fo-kolare auf ihren Reisen rund um die Welt zu begleiten. Doch jedes Mal, wenn ich als Journalist den Stift zur Hand nehme, finde ich mich vor demselben Dilemma: wie mit geeigneten und plausiblen Worten das Werk des Heiligen Geistes erklä-ren, das Wirken eines Charismas, welches in wenigen Jahr-zehnten Tausende von Menschen 'angesteckt', neue und oft bis dahin unbekannte Wege des Dialogs und der Einheit eröff-net hat?«[61]

Publikationen zur Geschichte der Fokolar-Bewegung sind in unter-schiedlichen literarischen Gattungen vorhanden. Abgesehen von über-sichtlichen Tabellen mit hard-facts gibt es historisch aufschlussreiches Material durch eine Fülle von Berichten vonseiten einiger

---

Doktrin bietet. (Seiten 1-40). Der zweite Teil beinhaltet eine ausführliche Dar-stellung der Geschichte der Fokolar-Bewegung aus der Feder von Igino Giordani.

[59] Vor allem Lubich selbst und ihre ersten Gefährtinnen und Gefährten als Protago-nisten bzw. Zeugen dieser Geschichte haben bei vielen Gelegenheiten die soge-nannte *Geschichte des Ideals* erzählt. Im Anhang zu seiner umfangreichen Studie über die Spiritualität der Einheit listet Michel Vandeleene 26 solcher Erzählungen mit den entsprechenden bibliografischen Angaben auf (vgl. Vandeleene, Io il fra-tello Dio, 369-375).

[60] Eine Darstellung der *zwölf Punkte der Spiritualität der Einheit* unter theologischer Perspektive bietet Michel Vandeleene in seiner 1999 veröffentlichten Dissertati-onsschrift (vgl. Vandeleene, Io il fratello Dio, 157-215).

[61] Fondi / Zanzucchi, Un popolo nato dal Vangelo, 5.

Weggefährtinnen und Weggefährten Lubichs.[62] Diese sind meistens mit der Intention verfasst, die Geschichte Chiaras und ihrer Bewegung zur Ehre Gottes zu erzählen. Sie sind aufgrund der eigenen Betroffenheit bzw. des eigenen Involviertseins in diese Geschichte naturgemäß entsprechend geprägt.[63] In einigen Publikationen werden historische Ereignisse unter bestimmten inhaltlichen Gesichtspunkten dargestellt, wodurch das spezifische Gedankengut Lubichs, das stets mit ihrer Biografie verknüpft ist, besonders ans Licht kommt. Ein ausführliches Werk in diesem Sinn ist das Buch *Un popolo nato dal Vangelo*, ein Buch eines der ersten Fokolare (Enzo Maria Fondi) gemeinsam mit dem Wissenschaftler und damaligen Chefredakteur der Zeitschrift *Città Nuova* Michele Zanzucchi.[64] Das bislang umfangreichste wissenschaftliche Werk, in dem die Fokolar-Bewegung unter historischer Perspektive dargelegt ist, stammt von der italienischen Theologin Lucia Abignente. Abignente analysiert im Buch *Memoria e presente* die Entwicklung der Bewegung im geschichtlichen, soziopolitischen und

---

[62] Eine ins Deutsche übersetzte Publikation in diesem Sinn ist das Buch von Silvana Veronesi, in dem die Zeitzeugin die Entstehung der Bewegung in Trient von persönlichen Erlebnissen ausgehend beschreibt (Veronesi, Was in Trümmern begann). Umfangreichere wissenschaftliche Publikationen zur Entstehungsgeschichte der Bewegung gibt es bislang in deutscher Sprache nicht.

[63] Herausragendes Beispiel dafür ist der zweite Teil des Buches *Erano i tempi di guerra*, in dem der langjährige Weggefährte, Mitgründer der Fokolar-Bewegung und erste verheiratete Fokolar Igino Giordani die Geschichte Lubichs und der Fokolar-Bewegung (den Zeitraum von 1920-1949 umfassend) niederschreibt, in welcher sehr viele Fakten und zum Verständnis der Person Lubichs hilfreiche Hintergrundinformationen enthalten sind (vgl. Giordani, Storia del nascente Movimento dei Focolari , 41-228). Mit kleinen Unterschieden, was Details anbelangt – manches ist im Buch detaillierter und manches in den Artikeln zu »Storia di Light« –, publiziert unter dem Titel »Storia di Light« in bislang 18 Ausgaben der Zeitschrift *Nuova Umanità* (vgl. Giordani: »Storia di Light« 1-18, in: Nuova Umanità 217 [2015] – 234 [2019]).

[64] Beide Autoren haben Chiara über Jahrzehnte persönlich auf vielen Reisen sowie bei Veranstaltungen und Vorträgen begleitet und erzählen die Geschichte Chiara Lubichs und der Fokolar-Bewegung bis zum Jahr 2003 auf fast 600 Seiten, in vier Teilen, anhand von thematischen Schwerpunkten. Inhaltliche Perspektiven, unter denen die Geschichte Lubichs und ihres Werkes betrachtet werden, sind: Ihr Charisma als Charisma für die heutige Zeit und die Menschen von heute; die Universalität, die anhand der Reisen in die verschiedenen Kontinente und Länder sichtbar gemacht wird; die spezifischen Berufungen, Generationen und Bewegungen innerhalb der einen 'Familie' der Fokolar-Bewegung; die Dialoge (innerhalb der Katholischen Kirche, ökumenischer und interreligiöser Dialog und Dialog mit der zeitgenössischen Kultur), in denen sich das Charisma Lubichs in seiner Dialogfähigkeit zeigt; schließlich die Präsenz der Bewegung in der Welt und ihre gesellschaftliche, soziale, kulturelle, politische Relevanz. Im Anhang des Buches findet sich auch eine übersichtliche chronologische Tabelle, die bis zum Jahr 2003 reicht (vgl. Fondi /Zanzucchi, Un popolo nato dal Vangelo).

kirchenhistorischen Kontext und zeigt den Beitrag der Spiritualität Lubichs im Leben der Kirche des 20. Jahrhundert auf. Ein aktuelles und sehr umfangreiches Werk über die Entstehung der Fokolar-Bewegung stammt vom Soziologen Bernhard Callebaut aus dem Jahr 2017[65]. Unter ökumenischer Perspektive hat Lubich selbst die Geschichte der Fokolar-Bewegung prägnant bei der Zweiten Europäischen Ökumenischen Versammlung (EÖV 2) am 23. Juni 1997 in Graz erzählt, wo sie eingeladen war, die Spiritualität der Einheit und ihre Relevanz für die Ökumene ausgehend von der Erfahrung der Fokolar-Bewegung[66] darzulegen. Aufschlussreich sowohl für das Verständnis der Fokolar-Bewegung und ihrer Entstehung als auch für das Denken Chiara Lubichs sind zudem Interviews von Journalisten mit ihr, die einen Blick von außen auf das Leben Chiaras und ihr Werk werfen und in journalistischer Manier für die Zeitgenossinnen und Zeitgenossen interessante Informationen aus ihr herausgelockt haben. Das Interview mit der italienischen Journalistin Franca Zambonini[67], das abgesehen von geschichtlich interessanten Fakten auch zu inhaltlich spannenden Fragen wie 'Dialog' und 'Frau in der Kirche' Einblicke in das Denken Lubichs gewährt, soll an dieser Stelle exemplarisch erwähnt werden, weil es in Buchform auch in deutscher Übersetzung unter dem Titel *Die Welt wird eins*[68] erschienen ist. Eine andere Form von journalistischer Aufbereitung – in deutscher Übersetzung erschienen unter dem Titel *Wo alles anfing*[69] – stammt aus der Feder von Franco de Battaglia, der anhand von bestimmten Orten in der Heimatstadt Lubichs Ereignisse aus der Entstehungsgeschichte der Bewegung zugänglich macht. Eine, in der ersten Auflage noch von Chiara selbst autorisierte Publikation trägt den Titel *Chiara Lubich. Dialogo e profezia*[70] und stammt aus der Feder des englischen Schriftstellers und Journalisten Jim Gallagher. Darin präsentiert der Autor viele historische Details, verknüpft mit prägnanten Texten Lubichs. Allerdings sind sowohl diese umfangreiche Publikation als auch mehrere Bücher zur Fokolar-Bewegung, ihrer Geschichte, ihrer

---

[65] Callebaut, Bernhard, La nascita dei Focolari.

[66] Vgl. Lubich, Una spiritualità per la riconciliazione, 543-556.

[67] Zambonini ist eine in Italien bekannte Journalistin, die verschiedene bekannte Persönlichkeiten von David Ben Gurion über Indira Gandhi bis Mutter Teresa von Kalkutta interviewt hat und diese Interviews jeweils in Buchform veröffentlicht hat.

[68] Mit dem Erscheinungsjahr 1991 enden in diesem Buch allerdings naturgemäß die biografischen Angaben.

[69] Battaglia, Wo alles anfing.

[70] Sie erschien zunächst im Jahr 1997 in Englisch (Gallagher, A woman's work), danach im Februar 1999 in italienischer Übersetzung und im Jahr 2014 aktualisiert, mit Daten bis zu Chiaras Tod inklusive (Gallagher, Chiara Lubich).

Struktur und ihrer Spiritualität bislang nicht in deutscher Sprache zugänglich, sodass die Kenntnis der italienischen Sprache für eine profundere Kenntnis der Biografie Chiaras und der Fokolar-Bewegung bis dato Voraussetzung ist. Für die vorliegende Untersuchung genügt ein grober chronologischer Überblick, um die zu präsentierenden Inhalte einordnen zu können. Am 7. Dezember 1943 gibt Chiara mit ihrer persönlichen Weihe an Gott gewissermaßen das Heft aus der Hand und überlässt Gott fortan die Regie über ihr Leben. Nach der schweren Bombardierung Trients am 13. Mai 1944 finden Chiara und ihre ersten Weggefährtinnen eine kleine Wohnung am Kapuzinerplatz (Piazza Cappuccini 2) in Trient und beginnen dort ein Leben in Gemeinschaft unter einfachsten Bedingungen.[71] Es ist dies das erste *Fokolar*[72]. Die gegenseitige Liebe, die von diesen ersten Fokolarinnen mit großer Entschiedenheit zu leben versucht wird, sowie die Erfahrung der spürbaren Gegenwart des Auferstandenen als Frucht davon ziehen rasch viele Menschen im Umkreis an, die diese Erfahrung teilen wollen. Die gottgeweihte Chiara will in allem einzig das Evangelium als Richtschnur nehmen und lädt – bei regelmäßigen Treffen jeweils am Samstagnachmittag im 'Sala Massaia'[73] – die immer größer werdende Gruppe in Impulsen ein, das Leben in all seinen Aspekten am Wort Gottes auszurichten und sich über die damit gemachten Erfahrungen auszutauschen. Nach wenigen Monaten sind es über 500 Personen in Trient und »nach wenigen Jahren folgten allein im Trienter Land Menschen in 150 Dörfern diesem Charisma; sie alle wollten das Evangelium leben, das sie mit uns zusammen neu entdeckt hatten«[74], wie Lubich selbst berichtet.

---

[71] Giordani beschreibt den Eindruck, den er von dieser Wohnung der ersten Fokolarinnen hatte, mit Ausdrücken wie »extrem arm und extrem sauber [...] man atmet Eleganz [...] jungfräuliche Atmosphäre [...] Jesus in der Mitte« (Giordani, Storia del nascente Movimento dei Focolari, 88). Zur Bedeutung des Lebens in diesem ersten Fokolar, das von vielen einfach 'casetta' (in Erinnerung an die 'casetta' von Nazareth, deren Leben sie hier erstmals sich verwirklichen sah) genannt wurde, vgl. Battaglia, Wo alles anfing, 131-135.

[72] Das italienische Wort *focolare* steht im Tridentinischen für die Feuer- bzw. Herdstelle im Haus, von der Wärme und Licht ausgehen und um die sich die Familie gerne zusammenfindet. Von der Gemeinschaft um Lubich strahlte ebenso Licht und Wärme, die Erfahrung von familiärer Communio aus, sodass die Menschen, die damit in Berührung kamen, diese Gruppe als *focolare* bezeichneten.

[73] Ein Begegnungsraum (benannt nach Kardinal Massaia) vom Drittorden der Franziskaner, der Chiara und der Bewegung zur Verfügung stand (vgl. Giordani, Storia di Light 3, 295).

[74] Lubich, Die Welt wird eins, 54. Auf Anfrage, wie sich Lubich diese rasche Ausbreitung erklärt, antwortet sie: »Ich glaube, dass dieses neue Licht, das der Heilige Geist uns gab, so ansteckend war; heute spricht man vom 'Charisma' der Bewegung.« (Ebd., 54)

Das erste Männerfokolar in Trient wird im Jahre 1948 eröffnet, nachdem einige junge Männer die Lebensform des Fokolars am Kapuzinerplatz in derselben Entschiedenheit verwirklichen möchten.[75] Am 17. September 1948 findet die erste Begegnung[76] zwischen Lubich und dem italienischen Parlamentsabgeordneten Igino Giordani (1894-1980)[77] im römischen Parlament statt. Giordani ist ein über Italien hinaus bekannter Schriftsteller, Journalist[78] und Pionier der Ökumene. Er erfasst die kirchliche wie gesellschaftliche Tragweite des Charismas von Chiara, macht sich diese Spiritualität zu eigen und wird ein paar Jahre darauf der erste verheiratete Fokolar. Im Charisma der Einheit findet er eine Antwort auf die lange in ihm brennende Frage, wie er als Verheirateter und Vater von vier Kindern, als Politiker, als mitten in der Welt lebender Christ heilig werden könnte.[79] Aufgrund seines Beitrags für die Entwicklung der Fokolar-Bewegung – vor allem im Hinblick auf jene Verzweigungen, welche das Charisma der Einheit in die gesellschaftlichen Realitäten hineinbringen sollten – wird er von Chiara Lubich später als Mitbegründer des Werkes bezeichnet.

Das Jahr 1949 und die mystische Erfahrung im *Paradies 1949* markiert eine Zäsur in der Entstehungsgeschichte der Bewegung, wie Lubich selbst unterstreicht. Gilt der 7. Dezember 1943 als Beginn der *Fokolar-*

---

[75] Vgl. Fondi / Zanzucchi, Un popolo nato dal Vangelo, 548. Ein ausführlicherer Bericht über die Entstehung des ersten Männerfokolars mit Marco, dann Livio und Fons findet sich in: Gallagher, Chiara Lubich, 101-109.

[76] Giordani wird den Eindruck, den diese Begegnung auf ihn machte, in seinem Tagebuch mit den schlichten Worten festhalten: »Heute wurde ich im Montecitorio von Engeln gerufen. Es waren ein Kapuziner, ein Minorit, ein Konventuale, ein Terziar und eine Terziarin, Silvia Lubich, die in Trient eine Gemeinschaft ins Leben ruft.« (Giordani, Geistliches Tagebuch, 56f.). Zur Neuheit des Charismas Chiaras, das Giordani bereits bei dieser ersten Begegnung wahrnahm, vgl. Giordani, Storia del nascente Movimento dei Focolari, 133-139.

[77] In deutscher Sprache geben folgende drei Publikationen einen Einblick in das Leben und Denken Giordanis sowie auf den Einfluss, den die Begegnung mit dem Charisma Lubichs auf ihn ausübte: Giordani, Geistliches Tagebuch; ders., Erinnerungen; ders., Leben heißt Reifen. Das *Centro Igino Giordani* ist dabei, das geistige Erbe Giordanis aufzuarbeiten und zu bewahren. Es betreibt eine mehrsprachige Internetseite (allerdings nicht in Deutsch), die reichlich Material zugänglich macht. Siehe: http://www.iginogiordani.info [abgerufen am 19.06.2019].

[78] Aus seiner Feder stammen etwa 100 Bücher und über 4.000 Artikel in Zeitungen und Zeitschriften.

[79] Zum starken Eindruck, den diese erste Begegnung Giordanis mit Lubich hatte, geben seine eigenen Tagebuchaufzeichnungen Einblick (vgl. Fondi / Zanzucchi, Un popolo nato dal Vangelo, 67-70). In seinem Ringen war Chiara Lubich »genau die Stimme, die ich, ohne mir dessen bewusst zu sein, erwartete. Sie öffnete den Weg der Heiligkeit für alle; sie entfernte die Gittertüren, welche die Welt der Laien vom mystischen Leben trennte« (ebd., 69). Für Giordani ist aktuell ein Seligsprechungsverfahren im Gang.

Bewegung, so beginnt mit dem *Paradies 1949* das *Werk Mariens.*[80] Bis zur Erfahrung im Sommer 1949 war durch Chiara ein neuer Strom geistlichen Lebens in der Kirche entstanden, der mehr und mehr Menschen erfasste. Im Rahmen der mystischen Erkenntnisse im Sommer 1949 zeigte sich für Chiara das Werk, welches das Charisma der Einheit hervorbringt, in seiner konkreten Gestaltwerdung und in seiner grundlegenden Berufung. Diese besteht darin, *Maria* zu sein[81], die der Welt Jesus und mit ihm das Leben der göttlichen Dreifaltigkeit schenkt. Von 1949-1959 verbringt Lubich jeden Sommer eine gewisse Zeit in den Dolomiten, wobei sich jedes Jahr mehr Menschen aus immer mehr Ländern anschließen. Sie bilden eine temporäre, auf das Evangelium gründende, neue Gesellschaft, die sogenannte *Mariapoli*[82] (*Stadt Mariens*). Im Sommer 1959 sind es über 10.000 Personen aus 27 Nationen (bereits aus mehreren Kontinenten), die nach Fiera di Primiero zur Mariapoli kommen.[83]

In den Jahren ab 1953 gründet Chiara weitere Zweige des Werkes Mariens.[84] Im Jahr 1954 wird mit Pasquale Foresi (1929-2015)[85] der erste

---

[80] Vgl. Lubich, P'49, 19, Anm. 23. Auch in weiteren, bislang noch nicht publizierten Aufzeichnungen nennt Lubich das *Paradiso '49* als Gründungsereignis für das Werk Mariens (vgl. P'49, 49, Anm. 59 und 74, Anm. 86).

[81] Im Artikel 2 der Allgemeinen Statuten, in dem es um das Wesen geht, heißt es unter anderem, dass die Fokolar-Bewegung deshalb den Namen *Werk Mariens* trägt, weil sie – soweit dies möglich ist – eine Präsenz von Maria in der Welt sein und gleichsam ihr Wirken fortsetzen möchte.

[82] Den Namen *Mariapoli* erhielt diese Form der Zusammenkunft im Jahr 1955. Zur Entstehung, Charakteristik, Entwicklung und Bedeutung der Mariapoli sowie zu den Teilnehmern – darunter De Gasperi 1953, die Schwester von Papst Pacelli 1956, kirchliche Persönlichkeiten wie Bischöfe, Padre Lombardi (Gründer der Bewegung für eine bessere Welt), Pater Werenfried van Straaten und die lutherischen Marienschwestern von Darmstadt im Jahr 1957 – berichtet ausführlich Giordani in: Giordani, Storia del nascente Movimento dei Focolari, 193-228.

[83] Lubich, La dottrina spirituale, 410. Ab dem darauffolgenden Jahr ist es nicht mehr möglich, alle Interessierten aufzunehmen, und so vervielfältigt sich die Mariapoli auf verschiedenen Länder in allen Erdteilen.

[84] Darunter die 'verheirateten Fokolare', den Zweig der 'Fokolarpriester' und der 'Ordensleute', die sich das Charisma der Einheit zu eigen machen, die 'Freiwilligen', die 'Gen' (Jugendliche), 'Gens' (Seminaristen), sowie die Bewegungen 'Neue Gesellschaft', 'Jugendliche für eine geeinte Welt', 'Pfarr- und Diözesanbewegung', 'Neue Familien'. Zu den über 20 Zweigen und Bewegungen innerhalb des Werkes Mariens siehe die Allgemeinen Statuen desselben Art. 12-14 sowie Art. 129-140.

[85] Die bis dato jüngste (vorerst nur im Italienischen zugängliche) Publikation, die einen Einblick in die Persönlichkeit und das Denken von Pasquale Foresi – der von Chiara Lubich den Namen *Chiaretto* erhielt – und seinen spezifischen Beitrag für die entstehende Fokolar-Bewegung gewährt, ist eine Sammlung von seinen Schriften zur Spiritualität der Einheit (vgl. Foresi, Luce che si incarna). Chiara Lubich sah in Foresi denjenigen, der wesentlich für die Inkarnation des Charismas

Fokolar zum Priester geweiht. Foresi wird der erste Kopräsident[86] des Werkes Mariens und aufgrund seines Beitrags für die Entwicklung des Werkes Mariens, vor allem im Bereich der Studien, der Erstellung der Statuten, der Entstehung des Verlags und der Modellsiedlungen, von Chiara ebenfalls als Mitbegründer bezeichnet.

Einen besonders starken Eindruck bei seinem Erstkontakt mit dem Fokolar hinterlässt auf Foresi, der zuvor bereits Theologie studiert hatte,[87] die Antwort einer der ersten Fokolarinnen auf seine Frage, was diese Bewegung denn so mache. Ihre Antwort lautete:»Wir leben das Leben der Heiligsten Dreifaltigkeit.«[88]

1959 wird die erste Sammlung von geistlichen Texten Chiaras mit dem Titel *Meditazioni* veröffentlicht, womit die Tätigkeit des Verlags *Città Nuova* seinen Anfang nimmt. Aus dem Wunsch Lubichs, die Erfahrung der temporären Mariapoli beständig leben zu können, entsteht 1964 als erste ständige Mariapoli die Modellsiedlung Loppiano[89] in der Nähe von Florenz.

Als Mitgründer des Werkes bezeichnet Lubich auch Bischof Klaus Hemmerle, der einerseits ab dem Jahr 1976 regelmäßige internationale Begegnungen von Bischöfen initiiert und moderiert, um mit ihnen die Spiritualität der Einheit als Bischöfe zu vertiefen, und mit dem Chiara andererseits im Jahr 1990 die sogenannte *Scuola Abbà* (Schule Abbà)[90] gründet, eine interdisziplinare Studiengruppe zur Vertiefung der im Charisma der Einheit enthaltenen Lehre. 1991 startet Chiara Lubich in Brasilien das Projekt einer *Wirtschaft in Gemeinschaft*[91], der ein trinitarisches Menschenbild zugrunde liegt, wie ich in meiner Diplomarbeit[92] an der Katholischen Fakultät in Graz aufzuweisen versuchte.

---

der Einheit beitrug (vgl. ebd., 5). Er ist – so Lubich in einer Metapher über Foresi – »wie ein fruchtbarer Boden, auf den das Wasser der Weisheit fällt. Und diese Weisheit wird nicht in einem Brunnen gesammelt, sondern es wird aufgesaugt und verschwindet. Und dann [...] dann ein Grashalm, eine Blume [...] Die Weisheit zur Realität 'gemacht', erschaffen« (ebd., 8).

[86] Zur Gestalt und Aufgabe des Kopräsidenten im Werk Mariens vgl. die Allgemeinen Statuen des Werkes Mariens, Art. 91-95.

[87] Foresi war vor seiner Begegnung mit dem Charisma der Einheit Priesteramtskandidat, trat aber vor der Weihe aus dem Priesterseminar aus, weil er das Schöne und Faszinierende des Evangeliums in der damaligen konkreten Erfahrung von Kirche nicht vorfand. Durch das Charisma der Einheit entdeckte er später auch seine Berufung zum Priester auf neue Weise wieder.

[88] Foresi, Colloqui, 14.

[89] Informationen zu Loppiano online unter www.loppiano.it [abgerufen am 19.06.2019].

[90] Näheres zur *Scuola Abbà* im 5. Kapitel der vorliegenden Schrift.

[91] Ausführliche Informationen zu Wirtschaft in Gemeinschaft finden sich unter: www.edc-online.org/de [abgerufen am 19.06.2019].

[92] Vgl. Ulz, Wirtschaft in Gemeinschaft, 37-44.

»*Ut omnes unum sint*« (Joh 17,21). Für Lubich zeigt dieses *Omnes* (*Alle*) im Testament Jesu den Horizont an. Von Beginn an ist das Anliegen der Einheit *aller* keimhaft sowohl in den Texten wie auch im Leben Chiaras und der entstehenden Bewegung vorhanden. So bezeugen Aufzeichnungen Chiaras aus dem Jahr 1946: »Es geht um ein einziges Thema, um das Hauptanliegen der entstehenden Bewegung: die Einheit.«[93] Wie sich die Einheit schrittweise auf verschiedenen Ebenen im Werk Mariens und durch dieses zu verwirklichen beginnt, kann an dieser Stelle bloß im Telegrammstil erwähnt werden. Schematisch lässt sich das Engagement Lubichs für die Einheit in die fünf Dialoge einordnen, die zusammengenommen tatsächlich alle Menschen umfassen. Es sind dies: der Dialog mit den unterschiedlichen Charismen und Bewegungen innerhalb der Katholischen Kirche, mit Christen verschiedener Kirchen und kirchlichen Gemeinschaften, mit Gläubigen der großen Weltreligionen, mit Menschen ohne religiöse Weltanschauung und schließlich mit der zeitgenössischen Kultur und seinen verschiedenen Ausdrucksformen und Disziplinen.[94]

Zum Einsatz für die Einheit innerhalb der Katholischen Kirche: Schon nach den ersten Jahren sind katholische Christen aller Altersgruppen, sozialen Schichten, verschiedener Ordensfamilien, Laien und gottgeweihte Personen Teil der Bewegung. Es gibt regelmäßige Kontakte und Zusammenarbeit mit verschiedenen kirchlichen Gemeinschaften und Bewegungen.[95]

Zum innerchristlichen, ökumenischen Dialog: erste ökumenische Kontakte 1957 mit lutherischen Marienschwestern, 1961 trifft Lubich lutherische Pastoren in Darmstadt. 1966 Treffen mit dem Primas der Anglikanischen Kirche, Michael Ramsey, in London. 1967 erste von insgesamt 24 Begegnungen zwischen Chiara Lubich und dem ökumenischen Patriarchen von Konstantinopel, Athenagoras I. 1968 Einweihung des Ökumenischen Lebenszentrums in Ottmaring[96] (Deutschland), welches Chiara gemeinsam mit der Evangelischen *Bruderschaft vom*

---

[93] Lubich, Jesus der Verlassene und die Einheit, 17. In einem Brief vom 1. Jänner 1947 schreibt Lubich: »Ihr dürft nur eine Idee im Kopf haben. Alle großen Heiligen sind von einem einzigen Gedanken geformt worden, und unsere Idee ist die Einheit.« (Ebd., 31) Der vollständige Wortlaut des gesamten Briefes findet sich in: Lubich, Lettere dei primi tempi, 126-128.

[94] Prägnante Textauszüge Lubichs aus Vorträgen und Interviews zur Thematik dieser Dialoge finden sich in: Lubich, La dottrina spirituale, 362-388.

[95] In größerem Ausmaß beim ersten internationalen Treffen der Bewegungen und kirchlichen Gemeinschaften in Rom zu Pfingsten 1998, wo Chiara Lubich als eine von vier Gründerpersönlichkeiten am Petersplatz spricht bzw. 1999 beim Treffen von Gründern und Verantwortlichen von 41 kirchlichen Gruppierungen in Speyer (Deutschland).

[96] Informationen unter: www.ottmaring.org [abgerufen am 19.06.2019].

gemeinsamen Leben gründet. 1997 spricht Chiara Lubich bei der Zweiten Europäischen Ökumenischen Versammlung in Graz über die ökumenische Spiritualität, ausgehend vom Charisma der Einheit. 2000 trifft sie in Rothenburg (Deutschland) Vertreterinnen und Vertreter von 50 evangelisch-lutherischen Bewegungen. 2002: Auf Einladung des Präsidenten der protestantischen Kirchen von Genf spricht Lubich über die Ökumene in der Kathedrale von Sankt Peter (reformierte Hauptkirche in der Stadt Genf).»Miteinander für Europa«[97] 2004 in Stuttgart als Frucht eines längeren gemeinsamen Weges mit mehr als 150 Bewegungen und kirchlichen Gemeinschaften verschiedener Kirchen und Wegmarke für weitere ähnliche ökumenische Initiativen im Einsatz für eine Prägung der Gesellschaft aus dem Geist Christi; Chiara als Initiatorin.

Zum interreligiösen Dialog: 1981 spricht Chiara Lubich auf Einladung des Gründers der buddhistischen Bewegung Rissho Kosei-kai, Nikkyo Niwano, vor zehntausend Personen über ihre Erfahrung als Christin. 1994: Lubich wird zur Ehrenpräsidentin der Weltkonferenz für den Frieden (WCRP) ernannt. 1997 Begegnung in Bangkok (Thailand) mit dem obersten Patriarchen des thailändischen Buddhismus; in Chiang Mai spricht sie über ihre spirituelle Erfahrung vor zahlreichen Buddhisten. Ebenso 1997 spricht sie in New York bei der UNO – bei einem von der Weltkonferenz der Religionen für den Frieden organisierten Symposion – über die Einheit der Völker. 1998 Begegnung in Buenos Aires (Argentinien) mit der jüdischen Gemeinde. Jahr 2000 als weitere wichtige Etappe im muslimisch-christlichen Dialog: Chiara spricht bei einer Veranstaltung mit über 5.000 Christen und Muslimen (afro-amerikanische Muslime der *American Society of Muslims*) in Washington D.C. Im Jahr 2002 organisiert die Fokolar-Bewegung ein Symposion zum interreligiösen Dialog in Castel Gandolfo (Rom). 2003: verschiedene Dialogtreffen mit Vertreterinnen und Vertretern des Hinduismus in Indien.

Zum Dialog mit Menschen ohne explizite religiöse Weltanschauung: Ende der 1970er Jahre wachsende Kontakte mit Menschen ohne religiöses Bekenntnis, die jedoch viele Ideale der Fokolar-Bewegung teilen und ihren Beitrag für eine vereinte Welt einbringen möchten. 1978 entsteht das *Internationale Zentrum für den Dialog mit Menschen, die sich keiner Religion zugehörig fühlen*. Dieses Zentrum plant Veranstaltungen zur Thematik und treibt Initiativen für die Förderung einer weltweiten Geschwisterlichkeit voran. Ab 1992 regelmäßige Kongresse in Castel Gandolfo mit und für diese Gruppen, die sich zur Fokolar-

---

[97] Zur Geschichte der Initiative, deren Veranstaltungen bis hin zum Treffen »Miteinander für Europa 2016« in München siehe: www.together4europe.org/de/ [abgerufen am 19.06.2019].

Bewegung zugehörig fühlen und auch von Chiara als wichtiger Bestandteil der Bewegung an- und ernstgenommen werden[98] und denen in den Allgemeinen Statuen des Werkes Mariens ein eigener Artikel (Art. 147) gewidmet ist. In seinem Buch *gott.los.heute* widmet Franz Kronreif ein Kapitel der Erfahrung der Fokolar-Bewegung im Bereich dieses Dialogs mit nichtreligiösen Menschen, in welchem er anhand der theologischen und spirituellen Grundlagen sowie anhand von konkreten Gesprächspartnern die Potenz des Charismas von Chiara Lubich im Bereich dieses Dialogs aufzuweisen versucht.

Zum Dialog mit der zeitgenössischen Kultur: Aus der Überzeugung, dass das Charisma der Einheit auch eine neue Kultur im umfassenden Sinn prägen kann, entstanden auf internationaler wie auf nationaler Ebene Sekretariate, die sich um den Dialog mit Vertreterinnen und Vertretern der verschiedenen wissenschaftlichen und kulturellen Disziplinen (Politik, Wirtschaft, Kunst, Medien, Pädagogik, Psychologie, Soziologie, Medizin, Recht, Architektur, Umweltwissenschaften, Sport) bemühen, Veranstaltungen verschiedener Art zu organisieren, um in möglichst vielen Bereichen eine 'Kultur der Einheit' zu implementieren und zu verstärken.[99] Der Schlüssel zu den erwähnten fünf Dialogen, liegt für Chiara in der Liebe zu *Jesus dem Verlassenen*, dem sie in jedem Menschen begegnet und der eine besondere Vorliebe für jene Menschen fördert, welche das Antlitz des Gott-Verlassenen, Gott-Fernen, Gott-Losen am stärksten sichtbar machen.[100]

Das Werk Mariens (die Fokolar-Bewegung) ist heute weltweit präsent und hat über 100.000 interne Mitglieder[101], unzählige Anhänger sowie

---

[98] In ihrer Botschaft an die nichtglaubenden Freunde der Fokolar-Bewegung, die sich zu einem Kongress im Juni 2001 versammelt hatten, schreibt Lubich: »Die laufende Zusammenkunft ist schön und ganz wichtig. Ihr nehmt daran als Menschen verschiedener Überzeugungen teil, weil ihr euch für den Geist interessiert, der die Fokolar-Bewegung hervorgebracht hat und sie bewegt, für ihre Zielsetzungen, ihr Leben und ihre Umsetzungen. Ihr habt in unserer Bewegung volles Bürgerrecht, ihr seid ein wesentlicher Teil davon (zitiert nach: Kronreif, gott.los.heute, 144).

[99] Eine im deutschen Sprachraum größere Veranstaltung in diesem Sinn fand im Jahr 2001 in Innsbruck unter dem Titel *Tausend Städte für Europa* statt. An diesem Kongress sprach Lubich in ihrem Impulsreferat am 9. November zum Thema: »Der Geist der Geschwisterlichkeit in der Politik: Schlüssel zur Einheit Europas und der Welt«. Im Jahr 1996 entsteht aus einer Gruppe von italienischen Politikern verschiedener politischer Couleur, welche jedoch die Spiritualität der Einheit leben möchten, die *Politische Bewegung für die Einheit*, die sich zum Ziel setzt, dem Gemeinwohl über Parteigrenzen hinaus zu dienen.

[100] Zur Bedeutung von Jesus dem Verlassenen in den besagten Dialogen vgl. Lubich, Der Schrei, 80-84.

[101] Laut Auskunft vom Zentrum des Werkes Mariens sind es weltweit zirka 120.000 (Stand 2013) erfasste interne Mitglieder.

Sympathisantinnen und Sympathisanten, 25 Modellsiedlungen, 15 Verlagshäuser, 33 Zeitschriften sowie zahlreiche soziale, caritative, kulturelle Einrichtungen bis hin zur Universität.[102] Sie gehört zu den sogenannten Erneuerungsbewegungen[103], die rund um das Zweite Vatikanum – als Ausdruck des Wirkens des Heiligen Geistes, der seine Kirche »durch die verschiedenen hierarchischen und charismatischen Gaben« (LG 4) leitet – entstanden sind und ist mittlerweile vonseiten der offiziellen Katholischen Kirche, in deren Schoß sie gewachsen ist, sehr geschätzt. Dies war keineswegs immer so. Wie jedes neue Charisma in der Kirche unterliegt es dem Leitungsamt, in einer Unterscheidung der Geister die Echtheit dieses Charismas zu prüfen und zu beurteilen. In den Jahren zwischen 1950 und 1962 wurde die entstehende Bewegung mit ihrer Spiritualität vom damaligen Heiligen Offizium (jetzt Kongregation für die Glaubenslehre) genau unter die Lupe genommen und die Einheit Chiaras mit der Gesamtkirche bisweilen durchaus hart auf die Probe gestellt.[104] Das neue Charisma wurde von einigen Vertretern der Kirche mit Misstrauen und Unverständnis betrachtet, es gab verschiedene ungerechtfertigte Vorwürfe.[105] Chiara, die alles mit ihrem Fokolar zu teilen und zu besprechen gewohnt war und daraus für gewöhnlich viel Licht für wichtige Schritte erhielt, wurde mehrmals vom Heiligen Offizium für Anhörungen vorgeladen und konnte darüber – treu dem ihr auferlegten Schweigegebot – mit niemandem sprechen, was ihr zeitweilig das Licht raubte und sie die

---

[102] Die Angaben stammen vom Zentrum des Werkes Mariens (Stand November 2016). Eine Kurzbeschreibung in 5 Sprachen (nicht in Deutsch) zur Fokolar-Bewegung bietet das vom Werk Mariens betriebene offizielle Internetportal unter www.focolare.org [abgerufen am 19.06.2019]. In deutscher Sprache gibt es Informationen unter https://www.fokolar-bewegung.de/ [abgerufen am 27.06.2019].

[103] Zum Beitrag der Erneuerungsbewegungen für die Kirche schreibt die Glaubenskongregation in einem Schreiben an die Bischöfe im Jahr 2016: »Sowohl vor als auch nach dem Zweiten Vatikanischen Konzil sind zahlreiche kirchliche Vereinigungen entstanden, die eine große Ressource der Erneuerung für die Kirche und die dringende 'pastorale und missionarische Neuausrichtung' [*Evangelii gaudium* 25] des ganzen kirchlichen Lebens bilden.« (Kongregation für die Glaubenslehre: Schreiben an die Bischöfe *Iuvenescit Ecclesia* [15.05.2016], Nr. 2).

[104] Vgl. Tobler, Jesu Gottverlassenheit, 65-68. Ein ausführlicherer Bericht über diese Zeit findet sich – in italienischer Sprache – in: Gallagher, Chiara Lubich, 131-148.

[105] Unter diesen Kritiken und Vorwürfen erwähnt Lubich in ihrem geistlichen Erlebnisbericht folgende: »Einige fragten sich, ob wir vielleicht Protestanten wären, weil wir ihrer Meinung nach allzu enthusiastisch vom Evangelium sprachen. Andere empfanden es als übertrieben, dass wir unsere wenigen Güter zusammenlegten. Sie fragten sich, ob die Bewegung vielleicht eine neue, gefährliche Form von Kommunismus war.« (Lubich, Der Schrei, 56)

aus der Geschichte von Mystikern bekannte 'Nacht' erfahren ließ.[106] Lubich, für die die Einheit mit dem Papst und den Bischöfen unabdingbar war, um sich ganz mit der Kirche und durch sie mit Gott vereint zu fühlen[107], den Willen Gottes zu erkennen und zu leben, hat diese Prüfungszeit – trotz großer Schmerzen und Schwierigkeiten – als Ausdruck der mütterlichen Liebe der Kirche zum neu entstehenden Werk sehen und annehmen können. Die Trägerin des neuen Charismas verstand sich als Kind der Kirche und wollte ihr dienen, wie sie im Rückblick auf diese Zeit festhält: »Die Kirche ist unsere Mutter; durch sie spricht der Herr zu uns; wir liebten sie, wir wollten in ihr und für sie leben.«[108] Diese Zeit der Prüfung ließ die Liebe Chiaras zu Jesus dem Verlassenen reifen, die Dynamik von Tod und Auferstehung existentiell erfahren (»Es war die Zeit, in der das Weizenkorn in die Erde fallen und sterben musste, um reiche Frucht bringen zu können.«[109]) und ließ sie noch tiefer verstehen, dass dies nicht ihr Werk ist, sondern Werk Gottes, der ihr dieses Charisma anvertraut hat, um es für die Kirche und die Welt fruchtbar zu machen.[110] Im Jahr 1962 wird die Fokolar-Bewegung schließlich unter Papst Johannes XXIII. auf weltkirchlicher Ebene unter dem Namen *Opera di Maria* (*Werk Mariens*) anerkannt.[111]

---

[106] Vgl. dazu ihre Erzählung in: Lubich, Der Schrei, 53f. Unter anderem schreibt sie: »Es kam die Nacht – so schrecklich, wie nur der weiß, der sie erlebt. [...] Ich fühlte mich völlig am Ende, und der innere Friede war dahin [...] Ich sagte, wie Gott weiß, unter unsäglichen Schmerzen, ja zu dieser Dunkelheit, in der nichts mehr Wert hatte« (ebd., 54).

[107] Lubich und die ersten Fokolarinnen waren praktizierende Katholikinnen, für die die Repräsentanten der Kirche selbstverständlich den Willen Gottes ausdrückten, entsprechend dem Wort »Wer euch hört, der hört mich« (Lk 10,16). Von daher ihre innere Not, die Lubich so ausdrückt: »Wie hätten wir Gott und die Kirche voneinander trennen können? In der Kirche und durch die Kirche waren wir mit Gott vereint. Während der kirchlichen Prüfung fühlten wir uns nicht ganz mit der Kirche vereint, und so schien es uns, dass wir nicht mit Gott vereint wären. Wie konnten und sollten wir da unsere Entscheidung für ihn als unser Lebensideal umsetzen?« (Ebd., 57).

[108] Ebd., 60.

[109] Ebd.

[110] In ihrem Buch *Der Schrei der Gottverlassenheit* beschreibt Chiara Lubich ihre intensive geistliche Erfahrung in dieser Zeit. Dabei ist bezeichnend, dass sie an keiner Stelle ein negatives Urteil über die Kirche anbringt (vgl. ebd., 53-73).

[111] Auf diözesaner Ebene gab es eine erste Approbation durch den Erzbischof Carlo De Ferrari von Trient bereits im Jahr 1947. Als ihr Diözesanbischof kannte er Lubich und die junge Gemeinschaft aus mehreren Begegnungen und sah in ihr die Hand Gottes am Werk. In der Zeit der Prüfung durch die Universalkirche veröffentlichte Erzbischof De Ferrari ein Schreiben, um seine positive Meinung über Lubich und ihre Bewegung kundzutun. Der Wortlaut dieses Briefes ist in deutscher Übersetzung publiziert in: Lubich, Die Welt wird eins, 55f. Zur Beziehung von Erzbischof De Ferrari mit Chiara Lubich vgl. das im Jahr 2017 erschienene Buch: Abignente, Lucia, »Qui c'è il dito di Dio«.

1990 wurden die – dem neuen Kirchenrecht von 1983 und den weiteren Entwicklungen der Fokolar-Bewegung entsprechend – erneuerten *Allgemeinen Statuten des Werkes Mariens* vom Päpstlichen Laienrat approbiert.[112] Mit dem Tod Chiara Lubichs ist die Gründungszeit abgeschlossen. Ebenso ist damit das Gedankengut Lubichs vollständig vorhanden und – was die Autorin selbst und ihre Schriften betrifft – 'de-finiert'. Somit ist nun eine Phase angebrochen, in der das Charisma der Einheit unter verschiedenen Aspekten im Hinblick auf die in ihm enthaltene Doktrin untersucht werden kann.[113] In seinem theologischen Vorwort zum Buch *La dottrina spirituale* (Die spirituelle Lehre bzw. Doktrin) schreibt Piero Coda, dass das Charisma Chiaras nicht nur einen Paradigmenwechsel in der Geschichte der christlichen Spiritualität bezeugt, sondern auch einen signifikanten Beitrag zu einem kulturellen Paradigmenwechsel in unserer Zeit leistet, ähnlich den großen Spiritualitäten eines heiligen Benedikt von Nursia, eines Franz von Assisi oder eines Ignatius von Loyola.[114] Die vorliegende Arbeit möchte ein bescheidener Beitrag sein, der etwas von dem sichtbar macht, wie dieses Charisma für die theologische Disziplin der Anthropologie etwas Neues einbringt, das wertvolle Antworten auf die Frage des Menschen nach Sein und Sinn seines Menschseins anzubieten hat.

---

[112] Diese *Allgemeinen Statuten* enthalten Artikel über Wesen, Ziel und Geist des Werkes Mariens (Art. 1-9), über die Struktur und Zusammensetzung (Art. 10-22), über die konkreten Aspekte des Lebens (Art. 23-72), über die Leitungsorgane des Werkes (73-114), die Zonen (Art. 115-128), die Sektionen, Zweige und Bewegungen (Art. 129-140), Richtlinien bezüglich der Personen anderer Kirchen und kirchlicher Gemeinschaften, die dem Werk angehören (Art. 141-145), Regelungen für die Beziehungen zu den Angehörigen anderer Religionen (Art. 146), Regelungen für die Beziehungen zu Personen nichtreligiöser Überzeugungen (Art. 147) und über die Beziehungen zu den kirchlichen Verantwortlichen (148-153). Der authentische Text der Allgemeinen Stauten ist der italienische. In deutscher Sprache hat Bernhard Pree seine kanonische Dissertation zu diesen Statuten verfasst (vgl. Pree, Fokolar-Bewegung).

[113] Für den aktuell laufenden Selig- und Heiligsprechungsprozess werden zudem die nötigen Gutachten ausgearbeitet, die unter anderem die Doktrin in den Schriften Lubichs theologisch untersuchen.

[114] Vgl. Lubich, La dottrina spirituale, 23. Lubich selbst schreibt in einem Text vom Herbst 1949 im Hinblick auf das Charisma der Einheit, dass es darum geht, alle Bereiche des menschlichen Lebens zu erneuern. »Es geht nicht darum, die verschiedenen Dimensionen und Fähigkeiten des Menschen zu unterdrücken, sondern zur Entfaltung zu bringen. Neben einer erneuerten, einer 'neuen' (basierend auf dem trinitarischen Leben, das im mystischen Leib Christi gelebt ist) Theologie bedarf es auch einer Naturwissenschaft, einer Soziologie, einer Kunst, einer Politik, die neu sind...: *neu*, weil sie von Christus, von seinem Geist erneuert sind.« (Lubich, Risurrezione di Roma, 8, Anm. 2)

3. Anerkennung von Person und Werk Chiara Lubichs

Das Wirken des Charismas der Einheit durch Chiara Lubich hat in den christlichen Kirchen, im Dialog der Religionen sowie in verschiedenen Bereichen der Gesellschaft Früchte hervorgebracht, die ihr gegenüber Dankbarkeit hervorgerufen und auch zu einer nicht geringen Zahl von Anerkennungen geführt haben.[115] Lubich selbst betonte stets, dass die Anerkennungen nicht ihr als Person, sondern dem von Gott geschenkten Charisma gelten und nahm zudem nur jene Ehrungen entgegen, welche ihr vom Päpstlichen Laienrat[116] ausdrücklich empfohlen wurden, weil sie ihrem Ideal der Einheit und dem positiven Fortschritt der Bewegung oder der Kirche dienen könnten.[117] Die folgende Auflistung der an Chiara verliehenen Ehrungen soll sichtbar machen, wie das Charisma der Einheit bereits zu ihren Lebzeiten in einen großen Radius von kirchlichen und gesellschaftlichen Bereichen positiv hineingewirkt hat.

Die für Lubich selbst wichtigste Anerkennung ist die kirchliche.[118] Zeichen der besonderen Wertschätzung vonseiten der Kirche waren die Ernennung von Chiara Lubich zur Konsultorin des Päpstliches Laienrates im Jahr 1985 und die Einladung als solche zur Teilnahme an der Bischofssynode anlässlich 20 Jahre Zweites Vatikanisches Konzil. Mehrmals wurde Lubich auf ihren Reisen von den Ortskirchen eingeladen, Ansprachen zu halten.[119] Die Wertschätzung des Petrusamtes für das Charisma der Einheit drückte sich zudem in zahlreichen persönlichen Begegnungen und in einem regelmäßigen Briefverkehr mit den

---

[115] Eine übersichtliche (nicht vollständige) Tabelle über die öffentlichen Anerkennungen, die an die Person und das Werk Lubichs verliehen wurden – in deutscher Sprache – bietet Stefan Tobler im Anhang zu seiner Habilitationsschrift (vgl. Tobler, Jesu Gottverlassenheit, 376f.).

[116] Dem Allgemeinen Statut (Art. 148) entsprechend untersteht das Werk Mariens direkt dem Heiligen Stuhl und ist als universalkirchliche Vereinigung von Gläubigen der *Kongregation für Laien, Familien und Leben* (bis zum Jahr 2016 *Päpstlichen Laienrat*) zugeordnet.

[117] Vgl. Gallagher, Chiara Lubich, 267f. Gallagher weiß zu berichten, dass Lubich auf viele Einladungen, Ehrungen entgegenzunehmen, zwar jeweils freundlich antwortete, sie aber nicht annahm.

[118] Vgl. dazu den Text Lubichs über ihre *Leidenschaft für die Kirche*, in dem ihre (nicht sentimentale, sondern ganz praktische) Liebe zu dieser konkreten Gesamtkirche zum Ausdruck kommt. In deutscher Übersetzung publiziert in: Lubich, Alles besiegt die Liebe, 47.

[119] So auch bei Vollversammlungen verschiedener Bischofskonferenzen (Philippinen, Taiwan, Schweiz, Argentinien, Brasilien, Kroatien, Polen, Indien, Tschechien, Slowakei, Österreich).

Päpsten ab Papst Pius XII. aus,[120] wobei die Beziehung zu Papst Paul VI.[121] am intensivsten war.[122] Lubich hatte eine sehr gute Beziehung zum Ökumenischen Patriarchen von Konstantinopel Athenagoras I., der eine große Sehnsucht nach voller Einheit mit dem römischen Papst hegte und in Chiara als inoffizieller »Mittlerin zwischen Papst Paul VI. und ihm«[123] einen Weg fand, um diese Einheit zu stärken. Nicht zuletzt kann die Tatsache, dass die Katholische Kirche einen Selig- und Heiligsprechungsprozess für Chiara Lubich begonnen hat, als gewichtiger Erweis für die Anerkennung ihrer Person und ihres Charismas gewertet werden.

Im Hinblick auf die ökumenische Relevanz des Charismas Chiaras sind besonders drei Auszeichnungen anzuführen: Im Jahr 1988 erhielt Chiara Lubich den *Augsburger Friedenspreis* für ihren Beitrag zur ökumenischen Verständigung. 1995 erhielt sich durch den Patriarchen Bartolomäus in Istanbul das *Kreuz von Byzanz* überreicht. 1996 bekam Lubich in Canterbury aus der Hand des anglikanischen Erzbischofs Carey das *Goldene Augustinuskreuz der Church of England* für ihre Verdienste im Sinne der Ökumene für die anglikanische Gemeinschaft geschenkt. Bei mehreren ökumenischen Großveranstaltungen wurde sie eingeladen, über das Charisma der Einheit und die ökumenische Erfahrung der Fokolar-Bewegung zu sprechen.

Für den Beitrag Lubichs zum Fortschritt der Religionen erhielt sie im Jahr 1977 den *Templeton-Preis*[124], der ihr in London in der Guildhall überreicht wurde. Das Geld aus dem hochdotierten Preis (ähnlich hoch

---

[120] Über ihre Beziehung zu den Päpsten verrät Lubich einige Details in den deutschsprachigen Publikationen: Lubich, Die Welt wird eins, 133-148; sowie in: Lubich, Der Schrei, 74-84. In diesen Seiten wird eine gegenseitige Wertschätzung und Befruchtung der petrinischen (Papst) und der charismatischen (Charisma der Einheit) Dimension der Kirche bezeugt, wie sie im Dokument der Kongregation für die Glaubenslehre *Iuvenescit Ecclesia* (2016), gerade im Hinblick auf die Beziehung zwischen neueren Charismen und dem kirchlichen Lehramt, gewünscht wird.

[121] Anlässlich des 50. Jahrestages der ersten Begegnung zwischen Paul VI. und Chiara Lubich fanden im November 2014 zwei Studientage in Castelgandolfo (Rom) statt, bei denen die Beziehung zwischen den beiden unter verschiedenen Aspekten beleuchtet wurden. Die Akten dieser Studientage wurden publiziert in: Siniscalco / Toscani (Hg.), Paolo VI e Chiara Lubich.

[122] Bei Papst Paul VI. hatte Lubich mehrmals private Audienzen und sie führte einen persönlichen Briefverkehr mit ihm, wie sie festhält. »Papst Paul VI. ließ mir während seines Pontifikats mehrfach (auch handschriftliche) Briefe zukommen« (Lubich, Der Schrei, 83).

[123] Lubich, Der Schrei, 84.

[124] Unter den Preisträgern des Templeton-Preises finden sich bekannte Persönlichkeiten wie Mutter Teresa von Kalkutta (1973), Frère Roger Schutz (1974), Desmond Tutu (2013).

wie der Nobelpreis) teilte die Preisgekrönte auf mehrere soziale Projekte in drei Kontinenten auf. Nach der Dankesrede von Lubich sprachen Vertreter verschiedener Religionen sie persönlich an, darunter ein buddhistischer Mönch aus Tibet, durch den sich in Folge der Dialog mit dem Buddhismus für Lubich eröffnete; im Jahr 1981 sprach Chiara vor 12.000 Buddhisten.[125] Im Jahr 1994 wurde sie zur Ehrenpräsidentin der WCRP (World Conference of Religions for Peace = Weltkonferenz der Religionen für den Frieden) ernannt und konnte als solche ihren Beitrag für den Dialog mit den Weltreligionen und zum gemeinsamen Einsatz für den Frieden leisten.

Die Vision Chiaras galt immer dem *Ut omnes unum sint* und ging daher weit über den Horizont der strukturell verfassten Kirche hinaus. Der Beitrag des Charismas der katholischen Christin aus Trient für den kulturellen, gesellschaftlichen und politischen Bereich wurde in verschiedener Form gewürdigt, vor allem in ihrer letzten Lebensdekade. Erwähnt seien an dieser Stelle folgende Ehrungen: *Literaturpreis* in Mailand (1995), *UNESCO-Preis für Friedenserziehung* in Paris (1996), *Preis des Europarates für die Förderung der Menschenrechte* in Strassburg (1998), Auszeichnung (*Cruzeiro do Sul*) durch den Präsidenten Brasiliens für ihren Einsatz zugunsten der benachteiligten Schichten und für das Projekt 'Wirtschaft in Gemeinschaft' (1998), *Großes Bundesverdienstkreuz der BRD* (2000). Im schlichten, aber stilvollen Zimmer von Chiara Lubich hingen allerdings keine der Urkunden oder verliehenen Ehrenzeichen, sondern – genau wie im ersten Fokolar am Kapuzinerplatz in Trient – das Bild des Gekreuzigten und Verlassenen Jesus und das Bild der Schmerzensmutter unter dem Kreuz. Ihnen galt zeitlebens die bevorzugte Liebe.

Vertreterinnen und Vertreter verschiedener wissenschaftlicher Disziplinen entdeckten nach und nach, dass dem Charisma Chiaras die Kraft innewohnt, etwas Spezifisches und Neues für die jeweiligen Fächer zur Entfaltung zu bringen. Gleichzeitig hat das Gedankengut Lubichs die Interdisziplinarität unter Wissenschaftlern verschiedener Fächer gefördert, die einen neuen und ganzheitlichen Blick auf brennende Fragen der Wissenschaften freigeben. Beredtes Zeugnis dafür sind nicht zuletzt

---

[125] Vgl. Gallagher, Chiara Lubich, 269f.

insgesamt 16 Ehrenpromotionen[126] aus elf Disziplinen.[127] Theologische Ehrendoktorate erhielt Chiara Lubich von fünf Universitäten.[128] Ich kann Stefan Tobler zustimmen, wenn er sagt, dass die Verleihung von wissenschaftlichen Ehrendoktoraten an Lubich »auf Material hin[weist], das ausgewertet werden will; es ist aber bisher noch kaum zum Gegenstand der wissenschaftlichen Theologie geworden«[129]. Lubich selbst gibt in den Vorlesungen nach der Verleihung der Doktortitel in Theologie wertvolle Hinweise darauf, welchen Beitrag das Charisma der Einheit für die Theologie bringen kann. Im Laufe der vorliegenden Untersuchung wird darauf noch Bezug zu nehmen sein, was die Anthropologie anbelangt.

Nicht zuletzt wurde Chiara Lubich auch vonseiten der Zivilgesellschaft mehrmals für den Beitrag honoriert, den sie und ihr Werk zugunsten der Menschen in den Städten, in denen die Fokolar-Bewegung präsent ist und sich engagiert, geleistet haben. Sie erhielt aus diesem Grund insgesamt 19 Ehrenbürgerschaften.[130]

II. Zum literarischen Werk Chiara Lubichs

»Ich werde sprechen und ich werde schreiben,
ich werde alles mitteilen mit allen Mitteln. [...]
Ich verspüre in mir so viel Licht,
dass nicht einmal so viele Bücher ausreichen würden,
wie es Grashalme auf der Welt gibt [...]
Dass doch die Seelen in dieses Licht eintreten mögen,
dann würde jede ein offenes Buch sein:
das Buch der Wahrheit. Ströme lebendigen Wassers.«[131]

---

[126] Alle Ehrendoktorate sind in einem 2016 – in italienischer Sprache – herausgegebenen umfangreichen Band (428 Seiten) dokumentiert. Das Buch beinhaltet zu jedem an Lubich verliehenen Ehrendoktorat die entsprechende Begründung vonseiten der Universität, die Laudationes (meist in der jeweilig gehaltenen Originalsprache sowie in italienischer Übersetzung) und die *Lectio magistralis* der Neo-Doktorin Chiara Lubich (vgl. Gillet/ Parlapiano (Hg), Dottorati honoris causa).

[127] Von Wirtschaft, verschiedenen Humanwissenschaften, Kunst, Sozialwissenschaften, Pädagogik, Psychologie, Religionswissenschaft über Philosophie bis hin zur Theologie.

[128] Von der St.-Thomas Universität in Manila (1997); in Taipei von der Universität Fu Jen (1997), in der Slowakei von der Universität in Trnava (2003), vom Institut 'Claretianum' der Päpstlichen Lateran-Universität (2004) und im Jahr 2008 von der 'Liverpool Hope University' (England).

[129] Tobler, Jesu Gottverlassenheit, 5.

[130] Darunter von den Städten Rom, Florenz und Buenos Aires.

[131] P'49, 527.530, zitiert nach: Atzori, Guardare tutti i fiori, 18.

In diesen Textpassagen aus dem Jahr 1949, die an den missionarischen Eifer eines Apostels Paulus für die Verkündigung des Evangeliums erinnern, ist wohl der tiefste Beweggrund ausgedrückt, warum und wozu Lubich überhaupt ein schriftliches Erbe hinterlassen wollte. Sie wollte möglichst viele Menschen an ihrem Ideal der Einheit teilhaben lassen und das ihr von Gott anvertraute Charisma allen zugänglich machen. Ihr Leben teilen und mitteilen, um neues Leben hervorzubringen. Sie tat dies vor allem mündlich in unzähligen persönlichen Begegnungen, Vorträgen, Veranstaltungen, Konferenzschaltungen, Dialogen, die später verschriftlicht wurden[132], sowie in vielen Briefen, Tagebuchaufzeichnungen und Manuskripten. In der Tat hat Chiara Lubich kein Buch selber geschrieben, mit einer Ausnahme, nämlich – gewiss nicht von ungefähr – ihren persönlichen *Liebesbrief an den verlassenen Jesus* (so der Widmungstext des Buches), an ihren 'Bräutigam'[133], der als Buch im Jahr 2000 mit dem Titel *Il grido*[134] publiziert wurde. Alle anderen Bücher unter ihrer Autorenschaft sind von Mitarbeiterinnen und Mitarbeitern herausgegebene gesammelte und themenmäßig geordnete Texte Chiaras. Da sie jedoch selbst an jeder Herausgabe (bis zu ihrem Lebensende) mitgewirkt hat und ihre Texte persönlich kontrolliert und autorisiert hat, können sie dennoch als ihre authentische Schriften gelten.[135]

Das literarisches Werk Lubichs umfasst (mit Stand 2016) 58 Werke in ihrer Muttersprache mit über 220 Auflagen und Neudrucken in mehr als 20 Sprachen. In deutscher Sprache sind es knapp über 50 Titel, wobei es »sich ausschließlich um Übersetzungen von Texten [handelt], die zuvor in italienischsprachigen Publikationen erschienen sind«[136].

---

[132] Tobler merkt diesbezüglich an, »dass eine schriftliche Überlieferung gegenüber der durch Lubich eindeutig bevorzugten mündlichen Gattung immer sekundär ist. Ihr Wirken hat mit mündlichen Vorträgen vor Gruppen Jugendlicher der Katholischen Aktion und des Dritten Ordens der Franziskaner in Trient angefangen. Die Direktheit der mündlichen Form [...] hat seither die Arbeit Lubichs überwiegend geprägt. Oft entwickeln sich ihre Gedanken erst im Gegenüber zu ihren Gesprächspartnern.« (Tobler, Jesu Gottverlassenheit, 82)

[133] Vgl. dazu 6. Kapitel III. der Studie, vor allem den Text *Ich habe nur einen Bräutigam auf Erden.*

[134] In deutscher Übersetzung ist das Buch erschienen mit dem vollständigen Titel *Der Schrei der Gottverlassenheit. Der gekreuzigte und verlassene Jesus in Geschichte und Erfahrung der Fokolar-Bewegung* (Lubich, Der Schrei). Tobler macht darauf aufmerksam, dass dieses Buch von Lubich zwar »in einem Zug und mit der Absicht der Publikation niedergeschrieben [wurde], allerdings unter Aufnahme zahlreicher älterer Fragmente und in einem Stil, der mehr an der Direktheit der mündlichen Kommunikation als an der Geschlossenheit eines literarischen Werkes orientiert ist.« (Tobler, Jesu Gottverlassenheit, 79, Anm. 37)

[135] Vgl. Tobler, Jesu Gottverlassenheit, 79.

[136] Ebd., 85.

Der in Sibiu (Rumänien) lehrende Schweizer Theologe Stefan Tobler hat sich eingehend mit ihrem literarischen Werk auseinandergesetzt. Er unterstreicht in seiner Analyse im Hinblick auf eine angemessene Auseinandersetzung in theologisch-wissenschaftlicher Hinsicht die Bedeutung und infolgedessen die nötige Beachtung der Genese (Sitz im Leben) und des Kontextes ihrer Schriften, der verschiedenen literarischen Gattungen, der Situationsgebundenheit sowie der Eigenart der Texte als Ausdruck einer mystischen und spirituellen Erfahrung.[137] Toblers Ausführungen diesbezüglich haben nichts an Gültigkeit eingebüßt und sollen daher auch für die folgenden Absätze als Bezugspunkt dienen. Die wichtigsten Punkte sollen prägnant und kompakt dargestellt werden.

1. Kontext und Entstehung der Schriften

Wie bei allen Texten spielen zum richtigen Verständnis die Art der Entstehung, der Sitz im Leben sowie der Entstehungskontext eine große Rolle. Dies gilt umso mehr für die Texte Lubichs, die zu einem guten Teil nicht am Schreibtisch entstanden sind und nicht für das Lesepult eines universitären Lehrstuhls oder für eine wissenschaftliche Publikation konzipiert wurden, sondern Verschriftlichungen von oftmals ursprünglich Gesprochenem sowie Gelegenheitsschriften aus verschiedenen Anlässen sind. Diese 'Situationsgebundenheit' (Tobler) der Texte hat zur Folge, »dass zumindest mit einer doppelten Relation gerechnet werden muss: Die Relation mit der Biografie Lubichs und der Geschichte der Fokolar-Bewegung und die Relation mit den Zuhörern bzw. Adressaten eines Textes«[138]. Bei aller Vielfalt der Kontexte, in denen die Schriften Lubichs entstanden sind, zeigen sich dennoch die Inhalte des Charismas in deutlichen Konturen. Dabei darf, wie Tobler unterstreicht, »nie ein einzelner Text das ganze Gewicht einer Argumentation tragen, sondern er muss im Zusammenhang anderer Texte verstanden werden, die ihn bestätigen und ergänzen oder in spannungsvollem Gegenüber korrigieren«[139]. Zu beachten ist überdies, dass sich

---

[137] Vgl. ebd., 79-92.

[138] Ebd., 86. Wenn Lubich bei einer Tagung der Bischöfe über ihre Spiritualität sprach, verwendete sie selbstverständlich eine andere Ausdrucksweise, als wenn sie vor einer Gruppe von Kindern oder vor Muslimen sprach. Die Formulierungen in ihrem persönlichen Briefen sind anders als jene bei ihren Vorlesungen nach der Verleihung von Ehrendoktoraten.

[139] Ebd., 86f. »Man könnte sagen, dass der theologische Umgang mit den Texten Lubichs [...] mehr von den Methoden der exegetischen Wissenschaft lernen kann als von denjenigen einer klassischen systematisch-theologischen Abhandlung. Sowohl die Entstehung der schriftlichen Quellen als Sammlung von

das Gedankengut Chiaras im Laufe der Jahre – durch biografische Ereignisse und Entwicklungen der Bewegung, durch das konkrete Leben und Erleben des Charismas und seiner Auswirkungen und nicht zuletzt durch vertiefendes Studium ihrerseits und vonseiten ihrer Mitarbeiterinnen und Mitarbeiter – im bewussten Erkennen, Reflektieren und folglich in seiner Wortwerdung entwickelte.[140] Auf die geschichtliche Dimension und ihre epistemologische Relevanz für das Gedankengut Lubichs wird im zweiten Kapitel noch zurückzukommen sein. Aufgrund der historischen Komponente sowie der nötigen Beachtung der Situationsgebundenheit wird in der vorliegenden Studie bei der Bezugnahme auf Texte, Textausschnitte und Einzelzitate Lubichs immer dann der jeweilige Situationsbezug bzw. das Jahr angegeben, wo dies zum Verständnis hilfreich erscheint.

Das reichlich vorhandene schriftliche Erbe verdankt sich einerseits dem Wunsch vonseiten Chiaras, das Licht des Charismas und das daraus entstandene Leben mitzuteilen, und andererseits umfangreicher Dokumentations- und Herausgeberarbeit vonseiten vieler Mitarbeiterinnen und Mitarbeiter. Im Erfassen des hohen Wertes der Gedanken Chiaras wurde sehr früh damit begonnen, Ansprachen, Gespräche, Dialoge aufzuzeichnen, die anschließend transkribiert werden konnten. Briefe, Tagebuchaufzeichnungen und sonstige handschriftliche Texte wurden dokumentarisch erfasst und auf diese Weise erhalten. Vom Werk Mariens wurde im Juli 2008 das *Centro Chiara Lubich*[141] errichtet und mit der Aufgabe betraut, das gesamte textliche Erbe (Schriften, Tonband- und Videoaufzeichnungen, Zeugnisse und wissenschaftliche Publikationen über sie) zu verwalten, zu sichern und zugänglich zu machen. Das Gedankengut der Autorin ist heute auf verschiedenen Wegen zugänglich, welche Tobler in folgende Kategorien einteilt[142]: im Handel erhältliche

---

Gelegenheitstexten als auch deren Charakter als Bekenntnisse, Verkündigung, Zeugnis und Predigt gleichen der Sammlung des Neuen Testaments, mit dem allerdings wichtigen Unterschied, dass es hier um eine einzige Autorin geht.« (Ebd., 87, Anm. 58) Und, Tobler ergänzend, dass es sich im Neuen Testament um das Wort Gottes und um den verbindlichen Offenbarungsglauben handelt und bei Lubich um Texte als Frucht eines Charismas.

[140] Ein frühes und eindrucksvolles Zeugnis davon gibt zum Beispiel ein Text Lubichs aus dem Jahr 1950, in dem eine innere Progressivität im Verständnis des Charismas der Einheit vonseiten der Autorin und ihrer Weggefährtinnen und Weggefährten ersichtlich ist. Der Text trägt den Titel *Ideale dell'unità. Il »trattatello innocuo«* (*Das Ideal der Einheit. Der »harmlose kleine Traktat«*) und ist veröffentlich in: Lubich / Giordani, Erano i tempi di guerra, 1-40.

[141] Die Errichtung des *Centro Chiara Lubich* (vgl. www.centrochiaralubich.org [abgerufen am 20.06.2019]) geschah im Rahmen der ersten Generalversammlung des Werkes Mariens nach dem Tod Chiaras.

[142] Vgl. Tobler, Jesu Gottverlassenheit, 80f.

Buchpublikationen; Publikationen in öffentlich zugänglichen Zeitschriften[143]; Schriftensammlungen für Schulungszwecke in der Fokolar-Bewegung, Aufsätze und Gesprächsaufzeichnungen für Mitglieder des Werkes Mariens in Mitteilungsblättern der Fokolar-Bewegung; Tonband- und Videoaufzeichnungen und deren Transkriptionen; nicht veröffentlichte Briefe, Notizen und Tagebuchaufzeichnungen; und schließlich nicht nachprüfbare Zitate aus der Sekundärliteratur. In der vorliegenden Untersuchung werden ausschließlich Texte zitiert, die von der Autorin selbst autorisiert wurden und nur solche, die im Sinne der Wissenschaftlichkeit überprüfbar sind.

2. Vielfalt der Gattungen

Die Schriften Lubichs zeichnen sich durch eine Vielfalt von Genres aus, die u.a. mit der erwähnten Situationsgebundenheit zusammenhängt. Bisweilen sind in einer und derselben Publikation Texte sehr unterschiedlicher Gattungen – oft ohne entsprechende Angaben von Gattung, Zeit oder Kontext – nebeneinander anzutreffen.[144] Dies etwa in Veröffentlichungen unter der Kategorie 'Geistliche Schriften', die nicht im Hinblick auf eine wissenschaftliche Auseinandersetzung angelegt sind. Diese Daten müssen daher, wo dies für das richtige Verständnis eines Inhalts und den rechten Gebrauch von Zitaten relevant ist, unter Bezugnahme des Originaltextes (gegebenenfalls in seiner Erstveröffentlichung) und – wenn nicht anders zu eruieren – durch die Mithilfe des *Centro Chiara Lubich* erhoben und ausgewiesen werden. Zugunsten einer wissenschaftlichen Klarheit sind die für den Inhalt wichtigen Texte in der vorliegenden Arbeit mit den entsprechenden Daten versehen.

Seitdem die Schriften Lubichs vermehrt Inhalt wissenschaftlicher Auseinandersetzung geworden sind, wird größeres Augenmerk auf die literarische Gattung der Texte gelegt. Wissenschaftlerinnen und Wissenschaftler aus den Bereichen der Literaturwissenschaft und Linguistik haben begonnen, schriftliches Material der Autorin zu untersuchen. Sie differenzieren nach Gattungen, machen auf ihre Spezifika aufmerksam und liefern linguistische Informationen, die auch für die theologische

---

[143] Vor allem die italienischsprachigen Zeitschriften *Città Nuova*, *Nuova Umanità*, *Unità e Carismi*, *Gens's*, *Gen*, *Ekklesía* und *Mariapoli*. In deutscher Sprache die Zeitschriften *Neue Stadt* und *das prisma*.

[144] In deutschsprachigen Publikationen etwa in den beiden Büchern Lubichs, die eine Sammlung von Betrachtungen, Gebeten, Tagebuchaufzeichnungen, Auszügen aus Vorträgen, Briefen etc. umfassen (vgl. Lubich, Alle sollen eins sein; Lubich, Alles besiegt die Liebe). Die in diesem Sinn umfangreichsten Bücher im Italienischen sind: Lubich, La dottrina spirituale; Lubich, Scritti Spirituali, 4 Bde.

Auseinandersetzung hilfreich sind. Abgesehen von einzelnen Beiträgen in diesem Sinne[145] ist der im Jahr 2013 erschienene Sammelband *Come frecciate di luce* zu nennen, in dem ein ganzes Autorinnen- und Autorenteam der Studiengruppe *Scuola Abbà* sich mit der zentralen Schrift Chiaras *Paradiso '49* unter literaturwissenschaftlichen Aspekten auseinandersetzt. Als einer der ersten Autoren einer umfangreicheren theologischen Publikation über Lubich hat Michel Vandeleene in seinem Werk *Io - il fratello - Dio*[146] eine detailliertere Unterscheidung der verschiedenen Gattungen samt entsprechenden Erläuterungen dargeboten. Eine nicht ganz mit Vandeleene deckungsgleiche[147] Einteilung der Gattungen unternimmt Stefan Tobler in seinem Buch. Er unterscheidet sieben Gattungen:[148] Briefe, Tagebuchnotizen, Thematische Vorträge für Mitglieder der Fokolar-Bewegung, Öffentliche Vorträge zu verschiedenen Anlässen, das *Wort des Lebens* (monatlicher Kommentar zu einem Schriftwort mit Anregungen zum Leben des entsprechenden Wortes Gottes im Alltag), geistliche Impulse bei regelmäßigen internationalen Konferenzgesprächen[149] und schließlich Antworten bei Begegnungen mit Fokolar-Mitgliedern. Maria Caterina Atzori nennt in ihrer Aufzählung[150] zusätzlich noch folgende Genres: Gebete,

---

[145] Atzori untersucht einen wichtigen Schlüsseltext Lubichs, der im 6. Kapitel dieser Studie behandelt wird, in zwei Beiträgen unter linguistischem Aspekt (vgl. Atzori, Risurrezione di Roma I, 431-460; und ders., Risurrezione di Roma II, 591-612).

[146] Auf über zwanzig Seiten listet Vandeleene insgesamt zwölf verschiedene Gattungen auf und charakterisiert sie jeweils (vgl. Vandeleene, Io il fratello Dio, 126-152).

[147] Unterschiede zur Einteilung Toblers sind, dass Vandeleene die Allgemeinen Statuten und die 'Geschichte des Ideals' als eigenständige Gattungen anführt und eine detailliertere (inhaltliche) Aufteilung macht, was die Aufzeichnungen von Tagebüchern und Vorträgen Lubichs betrifft (vgl. Tobler, Jesu Gottverlassenheit, 82, Anm. 49).

[148] Vgl. Tobler, Jesu Gottverlassenheit, 82-84.

[149] Seit dem Jahr 1980 hat Lubich für die weltweit vertretenen Mitglieder der Fokolar-Bewegung per Konferenzschaltung mit zirka 60 Zentren des Werkes (zunächst 14-tägig, später monatlich; zunächst per Telefon-, später per Videoschaltung und Internetstreaming) einen geistlichen Impuls gegeben. Diese Impulse wurden fast ausnahmslos in der Folge publiziert, entweder in Buchform oder / und in der Zeitschrift *Città Nuova*. In diesen Impulsen ließ Lubich an ihrem geistlichen Leben zum jeweiligen Zeitpunkt teilhaben und lud die Mitglieder des Werkes dazu ein, als eine weltweit vereinte Familie jeweils einen spezifischen Aspekt des Charismas der Einheit in die Praxis umzusetzen.

[150] Vgl. Atzori, Guardare tutti i fiori, 18. In diesem Beitrag unternimmt Atzori eine sprachwissenschaftliche Untersuchung eines Textes von Chiara Lubich vom 6. November 1949 und macht in der Einleitung auf die Vielfalt der Gattungen in Lubichs Schriften ganz allgemein aufmerksam.

Erzählungen, Gedichte, Apophthegmata, Interviews und die Fabel[151]. Mit theologisch-kirchlicher Brille könnte man weitere Unterscheidungen vornehmen. So gibt es etwa einen Text Lubichs, der in der Art eines Pastoralkonzeptes[152] verfasst ist. Die auch in der vorliegenden Studie behandelten Schriften aus dem *Paradiso '49* sind hingegen den mystischen und visionären Texten zuzuordnen.

Den Schriften aller Gattungen ist gemeinsam, dass sie einen starken Erfahrungsbezug aufweisen. Dies führt in den Texten aller Genres zu einer biografischen Prägung einerseits und macht bestimmte Passagen andererseits erst verständlich, wenn die Erfahrung dahinter, zumindest in den wesentlichen Zügen, bekannt ist. Dies ist nicht zuletzt der Grund, warum auch in der vorliegenden Studie die Biografie der Autorin sowie die Geschichte der Fokolar-Bewegung in ihren grundlegenden Fakten dargelegt sind. Was der Erfahrungsbezug für die Interpretation der Inhalte in den Texten Chiaras näherhin bedeutet, wird weiter unten (1. Kapitel III.) ausgeführt. Aufgrund dessen, dass nicht wenige Texte ursprünglich in Form der direkten Rede formuliert wurden und die jeweilige schriftliche Version in einer Reihe von Fällen[153] erst die sekundäre Form der Überlieferung darstellt, werden in dieser Untersuchung der ursprüngliche Rahmen, die ursprüngliche Gattung und die Adressaten(gruppe) bei der Entstehung des Textes angeführt, wo dies zum korrekten Erfassen der inhaltlichen Aussagen hilfreich ist.

3. Die Frage nach dem authentischen Text

Abgesehen von den von ihr selbst handschriftlich verfassten und diktierten (und danach transkribierten) Schriften hat Chiara Lubich sehr viel gesprochen – bei Veranstaltungen, bei unzähligen privaten Zusammenkünften mit Personengruppen und nicht zuletzt bei persönlichen Begegnungen unter vier Augen. Vieles davon wurde durch Ton- bzw. Videoaufnahmen festgehalten. Da die Authentizität bei entsprechender Tonqualität gut überprüfbar ist, können entsprechende Transkriptionen als sichere Quellen gelten. Manches wurde hingegen von

---

[151] Die literarische Gattung der Fabel verwendet Lubich einmal, um in anonymisierter Weise von sich selbst und einigen ihrer ersten Gefährtinnen und Gefährten und deren spezifischen Rolle im Werk Mariens zu sprechen (vgl. Lubich, Favola fiorita, 131-133). Der Text wurde im Jahr 1950 verfasst.

[152] Der Text trägt den Titel *Una città non basta* (Lubich, Scritti Spirituali 1, 116-119). In deutscher Übersetzung publiziert mit dem Titel *Eine Stadt genügt nicht* (Lubich, Alle sollen eins sein, 103-107).

[153] Dies trifft für alle Transkriptionen von Vorträgen, Dialogen, Konferenzgesprächen, Themen und Interviews zu, die Lubich für Mitglieder der Fokolar-Bewegung sowie bei öffentlichen Auftritten gehalten hat. Diese machen – zusammengenommen – vom Umfang her einen großen Teil des schriftlichen Erbes aus.

Zuhörerinnen bzw. Zuhörern privat mitnotiert bzw. im Nachhinein aus dem Gedächtnis niedergeschrieben und in der Folge als Aussage von Chiara in Umlauf gebracht. Naturgemäß ist die Authentizität solcher Aussagen unsicherer und nicht im Sinne einer wissenschaftlichen Korrektheit belegbar. Auf solche, nicht überprüfbare Texte wird in der vorliegenden Studie gänzlich verzichtet.

Von bestimmten Texten bzw. Textpassagen kursieren voneinander abweichende Versionen. Dies kann unterschiedliche Ursachen haben. Manchmal wurden Textausschnitte aus einem Gesamttext herausgelöst tradiert, zum Teil mit verschiedenen Überschriften versehen, mit anderen Textpassagen aus anderen Texten zusammengefügt, um zu einem bestimmten Thema die Gedanken Lubichs in konzentrierter Weise betrachten zu können. Wo dies ohne Angabe der Ursprungstexte geschah, kam es vor, dass der so erstellte Text im Laufe der Zeit als eigenständiger Text Chiaras in einer Veröffentlichung dargestellt wurde. Beispielhaft für den in diesem Sinne manchmal sehr freien Umgang mit Texten Lubichs in Veröffentlichungen sei ein bekannter und häufig zitierter Text angeführt, der auch in dieser Studie vorkommt: *Se il tuo occhio è semplice*. Ursprünglich von Chiara im November 1949 als Kommentar zu einem Schriftwort[154] verfasst, wurde er im Jahr 1978 im Buch *Scritti Spirituali* auf zwei Texte aufgeteilt und von den Herausgebern mit zwei Überschriften versehen, sowie ohne Angabe der entsprechenden Bibelstelle und ohne Angabe von Entstehungszeit bzw. Kontext und zudem verkürzt und leicht verändert veröffentlicht.[155] Ganz gleich verhält es sich im Buch *La dottrina spirituale* vom Jahr 2001, das vermutlich schon zwei eigenständige Texte vor Augen hatte und sie daher als solche wiedergibt.[156] Im Jahr 2000 wird der gesamte Text – allerdings ohne die Schriftstelle, auf die sich Lubich ursprünglich bezog

---

[154] Das Schriftwort, auf den sich der Text bezog, war: »Dein Auge gibt dem Körper Licht. Wenn dein Auge gesund ist, dann wird auch dein ganzer Körper hell sein. Wenn es aber krank ist, dann wird dein Körper finster sein.« (Lk 11,34).

[155] Der erste Teil mit dem Titel *Se siamo uniti, Gesù è fra noi* (Lubich, Scritti Spirituali 1, 50) findet sich eher am Beginn des Buches und der zweite Teil mit dem Titel *Se il tuo occhio è semplice* (ebd., 153) über 100 Seiten weiter hinten im selben Buch. Abgesehen davon, dass Teile des Textes ganz weggelassen wurden, wurde er hier – und in der Folge in den Publikationen und Übersetzungen, die sich auf das Buch *Scritti Spirituali* bezogen – auch abgeändert. So wurde etwa aus dem Originalsatz »Così l'amore è amare ed esser amato: è la Trinità« (P'49, 910, zitiert in: Lubich, Se il tuo occhio è semplice, 152) die Version »Così l'amore è amare ed esser amato: come nella Trinità« (Lubich, La dottrina spirituale, 123). Die Bedeutung ist dabei durchaus unterschiedlich, ob die gegenseitige Liebe »wie in der Trinität« ist oder ob sie »die Trinität« ist. Siehe dazu die Ausführungen im zweiten Teil (3. Kapitel II).

[156] Vgl. Lubich, La dottrina spirituale, 123f. und 145.

– in der Zeitschrift *Nuova Umanità* mit dem Titel *Se siamo uniti, Gesù è fra noi*[157] publiziert und in derselben Zeitschrift im Jahr 2007 die Originalversion samt Schriftstelle und mit dem Titel *Se il tuo occhio è semplice*.[158] In deutscher Sprache ist der vollständige Text samt Bibelstelle und Angabe von Zeit und Kontext bislang nicht publiziert. Er findet sich – analog dem Buch *Scritti Spirituali*, das als Vorlage für die deutsche Übersetzung diente – auf zwei Texte aufgeteilt und mit zwei Überschriften versehen im Buch *Alle sollen eins sein*.[159] In Fällen wie diesem ist daher zwingend auf den ursprünglichen – italienischen – Text zurückzugreifen und bei der Zitation (wenn auch in der deutschen Übersetzung wiedergegeben) zu verwenden.

Noch wichtiger ist die Bezugnahme auf den Originaltext in Fällen, wo der ursprüngliche Text verkürzt wiedergegeben wurde und die Verkürzungen bzw. Auslassungen von Wörtern oder Sätzen auch inhaltliche Verkürzungen oder gar Veränderungen bedeuten könnten. Ein markantes Beispiel dafür soll an dieser Stelle erwähnt werden, weil es einen Text betrifft, der im zweiten Teil (3. Kapitel III.2.) behandelt wird und eine zentrale Rolle im Denken Lubichs spielt. Es ist der Text vom 20. September 1949 mit dem Titel *Ho un solo sposo sulla terra* (*Ich habe nur einen Bräutigam auf Erden*), der in manchen früheren Publikationen – vermutlich aus der Vorsicht heraus, er könnte in seiner vollständigen Form für manche Ohren missverständlich oder gar häretisch klingen – verkürzt wiedergegeben wurde. Vor allem in der Zeit, in der einerseits die Fokolar-Bewegung vonseiten der Katholischen Kirche noch geprüft wurde und andererseits nötige theologische Absicherungen von Aussagen noch ausständig waren, wurde bei der Aufzählung Lubichs, was 'Jesus der Verlassene' ist, der Ausdruck 'die Hölle' weggelassen. In aktuellen Veröffentlichungen wird der Text fast immer vollständig wiedergegeben, wobei zumeist Anmerkungen zum

---

[157] Lubich, Se siamo uniti, 357f.

[158] Lubich, Se il tuo occhio è semplice, 151-153.

[159] Der erste Teil ist veröffentlicht mit der Überschrift *Jesus in der Mitte* (Lubich, Alle sollen eins sein, 33) und der zweite Teil ist betitelt mit *Einfache Augen* (ebd., 146). Die Schriftstellenangabe, die Angabe des Jahres sowie der Gattung (Kommentar zum Schriftwort) fehlen in der deutschen Übersetzung gänzlich. Außerdem wurde bei der deutschen Übersetzung des zweiten Teils ein Wechsel in der Person vollzogen. Im Original verwendet Lubich die zweite Person Singular und in der deutschen Übersetzung wird die erste Person Plural verwendet. Diese Veränderungen des Originals sind aufgrund des Charakters der Publikation – in diesem Fall als Sammlung von 'Geistlichen Schriften' – verständlich im Sinne einer Leserinnen- bzw. Leserfreundlichkeit, machen den Text aber für eine wissenschaftliche Arbeit zu einer unbrauchbaren Quelle.

richtigen Verständnis hinzugefügt werden.[160] Wurde in der Veröffentlichung des deutschsprachigen Textes im Buch *Alle sollen eins sein* im Jahr 1995 'die Hölle' bei der Aufzählung noch weggelassen[161], so ist im Buch *Der Schrei der Gottverlassenheit* sechs Jahre später der Text, getreu dem Originaltext und mit entsprechenden Erläuterungen, im vollständigen Wortlaut übersetzt.[162] Ein Spezifikum stellen die Texte des *Paradiso '49* dar, die bislang noch nicht vollständig publiziert sind. Die ursprünglich von Chiara Lubich als Tagebuchnotizen, als handschriftliche Aufzeichnungen auf losen Blättern oder in Briefform (an Igino Giordani adressiert) verfassten Texte aus dieser mystischen Erfahrung des Sommers 1949 wurden – soweit sie erhalten geblieben sind – im Nachhinein aufgrund ihrer großen Bedeutsamkeit und unter der Leitung von Chiara Lubich selbst systematisch zusammengefügt und mit dem Titel *Paradiso '49* versehen. Die einzelnen Sätze bzw. Satzteile wurden jeweils mit einer Versnummer versehen sowie z.t. mit Anmerkungen angereichert, die Chiara Lubich selbst im Laufe der Arbeits-Einheiten der *Scuola Abbà* eingefügt haben wollte, und mit Verweisen auf Bibelstellen bzw. mit redaktionellen Informationen, welche jeweils auch als solche gekennzeichnet sind. Einige Auszüge des *P'49* sind – in autorisierter Form bislang nur im italienischen Original – in Artikeln der Zeitschrift *Nuova Umanità* (ohne Versnummer und oft mit der Anmerkung 'testo inedito' = 'unveröffentlichter Text' versehen) und seit dem Jahr 2012 in der Buchreihe *Studi della Scuola Abbà* wie auch in einzelnen Werken (z.T. mit Versnummer) publiziert. In der vorliegenden Studie werden Textpassagen – sofern sie bereits mit Versnummern publiziert wurden – entsprechend mit *P'49* [+ Versnummer] angegeben und dazu die nötigen Informationen zum Ort der Veröffentlichung. Für die kommenden Jahre ist die Publikation des gesamten Textes des *P'49* in fünf Sprachen geplant, darunter auch in Deutsch. Für die vorliegende Studie bekam ich dankenswerter Weise die Möglichkeit, über Mitglieder der *Scuola Abbà* und über das *Centro Chiara Lubich* auf die für die Thematik relevanten Texte zuzugreifen.

An dieser Stelle sollen schließlich jene Schriften Erwähnung finden, welche zweifelsfrei von der Autorin Chiara Lubich selbst verfasst wurden, aber zunächst ohne ihren Namen veröffentlicht wurden. Zu nennen ist die allererste Publikation des Verlags *Città Nuova* im Jahr 1959

---

[160] Vgl. Lubich, Il grido, 56f. In diesem Buch zitiert Lubich zwei Theologen (Hans Urs von Balthasar und Paul Evdokimov) zur theologischen Stützung ihrer Aussage. In drei Fußnoten dazu zieht sie weitere drei Theologen als Zeugen heran, darunter Joseph Ratzinger und Patriarch Bartholomäus.
[161] Vgl. Lubich, Alle sollen eins sein, 27. Diese Weglassung gilt ebenso für Veröffentlichungen dieses Textes in anderen Publikationen bis zu diesem Zeitpunkt.
[162] Vgl. Lubich, Der Schrei, 51.

mit dem Titel *Meditazioni*, welche bis zum Jahr 1964 (erste bis fünfte Auflage) ohne Namensnennung vertrieben wurde und mittlerweile die 26. Auflage (2008) erreicht hat. In der Zeit der Unsicherheit, ob das Werk Mariens von der Kirche anerkannt würde, sind zudem einige Artikel von ihr in verschiedenen Zeitschriften publiziert, die entweder unter einem Pseudonym erschienen sind, oder einfach mit drei Sternchen – anstelle des Namens – versehen wurden.[163] Vor allem seit dem Tod Lubichs ist die Frage nach der Authentizität ihrer Texte besonders wichtig geworden. Bis dahin konnte sie selbst die Veröffentlichung aller ihrer Texte autorisieren. Nach dem Tod wurde das bereits erwähnte *Centro Chiara Lubich* mit der Aufgabe betraut, die Authentizität der Texte zu garantieren.[164] Nun ist das schriftliche Erbe Chiaras vollständig und abgeschlossen. Das *Centro Chiara Lubich* kann für wissenschaftliche Untersuchungen – wie dies auch für die vorliegende Arbeit bei manchen Texten der Fall war – im Zweifelsfall befragt werden, wenn es um die Echtheit oder um die Frage nach dem ursprünglichen Text, den Kontext oder die Zeitangabe der Abfassung geht. Eine kritische Gesamtausgabe des literarischen Werkes ist bis dato ausständig; ein baldiges Erscheinen wäre jedoch gerade im Hinblick auf wissenschaftliche Arbeiten wünschenswert, da sie die Quellenforschung um einiges erleichtern würde.

4. Herausforderung durch Übersetzungen

Chiara Lubich beherrschte nur die italienische Sprache und infolgedessen wurden alle Schriften unter ihrer Autorenschaft in ihrer Muttersprache verfasst. Als einzig sichere Quelle für eine wissenschaftliche Studie muss daher der italienische Originaltext herangezogen werden. Wo in der vorliegenden Studie bei Zitaten in den entsprechenden Anmerkungen dennoch auf deutschsprachige Publikationen verwiesen wird, habe ich dies deshalb getan, um für die Leserinnen und Leser den Zugang zu den entsprechenden Schriften in deutschsprachigen Publikationen zu erleichtern; ich selbst habe jedes Zitat immer an der ursprünglichen Quelle verifiziert. Bei wichtigen Textpassagen und für den Inhalt eventuell auch heiklen Zitaten wird der italienische Originaltext entweder im Textkorpus oder in der Anmerkung zusätzlich zur deutschen Übersetzung wiedergegeben. Die für die vorliegende

---

[163] Siehe dazu die Angaben aus den Recherchen von Stefan Tobler (Tobler, Jesu Gottverlassenheit, 81, Anm. 45 und 84f.).

[164] Die jahrelange persönliche Sekretärin Giulia Folonari (von Chiara und innerhalb des Werkes *Eli* genannt) garantierte im Zweifelsfall die Echtheit eines Zitats oder eben nicht.

Untersuchung grundlegenden Schlüsseltexte sind zudem im wissenschaftlichen Anhang im italienischen Originalwortlaut wiedergegeben. Durch die rasche Ausbreitung der Fokolar-Bewegung in über hundert Ländern auf allen fünf Kontinenten wurden die Texte Lubichs bald in viele Sprachen übersetzt. Sie dienten – ihrer Intention gemäß – dazu, das Charisma der Einheit mit seinen Inhalten sowie mit den daraus hervorgegangenen Erfahrungen zu verbreiten, sowie als geistliche Nahrung für die Angehörigen der Bewegung. Texte Chiaras wurden zu diesem Zweck übersetzt und in Form von Kopien, internen Schriftensammlungen und auch kleineren inoffiziellen Publikationen verbreitet. Die Übersetzungen erstellten zunächst die Fokolar-Mitglieder, die in ihrer Ausbildungszeit im Werk Mariens – meistens in Loppiano (Italien) – selbst Italienisch gelernt hatten. Allerdings hatten wenige unter ihnen eine Ausbildung als Dolmetscherin bzw. Dolmetscher im Sinne einer professionellen Übersetzung oder gar im Sinne der modernen Translationswissenschaften[165]. Naturgemäß entsprechen solche Übersetzungen nicht den Anforderungen für wissenschaftlich verwertbare Quellentexte. Für die offiziellen Publikationen in Büchern, Zeitschriften sowie für Audio- und Videotonspuren wurde aus diesem Grund vom Werk Mariens ein Übersetzungsbüro[166] eingerichtet, welches autorisierte Texte in den verschiedenen Sprachen verantwortet. Mittlerweile (Stand 2016) gibt es Buchpublikationen mit Texten Lubichs in mehr als 20 verschiedenen Sprachen.[167]

Doch selbst bei professionellen Übersetzungen gilt: Jede Übersetzung ist immer auch Interpretation und jede gute Übersetzung muss in den neuen Sprachraum hinein inkulturiert werden. Diese Tatsache wird im Bereich der theologischen Wissenschaften besonders anhand der Problematik der Bibelübersetzungen[168] immer wieder virulent. Die

---

[165] Die Translationswissenschaft (oft synonym verwendet für 'Übersetzungs- bzw. Dolmetschwissenschaft') ist eine relativ junge Disziplin, die sich erst nach 1945 als eigene Wissenschaft entwickelte. Sie ist ein interdisziplinäres Fach, die Disziplinen wie Linguistik, Literaturwissenschaft, Komparatistik, Informatik, Kommunikationswissenschaft, Psychologie und Neurologie miteinbezieht.

[166] Das Übersetzungsbüro (ufficio traduzioni) wurde im Oktober 1977 errichtet und deckte zunächst fünf Sprachen, darunter Deutsch, ab und entwickelte sich im Laufe der Jahre weiter, um immer mehr Sprachen zu umfassen. Zu ihren Aufgaben gehörten von Anfang an die Übersetzung der Korrespondenz sowie der Vorträge Lubichs in schriftlicher Form wie auch Simultanübersetzungen der Ansprachen Lubichs bei Veranstaltungen.

[167] Siehe rückseitiges Umschlagblatt vom im Jahr 2016 erschienenen Buch über Jesus den Verlassenen (Lubich, Gesù Abbandonato).

[168] So wurde nicht zuletzt aus diesem Grund im deutschen Sprachraum eine neue Einheitsübersetzung nötig, welche im Jahr 2016 nach zehnjähriger

Bibelübersetzungen haben in der Folge auch Einfluss auf die Übersetzungen der Texte Lubichs, da sie eine biblisch geprägte Sprache hat und viele Bibelstellen in ihren Texten zitiert. Je nach Wahl der Bibelübersetzung ist daher auch die Übersetzung (= Interpretation) ihrer Texte geprägt.[169] Bei Übersetzungen in andere Sprachen geht es darüber hinaus nicht nur um die richtige Wortwahl, sondern es ist der jeweilige kulturelle Kontext sowohl des Ursprungs- als auch des Zieltextes mitzudenken, wie Tobler in seiner Lubich-Studie festhält.»Was auf Italienisch in einer bestimmten Weise ausgedrückt und durch die Zuhörer auch richtig verstanden wird, kann in anderen Kulturen ganz anders klingen.«[170] Denn – wie die Translationswissenschaftlerin Jekatherina Lebedewa betont –»es reicht nicht, einen Text Wort für Wort zu übersetzen, es gilt, den 'Geist der Sprache' aus dem Original in die Übersetzung zu retten«[171]. Für spirituelle, mystische und theologische Texte ist dies umso bedeutsamer. Dazu ist es nötig, den geistigen Kontext zu kennen, in dem ein Text entstanden ist, genauso wie den geistigen Kontext, in den hinein die Übersetzung geschehen soll. In diesem Sinne ist und bleibt jede Übersetzung der Schriften Chiaras eine große Herausforderung, was bei Übersetzungen in ganz andere Kultur- und Sprachfamilien wie etwa in asiatische Sprachen[172] oder für Ohren,

---

Vorbereitungszeit als offizielle Bibelübersetzung (Rekognoszierung durch Rom im März 2016) eingeführt wurde und die frühere Einheitsübersetzung aus dem Jahr 1979 ablöste.

[169] Dies betrifft auch Bibeltexte, die für das Charisma Lubichs zentral sind, wie etwa das in Mk 15,34 wiedergegebene Psalmwort»Mein Gott, mein Gott, warum hast du mich verlassen?«, welches nach Meinung von manchen Alttestamentlern besser mit»wozu hast du mich verlassen« zu übersetzen wäre. Mehr zur Änderung in der Interpretation dieses Verses und damit möglicherweise der Denkweise Lubichs im zweiten Teil dieser Studie (2. Kap. II.2. und 3. Kap. III).

[170] Tobler, Jesu Gottverlassenheit, 90. Als Beispiel führt Tobler den Mentalitätsunterschied zwischen Deutschland und Italien an, wo es um appellative Formulierungen geht:»während ein Deutscher ein 'Du musst...' entweder ganz ernst nimmt oder aber abweist, rechnet ein Italiener viel stärker mit der Relativität alles menschlichen Könnens und Sollens.« (Ebd., 91).

[171] Lebedewa, Übersetzung bleibt Utopie, Absatz 2.»Übersetzer und Dolmetscher sind Brückenbauer, die getrennte Ufer – Menschen und Kulturen – miteinander verbinden. Doch wie muss die Brücke konstruiert sein, damit der Austausch funktioniert? Wie gelangt das Übertragene an das andere Ufer, und was wird dort aufgenommen?« (Ebd., Absatz 2).

[172] Siehe dazu den Beitrag von Philipp Kung-Tze Hu, der einen der grundlegenden Texte Lubichs aus dem Jahr 1949 ins Chinesische übersetzte und über die Herausforderungen als Übersetzer reflektiert. Dabei ist für ihn 'Treue' ein wichtiges Prinzip, allerdings nicht nur Treue zum Text, sondern auch zur Intention der Verfasserin, zum Zweck, wofür der Text geschrieben wurde. Als Übersetzer müsse er auch diese Intention kennen und sich selbst zu eigen machen. In seiner Arbeit als Übersetzer nennt er drei wichtige Momente: die Kenntnis und

denen das christlich-abendländische Denken völlig fremd ist, offensichtlich verstärkt der Fall ist. Lubichs Schriften haben, vor allem von der Begrifflichkeit her, ihren geistigen Nährboden in der abendländischen und katholischen Tradition einerseits, andererseits wird in ihnen, vor allem vom Inhalt her das Neue eines Charismas zur Sprache gebracht, welches deutlich spürbar über diesen Rahmen hinausgeht und selbst sprachschöpferische Kraft – Lubich hat auch im Italienischen einige Neologismen geprägt – zeigt.[173] Die Verfasserin selbst ist sich – wie Tobler aufzeigt – dieser Herausforderung durchaus »bewusst und unterscheidet zwischen Inhalt und Sprachgestalt«[174].

Die vorliegende Studie stellt sich diesen Herausforderungen, indem ich als Verfasser – der ich das Charisma der Autorin als langjähriges Mitglied des Werkes Mariens auch in seiner Geschichte und in seiner inhaltlichen Gesamtheit von innen her kenne sowie seinen Geist teile – die genannten Aspekte ernst zu nehmen versuche. Bei der Zitation von Texten Lubichs in deutscher Übersetzung werden in der vorliegenden Studie entweder autorisierte und bereits publizierte Übersetzungen[175] verwendet oder Übersetzungen, die ich selbst erstellt habe. Wenn nicht anders angegeben, verantworte ich die Übersetzungen sowohl der Texte Lubichs als auch anderer Autorinnen und Autoren.[176] Dabei wird auch bei bereits publizierten Übersetzungen immer mit dem

---

Berücksichtigung kultureller Elemente, den Kontext und die Differenzierung der verschiedenen linguistischen Ebenen (vgl. Kung-Tze, Tradurre il Paradiso, 233-249).

[173] Zur damit zusammenhängenden methodischen Schwierigkeit siehe die Ausführungen von Tobler (vgl. Tobler, Jesu Gottverlassenheit, 88f.). Tobler sieht darin ein »Spannungsfeld zwischen Tradition und Neuheit [...] Wo spricht in Lubich die Traditionsverbundenheit, wo das neuschaffende Charisma?« (Ebd., 88).

[174] Tobler, Jesu Gottverlassenheit, 91. »So gab Lubich in einem Gespräch mit Mitgliedern der Bewegung in England (November 1996) ausdrücklich an, dass dieses Bemühen um Inkulturation auch bedeuten könne, dass von bestimmten, durch sie gebrauchten Formulierungen auch völlig abgesehen werden kann und soll, wenn sie falsch verstanden werden, und dass bei der Übertragung in andere Sprachen nach neuen, passenden Begriffen gesucht werden muss.« (Ebd., 91, Anm. 66)

[175] Dabei werden an manchen Stellen bereits publizierte Stellen vom Verfasser abgeändert, wenn diese zu geglättet (zugunsten einer besseren Lesbarkeit in bisherigen Veröffentlichungen) erscheinen und eine – im Sinne der wissenschaftlichen Genauigkeit – größere Worttreue geboten ist. In Zweifelsfällen werden entsprechende Passagen im Wortlaut der Originalsprache zusätzlich angegeben. Dankbar wird dabei bisweilen auf die Habilitationsschrift von Stefan Tobler zurückgegriffen, die viele Zitate Lubichs enthält, die allesamt den wissenschaftlichen Anforderungen entsprechen und zum Teil dort erstmals in deutscher Übersetzung aufscheinen.

[176] Der besseren Lesbarkeit halber kann daher in den Fußnoten die Bemerkung »Übers. d. Verf.« grundsätzlich in der gesamten vorliegenden Arbeit weggelassen werden.

Originaltext verglichen, damit eventuelle Kürzungen bzw. Auslassungen[177] sowie Hervorhebungen im Original durch die Autorin wahr- und ernstgenommen werden können. Lubich verwendet, zum Beispiel, nicht selten bewusst Großbuchstaben[178] für bestimmte Worte, welche in der italienischen Rechtschreibung normalerweise mit Kleinbuchstaben geschrieben werden, aber im Deutschen großgeschrieben werden, wodurch diese Aktzentsetzung in der Übersetzung nicht auffallen würde. In dieser Arbeit wird darauf hingewiesen, wo dies nötig erscheint.

III. Zum theologischen Umgang mit dem Charisma Chiara Lubichs

Dass die Spiritualität der Einheit ein authentisches Charisma des Heiligen Geistes ist, hat die Kirche durch dessen offizielle Anerkennung bestätigt. Theologische Experten im Bereich der Geschichte der Charismen in der Kirche und der Mystik sehen in Chiara und ihren Schriften eine große geistliche und doktrinäre Kraft für die Menschen in unserer Zeit. Entsprechend schreibt der Karmeliterpater François-Marie Léthel (* 1948)[179], der sich auf die Theologie der Heiligen spezialisiert hat:

> »Chiara Lubich ist eine große katholische Mystikerin unserer Zeit. [...] [Ihre Worte] haben großes doktrinäres Gewicht,

---

[177] So wurde etwa in der publizierten offiziellen Übersetzung des Buches *Il grido* ein – nicht unbedeutender – Satzteil weggelassen, in welchem Lubich davon spricht, dass ihre Schriften von 1949 ihrer Meinung nach »bereits ein solider Beitrag für eine neue Lehre« sind (Lubich, Il grido, 127). Im deutschsprachigen Buch fehlen die entsprechenden vier Zeilen, die auch ein Zitat von Leo dem Großen enthalten (vgl. Lubich, Der Schrei, 117).

[178] Das Wort 'abbandonato' ('verlassen') verwendet sie manchmal als Adjektiv und kleingeschrieben für Jesus ('Gesù abbandonato' = 'der verlassene Jesus'), meistens hingegen großgeschrieben, quasi als Eigenname ('Gesù Abbandonato' = 'Jesus der Verlassene'). In publizierten deutschen Übersetzungen wird dies nicht immer berücksichtigt (vgl. Lubich, Il grido, 56 [»Gesù Abbandonato«] und die entsprechende Übersetzung in: Lubich, Der Schrei, 51 [»den verlassenen Jesus«]).

[179] Léthel hat bei Christoph Schönborn in Fribourg (Schweiz) promoviert, ist Experte in der Theologie der Spiritualitäten und der Heiligen, im Speziellen der Heiligen Thérèse von Lisieux und des Karmels. Er ist Mitglied der Päpstlichen Akademie der Theologie im Vatikan und erstellt theologische Gutachten bei Selig- und Heiligsprechungsverfahren. Auf Einladung von Papst Benedikt XVI. hielt er im Jahr 2011 die Fastenexerzitien für den Papst und die römische Kurie.

welches im weiten kirchlichen Raum der Gemeinschaft der Heiligen und in dem, was Johannes Paul II. *die gelebte Theologie der Heiligen* (*Novo millennio ineunte*, Nr. 27) nannte, interpretiert werden muss.«[180]

In seinem Werk *Dalla Trinità* behandelt Piero Coda in einem eigenen Kapitel[181] die Autorin innerhalb seiner Darstellung der Geschichte und Entwicklung der Trinitätslehre und spricht bei ihr von einer durchgehend trinitarischen Mystik, sowohl was die Erfahrung als auch was die Lehre betrifft.[182] Im Hinblick auf die vorliegende Thematik der theologischen Anthropologie sei noch Jesús Castellano zu nennen, der in der Lehre Chiaras eine aktuelle und für die Menschen unserer Zeit zugängliche Verbindung vom Göttlichen und Menschlichen sieht. Castellano spricht in Bezug auf die Spiritualität der Einheit von »ihrer genuin evangeliumsgemäßen Inspiration und der Dimension der menschlichen und kulturellen Universalität, welche ihre Lehre und ihr Werk charakterisieren«[183]. Klaus Hemmerle schreibt in seiner theologischen Reflexion über die Spiritualität der Einheit: »Das ist das Interessante: Chiara Lubich hat uns in eine Schule des Lebens genommen, aber diese Lebensschule ist zugleich auch eine Schule für die Theologie. Das Ergebnis ist nicht eine Verbesserung der Theologie, sondern gelebte Theologie aus dem Ursprung der Offenbarung.«[184]

1. Ernstnehmen der Spezifika spiritueller Texte

Die Schriften Lubichs als Ausfluss und Ausdruck eines Charismas sowie die Tatsache, dass sie von der Form her ursprünglich nicht für die theologisch-wissenschaftliche Fachwelt verfasst wurden, verlangt nach Erläuterungen zum theologischen Umgang mit diesem Erbe. Das im gesamten Gedankengut zum Ausdruck kommende Charisma Chiaras wird häufig und nicht zuletzt von ihr selbst als 'Spiritualität der Einheit' bezeichnet. Daher muss zunächst – in aller Kürze – geklärt werden,

---

[180] Léthel, Prefazione, 5. Nach weiteren Studien der Schriften Lubichs äußert sich Léthel im Rahmen eines theologischen Seminars im Jahr 2014 mit noch stärkeren Worten. Bezugnehmend auf das zitierte Vorwort meint er: »Jetzt, nach vier Jahren der Vertiefung, wage ich zu sagen: 'sie [Chiara] ist eine der größten Mystikerinnen der Katholischen Kirche'. In der Tat scheint sie mir auf demselben doktrinären Niveau wie Theresa von Avila und Katharina von Siena, Johannes vom Kreuz und Theresia von Lisieux.« (Léthel, La presenza di Maria, 89)

[181] Vgl. Coda, Dalla Trinità, 493-509.

[182] Vgl. ebd., 493.

[183] Cervera, Una spiritualità, 27.

[184] Hemmerle, Unser Lebensraum, 23.

was hier unter dem Begriff *Spiritualität*[185] verstanden wird, da unter diesem zu einem Modewort (nicht nur im Bereich des Religiösen) gewordenen Ausdruck mittlerweile ganz Unterschiedliches subsumiert wird. Nachdem sich Stefan Tobler sehr ausführlich gerade mit der hier vorliegenden Spiritualität auseinandergesetzt und eine ausführliche Begriffserklärung vorgenommen hat, kann an dieser Stelle auf seine Ausführungen[186] verwiesen werden. Mit Tobler wird in der vorliegenden Schrift das Verständnis geteilt, nach dem mit »Spiritualität [...] hier die Gestaltwerdung des Glaubens im individuellen oder gemeinschaftlichen Lebensvollzug bezeichnet werden«[187] soll bzw. »die Sichtbarkeit und Leiblichkeit des Glaubens«[188]. Noch kürzer und mit Klaus Hemmerle formuliert: »Spiritualität ist, wie der Glaube und wie im Glauben mein Leben geht.«[189] Oder ganz schlicht: Spiritualität ist *gelebter Glaube*. Der Begriff der Spiritualität ist – wie ich gemeinsam mit Eduard Prenga im Sammelband *Gott ver(w)orten* schreibe – in diesem Sinne geeignet, »um das Theologische und das Anthropologische in ihrer Spannung zusammenzuhalten, wobei das Theologische Gott an sich und in der Offenbarung und das Anthropologische die Einstellung des Menschen *diesem* Gott gegenüber«[190] betont.

Texte einer Spiritualität, wie jene von Chiara, sind gerade von daher für das Thema der theologischen Anthropologie interessant und relevant, da sie gemäß den genannten Definitionen *sowohl die theologische als auch die anthropologische Dimension* beinhalten. Der Bezug zur konkreten Person sowie zum menschlichen Dasein generell und damit zur Frage des Menschen ist stärker gegeben als bei rein spekulativen philosophischen und theologischen Abhandlungen. Ein weiteres Spezifikum der Schriften Chiaras ist es, dass sie nur Inhalte wiedergeben wollte, welche durch ihr eigenes Leben gedeckt waren. »Lubich betont immer wieder, dass sie alles, was sie anderen weitergibt, zuerst selbst gelebt hat. Ihre Texte« – so Stefan Tobler in seiner Analyse – »sind

---

[185] Zum Begriff der christlichen Spiritualität sei auf den Beitrag von Hans Urs von Balthasar verwiesen, in welchem er eine begriffliche wie inhaltliche Klärung bringt, die auch für die Spiritualität der Einheit zutrifft (vgl. Balthasar, Verbum Caro, 226-244).

[186] Im Kapitel mit der Überschrift *Spiritualität als Thema der Theologie: Begriffsklärung* (vgl. Tobler, Jesu Gottverlassenheit, 17-29). In seinen Ausführungen behandelt er zunächst den Begriff der Spiritualität im Allgemeinen, sodann den spezifischeren Begriff der Spiritualität in Bezug auf den Glauben, die Religiosität, die Frömmigkeit, die Mystik, die Asketik und schließlich auf die Dogmatik.

[187] Tobler, Jesu Gottverlassenheit, 19.

[188] Ebd., 27.

[189] Hemmerle, Thema Kirche, 39.

[190] Prenga / Ulz, Gott als existentielle Wirklichkeit, 242.

also aus der persönlichen Erfahrung entstanden.«[191] Sie sind andererseits von ihr stets mit der Intention weitergegeben, die Adressatinnen und Adressaten an ihrer Erfahrung teilhaben zu lassen, um bei ihnen wiederum neues Leben hervorzurufen. Nur dasjenige, was für die anderen und für die Menschheit nützlich sein kann, schien ihr wert, vermittelt zu werden, wie sie in einer Aufzeichnung festhält.[192] Diesen Erfahrungs- und Lebensbezug gilt es im Blick auf den theologischen Umgang mit den Schriften Chiaras im Auge zu behalten. Lubich hat an keiner Stelle rein spekulative Theologie betreiben wollen. Dennoch weisen viele Passagen ihrer Schriften – gerade in Bezug auf die Trinitätslehre und folglich auf eine trinitarische Anthropologie – eine hohe spekulative Kraft auf.

Die Schriften Chiara Lubichs entsprechen in einigen Aspekten dem Offenbarungsverständnis des Zweiten Vatikanischen Konzils in der Offenbarungskonstitution *Dei Verbum*, welches im 2. Kapitel (2. Kap. III.) bereits im Hinblick auf die theologische Anthropologie erwähnt wurde. Wie in der göttlichen Offenbarung das Offenbarungswort und das Offenbarungsgeschehen innerlich verknüpft sind und das eigentliche Ziel der göttlichen Offenbarung die Teilhabe am Leben des trinitarischen Gottes (und nicht bloß ein Wissen) ist[193], so sind in den Schriften Chiaras Inhalt und Erfahrung, Text und Ereignis nicht voneinander zu trennen und ebenso ist es die eigentliche Intention der Verfasserin, andere an ihrem Leben mit Gott teilhaben zu lassen mit dem Ziel, dass diese wiederum ihrerseits Anteil an diesem Leben erhalten. Für die Theologische Anthropologie Lubichs bedeutet dies, dass sie – ähnlich der biblischen Anthropologie – narrativen Charakter hat. In der Frage, wer der Mensch sei, liegt der Schwerpunkt darauf, wie Menschsein

---

[191] Tobler, Jesu Gottverlassenheit, 89. Tobler erläutert dabei auch, was der Begriff 'Erfahrung' bei Lubich meint. Erfahrung ist demnach nicht einfach das Erleben eines Geschehnisses und evtl. der bewusste Umgang damit. »Diese Geschehnisse werden zu einer 'Erfahrung' im Sinne Lubichs, wenn sie im Licht der [Heiligen] Schrift [...] gelebt und interpretiert werden. Die Erfahrung entzündet sich also am Schnittpunkt von Schriftwort und Existenz, sie ist ein durch das Wort geprägtes und auch durch das Wort erst recht verstandenes Erleben.« (Ebd.)

[192] Über ihre Begegnungen mit Igino Giordani, die für Lubich mehrmals zur Quelle der Inspiration wurden, schrieb sie, dass sie alles, was sie mit ihm besprach, immer ihren engsten Weggefährtinnen mitteilte, um diese einerseits daran teilhaben zu lassen und andererseits durch das Kommunizieren nochmals für sie selbst deutlich wurde, was wirklich für die Menschen nützliche Gedanken waren. »Ich wiederholte alles, was ich mit ihm besprach wörtlich den Fokolarinnen [...], um sie an allem teilhaben zu lassen und weil mir schien, dass nur das Wert hat, was der Menschheit oder wenigstens den anderen nützlich war.« (P'49 [1961], 13)

[193] Vgl. DV 2.

geht und gelingen kann. Die Orthopraxis[194] ist demnach als hermeneutisches Prinzip zum Verständnis der inhaltlichen Lehre des Menschen mitzudenken. Theologisch bedeutsame Inhalte sind von daher in den Schriften nicht immer gleich offensichtlich, sondern müssen aus den Texten erschlossen werden. In ihrer *Lectio magistralis* anlässlich der Verleihung des Ehrendoktorats in Theologie der Universität Trnava (Slowakei) im Juni 2003 gibt Lubich selbst ein Beispiel für diese theologische Erschließung ihrer spirituellen Texte. Sie spricht dabei zum Thema *Spiritualität der Einheit und trinitarisches Leben*[195]. Ausgehend von ihren Schriften referiert sie Elemente einer Trinitätstheologie, die aus ihrem Charisma der Einheit hervorgehen. Als einen Kernpunkt referiert sie dabei den Aspekt des 'Nichts-Sein aus Liebe' in der Trinität, welcher im dritten Kapitel dieser Studie (3. Kap. III.) noch näher behandelt wird.

2. Zur theologischen Relevanz eines Charismas

Bevor in den folgenden beiden Kapiteln die spezifische Methodologie und schließlich spezifische Inhalte der Trinitarischen Anthropologie Chiara Lubichs untersucht werden, muss noch die grundsätzliche Frage der inhaltlichen Relevanz eines Charismas, wie das der Einheit, für die Theologie thematisiert werden. Sie kann an dieser Stelle freilich nicht ausführlich behandelt werden, da die Thematik zu komplex ist und überdies keineswegs von allen Autorinnen und Autoren übereinstimmend beantwortet wird. »In der Frage der Beziehung von Spiritualität und Theologie gibt es einen großen Erklärungsbedarf«[196], wie Stefan Tobler in der Einleitung zu seiner Habilitationsschrift aus diesem Grund schreibt. In der vorliegenden Studie wird die Auffassung von namhaften Theologen wie desgleichen vom kirchlichen Lehramt

---

[194] Freilich müsste an dieser Stelle inhaltlich näher definiert werden, was bei Lubich genau 'Orthopraxis' meint. Sehr allgemein gesprochen, meint sie ein Leben gemäß dem Evangelium Christi.

[195] »Spiritualität der Einheit und trinitarisches Leben. Zwei Lebensweisen: die eine für die Christen schon auf dieser Welt; die andere als Lebensweise Gottes, an den wir glauben und den wir lieben. Und dennoch sind die beiden Lebensweisen engstens miteinander verbunden insofern, als das trinitarische Leben als Modell herangezogen werden muss, um die 'Spiritualität der Einheit' zu leben.« (Lubich, Lezione magistrale in Teologia [2003], 349)

[196] Tobler, Jesu Gottverlassenheit, V. In diesem Werk Toblers, welches in verschiedenen (Zusammen-)fassungen auch in anderen Sprachen (darunter die umfangreichste Veröffentlichung in italienischer Sprache (vgl. Tobler, Tutto il Vangelo in quel grido) publiziert wurde, hat Tobler einen überzeugenden Erweis dafür erbracht, wie das Charisma Lubichs im Hinblick auf die Soteriologie einen spezifischen theologischen Beitrag leistet, der Neues in den Diskurs einbringt.

geteilt, wonach Charismen, insofern sie authentische Gaben des Heiligen Geistes für die Kirche sind, eine Relevanz nicht nur für das Leben der Kirche, sondern auch für die Theologie haben. Ein Blick in die Theologiegeschichte genügt, um zu sehen, wie die Heiligen und ihre Charismen bisweilen großen Einfluss auf die Theologie und ihre Weiterentwicklung ausgeübt haben. Später kam es zwischen (wissenschaftlicher) Theologie und Spiritualität – wie Hans Urs von Balthasar in seinem Beitrag *Theologie und Heiligkeit*[197] beklagt – zu einer Trennung, welche laut Bernhard Körner schon in Thomas von Aquin seine Grundlage hat. In seinem Beitrag *Teologia tra scienza e spiritualità, frammentazione e unità*[198] (*Theologie zwischen Wissenschaft und Spiritualität, Fragmentierung und Einheit*) bietet Körner einen guten Überblick über die Entwicklung dieses Verhältnisses von (wissenschaftlicher) Theologie und Spiritualität im Laufe der Theologiegeschichte. Sein Beitrag mündet in vier konkrete Thesen[199] zur Förderung einer entsprechenden Einheit in der Theologie. Der Glaube – nicht bloß verstanden als *depositum fidei*, sondern als personaler menschlicher Glaubens*vollzug* – ist und bleibt für jede christliche Theologie Ausgangspunkt, Gegenstand und Prinzip, wie Körner an anderer Stelle unterstreicht.[200] Eine christliche Spiritualität kann somit, als gelebter Glaube, zurecht Ausgangspunkt, Gegenstand sowie Prinzip der Theologie sein, wie bedeutende Charismen in der Kirche sichtbar gemacht haben. Die Theologie eines Thomas von Aquin ist nicht abzukoppeln vom Charisma des hl. Dominikus, genauso wenig wie die Theologie eines Bonaventura vom Charisma des hl. Franziskus oder aber die Theologie eines Karl Rahner von der Spiritualität des hl. Ignatius von Loyola.

Ausführlich beschäftigt sich Hans Urs von Balthasar mit dem Zusammenhang zwischen Charismen und der Theologie. In seinem Werk *Der Geist der Wahrheit* beschreibt Balthasar die großen Charismen in der Kirchengeschichte, welche durch die Jahrhunderte herauf das Licht

---

[197] Vgl. Balthasar, Verbum caro, 195-225. »Irgendwann geschah die Wendung von der knienden Theologie zur sitzenden Theologie. Damit war auch der Riss [...] in sie hineingetragen. Die 'wissenschaftliche' Theologie wird gebetsfremder und damit unerfahrener im Ton, mit dem man über das Heilige reden soll, während die 'erbauliche' Theologie durch zunehmende Inhaltslosigkeit nicht selten falscher Salbung verfällt.« (Ebd., 224)

[198] Vgl. Körner, Teologia tra scienza e spiritualità, 19-40.

[199] Vgl. ebd., 34-40.

[200] »Ausgangspunkt für jede Theologie ist und bleibt der Glaube an Christus, den auferstandenen Gekreuzigten, in dem sich Gott als Liebe offenbart und durch seinen Geist in die Welt hineinwirkt. Von diesem Glauben geht die Theologie aus. Dieser Glaube ist nicht nur Gegenstand der Theologie, sondern auch ihr Prinzip.« (Körner, Kleines Plädoyer für eine nicht selbstbezogene Theologie, 378)

Christi aufleuchten lassen und gleichsam als inkarnierte Worte Gottes den Glauben zur Entfaltung und zum Ausdruck bringen, was sich in den Theologien im Strom des jeweiligen Charismas deutlich zeigt.[201] Im Blick auf die theologische Relevanz schreibt Balthasar quasi als Quintessenz:»Große Charismen wie das eines Augustinus, Franziskus, Ignatius können vom Geist Blicke ins Zentrum der Offenbarung geschenkt erhalten, die die Kirche aufs unerwartetste und doch bleibend bereichern.«[202] Piero Coda greift dieses Balthasar-Zitat im Blick auf das Charisma Chiaras auf und sieht den spezifischen und neuen Blick Lubichs 'ins Zentrum der Offenbarung' in ihrem 'einzigen Bräutigam', dem 'Verlassenen'[203], wie sie Jesus den Gekreuzigten anspricht. Auf die Frage, was dieser Blick Lubichs für die Anthropologie eröffnet, wird im letzten Kapitel (3. Kap. III.) näher eingegangen werden. Die Trägerin des Charismas der Einheit selbst greift bei ihrer Vorlesung anlässlich der Verleihung des theologischen Ehrendoktorats in Manila ebenso das genannte Balthasar-Zitat auf und führt aus, welche theologischen Kernpunkte des christlichen Glaubens durch die Spiritualität des Fokolars ein neues Verständnis[204] erfahren. Aus dem Bewusstsein heraus, dass das Charisma der Einheit für die Theologie – wie desgleichen für andere wissenschaftliche Disziplinen – auch von der Doktrin her ihren spezifischen Beitrag leisten kann, hat Lubich gemeinsam mit Klaus Hemmerle im Jahr 1990 die *Scuola Abbà* zur Erforschung der Lehre gegründet, welche im Charisma enthalten ist. In den Ausführungen der folgenden beiden Kapitel wird an mehreren Stellen auf Beiträge dieser internationalen, interkonfessionellen und interdisziplinären Studiengruppe Bezug genommen.

---

[201] Hilfreich dazu ist die Darstellung von Piero Coda in einem Beitrag, in welchem er auch das Charisma Lubichs in diesen Strom der großen Charismen der Kirche einreiht (vgl. Coda, Un carisma nella storia come sguardo dal centro, 21-35).

[202] Balthasar, Der Geist der Wahrheit, 17.

[203] »Die mystische und theologische Intuition Chiaras über Jesus den Verlassenen ist gewiss zutiefst in der Tradition der Kirche verwurzelt, bewegt sich aber auch in Übereinstimmung mit der Sensibilität der zeitgenössischen Philosophie und Theologie. Diese letztere Charakterisierung ist umso interessanter, da es sich um eine Intuition handelt, welche nicht Frucht theologischer Studien ist, sondern einer charismatischen Erfahrung.« (Coda, Dalla Trinità, 504)

[204] Lubich nennt vier grundlegende Punkte in der Theologie, die aus dem Charisma der Einheit ein neues Verständnis erhalten: die Liebe Gottes, die Einheit, Jesus der Gekreuzigte und Verlassene, und Maria. In ihrer *Lectio magistralis* führt sie zu allen vier Punkten – freilich in extremer Synthese und mit dem Hinweis, dass sie einer vertieften Auseinandersetzung bedürfen – die jeweiligen spezifischen Inhalte aus (vgl. Lubich, Lezione magistrale in sacra Teologia [1997], 83-87).

Zweites Kapitel
Eine spezifische Methodologie

Was bzw. wer ist der Mensch? Die Antworten auf diese Grundfrage der Anthropologie hängen wesentlich davon ab, auf welchem Weg, mit welchen Vorgehensweisen und unter welchen Grundannahmen Antworten darauf gesucht werden. Im ersten Teil der Studie wurden aus diesem Grund methodologische und epistemologische Differenzierungen[205] dargelegt. Dabei wurden in Entwürfen zur Theologischen Anthropologie unterschiedliche Ansätze (Anthropologie mehr 'von oben' bzw. mehr 'von unten') erkennbar, die gangbar und legitim sind, wenn sie die nötige christologische Zentrierung aufweisen. Die Lehre der Katholischen Kirche im Zweiten Vatikanischen Konzil, so konnte aufgezeigt werden, bietet auf der Basis des Offenbarungsverständnisses (DV 2) sowie von *Gaudium et spes* (vor allem GS 22 und GS 24) eine theologische und trinitarische Anthropologie, die als fixer Bezugspunkt in der nachkonziliaren Fachliteratur gelten kann, wiewohl sie als Inspirationsquelle noch keineswegs erschöpft ist.[206] Im folgenden Kapitel geht es darum, das Gedankengut Chiara Lubichs unter methodologischer Perspektive zu betrachten, um ihren spezifischen Weg nachvollziehen zu können, auf welchem sie ihre inhaltlichen Aussagen zur theologischen und trinitarischen Anthropologie gewinnt. Ergebnisse dieses fünften Kapitels vorwegnehmend kann ihr Ansatz dabei, wenn man die aufgezeigten Zugänge einer Anthropologie 'von oben' (*Gottes* Mensch; Denkbewegung *absteigend* von Gott zum Menschen; metaphysische Begründung der Inhalte) bzw. 'von unten' (*Mensch* Gottes; Denkbewegung *aufsteigend* vom Menschen zu Gott; Inhalte vom denkenden Subjekt ausgehend begründet)[207] vor Augen hat, als *Anthropologie 'von innen'* charakterisiert werden. Die Glaubenserfahrung, welche Chiara durch das gelebte Charisma der Einheit zuteilwird, lässt sie in den 'Schoß des Vaters' eintreten. Der 'Schoß des

---

[205] Vgl. 1. Kap. II. und 2. Kap. II.

[206] Man beachte dazu beispielsweise das im Jahr 2015 erschienene Buch von Piero Coda über das Zweite Vatikanum. Den zweiten Teil des Buches widmet er der in der Konzilslehre enthaltenen Anthropologie, ausgehend von der Offenbarungskonstitution *Dei Verbum* und der pastoralen Kirchenkonstitution *Gaudium et spes*. Coda erhebt aus den Konzilstexten eine trinitarische Anthropologie, die gerade für den neuzeitlich denkenden Menschen eine leichter zugängliche Antwort auf die Frage nach dem Menschen enthält (vgl. Coda, Il Concilio della Misericordia, 153-250).

[207] Siehe 2. Kap. II. 2.

Vaters' ('Seno del Padre'[208]) wird der Ort ihrer (theologischen) Erkenntnisse, der *locus theologicus* Lubichs. Bei diesem Ansatz 'von innen' vereinen sich die Ansätze 'von oben' und 'von unten' zu einer neuen Synthese. Einerseits geht die Denkbewegung von Gott aus, da Dieser der Ort ist und Chiara 'mit den Augen Gottes' (2. Kap. IV.2.) die Wirklichkeiten und somit auch den Menschen betrachtet, andererseits geht sie vom Menschen aus, da Chiara als menschliche Kreatur und denkendes Subjekt die Wirklichkeiten erfasst und ins Wort bringt. Dieser Erkenntnisweg 'von innen' bewahrt auf der einen Seite vor der Gefahr eines zu metaphysischen Denkens und Sprechens, welches dem zeitgenössischen Menschen schwer bis gar nicht mehr zugänglich ist (Gefahr, wenn der Ansatz schwerpunktmäßig 'von oben' gewählt ist), und auf der anderen Seite vor den Gefahren anthropozentrischer oder soziologischer Verkürzungen (Gefahr, wenn der Ansatz tendenziell 'von unten' geschieht). Die für jede theologische Anthropologie nötige christologische Zentrierung findet sich bei Lubich in Jesus dem Verlassenen. Der Gott-Mensch Jesus Christus ist der Garant für ein theologisch korrektes Verständnis des Menschen. In der Gestalt des 'Verlassenen' bei Lubich ist er zugleich methodischer wie inhaltlicher Schlüssel ihrer trinitarischen Anthropologie.

Dieser Zugang befindet sich, bei aller Originalität, im Einklang mit der Erkenntnislehre der Katholischen Theologie[209] und weist jene Elemente

---

[208] Der Ausdruck 'Schoß des Vaters' ('Seno del Padre'), den Lubich im *Paradiso '49* und in der Folge in verschiedenen Schriften verwendet, ist der Sprache der Mystik zuzuordnen. Einer Studie der Sprachwissenschaftlerin Maria Caterina Atzori zufolge beinhaltet er bei Lubich mehrere Dimensionen: In der Formulierung 'in seno al Padre' meint er 'im Inneren des Vaters', 'im Vater drinnen'. In der von Lubich häufiger verwendeten Form (z.B. in der Erzählung vom 'Pakt der Einheit' in P'49, 28 und 33) 'nel Seno del Padre' ('Seno' mit Großbuchstabe) hingegen wird ein spezifischer Ort, gleichsam als Eigenname, indiziert, der in den Schriften Lubichs als Synonyme auch Ausdrücke wie 'im Ungeschaffenen' (P'49, 29: 'nell'Increato'), 'im Paradies' (P'49, 30) oder 'im Feuer der Dreifaltigkeit' (P'49, 36 'nel fuoco della Trinità') hat. Nach Atzori ist dieser Ausdruck 'Schoß des Vaters' bei Chiaras Texten daher nicht nur als Metapher zu verstehen, sondern als realer *locus*, der die Realität des Paradieses, des Innersten der Trinität, meint. Außerdem weist der Ausdruck auf die Mütterlichkeit-Väterlichkeit Gottes hin, denn das italienische Wort 'seno' bezeichnet den 'Mutterschoß' und auch die 'Brust' (vgl. Atzori, Il Patto in Paradiso '49, 39-41). Das Miteinander einer männlichen ('Vater') und einer weiblichen ('Mutterschoß') Wirklichkeit in diesem einen Ausdruck 'Schoß des Vaters' wäre eine eigene vertiefende Studie, etwa im Hinblick auf die Gotteserfahrung und das entsprechende Gottesbild Chiaras im *Paradiso*, wert.

[209] Zur Frage der Zugehensweisen in der Theologie hat Joseph Ratzinger bei mehreren Gelegenheiten als Präfekt der Glaubenskongregation Stellung bezogen. Der Ansatz Lubichs zeigt dabei eine Übereinstimmung mit den von ihm angeführten Kriterien (vgl. Benedikt XVI., Wesen und Auftrag der Theologie).

auf, die in der Theologiegeschichte diesbezüglich richtungsweisend sind. Der eigentliche Ort der Theologie ist demnach in erster Linie Gott selbst und, entsprechend der Inkarnationslehre, in Jesus Christus und seinem mystischen Leib, der Kirche.[210] So ist es konsequenterweise nur innerhalb einer lebendigen Glaubens- und Kirchenerfahrung möglich, Theologie zu treiben. Das eigentliche Subjekt der Theologie ist Jesus Christus, der als wahrer Mensch und wahrer Gott derjenige ist, welcher allein Zugang zum Geheimnis Gottes und des Menschen hat. Der Experte der Lehre von den *loci theologici* Bernhard Körner unterstreicht,

>»wo der 'Ort' zu finden ist, an dem Glaube und Theologie ihre 'sachgerechte' Grundlage finden – es ist 'in Christus'. [...] Auch die Theologie muss also 'in Christus' geschehen. [...] Auch die Theologie hat ihren Ort nicht in reflektierender Distanz zur Offenbarung, sondern im Raum der Selbstmitteilung Gottes«.[211]

Wie sich der spezifische Ansatz im Denken Lubichs entwickelt hat und zeigt, soll in den folgenden Punkten dargelegt werden. Im bisherigen Verlauf der Untersuchung ist bereits deutlich geworden, dass der Ausgangspunkt des theologischen Denkens nicht eine akademisch-wissenschaftliche Beschäftigung ist, sondern die gelebte Glaubenserfahrung, die durch das Charisma der Einheit, welches Chiara zuteilwurde, eine neue Ausdrucksform annahm. Zuerst steht der gelebte Glaube; die Theologie und die theologische Anthropologie folgen danach.[212] Die folgenden vier Punkte skizzieren den Weg dieser spezifischen Glaubenserfahrung, der zugleich der Weg der theologischen Erkenntnis ist. Für

---

[210] Beachte dazu den Beitrag Codas mit der Überschrift *Fare teologia oggi* über die Art, heute Theologie zu betreiben (vgl. Coda, Il Concilio della Misericordia, 329-338), in welchem der Dogmatiker, ausgehend vom Konzilsdokument *Optatam totius*, im Besonderen vom Ausdruck in OT 16 »Vividior cum Mysterio Christi contactus« (»aus einem lebendigeren Kontakt mit dem Geheimnis Christi«) erschließt, wie im Sinne der Konzilslehre Theologie zu betreiben sei. Der Ort der Theologie ist demnach Christus und die Kirche, was vonseiten der Theologinnen und Theologen eine lebendige Glaubenserfahrung voraussetzt. Das Subjekt der Theologie ist Gott in Jesus Christus. Und der Weg, Theologie zu treiben besteht darin, die Intelligenz dem Geheimnis Christi anzugleichen.

[211] Körner, Die Bibel als Wort Gottes auslegen, 100. Siehe auch den italienischsprachigen Sammelband (ebenfalls mit einem Beitrag von Bernhard Körner) zur Thematik mit dem Titel *Teologia »in« Gesù* (vgl. Coda / Di Pilato (Hg.), Teologia »in« Gesù), der sich in mehreren Beiträgen mit der vorliegenden Frage beschäftigt.

[212] Dies ist ein weiteres Prinzip der Theologie, wie Coda in einem Beitrag unterstreicht. »Die Theologie kommt stets nach der Erfahrung des Glaubens.« (Coda, L'albero e la chioma, 305)

die theologische Anthropologie ist dabei die innere Dynamik bedeutsam, die anhand des Glaubens- und Erkenntnisweges von Lubich sichtbar wird.

Sie zeigt auf, wie die Gnade Gottes und die Freiheit des Menschen zusammenwirken im immer tieferen Eintauchen in das göttliche Geheimnis sowie damit zuinnerst verbunden im Entdecken dessen, wer der Mensch im Licht dieses Geheimnisses, im Licht Christi (GS 22), ist und wie er sich dabei selbst als Mensch erfährt. Vorweg sei diese Dynamik mit Stichworten benannt, die sich in den einzelnen Absätzen wiederfinden: Der Erfahrung der Gnade des trinitarischen Gottes (*Basis* der Dynamik) korreliert die Ermöglichung gnadenhaft gelebter Nachfolge (*Weg*); diese Nachfolge geschieht in Communio (*Ort*) und ereignet sich in dieser Communio als Trinitisierung (*Weise*). In dieser skizzierten Glaubensdynamik spielt sich auch die Dynamik der Erkenntnis in Lubich ab: Aus der Ergriffenheit durch Gottes Gnade erwächst das Erkennen-Wollen (*Basis*); die Offenbarung Gottes ereignet sich in der gelebten Christusnachfolge (*Weg*); in der Liebes-Communio (*Ort*) wird Christus selbst zum 'Theologen' und schenkt sein Denken; durch die Trinitisierung (*Weise*) wird ein Sehen und Erkennen 'mit den Augen Gottes' geschenkt. In der Lebensrealität von Chiara Lubich spielen freilich diese Elemente stärker ineinander und stellen sich komplexer dar, als dies hier schematisch dargestellt werden kann, sie können dennoch zum Verständnis hilfreich sein.

I. Eine dynamische Gnadenerfahrung
als Basis *der Erkenntnis*

Im Leben und Denken Chiara Lubichs gehen das Wirken der Gnade Gottes und die freie Antwort des Menschen in Form des Glaubens und der Hingabe an Gott Hand in Hand. Sie bedingen und fördern einander und sind ineinander verwoben. An dieser Stelle kann nicht näher auf die komplexe Frage in der theologischen Anthropologie eingegangen werden, wie das Verhältnis von Gnade Gottes und Freiheit des Menschen zu verstehen versucht wird. Mit dieser schwierigen Frage schlägt sich die Gnadentheologie seit jeher herum.[213] Auch kann dieses Verhältnis in der Glaubenserfahrung und im Gedankengut Lubichs nicht im Detail analysiert werden. Wohl aber lässt sich aus ihrem Schrifttum deutlich ersehen, dass in der persönlichen geistlichen Erfahrung wie im Denken Lubichs die Gnade Gottes und menschliche Freiheit nicht in

---

[213] Im umfangreichen Werk von Thomas Pröpper zur Theologischen Anthropologie zieht sich diese – für ihn letztlich nicht wirklich gelöste – Frage durch alle Themen durch (vgl. Pröpper, Theologische Anthropologie).

Konkurrenz zueinander stehen, sondern positiv miteinander korrelieren. Ein frühes Zeugnis aus ihren Schriften belegt dies und soll deshalb hier exemplarisch zitiert werden. In einer Betrachtung über das Leben der Heiligen (Erstveröffentlichung 1959) schreibt sie:

>»Der Mensch besitzt nur ein einziges Leben. Was könnte er Besseres tun, als es dem zurückzugeben, von dem er es empfangen hat? Das wäre für den vernunftbegabten, freien Menschen das Klügste, was er tun kann. Es gäbe ihm die Möglichkeit, seine Freiheit zu bewahren und auf eine göttliche Ebene zu heben. Es wäre die Vergöttlichung des eigenen erbärmlichen Daseins im Namen dessen, der gesagt hat: 'Ihr seid Götter, ihr alle seid Söhne des Höchsten' (Ps 82,6).«[214]

Auf der Grundlage solcher Überzeugung führt die Gabe des menschlichen Lebens und Denkens zur freien Rück- bzw. Hingabe dieses Lebens und Denkens an Gott, was den Menschen in seinem gesamten Sein, also auch in seinem Erkennen, auf eine göttliche Ebene hebt, ihn 'vergöttlicht'. Dabei ist die existentielle Lebens- und Glaubenserfahrung des erkennenden Subjekts und wie es sich dessen bewusst wird, für die theologische Anthropologie von Bedeutung. Wie sieht nun diese Dynamik im Denken Lubichs aus?

1. Die Erfahrung der Gnade Gottes
und die mit ihr korrelierende Antwort des Glaubens

Von Kind an wurde Chiara (Silvia) religiös erzogen und hatte eine auch für das katholische Trient überdurchschnittliche Sensibilität und Affinität für das Göttliche. Dennoch markiert die gnadenhafte Entdeckung, dass *Gott die Liebe*[215] ist, für ihr weiteres Leben und Denken einen

---

[214] Lubich, Alle sollen eins sein, 45 (Erstveröffentlichung im italienischen Original in: Lubich, Meditazioni, 52).

[215] Die Entdeckung der Liebe Gottes und als Antwort darauf die Wahl Gottes ist daher auch von Lubich als erster der zwölf Eckpunkte in der Spiritualität der Einheit festgelegt worden. Über diesen Punkt der Spiritualität hat die Theologin Marisa Cerini ein Buch (ihre Dissertationsschrift) veröffentlicht, in welchem sie die Erfahrung und die Gedanken Lubichs dazu sammelt und theologisch reflektiert (vgl. Cerini, Dio Amore; in deutscher Übersetzung als Manuskript gedruckt, vgl. Cerini, Gott ist Liebe). Stefan Tobler hebt in seiner Analyse zu diesem ersten Kernpunkt der Spiritualität Lubichs hervor, dass Gott für sie »nicht anders als mit diesem Prädikat 'Liebe' [denkbar ist.] In ihrem Sprachgebrauch wird diese Verbindung so wesentlich, dass sie zu einem festen Begriff wird, fast wie ein Eigenname Gottes: *Dio Amore*, Gott als Liebe.« (Tobler, Jesu Gottverlassenheit, 97)

Qualitätssprung, wie sie stets betont, wenn sie über diese Erfahrung spricht, die ihr als damals 23-Jähriger zuteilwurde. [216] Wie bei dieser entscheidenden Entdeckung das Wirken der Gnade Gottes und die Antwort Chiaras miteinander korrelieren, veranschaulicht ihr eigener Bericht darüber; hier aus einem Referat, welches sie an eine Gruppe von Bischöfen im Februar 1979 gehalten hat:

> »Inmitten mancher Inkonsequenz und Widersprüche, in denen Gott mich anzog (das Leben von uns Christen schmerzte mich), hat *er* sich gezeigt. [...] Sein zartes Licht drang in mich ein, erleuchtete mich und umhüllte die Seele; es unterdrückte nicht das frühere Denken, sondern trat ganz allmählich an seine Stelle. Eine Begebenheit: Es war in der Zeit, als ich noch unterrichtete. Ein Priester [...] bittet mich, mich eine Stunde pro Tag für sein Anliegen einzusetzen. Ich erwidere: Warum nicht den ganzen Tag? Betroffen von einer solchen jugendlichen Großzügigkeit [...] sagt er mir: 'Denken Sie daran: Gott liebt Sie unendlich!' Es trifft mich wie ein Blitz. 'Gott liebt mich unendlich?' – 'Gott liebt mich unendlich!' Ich wiederhole es meinen Gefährtinnen: Gott liebt dich unendlich. Gott liebt uns unendlich. – Von diesem Augenblick an entdecke ich ihn und seine Liebe überall [...] Immer und überall ist er da, und er lässt mich verstehen, *dass alles Liebe ist*«[217]

In dieser Darstellung Lubichs können bezüglich des Erkenntnisvorgangs, dass Gott die Liebe ist, folgende vier Elemente ausgemacht werden: der Primat der Gnade Gottes; die ihr korrespondierende freie Antwort des Glaubens; die konkrete historische Verwurzelung und schließlich die gemeinschaftliche Komponente.

Zum Primat der Gnade Gottes[218]: Gott ist das handelnde Subjekt. Er ist es, der Chiara anzieht, der sich ihr zeigt, der sie mit seinem Licht erleuchtet und ihre Seele umhüllt. Sein Licht ist es, das an die Stelle des früheren Denkens rückt. Die Erkenntnis, dass Gott sie und die anderen

---

[216] »Das Leben, das wir vorher lebten, erschien uns wie ein Waisendasein, obwohl wir einen festen Glauben hatten und uns bemühten, entsprechend zu leben. Jetzt ist alles neu. 'Gott ist Liebe' (1 Joh 4,8). Und weil er Liebe ist, ist er Vater.« (Cerini, Gott ist Liebe, 18)

[217] Auszug aus einem Vortrag an eine Gruppe von Bischöfen am 13. Februar 1979 in Rocco di Papa (zitiert nach: Cerini, Gott ist Liebe, 10f.).

[218] Papst Franziskus hat in seinem programmatischen Apostolischen Schreiben *Evangelii Gaudium* Nr. 112 diesen Primat der Gnade in Bezug auf die Verkündigung der christlichen Botschaft wieder besonders unterstrichen. Dieser Primat scheint für die Kirche gerade in der heutigen Zeit eine vom Heiligen Geist gegebene Priorität zu sein.

unendlich liebt, dass alles Liebe ist, gewinnt Lubich aus der Gnade Gottes. Diese erste und – wie Papst Benedikt XVI. in seiner Antrittsenzyklika *Deus Caritas est*[219] eindrucksvoll betont, wenn er von der Liebe als der 'Mitte des Glaubens' spricht – für den christlichen Glauben wichtigste Botschaft »Gott ist Liebe« (1 Joh 4,8.16), erreicht Chiara allerdings nicht in objektivierter Form als dogmatische Glaubens*aussage*, sondern in personalisierter *Zusage* »Gott liebt dich unendlich«. Von daher auch die persönliche Ergriffenheit ihres ganzen Wesens von dieser Liebe, die sich in vielen ihrer Schriften ausdrückt und die sie die Größe des Menschen angesichts dieser Liebe Gottes erkennen lässt.

»Jesus ist für uns gestorben. Also auch für mich: er, der Sohn Gottes – gestorben für mich. Die Größe des Menschen zeigt sich darin, dass der Sohn Gottes für ihn starb. Sprechen wir ruhig von Humanismus, aber geben wir diesem Wort seinen ganzen christlichen Gehalt; so bekommt es eine einzigartige, nicht zu überbietende Bedeutungsfülle. Denn niemand hat jemals dem Menschen einen solchen Wert beigemessen: Gott selbst hat uns so sehr geliebt, dass er seinen Sohn sandte, für uns zu sterben. Noch lieber, als über den christlichen Humanismus zu reflektieren, denke ich einfach daran, dass Jesus, der menschgewordene Sohn Gottes, für mich gestorben ist. Wie sollte man da nicht glücklich sein, sich nicht in ihm am Leben freuen, ihm nicht all unser Leid anbieten? Wenn Christus für mich gestorben ist, dann wird er unablässig an mich denken, mich immer lieben. Und ich? Ich kann nicht anders, als ständig an ihn zu denken. Auch ich möchte ihn immerfort lieben.«[220]

Zur Antwort des Glaubens: Im Gnadengeschehen wird die menschliche Kreatur, hier Chiara Lubich, miteinbezogen, indem sie aktiv und frei ihre Antwort lebt. Ohne diese Antwort von ihrer Seite hätte sie die Botschaft der Liebe Gottes nicht in dieser intensiven Weise erreichen

---

[219] »'Gott ist die Liebe, und wer in der Liebe bleibt, bleibt in Gott, und Gott bleibt in ihm' (1 *Joh* 4,16). In diesen Worten aus dem *Ersten Johannesbrief* ist die Mitte des christlichen Glaubens, das christliche Gottesbild und auch das daraus folgende Bild des Menschen und seines Weges in einzigartiger Klarheit ausgesprochen.« (Benedikt XVI., Deus Caritas est [25.12.2005] Nr. 1).

[220] Lubich, Alles besiegt die Liebe, 125. Im italienischen Original veröffentlicht in: Lubich, Scritti Spirituali 2, 136.

und ergreifen können.[221] Chiara war zunächst bereits durch eine religiöse Erziehung und ein praktiziertes Glaubensleben innerlich für diese Gnade disponiert.[222] Entscheidend für die Erkenntnis ist jedoch ihr Akt der Großzügigkeit dem Priester gegenüber, der eine Bitte an sie richtet, in welcher sie einen Anruf Gottes zu erkennen versucht. Dieser persönliche Akt drückt eine Antwort des Glaubens und der Liebe Gott gegenüber aus.[223] Genau diese Antwort ist es, welche die Aussage des Priesters ihr gegenüber provoziert 'Denken Sie daran: Gott liebt Sie unendlich!'. Chiaras aktiver Teil ist es wiederum, diese Aussage als Botschaft anzunehmen, die von Gott kommt, und sie sogleich für alle Situationen anzuwenden sowie diese ihre Entdeckung ihrerseits ihren Gefährtinnen mitzuteilen. Die innere Erkenntnis Gottes und des Menschen wächst fortschreitend durch ihre aktive Antwort des Glaubensvollzugs. In dieser Dynamik der Gnade und des Glaubens gelangt Lubich zu genau derselben Erkenntnis, wie sie Papst Benedikt XVI. in seiner Enzyklika *Deus Caritas est* lehramtlich formuliert: die »Formel der christlichen Existenz«[224] lautet, an diese Liebe Gottes zu glauben. In der Tat berichtet Lubich über die Auswirkung der Entdeckung der Liebe Gottes:

»Wir glauben an die Liebe. Das ist unser neues Leben. Deshalb äußerten wir den Wunsch, in einem einzigen Grab bestattet zu werden, falls wir durch den Krieg sterben sollten, und die Grabinschrift sollte lauten – gewissermaßen als unser

---

[221] In der Tat wird die Botschaft, dass Gott die Liebe ist, unzähligen Christinnen und Christen bei vielen Gelegenheiten verkündet, ohne dass sie dieselben Auswirkungen zeigen, wie sie in Lubich sichtbar werden.

[222] »Was mich selbst betrifft, kann ich sagen, dass ich durch meine christliche Erziehung durchaus darauf vorbereitet war, diese Wirklichkeit der Liebe Gottes in mich aufzunehmen.« (Lubich, Ein Weg in Gemeinschaft, 19; Original in: Lubich, Una via nuova, 33).

[223] An mehreren Punkten im Leben Lubichs zeigt sich, dass ein großzügiger Akt der Liebe ihrerseits Gott gegenüber sie dazu disponiert, dass Gott ihr ein besonderes Licht, eine besondere Gnade schenkt. Siehe dazu die Erfahrung (1. Kap. I.1.), dass sie die Stimme Gottes »Schenk dich mir ganz« vernimmt, nachdem sie konkret liebt. Oft erinnert Lubich an diese Dynamik, die für sie im Jesuswort »wer mich aber liebt, wird von meinem Vater geliebt werden und auch ich werde ihn lieben und mich ihm offenbaren« (Joh 14,21) ausgedrückt ist.

[224] »Formel der christlichen Existenz: 'Wir haben die Liebe erkannt, die Gott zu uns hat, und ihr geglaubt' (vgl. 4, 16). *Wir haben der Liebe geglaubt:* So kann der Christ den Grundentscheid seines Lebens ausdrücken.« (Benedikt XVI.: *Deus Caritas est* [25.12.2005] Nr. 1)

Name, denn das war unser 'Sein': Wir haben an die Liebe geglaubt.«[225]

In ihrer persönlichen Weihe an Gott am 7. Dezember 1943 übergibt sich Chiara *aktiv* dem Wirken Gottes, um fortan *passiv* sein Werkzeug sein zu können. Lubich erfährt christliches Leben stets als zugleich ganz passiv und ganz aktiv. »Christentum leben bedeutet, wir alle müssen aktiv und passiv zugleich sein: Einheit der Gegensätze: *Gott.*«[226] Zur konkreten historischen Verwurzelung: Wie bereits im vorigen Kapitel besprochen, haben die Erkenntnisvorgänge in Lubich immer einen konkreten Lebens- bzw. Erfahrungsbezug. Ihre Entdeckungen vermittelt sie daher fast immer eingebettet in Narrationen (Erzählungen)[227] von historischen Ereignissen, die zur jeweiligen Erkenntnis geführt haben. Die Umstände bilden dabei den Rahmen und den Humus für die Glaubenserkenntnis. Hier ist es der grausame Weltkrieg, der sie und ihre Gefährtinnen die Nichtigkeit von allem Irdischen existentiell erfahren lässt und die drängende Frage aufwirft, ob es denn nichts gäbe, was keine Bombe zerstören könnte. In diese Situation hineingesprochen wird die christliche Botschaft, dass Gott die Liebe ist, in ihrer Einmaligkeit und Sprengkraft für das menschliche Leben noch viel markanter wahrgenommen. Die einfache Begebenheit einer zufälligen Begegnung mit einem Priester wird zum Kairos, der das Leben der jungen Chiara von Grund auf verändert. Dieses Beispiel gilt paradigmatisch für viele Einsichten Lubichs. Das Wirken der unverdienten Gnade Gottes und die freie Antwort des Menschen ereignen sich im konkreten geschichtlichen Kontext und bedienen sich dieses Kontextes.

Zur gemeinschaftlichen Komponente: Bemerkenswert ist, dass die Aussage 'Gott liebt dich unendlich' von Chiara nicht bloß als an sie gerichtet gehört und eventuell für ihren persönlichen Glauben angenommen

---

[225] Chiara Lubich an die Bischöfe (zitiert nach: Cerini, Gott ist Liebe, 11).

[226] Aus dem Text *Vita Trinitaria* (zitiert nach: Coda, Sul soggetto della teologia, 875, Anm. 10).

[227] 'Narrationen', 'Erzählungen' im Sinne von Darstellungen historischer Ereignisse aus persönlicher Betroffenheit, welche eine hohe Bedeutung für die in die Erzählung Involvierten haben. *Was* erzählt wird und *wie* etwas erzählt wird, steht dabei in einer dynamischen Verbindung; beides ist von Bedeutung. Wenn im Folgenden von 'Narration' bzw. 'Erzählung' (z.B. 'Narration' bzw. 'Erzählung vom *Paradiso '49'*) die Rede ist, wird der Ausdruck in diesem Sinn verwendet; in gewisser Ähnlichkeit etwa zum narrativen Charakter biblischer Texte. Wenn von der Niederschrift der Erfahrung des *Paradiso* die Rede ist, wird in der italienischen Literatur zumeist der Ausdruck 'racconto del '49' (racconto = Erzählung) dafür verwendet, so z.B. im Untertitel eines Sammelwerkes zu *P'49* (vgl. Crupi, u.a. (Hg.): Come frecciate di luce. Itinerari linguistici e letterari nel racconto del '49 di Chiara Lubich).

wird. Dies war in der konkreten Situation wohl die ursprüngliche Aussageabsicht des Priesters. Hingegen drängt es die so persönlich Angesprochene, diese Entdeckung auf ihre Gefährtinnen ('Gott liebt dich unendlich. Gott liebt uns unendlich') und auf alle Menschen anzuwenden und sie einzuladen, ihren Glauben an die unendliche Liebe Gottes zu teilen. Hier zeigt sich im Denken wie im Handeln Lubichs das Wirken des Charismas der Einheit, dem in allen Ausdrucksformen eine gemeinschaftliche Dimension innewohnt. Diese Dimension ist es auch, die dazu führt, dass sich um Lubich rasch eine Gemeinschaft bildet, die sich denselben Glauben an die unendliche Liebe Gottes zu eigen macht. Im Akt des Mitteilens und Anteilgebens ihrer Entdeckung der Liebe Gottes wächst zudem in Chiara selbst das Bewusstsein dafür immer stärker und lässt sie nach und nach die Konsequenzen dieser Botschaft erkennen. Eine davon ist, dass sie diese Liebe Gottes als das Band der Liebe auch zwischen den Personen und zwischen allem Geschaffenen erkennt. So schreibt sie in einem Brief aus dem Jahr 1944 an eine Freundin:»Du bist mit mir geblendet worden von dem feurigen Licht eines Ideals, das alles in sich zusammenfasst und übertrifft; der unendlichen Liebe Gottes! Er, mein und dein Gott, hat zwischen uns eine Verbindung hergestellt, die stärker ist als der Tod.«[228]

Basis und Ausgangspunkt der theologischen Erkenntnisse ist bei Lubich nicht das cartesianische *Cogito ergo sum*, welches das gesamte neuzeitliche Denken sowie in deren Gefolgschaft auch zahlreiche theologische Entwürfe zur Anthropologie geprägt hat, wie im ersten Teil dieser Studie aufgezeigt wurde. Ausgangspunkt ist die genannte Entdeckung und existentielle Erfahrung des 'Gott liebt mich unendlich', welche Papst Johannes Paul II. bei seinem Besuch am Zentrum des Werkes Mariens am 19. August 1984 als den »Inspirationsfunken« (»scintilla ispiratrice«[229]) der Spiritualität bezeichnete. Klaus Hemmerle schreibt in seiner Reflexion dazu:

»Chiara Lubich hatte etwas erfahren, was sie sagen ließ: 'Gott liebt mich unendlich'. In diesem Satz ist auch vom Ich die Rede, aber er fängt nicht mit 'Ich' an. Es heißt nicht einmal: 'Ich bin diejenige, die von Gott geliebt ist', sondern: 'Gott liebt mich unendlich'. Das ist wie ein Strom, der auf mich zukommt, und in dem dieses Ich mir erst zufließt.«[230]

---

[228] Lubich, Ein Weg in Gemeinschaft, 20.

[229] Zitat von Papst Johannes Paul II, welches Chiara in ihrer Vorlesung anlässlich der Ehrenpromotion in Theologie im Jänner 1997 in Manila einbaut (Gillet / Parlapiano (Hg.), Dottorati honoris causa, 83).

[230] Hemmerle, Unser Lebensraum, 20f.

Gott ist das Subjekt der Aussage und der erste Handelnde. Das denkende Ich erfährt sich als verdanktes, geschenktes, von Gott zugesprochenes und geliebtes Ich. Der Mensch ist zentral, aber als von Gott ins Zentrum der Liebe gestellter Mensch. Das ist die christliche 'Anthropozentrik' im Leben und im Erkenntnisweg Chiara Lubichs.

2. Das Streben nach Erkenntnis als Konsequenz des Ergriffenseins von Gott

Der Schwerpunkt des Interesses nach Erkenntnis liegt in dieser christlichen Anthropozentrik nicht im denkenden Subjekt, welches tiefer in das Geheimnis Gottes und des Menschen eindringen möchte, um das eigene Wissen darüber zu bereichern, sondern im Anderen, in Gott, dessen Liebe die Sehnsucht weckt, Ihn, den Geliebten, besser kennen zu lernen. Dies zeigt sich bei Lubich im Laufe ihres Lebens- und Glaubensweges. Wie in der Darstellung der Biografie erwähnt, will Chiara als Jugendliche an der Katholischen Universität Philosophie studieren. Die gläubige Christin, die sich bereits als Kind vom Göttlichen stark angezogen fühlte, will die Wahrheit kennenlernen. Sie selbst berichtet bei verschiedenen Gelegenheiten, dass ihr Ideal zu dieser Zeit das Studium war. Bei der Verleihung des Ehrendoktorats in Theologie an sie in Taipei am 25. Jänner 1997 erzählt sie:

> »Auf der Suche nach der Wahrheit die antiken und modernen Philosophien zu erforschen war das, was meinen Geist und mein Herz vollends zufriedenstellte. Jedoch – christlich erzogen und vermutlich durch den Impuls des Geistes angespornt – merkte ich rasch, dass ich vor allem von *einem* tiefen Interesse gepackt war: Gott kennenzulernen.«[231]

Durch die Umstände, die für die junge Frau ein Studium unmöglich machen (Krieg und Armut in der Familie) sowie aufgrund der Erkenntnis, dass Jesus selbst die Wahrheit[232] *ist*, wird Chiara auf einem speziellen Weg zur Erkenntnis geführt. Wie sie diese Situation spirituell erlebt und lebt, steht paradigmatisch für den weiteren Erkenntnisweg Lubichs.

---

[231] Lubich, Lezione magistrale in Teologia [1997], 105.

[232] »Ich bin der Weg und die Wahrheit und das Leben; niemand kommt zum Vater außer durch mich. Wenn ihr mich erkannt habt, werdet ihr auch meinen Vater erkennen.« (Joh 14,6f.) Als praktizierende katholische Christin, die regelmäßig an der Liturgie teilnahm, war ihr dieser Vers vertraut und konnte in der besagten Situation im Herzen und im Geist Lubichs fruchtbar werden.

»Ich war eine katholische Jugendliche und nahm täglich an der Eucharistiefeier teil. Eines Tages jedoch: siehe da – ein Licht. 'Was – sagte ich zu mir selbst – du suchst die Wahrheit? Gibt es da nicht einen, der gesagt hat, dass er die Wahrheit in Person ist? Hat nicht Jesus von sich gesagt:»Ich bin die Wahrheit«?' Dies war eines der ersten Motive, die mich dazu drängten, die Wahrheit nicht so sehr in Büchern zu suchen, als vielmehr in Jesus. Und ich nahm mir vor, ihm zu folgen.«[233]

Für die Methodologie der theologischen Erkenntnis bei Lubich werden auf diesem beschriebenen Weg vier Elemente sichtbar, die für das Zustandekommen ihres gesamten Gedankenguts Geltung bewahren, auch wenn in späterer Folge weitere Spezifika hinzukommen, wie in den folgenden Punkten noch aufzuzeigen bleibt. Ein erstes Element ist die persönliche Ergriffenheit von Gottes Liebe, die zum Motor des Strebens nach Erkenntnis dieses Gottes wird. Die Erfahrung der Liebe Gottes hat ihrerseits in Chiara eine starke Liebe zu Gott evoziert. Wer jedoch wirklich liebt, will denjenigen, den er liebt, immer tiefer erkennen und selbst immer mehr erkannt werden. 'Lieben' und 'erkennen' sind in vielen Sprachen synonyme Begriffe; in der biblischen Sprache wird für 'lieben' und 'erkennen' dasselbe Verb[234] verwendet. Schon der heilige Augustinus von Hippo sah einen starken inneren Zusammenhang von Geist, Erkenntnis und Liebe (*mens, notitia, amor*)[235], die zu den geistigen Grundvollzügen des Menschen gehören und die in ihrer Korrelationalität den trinitarischen Gott abbilden.[236] Auch das Konzil nennt 'erkennen' und 'lieben' in einem Atemzug im Blick auf den

---

[233] Lubich, Lezione magistrale in Teologia [1997], 106.

[234] Wenn in der Bibel berichtet wird, dass ein Mann seine Frau erkannte und sie schwanger wurde, so heißt das, dass er sie liebte und mit ihr intimen, sexuellen Liebesverkehr pflegte.»Der Mensch erkannte Eva, seine Frau; sie wurde schwanger und gebar Kain.« (Gen 4,1) Maria fragt den Engel, der ihr die Mutterschaft Jesu ankündigt:»Wie soll das geschehen, da ich keinen Mann erkenne« (Lk 1,34), will heißen, dass sie keinen Liebesverkehr mit einem Mann hat.

[235] Vgl. Aug., trin. IX 2, 2; PL 42, 961f. [übersetzt nach: Greshake, Der dreieine Gott, 254, Anm. 108]

[236] Gisbert Greshake referiert den Gedanken Augustins folgendermaßen: »Zu den geistigen Grundfähigkeiten bzw. -vollzügen des Menschen gehören Geist, Erkenntnis und Liebe (mens, notitia, amor) bzw. Gedächtnis, Verstand und Wille (memoria, intelligentia, voluntas). Diese Vollzüge gehen voneinander hervor, jeder von ihnen ist auf die anderen hingeordnet: Der *Geist* erkennt und liebt, das *Erkennen* setzt den Geist voraus und entfaltet sich in der Liebe, *Lieben* setzt Geist und Erkennen voraus. Entsprechend ist es mit dem zweiten Ternar. So finden sich in der menschlichen Person sowohl Einheit wie Differenz seelischer Vollzüge und deren strikte Korrelationalität. Darin ist der Mensch Bild des trinitarischen Gottes.« (Greshake, Der dreieine Gott, 254)

Menschen und seine Erkenntnis Gottes:»Die Heilige Schrift lehrt nämlich, dass der Mensch 'nach dem Bild Gottes' geschaffen ist, fähig,
seinen Schöpfer zu erkennen und zu lieben«(GS 12). Die Liebe Chiaras
zu Gott ließ sie ihrerseits die Entdeckung machen, dass sich die Verheißung Jesu erfüllt, dass er sich jenen, die ihn lieben, offenbaren
werde, wie das Johannesevangelium überliefert:»Wer meine Gebote
hat und sie hält, der ist es, der mich liebt; wer mich aber liebt, wird
von meinem Vater geliebt werden und auch ich werde ihn lieben und
mich ihm offenbaren.« (Joh 14,21)[237]
Ein zweites Element in der Entwicklung des Denkens Lubichs darf
nicht unterschätzt werden, nämlich ihre Prägung durch die religiöse
Erziehung, ihre Glaubenspraxis im Gebet und in der Feier der Sakramente sowie durch ihre Vertrautheit mit der Heiligen Schrift. Ein Blick
in ihre Biografie genügt, um zu sehen, wie Chiara von Kind an eine
intensive religiöse Erziehung genoss, vor allem vonseiten ihrer Mutter
und der Ordensschwestern, bei denen sie Katechismusunterricht erhielt. Für das Glaubensleben in ihrer Jugendzeit ist im Speziellen die
franziskanische Spiritualität prägend. Ihr geistlicher Begleiter ist ein
Kapuzinerpater und sie ist so stark vom Leben der beiden großen Heiligen aus Assisi fasziniert, dass sie dem Drittorden der Franziskaner
beitritt und als 'Chiara'[238] nach dem Vorbild ihrer heiligen Namenspat-
ronin Gott in Radikalität suchen und nachfolgen will. Noch bevor ihr
bewusst wird, dass sie Trägerin eines spezifischen Charismas sein
sollte, lebt sie eine intensive Glaubenspraxis. Sie feiert als Heranwach-
sende täglich die hl. Messe mit, lässt sich geistlich begleiten, geht regelmäßig zur Beichte, zur eucharistischen Anbetung und pflegt ein in-
niges persönliches Gebetsleben. Gerade das Sakrament der Eucharistie
spielt bei Lubich für das Eindringen in das göttliche Geheimnis eine
zentrale Rolle, wie im weiteren Verlauf ersichtlich werden wird. Nicht
zuletzt ist sie gerade durch ihre Glaubenspraxis sehr früh mit dem Wort
Gottes vertraut, das dann im Charisma nochmals in ein neues Licht
getaucht wird. Das Charisma der Einheit, das Gott dieser Frau

---

[237] Lubich zitiert diese Schriftstelle, Joh 14,21, des Öfteren, wenn sie von ihrer Erfahrung in der Erkenntnis Gottes spricht und schlägt den Adressatinnen und Adressaten ihres Ideals die Liebe als königlichen Erkenntnisweg vor, manchmal auch
im Hinweis auf die Kehrseite, von der die Bibel sagt:»Wer nicht liebt, hat Gott
nicht erkannt; denn Gott ist Liebe.« (1 Joh 4,8)

[238] 'Chiara' ist der von Silvia (= Taufname) Lubich selbst gewählte Name im Drittorden, den sie bezeichnenderweise bis zu ihrem Lebensende beibehalten wollte.
Am liturgischen Festtag der heiligen Klara von Assisi versammelte Chiara über
viele Jahre hinweg Mitglieder des Werkes Mariens, um diese Heilige gemeinsam
zu feiern. Dabei hielt sie jedes Jahr ein Impulsreferat, in dem sie eine Verbindung
zwischen ihrer Spiritualität der Einheit und der franziskanischen Spiritualität, besonders zum Leben der hl. Klara herausstrich.

schenken will, findet also bereits einen bereiteten Boden vor. Auf dem Grundstock ihrer religiösen Prägung und ihrer damit zusammenhängenden Glaubenserkenntnisse kann das Gedankengut Lubichs als neue Blüte[239] heranwachsen und sich entfalten.

Entscheidend ist nun als drittes Element auf dieser Basis das Wirken des Heiligen Geistes im unverwechselbaren Geschenk des Charismas der Einheit an Chiara, angedeutet in ihrem Bericht zur Entdeckung der Liebe Gottes bereits – allerdings noch vorsichtig formuliert – durch den Ausdruck 'vermutlich durch den Impuls des Geistes angespornt'. Deutlicher wird dies im Ausdruck 'eines Tages jedoch: siehe da – ein Licht'[240]. So wie dieses Wirken des Charismas das Leben der jungen Lubich nach und nach formt und ihm eine bestimmte Gestalt gibt, so formt es gleichermaßen ihr Denken und folglich ihre Texte. Bei der Analyse ihrer Schriften wird ersichtlich, dass bereits in sehr frühen Texten wesentliche Inhalte im Keim vorhanden sind, die sich allmählich immer klarer herauskristallisieren. Wenn auf diesen Seiten vom *Spezifischen* bzw. vom *Neuen* im Gedankengut Lubichs die Rede ist, so ist damit genau jenes Element gemeint, das auf dieses Wirken des Charismas der Einheit zurückzuführen ist.

Schließlich ist als viertes Element der letzte Satz im zitierten Bericht Lubichs zu nennen, der zugleich auf den nächsten Punkt überleitet, da er den *Weg* explizit anspricht, auf welchem sie in der Erkenntnis des Mysteriums voranschreitet. Nach der Erkenntnis, dass Jesus die Wahrheit ist, sagt Chiara in aller Schlichtheit und zugleich Entschiedenheit: »Und ich nahm mir vor, ihm zu folgen.«[241] Auf welche Weise Lubich diese Nachfolge Christi verwirklicht, zeigen die folgenden Absätze, die erkennen lassen, dass ohne diese existentiell gelebte Nachfolge vonseiten Chiaras ihre theologischen Einsichten an dieser Stelle stagniert hätten und die im Charisma enthaltene Lehre nicht in jener Intensität ans Licht gekommen wären, wie dies de facto geschah.

---

[239] In einem Text vom November 1949 verwendet Lubich, im Blick auf das Charisma der Einheit, selbst das Bild der neuen Blüte auf dem Baum der Tradition der Lehre der Kirche (vgl. P'49, 926, zitiert in: Lubich, Guardare tutti i fiori, 9).

[240] Lubich verwendet an mehreren Stellen die Metapher des Lichts, um das Charisma der Einheit wie desgleichen andere Charismen in der Kirche zu charakterisieren. Im Jahr 1949 schreibt sie in Bezug auf die verschiedenen Spiritualitäten in der Kirche, dass »in allen Spiritualitäten ein Licht jenes Lichts [ist], welches Jesus ist« (zitiert nach: Ciardi, Parola di Dio e spiritualità 4, 390).

[241] Gillet / Parlapiano (Hg.), Dottorati honoris causa, 106

II. Gelebte Nachfolge Christi
als Weg zur theologischen Erkenntnis

Chiara ist also ergriffen von der Liebe Gottes. »Dieser Glaube an die Liebe Gottes zu uns, zu jedem einzelnen und zu allen, zur ganzen Menschheit, erhellte von nun an unsere ganze Existenz.«[242] Im Glauben an diese unendliche Liebe will sie mit ihrem ganzen Sein eine Antwort auf diese Liebe sein. Dabei erfährt sie die Möglichkeit, als Mensch Gott lieben zu können, als eine außergewöhnliche Würde des Menschen, wie eine Formulierung ihrerseits zeigt: »Man dürfte nicht so sehr sagen: 'Wir müssen Gott lieben', als vielmehr 'Oh, dich lieben zu können, Herr [...]: dich mit diesem kleinen Herzen lieben zu können'!«[243] Im Suchen nach einer Antwort auf die Frage, wie sie konkret Gott lieben könne, und im Licht vom Wort Jesu in der Bergpredigt »Nicht jeder, der zu mir sagt: Herr! Herr!, wird in das Himmelreich kommen, sondern nur, wer den Willen meines Vaters im Himmel erfüllt« (Mt 7,21) versteht sie, dass sie – wie alle Heiligen es auf ihre je eigene und ihrem Charisma entsprechende Weise getan haben – den Willen Gottes[244] leben müsse.

> »Den *Willen Gottes tun* war der praktische Ausdruck unsere Liebe zu Ihm. [...] Nichts anderes wollten wir, als den Willen Gottes tun und Ihn lieben. Dabei merkten wir, dass wir in gewisser Weise ein anderer Jesus wurden. Wie Er lebten wir

---

[242] Lubich, Scritti Spirituali 3, 25. Chiara beschreibt, wie die Entdeckung der Liebe Gottes und der Glaube daran in der Folge zu einem neuen Typus von Christsein geführt hat, der als *Kind* Gottes im unerschütterlichen Vertrauen an die Liebe des himmlischen Vaters lebt (vgl. ebd., 24-29). Chiara bezeichnet daher jene, die sich ihr auf dem Weg des Fokolars angeschlossen haben, gerne mit dem Ausdruck 'popi', was im Tridentinischen für 'Kinder' steht.
[243] Ebd.
[244] Der 'Wille Gottes' ist in der Spiritualität der Einheit von Lubich als zweiter Kernpunkt gesehen worden. Die wichtigsten Inhalte zu diesem Thema finden sich in der Veröffentlichung von Vorträgen, die Lubich 1981 vor Angehörigen der Fokolar-Bewegung hielt (vgl. Lubich, Scritti Spirituali 4, 221-290). Im Jahr 2011 veröffentlichte Lucia Abignente eine über 100-seitige Sammlung von Schriften Lubichs zur Thematik, in der bei den Texten (zum Unterschied von *Scritti Spirituali*) auch der Kontext und das Entstehungsjahr angegeben sind (vgl. Lubich, La volontà di Dio).

nur den Willen Gottes. Auf diese Weise [...] ahmten wir Jesus in innerlicher Weise, nicht in äußerlicher Form [...] nach«[245].

Die praktizierte Liebe zu Gott, die Chiara in der Erfüllung des Willens Gottes zu leben sucht, führt in ihr zu neuen Erkenntnissen. Aus der eben zitierten Beschreibung, die Lubich im Jahr 1950 verfasste, zeigen sich drei anthropologisch relevante Einsichten. Zunächst die Erkenntnis, dass der Mensch fähig ist, mit seinem menschlichen Herzen den unendlichen Gott zu lieben, ja gerade dies seine hohe Würde ausmacht. »Gott zu lieben erschien uns als eine so hohe Würde, zu der wir erhöht waren, so hoch und unverdient«[246]. Weil nach Lubichs Verständnis der Wille Gottes der konkrete Ausdruck seiner Liebe ist, mehr noch, »Gott und sein Wille in eins fallen [, bedeutet] im göttlichen Willen unterwegs zu sein, in Gott unterwegs zu sein«[247]. Gott zu lieben, erscheint nicht als moralisches Gebot, sondern vielmehr als von Gott dem menschlichen Geschöpf geschenkte ontologische Möglichkeit. Zweitens die Erkenntnis, durch das Leben des Willens Gottes 'ein anderer Jesus' zu werden, auf diese Weise in Jesus das eigentliche Wesen des Menschen zu entdecken und sich in ihm zu verwirklichen, wie Lubich notiert; »den Willen Gottes erfüllen, befreit den Menschen, lässt ihn mehr er selbst sein [...] hilft zur Verwirklichung des Menschen, entfesselt seine Kreativität und lässt seine persönliche Identität zur Entfaltung kommen«[248]. Schließlich, drittens, dass der Wille Gottes – wie Gott – einer und vielfältig ist und das Leben des Willens Gottes die Menschen in der Vielfalt eins werden lässt. Lubich verwendet, um diese Wirklichkeit zu veranschaulichen, das Symbol von der einen Sonne mit unzähligen Strahlen.

»Betrachte die Sonne und ihre Strahlen: Die Sonne ist Symbol für den göttlichen Willen, der Gott selbst ist. Die Strahlen sind dieser göttliche Wille für einen jeden. Geh auf die Sonne zu im Licht deines Strahls, der einmalig, von allen anderen

---

[245] Lubich, Ideale dell'unità, 4-6. Im Jahr 1946 schreibt Chiara: »Die Seele muss danach trachten, so rasch als möglich ein anderer Jesus zu sein. Es auf Erden Jesus gleichtun [...] Gott unser Menschsein anbieten, damit er es dazu nutze, um in ihm seinen geliebten Sohn von Neuem zu leben. Deshalb wie Jesus einzig und allein den Willen des Vaters tun.« (Lubich, Scritti Spirituali 4, 243)

[246] Lubich, Scritti Spirituali 3, 25.

[247] Ebd., 33.

[248] Lubich, Scritti Spirituali 4, 229. »Der Wille Gottes ist der Zielpunkt unseres Seins, er ist unser wahres Sein, unsere vollständige Selbstverwirklichung.« (Lubich, Santi insieme, 98)

verschieden ist, und verwirkliche den wunderbaren, einmaligen Plan, den Gott mit dir hat. Unendlich viele Strahlen, alle aus derselben Sonne [...] Ein einziger Wille, doch einzigartig für jeden [...] Je näher die Strahlen der Sonne sind, desto näher sind sie einander. Je mehr wir uns Gott durch die immer vollkommenere Erfüllung seines Willens nähern, desto näher kommen wir einander. Bis wir alle eins sein werden.«[249]

In diesem Bild wird wiederum der für das Charisma Lubichs typische gemeinschaftliche Charakter sichtbar.

Die gelebte Nachfolge Christi im Versuch, in allem den Willen Gottes zu verwirklichen, ist demnach der Weg, auf dem Chiara Lubich in der Erkenntnis voranschreitet, und auf dem folglich ihre theologischen und anthropologischen Inhalte heranreifen. Unter methodologischer Perspektive lässt sich hier, wie im Übrigen bei vielen Theologinnen und Theologen – wobei hier der Begriff 'Theologin' bzw. 'Theologe' im weiten Sinn verstanden wird für Frauen und Männer, deren Schriften theologische Relevanz aufweisen bzw. spezifisches theologisches Gedankengut für die Theologie im Laufe der Geschichte eingebracht haben –, ein innerer Zusammenhang zwischen Theologie und Heiligkeit feststellen. Diesen Zusammenhang legt Hans Urs von Balthasar in seinem vielbeachteten Beitrag *Theologie und Heiligkeit*[250] ausführlich dar, wobei er mit Theologie im besagten Beitrag näherhin die Dogmatik und mit Heiligkeit die in Entschiedenheit ganzheitlich gelebte Nachfolge Christi meint. Die Theologie hat, so Balthasar, die christliche Offenbarung»im lebendigen Glauben zu verstehen, kraft der von Glaube und Liebe beseelten und erleuchteten Vernunft auszulegen«[251], und sie hat ihren Sinn darin, den Menschen»in seiner ganzen, auch geistigen, auch verstehenden Existenz enger mit Gott zu verbinden«[252]. Balthasar, der

---

[249] Lubich, Alles sollen eins sein, 19; im Original in: Lubich, Meditazioni, 22. Mit dieser Erkenntnis zusammenhängend versteht sie, dass dies einen Weg der Heiligkeit für alle Menschen eröffnet. Siehe dazu ihren Text *Una via di santità per tutti* (in: Lubich, Scritti Spirituali 4, 240). Chiara erkennt darin bereits die Universalität ihres Charismas und die Zielrichtung des *Ut omnes unum sint*, wie sie in einer Reflexion ihrer Erfahrung (aus dem Jahr 1950) mit den ersten Weggefährtinnen berichtet:»Unser ganzes Leben veränderte sich. Vorher trennten uns viele Unterschiede voneinander, jetzt vereinte uns der eine Wille [Gottes], der von allen gelebt wurde, zu Geschwistern. Wir alle waren *eins* untereinander und mit Jesus; und durch Jesus eins mit dem Vater.« (Lubich, Ideale dell'unità, 7).
[250] Vgl. Balthasar, Verbum caro, 195-225.
[251] Ebd., 210.
[252] Ebd., 214. Piero Coda unterstreicht diesbezüglich, dass gerade diese enge Verbindung mit Gott, diese»Gleichgestaltung mit Christus aus Liebe in der Tat auf einmalige und außerordentliche Weise die Augen des Glaubens erleuchtet und sie

in diesem Kontext das Bild der bräutlichen Beziehung zwischen Christus und der Kirche auf die Theologie anwendet – »Theologie als Gespräch zwischen Braut und Bräutigam«[253] – schreibt zu diesem inneren Zusammenhang zwischen Heiligkeit und theologischer Erkenntnis: »Wenn sie versteht, ist Kirche heilig, und soweit sie heilig ist, versteht sie. Dieses Gesetz umfasst Hierarchie und Laien, jeden auf seine Weise.«[254] Die entsprechende Form der Theologie, wie Balthasar sie für die Heiligen charakterisiert[255], trifft in diesem Sinne auf Lubich zu, da sie aus ihrer ausschließlichen Liebe zu Gott und seinem Willen ihre theologischen Erkenntnisse gewinnt. In seinem Beitrag zum *Wesen und Auftrag der Theologie* unterstreicht der damalige Präfekt der Glaubenskongregation Joseph Ratzinger seinerseits: »Der Zusammenhang von Theologie und Heiligkeit ist daher nicht irgendein sentimentales oder pietistisches Gerede, sondern folgt aus der Logik der Sache und bestätigt sich die ganze Geschichte hindurch.«[256] Chiara Lubich lässt sich begründeter Maßen in diese Geschichte einreihen, wie der Experte für die Theologie der Heiligen, François-Marie Léthel, in seiner Einführung zu einem Buch mit Texten aus ihrer Feder[257] aufzeigt.

1. Antwort auf das Wort Gottes sein – Wort Gottes sein

Chiara entdeckt, wie gezeigt, den Willen Gottes als Möglichkeit, ein anderer Christus zu werden, als Weg der Heiligkeit für alle Menschen und als Realisierung der Einheit mit Gott und untereinander. Wie aber

---

befähigt, das Licht der göttlichen Wahrheit in sich – soweit dies der Kreatur *in statu vitae* möglich ist – zu reflektieren, welches auf dem Antlitz Christi leuchtet.« (Coda, Il Concilio della Misericordia, 348)

[253] Ebd., 219. »Der Bräutigam ist der Schenkende, die Braut ist die Zustimmende; in dieser Glaubenszustimmung hinein kann sich allein das Wunder des Wortes, das der Sämann und die Saat ist, ergießen«. (Ebd., 217)

[254] Ebd., 217.

[255] »Sie sitzen mit Maria zu Füßen Jesu. Sie hängen am Munde des Herrn, am Worte der Offenbarung. Sie wollen nichts wissen, als was Gott ihnen sagt. [...] Sie wollen alles, auch das, was sie schon wissen, von ihm hören, wie wenn sie noch nie davon gehört hätten. Sie wollen sich die ganze Welt innerhalb der Offenbarung neu schenken, neu erklären und auslegen lassen. Sie wollen die Natur mit keinen anderen Augen betrachten als denjenigen Christi. [...] Sie wollen stets empfangen, das heißt Betende sein. Ihre Theologie ist wesentlich ein Akt der Anbetung und des Gebets.« (Ebd., 221f.)

[256] Benedikt XVI., Wesen und Auftrag der Theologie, 50.

[257] Vgl. Léthel, Prefazione, 5-13. Léthel reiht Chiara mit ihrem Charisma ein in den »Raum der *Gemeinschaft der Heiligen*« (5), hebt dabei vor allem ihre »christozentrische und marianische Spiritualität« (7) hervor und zeigt die innere Verbindung ihres Gedankenguts mit demjenigen der Heiligen Franziskus, Klara, Katharina von Siena, Theresa von Avila und Thérèse von Lisieux (7-9) auf.

kann der Mensch, in seiner kreatürlichen Verfasstheit, den Willen Gottes überhaupt erkennen? – In der geistlichen Erfahrung Lubichs findet sich eine Antwort darauf in ihrer Neuentdeckung des Wortes Gottes[258], das sich als *der* Weg (Joh 14,6:»Ich bin der Weg...«) eröffnet hat, weil in ihm Jesus, der inkarnierte Logos[259] präsent und wirksam ist, mehr noch, weil Er das Wort Gottes selbst ist. Chiara schreibt:»Wo aber fand sich der Wille Gottes ausgedrückt? [...] in Jesus: Er ist das Modell schlechthin des christlichen Lebens und die Offenbarung des Willens Gottes für die Menschheit. Er sagt uns, was Gott von uns will.«[260] Das gesamte Schrifttum Lubichs zeigt dabei eine christologische Zentrierung im Verständnis des Wortes Gottes. Das Wort Gottes nicht nur meditieren, sondern in jedem Augenblick leben, ist zum Weg geworden, auf dem sie und die Gruppe von Menschen um sie herum Christus nachfolgen. Dies ist für die damalige Zeit (fast 20 Jahre vor dem Zweiten Vatikanum) und für die damalige religiöse Praxis, in der Chiara aufwuchs, durchaus etwas Neues. So spricht Lubich selbst in der Rückschau auf die Entdeckung, die das Wort Gottes für sie war, davon, dass dies»sicher aufgrund einer besonderen Gnade [...] [und in der] Pädagogik des Herrn«[261] geschah. Wie alle Aspekte in der Spiritualität der

---

[258] Ausführliche Darstellungen zu diesem Kernpunkt der Spiritualität der Einheit in: Lubich, Scritti Spirituali 3, 121-158. In deutscher Sprache erschien 1975 erstmals die Übersetzung der italienischen Schrift *Parola di vita* als Publikation mit grundlegenden Themen Lubichs zum Wort Gottes (Lubich, Leben aus dem Wort). Siehe auch die theologische Darstellung zur Thematik von Stefan Tobler (vgl. Tobler, Jesu Gottverlassenheit, 117-120).

[259] Siehe Johannesprolog:»Und das Wort ist Fleisch geworden und hat unter uns gewohnt« (Joh 1,14).

[260] Lubich, Scritti Spirituali 4, 260. Lubich entfaltet in ihrem Vortrag *Der Wille Gottes in der Spiritualität der Fokolar-Bewegung* im Jahr 1981, auf welche Weisen der Wille Gottes in Jesus Christus ausgedrückt ist und nennt dabei: sein Leben; die Schriften des Evangeliums, wobei Schwerpunkte auf einigen Stellen liegen, die sich als Kernpunkte der Spiritualität der Einheit herauskristallisieren (Jesus im Nächsten erkennen und lieben; das Neue Gebot Jesu in Joh 15,12f., der Schrei der Gottverlassenheit in Mk 15,34 u.a.); die konkreten Umstände; die kirchliche Autorität mit Papst, Bischöfen bis hin zum persönlichen geistlichen Begleiter; die innere Stimme, durch welche Gott zur Seele spricht; Jesus in der Mitte als 'Lautsprecher' der Stimme Gottes (vgl. ebd., 260-265).

[261] Lubich, Scritti Spirituali 3, 151. Mit der 'besonderen Gnade' weist Lubich auf das Charisma hin, welches sie das Wort Gottes in neuer Weise verstehen ließ. Wie ihre spezifische Kenntnis darüber sich in ihrem Bewusstsein durch die Geschichte entfaltet hat, beschreibt sie in ihrer Reflexion als 'Pädagogik Christi'. »Wie mit einer Lehrmethode wies uns Christus zunächst auf einige Worte hin, die 'leichter' erscheinen können. Diese Auswahl hatte ihren Grund. Es handelt sich im Allgemeinen um Worte, die von der Liebe sprachen: 'Liebe deinen Nächsten wie dich selbst', 'Liebet einander', 'Liebet eure Feinde', 'Liebt...', immer ging es um die Liebe. Den Grund dieser Auswahl haben wir später verstanden. 'Wer seinen Bruder liebt, bleibt im Licht' (1 Joh 2,10). Eine Wirkung der Liebe ist die innere

Einheit wird auch das Wort Gottes von Anfang an gemeinsam zu leben versucht. In der Folge werden auch die Erfahrungen mit dem gelebten Wort miteinander ausgetauscht. Nicht zuletzt aufgrund des gemeinsam gelebten Wortes und des Austausches darüber erfährt sich die Gemeinschaft[262] um Chiara in Christus immer mehr eins und breitet sich rasch aus[263], ähnlich der Erfahrung in der jungen Kirche, von der die Apostelgeschichte berichtet, dass »[d]ie Menge derer, die gläubig geworden waren, [...] ein Herz und eine Seele« (Apg 4,32) war und sich »das Wort Gottes ausbreitete«[264].

In einer Reflexion, die Chiara am 8. April 1986 verfasst[265], beschreibt sie ihre Erfahrung und die damit verbundenen Einsichten, welche sie aus dem Wort Gottes gewonnen hat. Im Bewusstsein ihrer Bedeutung zum Verständnis darauffolgender Erkenntnisschritte (siehe 5. Kap. IV.) hat sie diesen Text im Jahr 1991 ihrer Narration über das *Paradiso*

Klarheit. Darüber hinaus ist die Liebe, die Gott dem Menschen eingibt, göttlicher Natur, sie ist Teilhabe an der Liebe Gottes. Sie beruht also ihrem Wesen nach auf Gegenseitigkeit. Mit der gegenseitigen Liebe machte uns Christus allmählich bereit, seiner Gegenwart unter uns Raum zu geben. Er in unserer Mitte erschloss uns das Verständnis seines Wortes, er wurde uns zum Meister (vgl. Joh 13,13), der uns erklärte, wie seine Worte zu verstehen sind. Eine Art Exegese, die nicht ein gelehrter Theologe durchführte, sondern Christus selbst.« (Lubich, Leben aus dem Wort, 51f.; im Original in: Lubich, Scritti Spirituali 3, 151)

[262] »Wer von außen das Geschehen beobachtete, wunderte sich, anstelle von Menschen, die ein Wort aus dem Evangelium betrachteten, eine lebendige christliche Gemeinschaft vorzufinden. Ich erinnere mich, wie mancher die Frage stellte, welch seltsame Art der Schriftmeditation wir uns vorgenommen hätten.« (Lubich, Leben aus dem Wort, 19).

[263] Von der ersten Gruppe um Chiara entstand die Praxis, jeden Monat (in der ersten Zeit alle zwei Wochen) ein Wort Gottes als sogenanntes *Wort des Lebens* zu nehmen, wobei Chiara jeweils einen Kommentar dazu verfasste und darin Anregungen für das konkrete Leben nach dem Wort gab. Nach dem Tod Lubichs wird diese Praxis fortgesetzt, wobei der Kommentar nun von anderen Mitgliedern des Werkes Mariens verfasst wird. Aktuell wird das monatliche *Wort des Lebens* in zirka 70 Sprachen übersetzt und erreicht mehrere Millionen Menschen auf dem ganzen Erdkreis. Im Jahr 2017 erschien in Buchform eine Sammlung der Worte des Lebens mit den Kommentaren von Chiara Lubich (vgl. Lubich, Parole di vita).

[264] »Und das Wort Gottes breitete sich aus und die Zahl der Jünger in Jerusalem wurde immer größer« (Apg 6,7). »Das Wort Gottes aber wuchs und breitete sich aus.« (Apg 12,24) »Als die Heiden das hörten, freuten sie sich und priesen das Wort des Herrn; und alle wurden gläubig, die für das ewige Leben bestimmt waren. Das Wort des Herrn aber verbreitete sich in der ganzen Gegend.« (Apg 13,48f.) »So wuchs das Wort in der Kraft des Herrn und wurde stark.« (Apg 19,20). Dass der Verfasser der Apostelgeschichte diese Formulierung wählt und nicht etwa 'die Kirche breitete sich aus' oder 'die Kirche wuchs', ist bezeichnend für die Beschreibung der Ekklesiogenese in den Anfängen der Kirche, die sich in der Erfahrung der Fokolar-Bewegung wiederfindet.

[265] Vgl. P'49, 1-37.

'49 vorangestellt. Hier einige Auszüge aus diesem Text, in welchem einige Erkenntnisse[266] Lubichs zum Vorschein kommen, die sie selbst als Frucht des Wortes Gottes sieht, welches sie gemeinsam mit den ersten Weggefährtinnen und Weggefährten in den 1940er Jahren »mit ganz besonderer Intensität«[267] (P'49, 2) lebte. Chiara beschreibt als erste Frucht eine Mentalitätsveränderung im Sinne des Evangeliums. »Das Wort Gottes drang so tief in uns ein, dass es unsere Mentalität änderte.« (P'49, 3) Die menschliche *mens* (Geist, Denken) wird in ihr und jenen, die das Wort intensiv leben, nach und nach von der göttlichen *mens* durchdrungen, die folglich ihr Denken, ihren Geist und damit ihre Mentalität prägt. Sie selbst – das ist die zweite von ihr erwähnte Auswirkung – erklärt sich dies damit, dass letztlich Christus *Das Wort* ist und somit durch das intensive Leben des Wortes immer mehr Christus in ihrem Leben und folglich auch in ihrem Denken Raum einnimmt. »Deshalb lebte in uns nicht mehr Chiara [...], sondern Christus, der das Wort ist.« (P'49, 2, Anm. 3) Das Leben des Wortes Gottes führt in Lubich weiter dazu, das Evangelium zu verstehen[268], das sich ihr umso mehr erhellt, je intensiver sie das Wort lebt. Eine für sie großartige Entdeckung ist vor allem, dass die Praxis des Wortes Gottes letztlich immer dieselbe Auswirkung hat, nämlich mehr Liebe, und die damit verbundene Erkenntnis, dass jedes Wort Gottes Liebe ist.

> »Tatsache ist, dass jedes Wort, auch wenn es in menschlichen und unterschiedlichen Begriffen ausgedrückt ist, Wort Gottes ist. Da aber Gott die Liebe ist, ist jedes Wort Liebe. In jener Zeit haben wir, so glauben wir, hinter jedem Wort die Liebe entdeckt. Wenn nun eines dieser Worte in unsere Seele fiel, so schien es uns, dass es sich in Feuer, in Flammen, in Liebe verwandelte. Man konnte feststellen, dass unser inneres Leben ganz Liebe war.« (P'49, 7f.)

---

[266] In einem ausführlichen Referat zum Wort Gottes im Jahr 1975 nennt Lubich – entsprechend ihrer geistlichen Erfahrung – insgesamt 21 Auswirkungen des gelebten Wortes (vgl. Lubich, Scritti Spirituali 3, 140-158; in deutscher Übersetzung in: Lubich, Leben aus dem Wort, 33-61).

[267] »Es ist unglaublich, mit welcher Intensität wir das Wort lebten. Das Wort war das Leben, es war der Atem. Wir spürten, dass wir das Wort sein mussten, dass wir nur Sinn hatten, wenn wir das Wort waren. Nichts Anderes hatte Bedeutung, weder die Umstände, noch der Schmerz, noch die Krankheit [...] Alles war vom Wort absorbiert.« (P'49, 2, Anm. 3)

[268] »Indem wir das Wort lebten, verstanden wir das Evangelium und kommunizierten wir es an alle.« (P'49, 4, Anm. 4)

Hinzu kommt die Entdeckung,»dass der ganze Jesus im Evangelium ist und dass er auch in jedem seiner Worte ist«[269] (P'49, 13, Anm. 18), was die Autorin in Analogie zum eucharistischen Brot sieht, wo auch in jeder einzelnen Hostienpartikel immer der ganze Jesus präsent ist. Schließlich nennt sie, immer noch im selben Text, ihre Erkenntnis, »dass im Wort in gewisser Weise Jesus in seinem Tod und seiner Auferstehung präsent ist«[270] (P'49, 14). Fabio Ciardi hat in vier Zeitschriftenartikeln[271] eine ausführliche Studie zum Thema *Wort Gottes und Spiritualität* bei Lubich vorgelegt, in welcher er weitere Einsichten aus ihrer spezifischen Erfahrung mit dem Wort Gottes darlegt. Die angeführten Zitate mögen jedoch an dieser Stelle genügen, um die große Relevanz des Wortes Gottes für die Entwicklung der Lehre Chiaras zu sehen.

Das Leben in der Nachfolge Christi, konkret im Leben des Wortes Gottes bzw. – mit einem von Chiara verwendeten Ausdruck – im *Lebendiges-Wort-Sein*[272], ist also der Weg, auf dem ihr Gedankengut entsteht und sich entwickelt. Dabei geben Lubichs Schriften einerseits Zeugnis von diesem geistlichen Lebens- und Erkenntnisweg und andererseits auch von dessen Reflexion im Licht der Heiligen Schrift sowie der Tradition der Kirche (mit den Heiligen und dem kirchlichen Lehramt). Vor allem ab den 1950er Jahren, in denen die entstehende Bewegung vonseiten der offiziellen Kirche unter Beobachtung und Prüfung stand, war es für Chiara wichtig zu wissen, ob ihre Spiritualität sich im Einklang mit der Heiligen Schrift bzw. in der Tradition der Lehre der Kirche stand. Aus diesem Grund hat sie selbst einiges dazu gelesen und

---

[269] Zur Erklärung schreibt die Autorin: »wie in der Heiligen Hostie der ganze Jesus ist, aber auch in jedem Partikel von ihr, so ist im Evangelium der ganze Jesus, aber auch in jedem seiner Worte.« (P'49, 13)

[270] Diese Entdeckung beschreibt sie folgendermaßen: »Ich schien also zu verstehen, dass in jedem Wort Jesus in seinem Tod und seiner Auferstehung präsent ist: im negativen Teil des Wortes ist der Tod Jesu präsent und ausgedrückt, im positiven seine Auferstehung. Andererseits ist die Existenz Jesu selbst, vollständig in der totalen Liebe zum Vater und zu den Menschen gelebt, ganz Tod und Auferstehung gewesen: Ausdruck und Offenbarung auf der Erde des Nichts-Seins und Seins der trinitarischen Liebe. Dieselbe Realität findet sich daher in seinem Wort in jedem seiner Worte. Und dieselbe Realität ist präsent und offenkundig in der Existenz von all jenen, die das Wort leben, und daher im Leben der Kirche.« (P'49, 14, Anm. 19)

[271] Vgl. Ciardi, Parola di Dio e spiritualità 1-4 (1996-1997).

[272] »essendo vivente Parola« (zitiert nach: Blaumeiser, Attraverso la trasparenza, 679); »essendo la Parola« (P'49, 2, Anm. 3); »essere *soltanto*: Parola di Dio« (zitiert nach: Ciardi, Parola di Dio e spiritualità 1, 524); u.a.

hat auch Mitarbeiterinnen und Mitarbeiter mit entsprechenden Studien beauftragt.[273]

2. Christologische Zentrierung in Jesus dem Verlassenen

Im Charisma Chiaras fällt das Licht und damit die Aufmerksamkeit im Besonderen auf einige Worte der Heiligen Schrift, die das Spezifikum des Charismas ausmachen; analog zu anderen Charismen in der Kirche, welche - entsprechend der Sichtweise Lubichs - ihrerseits jeweils als Inkarnation des Wortes Gottes betrachtet werden können, als »Entfaltung Christi durch die Jahrhunderte«[274]. Zwei zentrale Worte sind: das Gebet Jesu um die Einheit in Joh 17,21 »Dass alle eins seien« und der Schrei der Verlassenheit Jesu am Kreuz in Mk 15,34 - welcher den Vers 2 von Psalm 22 wiedergibt - »Mein Gott, mein Gott, warum hast du mich verlassen?« (Einheitsübersetzung), nach Meinung vieler Alttestamentlicher richtiger übersetzt mit »Mein Gott, mein Gott, *wozu* [Hervorhebung d. Verf.] hast du mich verlassen?«[275]. Diese beiden Schriftworte bzw. die Wirklichkeiten, welche sie nach dem Verständnis Lubichs bezeichnen, drücken für sie das Charisma in seiner Gesamtheit aus. Sie sind »wie die zwei Seiten einer einzigen Medaille«[276], die das

---

[273] Lubichs Vorträge zu einzelnen Themen des Charismas sind nicht zuletzt aus diesem Grund bisweilen reichlich mit Belegstellen aus der Schrift, den Kirchenvätern, verschiedenen Heiligen sowie der Theologie versehen.

[274] Ciardi, Parola di Dio e spiritualità 4, 388. Ciardi zitiert im Beitrag einen Text Lubichs aus dem Jahr 1949, in dem sie schreibt: »Jesus ist das inkarnierte Wort Gottes. Die Kirche ist das inkarnierte Evangelium. So ist sie Braut Christi. Wir sehen durch die Jahrhunderte viele Ordensgemeinschaften aufblühen [...] Jeder Orden [...] ist eine Inkarnation eines 'Ausdrucks' Jesu, eines seiner Worte, einer seiner Haltungen, einer der Handlungen seines Lebens, eines seiner Schmerzen, eines Teils von Ihm« (zitiert nach: ebd., 389).

[275] Das 'Warum' im Deutschen fragt nach dem Grund, der zu etwas geführt hat, also nach dem Vergangenen, das 'Wozu' hingegen ist für Zukunft offen, wie der Alttestamentler Erwin Dirscherl in seiner Analyse des Verses und des entsprechenden hebräischen Wortes *lemma* betont. »Die berühmte Frage in Ps 22,2 'Mein Gott, mein Gott, wozu hast du mich verlassen?' wird ja meist übersetzt mit: Warum hast du mich verlassen? Hier geht es aber um eine unterschiedliche Sinnrichtung, denn das 'Warum' fragt nach dem vergangenen Grund, der mich in eine bestimmte Situation gebracht hat. Er fragt nach etwas Abgeschlossenem. Das hebräische Wort *lemma* aber fragt nach der offenen Zukunft, nach dem 'Wozu' und traut Gott in der Klage zu, diese Zukunft zum Heil zu führen.« (Dirscherl, Spannende Beziehungen, 58)

[276] Lubich, Jesus der Verlassene und die Einheit, 54; ursprünglich aus einem Brief Lubichs an den Kapuzinerpater Bonaventura da Malè vom 30. März 1948, der zugleich das erste Dokument darstellt, in dem Chiara als 'Chiara von Jesus dem Verlassenen' ('Chiara di Gesù abbandonato') - wobei 'von Jesus dem

gesamte Evangelium enthält, wobei alle anderen Worte quasi als die Stärke bzw. die Dichte der Medaille (im Bild bleibend) zwischen den beiden Seiten eingeschlossen sind. Stefan Tobler übertitelt, nicht von ungefähr, in seiner Studie die Darstellung der Spiritualität Chiaras mit »Eine Medaille mit zwei Seiten: Die Einheit und Jesus der Verlassene«[277]. In einem eigenen Absatz dieses Kapitels erschließt Tobler, wie »Jesus der Verlassene als Zentrum vom Lebensvollzug und Denken«[278] zu verstehen ist, wobei er drei Elemente in Lubichs Sprachgebrauch als Aufweis dafür nennt: »dass sie Gott letztlich mit Jesus dem Verlassenen gleichsetzt, dass sie das ganze Evangelium in ihm enthalten sieht, und dass er als Quelle der Einsicht auch auf intellektueller Ebene verstanden wird«[279]. In diesem Absatz kann nicht näher auf das inhaltliche Verständnis von Jesus dem Verlassenen bei Lubich eingegangen werden; dies geschieht im letzten Kapitel (3. Kap. III.), wo es um die spezifischen Elemente ihrer Anthropologie geht. An dieser Stelle soll jedoch sichtbar gemacht werden, was Jesus der Verlassene in methodologischer Hinsicht[280] für Lubich bedeutet.

Für Chiara ist Jesus der Verlassene »das Wort schlechthin, das ganz entfaltete Wort, das vollständig eröffnete Wort. Es genügte also, Ihn zu leben. [...] Ihn zu leben bedeutete, unser Nichts zu leben, um ganz für Gott (in seinem Willen) und für die anderen zu sein« (P'49, 10f.), so in einer Aufzeichnung aus dem Jahr 1986. Dahinter steht ihre Entdeckung, dass Jesus, der Logos, im Moment der Gottverlassenheit am Kreuz die lebendige Offenbarung der maximalen Liebe Gottes ist (Joh 15,13: »Es gibt keine größere Liebe, als wenn einer sein Leben für seine Freunde hingibt.«) und daher die gesamte Offenbarung der Schrift und damit den eigentlichen Kern jedes Wortes Gottes realisiert. »Nie« – so die Autorin im Sommer 1949 – »war Jesus lebendigeres Wort als damals, als er auf dem Kreuz ausrief: 'Mein Gott, mein Gott...'. Dort spricht er Liebe, drückt er die Liebe aus; die Liebe, die Gott ist. [...] Wer das Auge des Herzens auf ihn richtet, findet [...] das reine Evangelium.«[281] In denselben Aufzeichnungen erläutert sie, wie Jesus der Verlassene alle Weisungen Jesu, die im Evangelium enthalten sind,

---

Verlassenen' ihr 'Nachname' ist, wie sie an anderer Stelle sagt – unterschreibt (im Original: Lubich, Lettere dei primi tempi, 148).

[277] Tobler, Jesu Gottverlassenheit, 93. Das gesamte Kapitel umfasst die Seiten 93-188.

[278] Ebd., 181.

[279] Ebd.

[280] Dabei ist eine bessere Kenntnis des inhaltlichen Gedankenguts Lubichs über Jesus den Verlassenen wiederum für das Verständnis des methodologischen Aspekts hilfreich.

[281] Zitiert nach: Ciardi, La Parola come Amore, 169.

vollkommen lebt.[282]»Er erschien uns« – so des Weiteren in einer Schrift
vom 30. Juni 1961 – »wie die Synthese der Askese, die uns Jesus vor
Augen stellte [...] Er war die Synthese der Tugenden.«[283] Bereits im
Jahr 1944 drückt Chiara diese Zentralität in Jesus dem Gekreuzigten in
einem Brief aus, wenn sie betont:»Ich schreibe euch einen einzigen
Gedanken, der unser ganzes geistliches Leben zusammenfasst: Der ge-
kreuzigte Jesus! Er ist alles! Er ist das Buch der Bücher. Er ist die
Quintessenz aller Erkenntnis«[284].

Die christologische Zentrierung des Wortes Gottes in Jesus dem Verlassenen geht im Gedankengut Lubichs bis hin zur Austauschbarkeit
der Ausdrücke 'das Wort leben' und 'Jesus den Verlassenen leben',
wie ein Zitat aus ihren Aufzeichnungen vom Sommer 1949 belegt:»das
Wort leben ist Jesus den Verlassenen leben« und »Wer Jesus den Verlassenen lebt, lebt das ganze Evangelium«[285]. Nicht unerwähnt bleiben
darf an dieser Stelle die bräutliche Dimension, die in der geistlichen
Erfahrung Chiaras mit dieser Identifikation zwischen dem Wort und
Jesus dem Verlassenen verbunden ist. Dass die Beziehung zwischen
der Seele der Gläubigen und dem Wort (= Christus) im Bild der bräutlichen Beziehung ausgedrückt und gelebt wird, ist von den Kirchenvätern her bekannt; bei Chiara kommt diese Inspiration jedoch nicht aus
dem Studium der Kirchenvätertexte, sondern folgt intuitiv aus ihrer
persönlichen Glaubenserfahrung mit dem Wort Gottes. Fabio Ciardi
hat auf diesen Aspekt in einem Zeitschriftenaufsatz[286] hingewiesen. Mit
schlichten wie gleichzeitig sehr bildreichen Worten drückt Chiara diese
ihre bräutliche Beziehung zum Wort aus:

>»Der Bräutigam ist das Wort des Lebens [...] indem ich das
Wort lebe, liebe ich Ihn als Braut. [...] Er (der das Wort ist)
teilt sich meiner Seele mit. Und ich bin eins mit Ihm! Und
Christus wird in mir geboren. [...] jeder Augenblick, in dem

---

[282] Das entsprechende (lange) Zitat ist im Wortlaut wiedergegeben und besprochen
in: Pelli, L'abbandono di Gesù e il mistero del Dio Uno e Trino, 268f. In kürzerer
Zusammenfassung, in Deutsch, auch im Buch *Der Schrei der Gottverlassenheit*:
»Der verlassene Jesus lebt das ganze Evangelium. Würden wir die Weisungen,
die Jesus uns im Evangelium gibt, einzeln betrachten, so stellten wir fest, dass er
sie in seiner Verlassenheit alle gelebt hat. In der Verlassenheit erfährt er in aller
Härte, was es heißt, Vater, Mutter, ja das eigene Leben hintanzustellen (vgl. Lk
14,26). Der verlassene Jesus kann alle Seligpreisungen auf sich beziehen. Im verlassenen Jesus strahlen alle Tugenden in einzigartiger Weise auf: Stärke, Geduld,
Maß, Beständigkeit, Gerechtigkeit, Großmut ...« (Lubich, Der Schrei, 48).
[283] P'49 [1961], 12.
[284] Lubich, Der Schrei, 30.
[285] Zitiert nach: Ciardi, Parola di Dio e spiritualità 2, 653).
[286] Vgl. Ciardi, Parola di Dio e spiritualità 2, 658f.

ich das Wort lebe, ist ein Kuss auf den Mund Jesu, auf jenen
Mund, der nur Worte des Lebens sprach. [...] das Wort um-
armen [...] Mein ganzes Leben muss einzig eine Beziehung
der Liebe zu meinem Bräutigam sein.«[287]

Und nachdem für sie Jesus der Verlassene das Wort schlechthin ist, ist
er auch ihr Bräutigam:»Ich habe nur einen Bräutigam auf Erden: Jesus
den Verlassenen«[288]
Die Zentralität von Jesus dem Verlassenen bildet bei Lubich nicht nur
die Form der Christusnachfolge, ist also nicht nur ihr Weg des Glaubensvollzugs, sondern ebenso der Weg des Denkens sowie der Got-
teserkenntnis, wie bereits im bisher Dargestellten angedeutet wird,
wenn sie etwa von 'Quintessenz aller Erkenntnis' spricht. In seiner
Analyse dazu schreibt Stefan Tobler, dass es bei Lubich »auch um die
Einsicht in die Wahrheit Gottes selbst«[289] geht, wenn sie vom Verlassenen spricht. In einer – von den mystischen Erfahrungen im *Paradies
1949* geprägten – Vision verwendet sie dafür das Bild vom geöffneten
Fenster bzw. vom Auge und der Pupille, welches sie folgendermaßen
beschreibt und zugleich deutet:

>»Das Auge Gottes auf die Welt ist das Herz Jesu, aber die
>Pupille ist jene Wunde. [gemeint ist hier die Wunde des Ver-
>lassenen, Anm. d. Verf.] Das Auge ist das Herz, denn obwohl
>das Auge das Sehorgan ist (in der Trinität ist das Wort das
>Auge Gottes), kann Gott, der die Liebe ist, nur mit dem Her-
>zen sehen. In Ihm bilden Liebe und Licht eine Einheit. Aber
>die Pupille ist jene Wunde. Und auf die Pupille kommt es an,
>die es nicht gäbe, wenn das Auge nicht wäre, denn ein Loch
>braucht eine Fläche, die es umschließt und bestimmt.«[290]

Zur näheren Erläuterung dieses Bildes schreibt Lubich in einer Anmerkung:

>»Da die Wunde im Herzen Jesu ist, ist sie nicht in der Trinität.
>Jesus konnte verwundet werden, weil er die ganze Liebe aus-
>gedrückt hat. Er ist die auf die Erde gekommene Liebe des
>Vaters [...] und hat uns geliebt, indem er alles gab, indem er

---

[287] Im Original zitiert nach: Ebd., 659.
[288] Lubich, Il grido, 56. Dazu Näheres im letzten Kapitel (3. Kap. III.2.) der Studie.
[289] Tobler, Jesu Gottverlassenheit, 186.
[290] P'49, 416-418, zitiert nach: Zanghí, Leggendo un carisma, 60.

alles von sich selbst weggab, auch Gott. Also blieb die Leere. Und wenn wir [...] wie Er leben, können wir hineinschauen und Gott-Vater sehen, und der Vater kann hineinschauen und uns sehen. Das ist das Zentrum der Kontemplation. [...] Mit Jesus dem Verlassenen ist dies möglich.«[291]

In bildhafter Sprache erläutert Chiara hier, wie sie in ihrem Bräutigam, in seinem 'Nichts-aus-Liebe' ihre spezifische Form der Ein-Sicht in Gott hat. Kurz zusammengefasst schreibt sie im Buch *Il grido*, dass die Wunde von Jesu Gottverlassenheit »die Pupille im Auge Gottes [ist], die unendliche Leere, durch die Gott auf die Welt, auf uns blickt: das Fenster Gottes, geöffnet auf die Welt; das Fenster der Menschheit, durch das man Gott sieht«[292]. Piero Coda reiht in seinem Buch *Dalla Trinità* diesen Gedanken Lubichs in die Tradition der christlichen Mystik ein, in welcher das Bild vom Ewigen Wort als Auge Gottes, mit dem Er auf die Welt blickt[293], bisweilen auftaucht. Tomáš Halík findet einen ähnlichen Gedanken beim großen Mystiker des Spätmittelalters, Meister Eckhart (1260-1328). Nach ihm sei »das Auge, mit dem wir auf Gott schauen, und jenes, mit dem Gott auf uns schaut, *ein und dasselbe Auge*«[294].

Chiaras Liebe zu ihrem Bräutigam, Jesus dem Verlassenen, die bis zum Streben nach der Identifikation mit ihm – in seinem Nichts-Sein als

---

[291] P'49, Anm. 355, zitiert nach: Zanghí, Leggendo un carisma, 60.

[292] Lubich, Der Schrei, 117. Im Originalwortlaut (vom August 1949) und vollständig lautet der Absatz: »Gesù è Gesù Abbandonato. Perché Gesù è il Salvatore, il Redentore, e redime quando versa sull'umanità il Divino, attraverso la Ferita dell'Abbandono, che è la *pupilla* dell'Occhio di Dio sul mondo: un Vuoto Infinito attraverso il quale Dio guarda noi: la finestra di Dio spalancata sul mondo e la finestra dell'umanità attraverso la quale (si) vede Dio.« (Lubich, Il grido, 127) In der deutschen Übersetzung nicht erkennbar ist hier die bewusste Verwendung von Großbuchstaben für bestimmte Worte, um damit ihre Identifizierung mit Jesus auszudrücken. Es sind dies im zitierten Absatz die Worte 'Abbandonato' (Verlassener), 'Salvatore' (Retter), 'Redentore' (Erlöser), 'Divino' (Göttlicher), 'Ferita' (Wunde), 'Occhio' (Auge), 'Vuoto' (Leere) und 'Infinito' (Unendlicher). Normalerweise würden diese Worte (ausgenommen 'Salvatore' und 'Redentore'), gemäß der italienischen Rechtschreibung, mit Kleinbuchstaben geschrieben. Für die Worte 'Abbandonato', 'Ferita' und 'Vuoto' kann die Großschreibung auch bedeuten, dass an sich negative Wirklichkeiten hier einen göttlichen Charakter annehmen.

[293] Vgl. Coda, Dalla Trinità, 509. »In Jesus dem Verlassenen« – so Coda – »erkennt uns der Dreifaltige Gott so, wie wir sind: in einer Verheißung, welche uns, indem sie zur Wirklichkeit wird, mit seiner maßlosen Liebe erleuchtet und verwandelt. Und wir können, als Antwort darauf, Ihn erkennen als Den, der Er ist – in seiner überwältigenden und unendlichen Liebe.« (Ebd.)

[294] Halík, Geduld mit Gott, 82.

Liebe – geht, wird zur Form ihres Denkens und Erkennens. Der italienische Philosoph, Theologe und profunde Kenner des Charismas der Einheit, Giuseppe Maria Zanghí, hat ein über 100-seitiges Buch mit dem Titel *Gesù abbandonato maestro di pensiero*[295] dieser spezifischen Form des Denkens bei Lubich gewidmet. Er zeigt auf, wie bei ihr Leben und Denken nicht zwei voneinander getrennte Bereiche sind, sondern das Denken und das Leben eins sind, das Denken eine Form des Lebens ist. »Es wurde mir [...] aufgezeigt« – so Zanghí – »dass *das Denken Leben ist*.«[296] So wie Jesus der Verlassene für Chiara die Lebensform wird, wird er auch zur Denkform und damit zum Formalobjekt des Erkennens, so Zanghí in seiner Analyse.

> »Er [Jesus der Verlassene, Anm. d. Verf.] war für Chiara [...] das *Formalobjekt* der Erkenntnis: nicht das, was sie erkennt, sondern das Licht, in dem die Erkenntnis geschieht. Die Öffnung, in die das Auge 'eingefügt' wird, damit es in der Wahrheit sehe. Die Öffnung nicht nur, um in die Wahrheit hineinzusehen, sondern auch hineinzugehen.«[297]

Jesus den Verlassenen lieben heißt für Lubich auch, in Ihm, der die Höchstform der Liebe ist, zu denken. Jesus der Verlassene ist Liebe gerade in seinem Nichts-Sein, daher muss auch das Denken selbst in der Form des Nichts-Seins aus Liebe geschehen. Was dies konkret heißt, beschreibt sie so: »Wir müssen 'gedankenfrei' sein, weil wir Kinder Gottes sind. Die Kinder Gottes machen sich keine Gedanken. Nur wenn wir uns keine Gedanken mehr machen, wird unser Geist ganz offen sein und beständig das Licht Gottes erhalten; und er wird Kanal sein.«[298] In einer Anmerkung zu diesem Satz verdeutlicht sie:

---

[295] Zu Deutsch *Jesus der Verlassene als Lehrmeister des Denkens* (vgl. Zanghí, Gesù abbandonato maestro di pensiero).

[296] Zanghí, Gesù abbandonato maestro di pensiero, 17.

[297] Ebd., 18f.

[298] »Dobbiamo essere 'spensierati' perché figli di Dio. I figli di Dio non hanno pensieri. Solo quando non avremo pensieri, la nostra mente sarà tutta aperta e riceverà costantemente la Luce di Dio e sarà canale.« (Lubich, Gesù Abbandonato, 62) Eine geeignete Wiedergabe dieser Textpassage im Deutschen ist nicht ganz einfach, da das Wort 'spensierati' wörtlich mit 'sorglos' zu übersetzen wäre, im Sinne von 'sich keine Gedanken, keine Sorgen machen'. Das italienische Wort 'pensieri' meint 'Gedanken' allgemein, aber auch 'Sorge', 'Meinung', 'Standpunkt'; das Wort 'spensierato' von daher 'ohne Sorge, Meinung, Standpunkt' sein, sich eben 'keine Gedanken machen', frei sein von eigenen Gedanken, Sorgen, Meinungen, Standpunkten. In diesem Freisein von eigenen Gedanken, so Lubich, ist der Geist erst ganz offen für das Licht Gottes.

»Das verlangt die Loslösung von unserer Art zu denken, vom Denken selbst: das ist das Nichts-Sein des Geistes. Und dies lässt uns wie Jesus der Verlassene sein.«[299] Der Akt des Denkens, der Akt der Erkenntnis wird auf diese Weise ein Akt der Liebe gemäß der Liebe von Jesus dem Verlassenen, wie Zanghí[300] betont. In Bezug auf die vorliegende Thematik kann festgehalten werden, dass die für jede Theologische Anthropologie nötige christologische Zentrierung, wie sie im ersten Teil dieser Studie aufgezeigt wurde, im Schrifttum Lubichs in dieser spezifischen Form der Fokussierung auf Jesus dem Verlassenen als Denkform und somit vom Ansatz her wie auch – wie im letzten Kapitel noch zu zeigen sein wird – vom Inhalt her gegeben ist. »Jesus der Verlassene ist« – so Stefan Tobler in seiner Analyse – »zugleich der Inhalt und die Form der Theologie. In Ihm fallen zwei Elemente in eins: die Weise, in welcher Gott sich den Menschen gegeben hat und gibt (und daher das Herz der christlichen Lehre), und die Methode des Denkens, welche für dieses Heilsereignis geeignet ist.«[301]

III. Liebes-Communio
als Ort der theologischen Erkenntnis

Jesus der Verlassene soll entsprechend dem Charisma Lubichs, so Coda, »zum Stil nicht nur der Vereinigung mit Gott, sondern auch des Liebens und des Denkens«[302] werden. Er, der für sie die Höchstform der Liebe *ist*, soll auch ihre Existenzweise, als Liebe, *sein*. Chiara differenziert in ihren Schriften an mehreren Stellen zwischen der Haltung, etwas aus Liebe zu *tun*, und jener, selbst Liebe zu *sein*. »Es gibt Menschen, die etwas *aus Liebe* tun. Andere versuchen, in ihrem Tun *Liebe zu sein*.«[303] Etwas aus Liebe *tun* kann ein moralisch hochwertiger Akt des Menschen sein, muss aber nicht sein ganzes Wesen miteinschließen. *Liebe sein* hingegen ist nicht primär moralischer, als vielmehr ontologischer Natur. Der Versuch, selbst Liebe zu sein, betrifft das ganze menschliche Wesen in all seinen Aspekten. Chiara will Liebe sein, Liebe in der Form und in Jesus dem Verlassenen. In diesem Liebe-Sein ist auch das Denken, die Vernunft, der Intellekt miteingeschlossen. Nach Lubich muss von daher auch das Denken selbst, der Gebrauch der Vernunft und des Intellekts in der Form der Liebe

---

[299] Lubich, Gesù Abbandonato, 62, Anm. 17.
[300] Vgl. Zanghí, Gesù abbandonato maestro di pensiero, 19.
[301] Tobler, Significato del Patto, 144.
[302] Coda, Dalla Trinità, 503.
[303] Lubich, Alle sollen eins sein, 34; Original in: Lubich, Meditazioni, 40.

geschehen, in der kenotischen Ganzhingabe, welche die Liebe Gottes selbst und mit ihm Sein Licht, Sein Wort, Seinen Geist, gegenwärtig setzt. Zanghí schreibt in seiner Studie über die Denkform bei Lubich, *»dass die Liebe die Form und die Natur des Intellekts wird; jene Form als Liebe, welche in sich – in ihrer Kenosis und in überbordender Liebe Gottes – die Liebe-Form aufnehmen kann, die Gott selbst ist«*[304]. Auf diese Weise wird das menschliche Denken und folglich das menschliche Wort vom göttlichen Wort durchdrungen und geprägt. Die menschliche Erkenntnis wird umso mehr vom göttlichen Logos bestimmt, je vollkommener das »Denken als Lieben«[305] realisiert wird. Lieben ist Erkennen (vgl. die Verheißung Jesu in Joh 14,21 dass er sich jenen offenbaren wird, die ihn lieben[306]) und Erkennen ist Lieben. In einer Aufzeichnung Chiaras aus ihrer mystischen Periode im Jahr 1949-50 fasst sie, synthetisch, diesen Denkansatz folgendermaßen in Worte:

> »Die Vernunft (, die das Charakteristische des Menschen ist) schenkt sich der ewigen Weisheit, das heißt, sie macht sich in ihr zu nichts, und die Weisheit vermählt sich mit ihr. Sie ist ein anderes inkarniertes Wort. Inkarniertes Wort, nicht inkarnierter Heiliger Geist, denn Gott gefällt genau und vor allem das Zu-nichts-Werden der Vernunft, weil diese charakteristisch für den Menschen ist. Nun ist auf der menschlichen Vernunft das Wort aufgepfropft und die Früchte des Menschen, welcher auf diese Weise vergöttlicht wurde, sind Worte des ewigen Lebens: Weisheit, Heiliger Geist.«[307]

---

[304] Zanghí, Gesù abbandonato maestro di pensiero, 41f.

[305] So der Titel eines philosophisch-theologischen Aufsatzes, in welchem Zanghí das 'Denken als Lieben' in einen größeren geistesgeschichtlichen und kulturellen Zusammenhang hineinstellt (vgl. Zanghí, Il pensare come amore, 1-19). Zanghí differenziert dabei verschiedene kulturelle Paradigmen und die ihnen korrespondierende Denkweisen: Mythos, Logos und 'Denken als Liebe', wobei er letztere Form im Charisma der Einheit findet.

[306] Im Gedankengut Lubichs wird diese Schriftstelle (Joh 14,21), die entsprechend dem biblischen Text die Erkenntnis Gottes bzw. Jesu verheißt, allgemeiner verwendet in dem Sinne, dass die Liebe zu Gott und zu den Mitmenschen Gott und in ihm alle Wirklichkeiten besser erkennen lässt. In den Vorträgen und Schriften zum Aspekt des Studiums und der Weisheit im Licht ihrer Spiritualität (von ihr mit 'Die Liebe bringt Weisheit hervor' übertitelt) zitiert Lubich diesen Bibelvers jeweils im Hinblick auf die Wege zur Erlangung der Weisheit. »Wir können die Weisheit erlangen, indem wir Gott und die Mitmenschen lieben. Es war stets unsere Überzeugung und Erfahrung, dass die Liebe Klarheit schenkt. Deshalb hatten wir eine Vorliebe für das Wort Jesu: 'Wer mich liebt, wird von meinem Vater geliebt werden, und auch ich werde ihn lieben und mich ihm offenbaren' (Joh 14,21).« (Lubich, Ein Weg in Gemeinschaft, 92)

[307] P'49, 1301f., zitiert nach: Zanghí, Leggendo un carisma, 61.

Bei dieser Zugehensweise Lubichs – Denken als Lieben – wird sichtbar, dass Weg, Form und Ort der Erkenntnis ineinander übergehen. Entsprechend den, in den Evangelien überlieferten, Liebes-Geboten Jesu beinhaltet auch das Denken-als-Lieben die drei Dimensionen: die Liebe zu Gott, die Liebe zum Mitmenschen und schließlich die gegenseitige Liebe. Der soeben zitierte Text zeigt die Radikalität, die diese Denkform als Liebe zu Gott in Lubich annimmt. Hier wird der Akt des Denkens zum Gebet und zur Kontemplation, zur Hingabe des ganzen menschlichen Seins an Gott, gerade mit dem, was für viele das Nobelste am Menschsein ausmacht und ihn in seiner Gottebenbildlichkeit erscheinen lässt, nämlich in seiner Fähigkeit zu denken, in seiner Vernunftbegabung. Der Mensch übergibt diese Fähigkeit Gott, um von Ihm her Erkenntnis, Weisheit Gottes, geschenkt zu bekommen. In Bezug auf das Gebot der Nächstenliebe und ausgehend von der christlich-anthropologischen Grundüberzeugung, dass in jedem Nächsten ein 'Christus', somit ein 'anderes Ich' ist, und alle Menschen in Christus 'Söhne / Töchter im Sohn' sind, zeigt sich das Denken-als-Lieben einerseits zunächst schlicht im Bemühen, das eigene Denken zum Geschenk der Liebe für die Mitmenschen zu machen (zu etwas, das ihnen dient, sie aufbaut, zu etwas, das eint, und nicht zu etwas, das die anderen – als Andersdenkende bzw. als solche, die weniger wissen – erniedrigt, demütigt und folglich Trennung bewirkt). Andererseits und darüber hinaus zeigt es sich – im Ernstnehmen, dass wir als Gemeinschaft der Menschen Bild des Dreifaltigen Gottes sind und daher der eine in den jeweils anderen wie von den jeweils anderen her ist – in der Weise, dass auch der eine im anderen denkt, sein Denken in Christus im Nächsten hineinverliert, und vom anderen her, von Christus im Nächsten her, sein Denken neu empfängt. Auf diese Weise geht das Denken von einem Ich aus, in welchem die anderen mit drinnen sind und wo desgleichen der eine auch im anderen denkt[308], weil er in der Liebe auch im jeweils anderen lebt. Chiara macht die Entdeckung, sowohl im Leben wie im Denken und Erkennen (was für sie im Denken-als-Lieben untrennbar ist), dass im Liebe-Sein dem Nächsten gegenüber – in der Form des Nichts-Seins wie Jesus der Verlassene – Jesus im Nächsten ihr Jesus in sich schenkt. Am 20. Juli 1949 schreibt sie, dass Christus in ihr (auf ihrem Nichts) »vereint mit dem Bruder mir Christus in mir

---

[308] Zanghí schreibt diesbezüglich, das Denken bei Lubich beschreibend: »Es geht darum, die entscheidende Rolle der anderen menschlichen Kreatur für den Akt des Denkens, der christlich sein will, zu entdecken. Freilich geht der Akt des Denkens von mir aus, aber von einem Ich, welches den anderen... beherbergt. Der andere bewohnt mein Denken, wie ich seines bewohne. Ich und der andere, wir denken einer im anderen...« (Zanghí, Gesù abbandonato maestro di pensiero, 23).

gab. Jesus im Bruder gab mir Christus in mir.«[309] Auf die Dynamik des Erkennens angewandt heißt dies, dass Christus, der Logos, in mir, auf dem Nichts-Werden-aus-Liebe-zum-Nächsten, vereint mit Jesus in der Schwester bzw. im Bruder, mir den Logos in mir selbst neu schenkt. Hier wird wiederum die für das Charisma Chiaras typische gemeinschaftliche Dimension im Erkenntnisvorgang ersichtlich. Nach ihrem Verständnis findet schließlich die Liebe erst ihre Vollendung, wenn sie – zusätzlich zum Hauptgebot der Gottes- und Nächstenliebe – die Dimension der Gegenseitigkeit annimmt, entsprechend dem Neuen Gebot Jesu »Das ist mein Gebot, dass ihr einander liebt, so wie ich euch geliebt habe« (Joh 15,12). Erst diese gegenseitige Liebe entspricht der trinitarischen Liebe, zu welcher die Menschen als Bild der Trinität berufen sind. Was die gegenseitige Liebe methodologisch für die Entwicklung des Gedankenguts bei Chiara Lubich bedeutet, wie das Denken-als-Lieben in der Form der Gegenseitigkeit zu einem spezifischen Ort der Erkenntnis wird, soll in den beiden folgenden Punkten dargelegt werden.

1. Denken als Form und in der Form der gegenseitigen Liebe

Wie im dritten Kapitel des ersten Teils dieser Studie (3. Kap. I.) aufgezeigt, hat bereits der heilige Augustinus in *De Trinitate* die gegenseitige Liebe als '*Ort' der Erkenntnis der Trinität* erahnt. Piero Coda bemerkt dazu in seinem Buch *Dalla Trinità*: »Wo also die gegenseitige Liebe in Christus gelebt wird, realisiert sich die Erfahrung des Geistes, die gegenseitige Liebe des Vaters und des Sohnes. Und dort ist der eigentliche theologische Ort für die Erkenntnis des Dreifaltigen Gottes auszumachen.«[310] Die gegenseitige Liebe als *locus theologicus* konnte allerdings – so Coda in seiner Studie – von Augustinus nicht weiter beschritten werden, weil

»er dazu nicht in der Lage war – so bekennt dieser selbst realistisch –, da das Licht sein schwaches Auge blendete. Auch wenn Augustinus im Buch XV, als Konklusion von De

[309] P'49, 78, zitiert nach: Zanghí, Leggendo un carisma, 84. Mit dem Bruder ist in diesem Textauszug konkret Igino Giordani gemeint, mit dem Lubich diese Erfahrung gemacht hat, auf welche sie sich hier bezieht. Diese Textpassage kommentierend schreibt Zanghí: »Chiara schlägt hier... eine 'originelle' Dialektik vor, die nötig ist, damit das Denken lebendig sei, aber auch neu, weil sie jene der Liebe ist, wo verlieren bedeutet, eine größere Fülle des Seins und des Lichts zu finden. Es ist immer der Übergang, ohne Auslöschung, vom Sein zur Liebe zum Sein.« (Ebd., 84).
[310] Coda, Dalla Trinità, 387.

Trinitate, seine Nostalgie diesbezüglich nicht verleugnen kann und ihm das Ausbleiben dieses Unterfangens gleichsam leidtut«[311].

Im Charisma der Einheit eröffnet sich dieser *Ort* der Erkenntnis, indem die gegenseitige Liebe bei Lubich zur Norm und zur Form nicht nur des Lebens, sondern auch des Denkens wird. Um sie als Norm und Form des Denkens verstehen zu können, bedarf es zunächst eines Blickes auf sie als Norm und Form des Lebens.

Die zentrale Bedeutung des Gebots der gegenseitigen Liebe – jener »Perle des Evangeliums«[312], jenes Gebots, das Jesus 'mein Gebot' und 'neues Gebot'[313] nennt – zeigt sich bei Lubich von Beginn der entstehenden Fokolar-Bewegung an und ist Ausdruck ihrer gemeinschaftlichen und trinitarisch geprägten Spiritualität.[314] Nach ihrem Verständnis ist die gegenseitige Liebe nicht einfach eine spezielle Form der Nächstenliebe, sondern die spezifisch christliche, weil trinitarische Form der Liebe. Mehr noch, für Chiara *ist* die gegenseitige Liebe die Trinität, wie sie 1949 schreibt: »So ist die Liebe lieben und geliebt werden: sie ist Trinität.«[315] Dabei fällt auf, dass Lubich im Zitieren des Neuen

---

[311] Ebd., 496.

[312] Lubich, L'amore reciproco, 18. Die Formulierung, dass die gegenseitige Liebe die 'Perle des Evangeliums' ist, stammt ursprünglich aus einem Brief an Ordensschwestern vom Jänner 1947 (vgl. ebd.).

[313] In Joh 15,12 »mein Gebot« und in Joh 13,34 »ein neues Gebot«. Für Lubich unterstreicht das die privilegierte Stellung dieses Gebots unter allen anderen, also wollten sie und ihre ersten Gefährtinnen es sich auch ganz zu eigen machen.»Aus Liebe zu Jesus [...] haben wir gesagt: es wird *unser* Gebot« (Ebd., 28).

[314] Die gegenseitige Liebe ist von Lubich als einer der zwölf Kernpunkte der Spiritualität der Einheit gesehen worden. Grundlegende Texte Lubichs zu diesem Punkt der Spiritualität finden sich in: Lubich, Scritti Spirituali 3, 89-108; in deutscher Übersetzung in: Lubich, Liebe als Ideal, 27-57. Im Jahr 2013 publizierte Florence Gillet eine über 100-seitige Sammlung mit grundlegenden Schriften Lubichs zur Thematik der gegenseitigen Liebe (vgl. Lubich, L'amore reciproco). In einer Art Zusammenfassung am Ende dieses Buches werden auf zwei Seiten einige prägnante Ausdrücke Lubichs über die gegenseitige Liebe wiedergegeben, die ihre Wichtigkeit im Gedankengut Lubichs unterstreichen. Darunter folgende: »Die gegenseitige Liebe ist [...] der fundamentale Kern der Spiritualität der Einheit [...] die Krönung aller Seiner [Jesu, Anm. d. Verf.] Gebote [...] die Synthese aller Anweisungen Jesu [...] die Quintessenz des Lebens seiner Jünger [...] das Unterscheidungsmerkmal der Christen [...] das grundlegende Gesetz und die Basis für jede andere Norm [...] der Schlüssel zur Lösung aller Probleme [...] unser typisches Martyrium [...] das Herz der christlichen Anthropologie [...] Unser Ideal ist nichts anderes als das auf die Erde gekommene Leben der Dreifaltigkeit« (ebd., 117f.)

[315] P'49, 910.

Gebots nach Joh 15,12 »Das ist mein Gebot, dass ihr einander liebt, so wie ich euch geliebt habe« immer den direkt daran anschließenden Vers 13 explizit mitzitiert oder zumindest implizit mitdenkt, welcher für sie das 'wie ich' vom Vers 12 interpretiert. »Es gibt keine größere Liebe, als wenn einer sein Leben für seine Freunde hingibt.« (Joh 15,13). Jesus der Verlassene ist dabei derjenige, der diese Liebe im vollkommenen Maß gelebt hat und somit auch das Maß der Liebe, das 'Wie' für die Menschen ist.[316] Jesus der Verlassene ist für Chiara der Schlüssel zur Verwirklichung des Neuen Gebots. Nur, wenn die Liebe zueinander Sein Maß hat, nämlich das Leben zu geben, d.h. ein Nichts-aus-Liebe zu werden, ist sie wirklich Bild der trinitarischen Liebe, wird sie zum Ort, in der die trinitarische Liebe selbst real unter den Menschen zirkuliert, da es *dieselbe* göttliche Liebe ist, welche die Personen der Dreifaltigkeit und die Menschen verbindet. Chiara versteht, dass sie und alle Menschen dazu berufen sind, *diese* Qualität der christlichen gegenseitigen Liebe zu erlangen und dass sie als Voraussetzung für alle Lebensaspekte gilt, entsprechend dem von ihr häufig zitierten Vers[317] im ersten Petrusbrief »Vor allem haltet beharrlich fest an der Liebe zueinander« (1 Petr 4,8). Um damit ernstzumachen, hat Lubich – es ist noch zur Kriegszeit während eines Aufenthalts im Luftschutzkeller, als sie das Neue Gebot auf diese Weise versteht – mit ihren Weggefährtinnen einen 'Pakt der gegenseitigen Liebe'[318] geschlossen, der seither fester Bestandteil im Leben der Angehörigen des Werkes Mariens geworden ist, um das Neue Gebot Jesu stets neu als Basis für das gesamte Leben zu garantieren. In den Allgemeinen Statuten des Werkes Mariens ist die gegenseitige Liebe von Lubich persönlich als *Norm aller*

---

[316] »Sie [die gegenseitige Liebe, Anm. d. Verf.] verlangt, einander zu lieben mit der Bereitschaft, füreinander zu sterben. Und das ist Martyrium, ein weißes Martyrium zwar, aber ein echtes, weil es das Leben fordert. Ein tägliches, mehr noch Augenblick für Augenblick gelebtes Martyrium.« (aus einem weltweiten Konferenzgespräch am 26. Dezember 1991, zitiert in: Lubich, L'amore reciproco, 33).

[317] In einer Ansprache vor Theologiestudierenden am 7. Juli 1960 in Berlin sagt sie: »*Ante omnia*, vor allem haltet fest an der Liebe zueinander.' (1 Petr. 4,8) Vor allem, also vor dem Studium, vor der Arbeit, vor dem Leben, vor welcher Sache auch immer, welche wir in unserem Herzen hatten, vor allem die beständige gegenseitige Liebe.« (zitiert in: Lubich, l'amore reciproco, 34)

[318] In einem Vortrag über die Grundzüge der Spiritualität der Einheit sagt Lubich: »Wir wollten das [das Neue Gebot Jesu, Anm. d. Verf.] wörtlich nehmen. So versprachen wir einander, dass wir bereit wären, füreinander das Leben zu geben und alles für den anderen aufzugeben. Vorbild war uns hier Jesus in seiner Verlassenheit am Kreuz, der – um uns zu erlösen – selbst die Einheit mit dem Vater nicht mehr gespürt hat. Das Gebot der gegenseitigen Liebe wurde *das* Gebot in der gemeinschaftlichen Spiritualität.« (Lubich, Ein Weg in Gemeinschaft, 26; Original in: Lubich, Una via nuova, 41)

Normen, als Voraussetzung für jede andere Regel (vgl. Vorwort zum Statut) festgeschrieben worden.

Chiara macht dabei die Entdeckung, dass das Neue Gebot – auf solche Weise[319] gelebt – der Weg ist, um das Testament Jesu »Alle sollen eins seien« (Joh 17,21) zu realisieren[320], jene trinitarische Einheit, die das Leben der Dreifaltigkeit selbst ist und die ihrem Charisma den Namen *Charisma der Einheit*[321] gab. Aus dem gesamten Schrifttum Lubichs ist ersichtlich, dass sie unter *Einheit* immer jene göttliche Einheit versteht, wie sie im Hohepriesterlichen Gebet Jesu in seiner Bitte um die Einheit ausgedrückt ist, und von der sie sagt, dass mit diesem Wort *Einheit* ihr Ideal zusammengefasst[322] sei. Diese Einheit ist gemäß dem Verständnis Chiaras einerseits Geschenk vonseiten Gottes und andererseits setzt sie die gegenseitige Liebe voraus, um unter den Menschen Wirklichkeit werden zu können.

> »Alle sollen eins sein: Wie du, Vater, in mir bist und ich in dir bin, sollen auch sie in uns sein, damit die Welt glaubt, dass du mich gesandt hast. Und ich habe ihnen die Herrlichkeit gegeben, die du mir gegeben hast, damit sie eins sind, wie wir eins sind, ich in ihnen und du in mir. So sollen sie vollendet sein in der Einheit, damit die Welt erkennt, dass du mich

---

[319] »'Bis zu welchem Punkt sollen wir einander lieben?', fragten wir uns eines Tages [...] Wir gaben uns zur Antwort: 'Bis wir eins sind' – so wie Gott, der die Liebe ist, einer und dreifaltig ist. Es ist 'das Gesetz des Himmels', schrieb ich damals, 'das Jesus auf die Erde gebracht hat [...] Es ist das Leben der Dreifaltigkeit. Nach ihrem Vorbild sollen wir leben, indem wir mit der Hilfe Gottes einander lieben, wie die Personen der Dreifaltigkeit einander lieben.' Die Dynamik des innertrinitarischen Lebens ist die bedingungslose gegenseitige Hingabe« (Lubich, Ein Weg in Gemeinschaft, 27; Original in: Lubich, Una via nuova, 42f.).

[320] »Und in dieser beständigen und vollkommenen gegenseitigen Liebe merkten wir, dass wir das Testament Jesu [...] [vgl. Joh 17,21] lebten, das – als Synthese des Evangeliums – unsere Regel wurde« (Lubich, l'amore reciproco, 26).

[321] Zum Kernpunkt *Einheit* in der Spiritualität Lubichs finden sich grundlegende Gedanken im Buch *L'unità e Gesù Abbandonato* (vgl. Lubich, L'unità e Gesù Abbandonato; in deutscher Übersetzung vgl. Lubich, Jesus der Verlassene und die Einheit). Darin schreibt Lubich: »Wir spüren deutlich, dass Gott von uns die Einheit will. Wir leben, um mit ihm, untereinander und mit allen eins zu sein. Diese herrliche Berufung bindet uns eng an den Himmel und stellt uns gleichzeitig mitten hinein in die Beziehung zu allen Menschen. Es gibt für uns nichts Größeres, kein höheres Ideal.« (Lubich, Jesus der Verlassene und die Einheit, 16) Im Jahr 2015 veröffentlichen Donato Falmi und Florence Gillet eine umfangreiche und thematisch geordnete Sammlung von Texten Lubichs (im italienischen Original) zur *Einheit*, samt Angaben zu Kontext und Entstehungszeit der jeweiligen Texte (vgl. Lubich, L'unità).

[322] Siehe dazu den Brief Lubichs mit der Überschrift: »Una sola idea: Unità« – »Eine einzige Idee: die Einheit« (Lubich, Lettere dei primi tempi, 126-128).

gesandt hast und sie ebenso geliebt hast, wie du mich geliebt hast.« (Joh 17,21-23).

Die gelebte gegenseitige Liebe, die zur Einheit führt, bringt als Frucht – so eine weitere Entdeckung in der geistlichen Erfahrung Chiaras – eine spürbare Gegenwart des auferstandenen Jesus in der Mitte der Seinen[323] gemäß der Verheißung »Denn wo zwei oder drei in meinem Namen versammelt sind, da bin ich mitten unter ihnen« (Mt 18,20) mit sich. In einem Dialog mit der koreanischen Gemeinschaft der Fokolare in Seoul am 2. Jänner 1982 sagt Lubich auf die Frage, was für sie – kurz zusammengefasst – Einheit sei, prägnant: »Für mich ist die Einheit der auferstandene Jesus heute in der Welt.«[324] In einem von ihr selbst häufig zitierten Text, der den engen Zusammenhang von Einheit und dem auferstandenen Jesus aufzeigt und gleichzeitig die methodologische Relevanz dieser Erkenntnis erahnen lässt – er stammt ursprünglich aus einem Brief aus ihrer Feder an eine Gruppe von Ordensleuten vom 29. April 1948 – schreibt sie:

> »Die Einheit! Wer könnte es wagen, etwas über sie auszusagen? Sie ist unaussprechlich wie Gott! Man spürt sie, man sieht sie, man erfreut sich an ihr [...] aber sie ist unaussprechlich! Alle erfreuen sich an ihr, wenn sie da ist und alle leiden, wenn sie fehlt. Sie ist Friede, Freude, Liebe, Glut, heroische Haltung, äußerste Großzügigkeit. Sie ist Jesus unter uns! Jesus unter uns! Es gilt so zu leben, damit Er immer bei uns ist [...], um in uns sein Licht zu haben! Sein Licht! [...] Der Geist ist in Betrachtung, von Schönheit erfüllt!«[325]

Die Verfasserin dieser Zeilen erfährt in der Verwirklichung der gegenseitigen Liebe bis zum Einssein, dass die Gegenwart des

---

[323] Zur Erfahrung von *Jesus in der Mitte* im Charisma der Einheit, die als weiterer wichtiger Kernpunkt der Spiritualität gesehen wird, siehe die entsprechenden thematischen Vorträge Lubichs (Lubich, Scritti Spirituali 3, 159-200; in deutscher Übersetzung als Buch: Lubich, Mitten unter ihnen). Im Jahr 2006 erschien ein Sammelband mit Gedanken Lubichs zur Thematik sowie mit Beiträgen von neun Theologen, die diese Wirklichkeit von *Jesus in der Mitte* im Charisma Lubichs theologisch reflektieren (vgl. Vandeleene [Hg.], Egli è vivo). In deutscher Sprache hat Klaus Hemmerle theologische Überlegungen zu diesem Punkt der Spiritualität der Fokolar-Bewegung veröffentlicht (vgl. Hemmerle, Der Himmel ist zwischen uns; neu erschienen in: Hemmerle, Glauben im Leben, 127-198).
[324] Lubich, L'unità, 40.
[325] Lubich, Lettere dei primi tempi, 163f.

Auferstandenen sie mit Seinem Licht[326] erfüllt und sie eine neue und tiefere Erkenntnis *im Licht Christi*[327] (GS 10) erhält.

Die gegenseitige Liebe als Form und Norm des Lebens wird im Charisma der Einheit auch zur Form und zur Norm des Denkens, und zwar in derselben, oben beschriebenen Dynamik. Denken in der Form gegenseitiger Liebe führt in der Erfahrung Lubichs dazu, tatsächlich »eines Sinnes und einer Meinung«[328] (1 Kor 1,10) zu werden, wie dies der Apostel Paulus für die Christen wünscht. Voraussetzung dafür ist – entsprechend dem Neuen Gebot Jesu – die Bereitschaft, das Denken aus Liebe zum Geschenk zu machen und wie Jesus der Verlassene auch ein Nichts-aus-Liebe im geistigen Sinne zu leben, d.h. seine eigenen Gedanken ganz den anderen hingeben, sie in die anderen hinein zu verlieren, um sie von den anderen her (von Christus in den anderen) verwandelt und neu geschenkt zu erhalten. Denken in trinitarischer Liebe wird zum Ort, in welchem der auferstandene Jesus sein Licht, sein Denken, seinen Geist gegenwärtig setzt. Das Denken des Ich ist erweitert[329] durch das Du, welches Christus im anderen und – in gegenseitiger Liebe – Christus in der Mitte ist. Jesus den Verlassenen als Schlüssel zur gegenseitigen Liebe als Denkform leben wird dabei bei Lubich sehr radikal als aktives Zu-nichts-Machen (aus Liebe) der eigenen Gedanken und selbst der Inspirationen verstanden, wie sie im *Paradiso '49* schreibt.

»Ja, es ist ein gewolltes Nichts. Denn ich sagte: 'ich bin da', aber ich machte mich zu nichts, das heißt: 'Wenn es ein Gut gibt, mache ich es zu nichts; wenn es eine Inspiration gibt, mache ich sie zu nichts...' Es ist ein Akt des Zu-nichts-Machens, den ich setze. Dieses Zu-nichts-Machen ist wichtig und verlangt, auch die Inspirationen, auch das Göttliche in uns –

---

[326] Nach der Erfahrung Lubichs ist die Gegenwart des Auferstandenen in der Mitte der Seinen immer wieder eine starke *Quelle des Lichtes* (vgl. Lubich, Mitten unter ihnen, 34f.).

[327] Siehe 2. Kap. III. im ersten Teil dieser Studie.

[328] Lubich bestätigt diese Erfahrung, in der gegenseitigen Liebe nicht nur 'eines Herzens' zu werden, sondern auch 'eines Sinnes' und schreibt, dass 'eines Sinnes sein' »bedeutet, eine einzige Denkweise, eine einzige Gesinnung zu haben; die von Christus« (Lubich, Liebe als Ideal, 30). In einem Grundsatzreferat über das Thema der gegenseitigen Liebe aus dem Jahr 1971 widmet Lubich einen eigenen Absatz dieser Erfahrung, durch die Verwirklichung des Neuen Gebots Jesu zur Einheit zu gelangen (vgl. ebd., 27-40).

[329] Zanghí spricht vom »Denken des *erweiterten Subjekts*« (Zanghí, Gesù abbandonato maestro di pensiero, 23).

wie Jesus der Verlassene – zu nichts zu machen, um zur Einheit zu gelangen, um Jesus in der Mitte zu haben.«[330]

Gerade in diesem Zu-nichts-Werden, wenn es von mehreren Personen in der Gegenseitigkeit gelebt wird, eröffnet sich der trinitarische Raum, in welchem Gott seinen Geist und damit sein Denken, seine Erkenntnis schenken kann. In seiner Analyse zum trinitarischen Denken Lubichs schreibt Piero Coda:»Wo die gegenseitige Liebe in Christus also gelebt wird, verwirklicht sich die Erfahrung des Geistes, die gegenseitige Liebe des Vaters und des Sohnes [... sie] ist der eigentliche Ort der Erkenntnis des Dreifaltigen Gottes«[331]. In dieser Vorgehensweise gewinnt Chiara Lubich viele ihrer Erkenntnisse, wie sie betont. Selbst die Erkenntnisse während ihrer mystischen Periode des Sommers 1949, die zunächst als persönlich an sie gerichtete Gnade anzusehen sind, sind davon nicht ausgenommen. Für die theologische Anthropologie ist dabei methodologisch bedeutsam, dass die durch die gegenseitige Liebe erlangte Einheit (das trinitarische Leben) zum Ort und Ausgangspunkt des theologischen Nachdenkens über Gott und den Menschen wird, wobei die bzw. der Nachdenkende – in der gesamten Existenz, also mit Herz und Hirn – in Christus lebt und denkt, mehr noch durch die Einheit ein 'anderer Christus' geworden ist. In diesem Sinn schreibt Coda:

»Das Geschenk der Einheit empfangen und leben bedeutet nichts anderes, als Jesus zu werden. *Die Einheit macht uns zu Jesus.* Die Einheit bedeutet Jesus sein. Je mehr wir die Einheit leben, desto mehr werden wir zu dem, die wir aus Gnade sind: 'nicht mehr wir leben, sondern Christus lebt *wirklich* in uns'. Diese Realität ist der *Ausgangspunkt* und der '*Raum*' der Theologie, der sich im Charisma der Einheit meiner Meinung nach eröffnet. Man muss in diese Wirklichkeit 'einsteigen' und 'drinnen bleiben' – indem der Pakt der Einheit immer neu und mit steigender Radikalität erneuert wird –, um zu lernen, Gott mit den Augen Jesu zu erkennen.«[332]

---

[330] »Sì, è un nulla voluto. Perché io dicevo: ‚io ci sono', ma mi annullavo, cioè: ‚Se c'è del bene, lo annullo; se c'è un'ispirazione, l'annullo' [...] È un atto di annullamento che faccio io. È importante questo annullamento e occorre annullare anche le ispirazioni, anche il divino in noi, come Gesù Abbandonato, per arrivare all'unità, ad avere Gesù in mezzo.« (P'49, 78, Anm. 91, zitiert nach: Zanghí, Leggendo un carisma, 84, Anm. 13)

[331] Coda, Dalla Trinità, 387.

[332] Coda, Teologia che scaturisce dal carisma, 157.

Abgesehen davon, dass das Gedankengut Lubichs in dieser Erkenntnis-Dynamik Form angenommen hat, wollte sie, dass auch die Vertiefung ihres Charismas entsprechend dieser Methodologie geschehe, damit sie wirklich christlich-trinitarisch geprägt sei. Die Gründung der *Scuola Abbà* im Jahr 1990 gemeinsam mit Klaus Hemmerle – als Bischof, Theologe, Philosoph und profunder Kenner des Charismas der Einheit[333] schien er für Chiara der geeignete Mitbegründer dafür zu sein – entstand aus dieser Intention heraus und ist Ausdruck für diese Form der wissenschaftlichen Auseinandersetzung. Seit ihrer Gründung trifft sich die *Scuola Abbà*, deren Mitglieder[334] aus verschiedenen Disziplinen und christlichen Konfessionen kommen, zu regelmäßigen Studientagen, um Aspekte der Doktrin zu vertiefen, die im Charisma Chiaras enthalten ist. Solange es ihre Gesundheit erlaubte, war sie selbst immer aktiv dabei. Bis dato sind – abgesehen von zahlreichen Beiträgen in der Zeitschrift *Nuova Umanità* – fünf wissenschaftliche Sammelwerke[335] als Frucht dieser Arbeit erschienen; bislang alle nur in italienischer Sprache.

2. Eine 'Theologie *von* Jesus'

In Chiara Lubich herrscht die Überzeugung, dass diese Weise zu leben und zu denken dazu führt, am Denken von Jesus Christus selbst Anteil zu bekommen, von dem Paulus im ersten Korintherbrief spricht: »Wir aber haben den Geist Christi« (1 Kor 2,16; gemäß der Einheitsübersetzung), wobei das von Paulus für 'Geist' verwendete griechische Wort νοῦς besser mit 'Denken' (Übersetzung von Fridolin Stier),

---

[333] Hemmerles Denken ist, wie bereits erwähnt, nicht zuletzt vom Charisma Lubich stark beeinflusst, was besonders in seinen *Thesen zu einer trinitarischen Ontologie* sichtbar wird. Darin schreibt er: »Trinitarische Ontologie ist nicht nur Denkinhalt, sondern auch Denkvollzug. Sie denken heißt: mit dem Denken, mit dem Sprechen, somit aber mit dem Dasein selbst einsteigen in ihren Rhythmus.« (Hemmerle, Thesen, 66)

[334] Um die zirka zwanzig Mitglieder des engeren Kreises der *Scuola Abbà* haben sich im Laufe der Jahre weitere größere Studiengruppen (ich selbst gehöre der Gruppe 'Systematische Theologie' an) gebildet, welche die im Charisma Lubichs enthaltene Lehre in den verschiedenen wissenschaftlichen Disziplinen zu vertiefen versuchen. Das Päpstliche Universitäre Institut *Sophia* versucht ebenso, diese Methodologie der Einheit in Lehre und Leben anzuwenden.

[335] Die Publikationen der *Scuola Abbà* erschienen bis zum Jahr 2012 in der Form von einzelnen Beiträgen in der Zeitschrift *Nuoma Umanità*, zumeist unter der Rubrik »Alla fonte del carisma dell'unità« (»An der Quelle des Charismas der Einheit«). Seit 2012 gibt es Sammelbände, die im Verlag *Città Nuova* in der Reihe »Studi della Scuola Abbà« publiziert werden. Eine nähere Beschreibung der *Scuola Abbà* bietet Piero Coda in der Einleitung zum ersten Band dieser Serie (Coda, Prefazione Patto '49, 5-9).

'Gedanken' (Zürcher Bibel) bzw. 'Intellekt'[336], zu übersetzten wäre. Die von Lubich verwendete italienische Bibelübersetzung übersetzt entsprechend mit 'pensiero' ('Denken' bzw. 'Gedanken'). Im Zitieren dieses Verses meint sie, dass wir wirklich das 'Denken Christi', den 'Gedanken Christi' erlangen.[337] »In Chiara herrschte« – so Zanghí – »die Gewissheit, dass wir uns das 'Denken' Jesu zu eigen machen können, wenn wir ihn in der gegenseitigen Liebe unter uns leben lassen bis zu dem Punkt, dass wir *ihn* wahrhaft *spüren*.«[338] Chiara spricht bei verschiedenen Anlässen davon, dass das Charisma der Einheit, wenn es in der Radikalität der Liebe zu Jesus dem Verlassenen und in der gegenseitigen Liebe bis zum Einssein verwirklicht wird, eine Theologie nicht nur *über* Jesus, sondern eine 'Theologie *von* Jesus' ('teologia *di* Gesù' im Sinne eines *genetivus subiectivus* bzw. eines *genetivus auctoris*), d.h. eine 'Theologie Jesu' hervorbringt, in welcher der auferstandene Jesus nicht nur Objekt, sondern auch Subjekt der Theologie ist. Wörtlich sagt sie anlässlich ihrer Ehrenpromotion in Theologie in Manila:

> »Unsere Theologen [...] stellen fest, dass die Personen, die diese Lehre vertiefen – vielleicht deshalb, weil sie im beständigen Bemühen gemäß dem Charisma der Einheit zu leben im Namen Jesu vereint bleiben, wodurch Er unter ihnen präsent ist, und weil sie täglich von Jesus in der Eucharistie genährt sind – in besonderer Weise an Ihm teilhaben können, oder – wie Augustinus sagt – mit Ihm identifiziert sind. Daher ist die Neuheit, die aus diesem so gelebten Charisma zu entstehen scheint, die, dass die Theologie, die daraus hervorgeht, nicht nur eine Theologie über Jesus ist, sondern eine Theologie Jesu: eine Theologie von Jesus, der in und unter den Theologen präsent ist.«[339]

---

[336] Das griechisch-deutsche Taschenwörterbuch zum Neuen Testament von Erwin Preuschen (Ausgabe 1976) gibt als Übersetzungsvorschläge für das Wort νοῦς »Verstand, Vernunft, Sinn, Gesinnung, Gedanke...« an.

[337] In einem Beitrag über das theologische Denken Lubichs meint Piero Coda diesbezüglich, dass mit dem νοῦς (Gedanken, Denken) Christi in 1 Kor 2,16 nicht nur die *fides quae* gemeint ist, also, dass wir den Inhalt dessen erkennen, was uns Christus von Gott geoffenbart hat (wie es oft reduziert verstanden wird), sondern auch die *fides qua*, dass wir also *in* Christus am Glauben und am Gedanken Christi selbst teilhaben (vgl. Coda, Sul soggetto della teologia, 878).

[338] Zanghí, Gesù abbandonato maestro di pensiero, 37.

[339] Lubich, Lezione magistrale in Teologia [1997], 87f. Bei der Erwähnung von Augustinus bezieht sie sich auf einen Traktat Augustins zum Johannesevangelium (vgl. ebd., 88, Anm. 11).

Im Unterschied zu Methoden, in welchen die theologische Reflexion vorwiegend *über* Gott geschieht, also gleichsam *von außen* auf die Geheimnisse des Glaubens geschaut wird, möchte der Zugang Lubichs theologische Erkenntnisse gleichsam *von innen* erlangen, durch Teilhabe am Leben Jesu Christi, der allein den Vater wahrhaft kennt, entsprechend seinem Wort:»[N]iemand kennt den Sohn, nur der Vater, und niemand kennt den Vater, nur der Sohn und der, dem es der Sohn offenbaren will.« (Mt 11,27) Diese Kenntnis, so ihre Überzeugung, wird

> »von Jesus durch seinen Geist seinem Mystischen Leib geschenkt und kann ganz empfangen werden, wenn man in Ihm 'einer' ist (vgl. Gal 3,28: 'ihr alle seid »einer« in Christus Jesus.'), gleichsam eine einzige 'mystica persona'. Durch dieses Charisma der Einheit verwirklicht sich also die Voraussetzung, dass eine große Theologie *von* Jesus entsteht: freilich nicht vom Jesus vor 2000 Jahren, sondern von Jesus, der heute in der Kirche lebt.«[340]

Der eigentliche 'Theologe', der wirkliche 'Meister' (vgl. Mt 23,8) ist der auferstandene Jesus, der in und unter den so Vereinten das Licht der Erkenntnis schenkt. Der Gott-Mensch Jesus Christus schenkt dem Menschen, der nach Gott und nach dem Menschen fragt bzw. nach dem Menschen im Licht Gottes (= Theologische Anthropologie), auf diese Weise Anteil an der theologisch-anthropologischen *intelligentia* Gottes und des Menschen. Gerade für die Theologische Anthropologie erscheint dieser Weg ein geeigneter, da er die beiden inhaltlichen Pole Gott und Mensch auch methodisch vereint und christologisch – in Jesus Christus als Ort und Wort – zentriert.

IV. Trinitisierung als Art und Weise *der theologischen Erkenntnis*

Nach dem methodologischen Blick auf die *Basis*, den *Weg* und den *Ort* der theologischen Erkenntnisse Lubichs bedarf es nun noch der Darstellung der spezifischen *Art und Weise*, also des *Wie* ihrer Erkenntnisse. Dabei ist zu beachten, dass in den tatsächlichen

---

[340] Lubich, Lezione magistrale in Teologia [1997], 88. In einer Anmerkung zum Begriff 'mystica persona' verweist Lubich auf den entsprechenden Ausdruck bei Thomas von Aquin (vgl. ebd., 88, Anm. 12).

Erkenntnisvorgängen die erwähnten Elemente de facto viel dynamischer ineinandergreifen, als dies die schematische Darstellung mit den aufeinanderfolgenden Punkten naturgemäß wiedergeben kann. Diese Darstellung könnte durchaus den Eindruck erwecken, als würde eines jeweils nur auf dem anderen aufbauen und eine Weiterentwicklung oder Vertiefung sein bzw. als würde eines bloß *Basis* oder *Weg* oder *Ort* bzw. *Weise* sein. Die Elemente spielen ineinander, fördern und bedingen zum Teil einander. Bei Chiara Lubich ist dennoch auch deutlich ein methodologisches Voranschreiten in der Erkenntnis des Geheimnisses Gottes und des Menschen auszumachen, das mit dem Fortschreiten ihres Glaubensweges Hand in Hand geht und deren Dynamik in der Abfolge der erwähnten Punkte widergespiegelt ist. Dieses Voranschreiten ist einerseits Ausfluss des sich immer deutlicher herauskristallisierenden Charismas, welches nicht nur spezifische Inhalte, sondern eben auch eine spezifische Methodologie enthält, sowie andererseits zugleich Frucht dessen, dass Chiara und ihre Weggefährtinnen und -gefährten, einzeln und mit ihr gemeinsam, diesem Charisma mit dem eigenen Leben zu entsprechen versucht haben. Viele Einsichten und in der Folge Schriften lassen sich von daher lebensbiografisch lokalisieren und machen dieses Fortschreiten und damit auch sukzessive das Charisma der Einheit mit der ihr innewohnenden Methodologie sichtbar.

Ein solches, für die Methodologie – gerade in der Frage des *Wie* – entscheidendes, historisches Datum sind die Sommermonate 1949, an denen Chiara eine intensive mystische Zeit erlebt, die von ihr selbst danach – nicht von ungefähr[341] – den Namen *Paradies 1949* erhalten hat.[342] Die mystischen Erfahrungen und Einsichten in diesen Monaten

---

[341] Die Erfahrung, durch den 'Pakt der Einheit' tatsächlich Christus geworden zu sein und in Ihm sich im 'Schoß des Vaters' wiederzufinden, ließ Chiara das *Paradies* (und damit etwas von der Ewigkeit) leben. Gleichzeitig ist diese Erfahrung nicht a-temporal, sondern historisch verwurzelt und lokalisierbar. Der Ausdruck *Paradiso '49* enthält beide Dimensionen: die Erfahrung der Ewigkeit des Paradieses wie auch die Geschichtlichkeit und Erdung. In einer Anmerkung zu ihren Aufzeichnungen der *Paradiso* drückt Lubich dies folgendermaßen aus: »Dieses unser Wirklich-Jesus-Sein ließ uns die Erfahrung der Ewigkeit machen, also im Paradies zu sein und dort Tag um Tag zu leben. Denn obwohl wir in der Zeit lebten, insofern wir in Tonadico im Jahr 1949 waren, lebten wir auch in der Ewigkeit, insofern wir Jesus waren.« (P'49, 44, Anm. 54)

[342] Die Periode des *Paradiso* beginnt, historisch gesehen, mit dem Pakt Chiaras mit Igino Giordani am 16. Juli 1949 (in der Kirche in Fiera di Primiero, Region Trentino-Südtirol in Norditalien) und dem damit verbundenen Eintreten ins *Paradies* und geht bis zum 20. September 1949, dem Tag, an welchem Chiara den Text *Ich habe nur einen Bräutigam auf Erden* verfasst und danach den Sommer-Aufenthaltsort wieder verlässt. Darüber hinausgehend erstreckt sie sich freilich auch noch auf Erfahrungen und Einsichten in den Jahren 1950 und 1951. Im geistlichen

haben das gesamte Gedankengut Lubichs von diesem Zeitpunkt an – man kann zurecht von einer Zäsur im literarischen Werk sprechen – entscheidend mitgeprägt und gleichzeitig eine neue Form freigelegt, wie auf trinitarische Weise Denken und Erkennen gelebt werden kann.

Chiara wurde durch den 'Pakt der Einheit' mit Igino Giordani die Erfahrung einer *Trinitisierung* zuteil, die als außerordentliche Antwort Gottes auf das Leben der Liebes-Communio, als Gnade, welche Chiara am trinitarischen Leben teilhaben lässt, betrachtet werden muss und die für ihr weiteres theologisches Denken von immenser Bedeutung ist.

Mittlerweile bestätigen mehrere Theologen[343], dass die Erfahrung des *Paradiso*, wiewohl sie als historisches Ereignis im Leben Chiara Lubichs singulär ist, für die Theologie insgesamt einen spezifischen Beitrag leisten kann, da sie eine Weise des theologischen Denkens aufzeigt, die ebenso von anderen gelebt werden kann, nämlich eine in der Wirklichkeit des 'Paktes der Einheit' gelebte Theologie. Der 'Pakt der Einheit' ermöglicht das Geschenk des Eintretens ins *Paradies*, in den 'Schoß des Vaters', und damit eine neue theologische Sichtweise, nämlich das Sehen und Erkennen in der »Perspektive *vom Einen*, also von Gott, in dem alles in seiner wahren Realität ist«[344], wie Lubich sagt.

Um das theologische und anthropologische Denken Lubichs richtig verstehen zu können, ist es daher nötig, diese 'Ursprungserfahrung', den 'Pakt der Einheit', als Zugang zu dieser Erfahrung in den wichtigsten Elementen darzustellen.

1. Der 'Pakt der Einheit' und das Eintreten in den 'Schoß des Vaters'

Der Erfahrung des *Paradiso* im Sommer 1949 geht ein längerer Weg voraus, der die nötigen Voraussetzungen dafür schafft, dass der Boden bereitet ist, auf dem Gott diese einzigartige Gnade der damals 29-jährigen Chiara schenken kann. Auf dem Glaubensweg, der als gesamter – entsprechend den in den oben genannten Punkten aufgezeigten Dynamiken – den Weg ebnet, sind besonders jene Elemente hervorzuheben,

---

Sinn markiert der Pakt am 16. Juli 1949 für Chiara den Beginn einer Existenz- und Denkweise, die den Rest ihres Lebens geprägt hat.

[343] Als wichtigste sind zu nennen: der Bischof und Theologe Klaus Hemmerle, die Systematiker Piero Coda, Stefan Tobler, Hubertus Blaumeiser, die Theologen für Spirituelle Theologie und Mystik François-Marie Léthel, Fabio Ciardi, Jesús Castellano Cervera. Als Studien zur Bedeutung des *Paradiso '49* für die Theologie, speziell für deren methodologischen Ansatz, seien genannt: Tobler, Significato del Patto, 139-151; Blaumeiser, Il Patto d'unità, 775-791; Coda, Riflessioni sul conoscere teologico, 191-206; Ders., Teologia che scaturisce dal carisma, 155-166; Ders., Sul soggetto della teologia, 869-893; Ders., Un carisma nella storia come sguardo dal centro, 21-35.

[344] Lubich, Lezione magistrale in Teologia [1997], 88.

die Lubich selbst nennt, wenn sie über das *Paradies 1949* spricht bzw. schreibt. Ihren Aufzeichnungen aus dieser mystischen Periode des Sommers 1949 stellt sie im Jahr 1991 einige Bemerkungen voran, in welchen sie diese wichtigsten Voraussetzungen nennt. Es sind dies: fünf Jahre intensives Leben gemäß der Spiritualität der Einheit seit ihrer Weihe an Gott (vgl. P'49, 1); die besondere Konzentration auf das Leben des Wortes Gottes (vgl. P'49, 2-14); ein Bemühen, das Nichts-Sein wie Jesus der Verlassene zu leben (vgl. P'49, 10f.); und die Eucharistie, in welcher der 'Pakt der Einheit' mit Giordani geschlossen wird (vgl. P'49, 25f.). In einer weiteren Erzählung zum *Paradiso*, die Chiara am 30. Juni 1961 in Oberiberg (Schweiz) niedergeschrieben hat, nennt sie als Voraussetzung für das Eintreten in die Erfahrung des *Paradiso* drei Arten der Kommunion[345], die sie und die erste Gruppe der Fokolarinnen und Fokolare zu leben versuchten:»jene mit Jesus in der Eucharistie, jene mit dem Bruder / der Schwester und jene mit dem Wort Gottes«[346]. Das Leben dieser Wirklichkeiten bewirkte, dass die gottgeweihte junge Frau offen und empfänglich für das Wirken der Gnade werden konnte, dem sie nichts – auch keine eigenen Denkkategorien oder Vorstellungen – in den Weg stellen wollte.

Der 'Pakt der Einheit' zwischen Chiara Lubich und Igino Giordani am 16. Juli 1949 markiert den Beginn des *Paradiso* und gibt zugleich den hermeneutischen Schlüssel[347] zum Verständnis des theologischen Denkens und Erkennens in die Hand, welches aus dieser Erfahrung erwächst. Daher ist es nötig, dieses historische Ereignis zunächst wiederzugeben, um danach einige methodologische Überlegungen für das theologische Denken bei Chiara anschließen zu können. Hier der Textausschnitt (Verse 19 bis 37)[348] aus ihren Aufzeichnungen des *Paradiso '49*, in welchem sie von diesem Pakt – in seinem Zustandekommen, in den entscheidenden Elementen sowie mit den Auswirkungen – erzählt:

---

[345] Zur Bedeutung dieser drei Arten der Kommunion vgl. Blaumeiser, Il Patto d'unità, 784-786; Tobler, Significato del Patto, 150f.

[346] Vgl. P'49 [1961], 11 sowie P'49, 37.

[347] Vgl. Tobler, Significato del Patto, 139.

[348] Lubich, Chiara: P'49, 19-37 [publiziert in: Araújo (Hg.), Il Patto del '49 nell'esperienza di Chiara Lubich, 11-25]. Der Text im italienischen Originalwortlaut findet sich im Anhang dieser Studie. Wenn nicht anders angegeben, stammen die Zitate aus P'49, 1-48.384-403 aus dieser Publikation; die Übersetzung stammt jeweils vom Verfasser. Eine zweite von Lubich verfasste Version dieses Ereignisses, die sie im Jahr 1961 in Oberiberg (Schweiz) aus dem Gedächtnis niedergeschrieben hat, ist publiziert in: Crupi (Hg.), Come frecciate di luce, 11-23. Die Abkürzung P'49 [1961] verweist in der vorliegenden Arbeit jeweils auf diese Textversion.

19. Wir lebten diese Erfahrungen [das Wort Gottes und Jesus
den Verlassenen, Anm. d. Verf.], als Foco [Igino Giordani, der von Chiara den Namen 'Foco' erhielt, Anm.
d. Verf.] in die Berge kam.

20. Foco, verliebt in die heilige Katharina, hatte in seinem
Leben immer eine Jungfrau gesucht, der er folgen konnte.
Und jetzt hatte er den Eindruck, sie unter uns gefunden zu
haben. Deshalb machte er mir eines Tages einen Vor-
schlag: mir ein Gehorsamsversprechen abzulegen, weil er
dachte, dass er auf diese Weise Gott gehorchte. Er fügte
auch hinzu, dass wir uns auf diese Weise heiligen könnten
wie der heilige Franz von Sales und die heilige Johanna
von Chantal.

21. In jenem Augenblick verstand ich weder den Sinn des Ge-
horsams, noch diese Einheit zu zweit. Damals gab es das
Werk [Mariens] nicht, und unter uns sprachen wir nicht
viel von Gelübden. Die Idee einer Einheit zu zweit teilte
ich nicht, weil ich mich dazu berufen fühlte, das »alle sollen eins sein« zu leben.

22. Gleichzeitig schien mir jedoch, dass Foco unter dem Einfluss einer Gnade stand, die nicht verloren gehen durfte.

23. Also habe ich ihm ungefähr Folgendes gesagt: »Es kann
tatsächlich sein, dass das, was du spürst von Gott kommt.
Also müssen wir es ernst nehmen. Jedoch spüre ich nicht
diese Einheit zu zweit, denn alle müssen eins sein.«

24. Und ich fügte hinzu: »Du kennst mein Leben: ich bin
nichts. Ich möchte in der Tat wie Jesus der Verlassene leben, der sich vollständig zu Nichts gemacht hat. Auch du
bist nichts, weil du in derselben Weise lebst.

25. Also gut, morgen werden wir in die Kirche gehen, und
ich werde zu Jesus in der Eucharistie, der in mein Herz
wie in einen leeren Kelch kommen wird, sagen: 'Auf meinem Nichts schaffe du Einheit mit Jesus in der Eucharistie
im Herzen von Foco. Und mache es so, Jesus, dass jene
Verbindung unter uns herauskomme, die du willst.'« Dann
habe ich hinzugefügt: »Und du, Foco, mache es ebenso«.

26. Wir haben es getan und anschließend die Kirche verlassen.
Foco musste durch die Sakristei gehen, um einen Vortrag
vor den Ordensbrüdern zu halten. Ich fühlte mich gedrängt, in die Kirche zurückzukehren. Ich gehe hinein und
begebe mich vor den Tabernakel. Und dort will ich zu Jesus in der Eucharistie beten und ihm sagen »Jesus«. Aber
ich kann es nicht. Jener Jesus, der im Tabernakel anwesend
war, war nämlich auch hier in mir, war auch ich, war ich,
identifiziert mit Ihm. Ich konnte also nicht mich selber an-
rufen. Und dort habe ich gehört (gespürt), wie aus meinem

Mund spontan das Wort »Vater« hervorkam. Und in jenem Augenblick habe ich mich im Schoß des Vaters vorgefunden.

[...]

31. Ich schien zu verstehen, dass es der Heilige Geist war, der mir das Wort »Vater« in den Mund gelegt hatte. Und dass Jesus in der Eucharistie wahrhaft als Band der Einheit zwischen mir und Foco gewirkt hatte, denn auf unser beiden Nichts blieb einzig Er.

32. Inzwischen war Foco aus dem Konvent herausgekommen, und ich habe ihn eingeladen, sich mit mir auf eine Bank neben einen Bach zu setzen. Und dort sagte ich ihm: »Weißt du, wo wir sind?« Und ich habe ihm erklärt, was mir geschehen war.

33. Dann bin ich nach Hause gegangen, wo ich die Fokolarinnen antraf, die ich sehr liebte, und ich fühlte mich dazu gedrängt, sie an allem Anteil haben zu lassen. Daher habe ich sie eingeladen, am darauffolgenden Tag mit uns in die Kirche zu kommen und Jesus, der in ihr Herz eintrat, zu bitten, denselben Pakt mit Jesus, der in unser Herz eintrat, zu schließen. Dies taten sie. Daraufhin hatte ich den Eindruck, im Schoß des Vaters eine kleine Schar zu sehen: das waren wir. Ich teilte dies den Fokolarinnen mit, die mir eine so große Einheit machten, dass auch sie den Eindruck hatten, alles zu sehen.

[...]

35. Jeden Morgen empfingen wir die Kommunion, wobei wir Jesus das wirken ließen, was er wollte; um sechs Uhr abends hingegen hielten wir in der Kirche vor einem Marienaltar, rechts vom Hauptaltar, auf etwas originelle Weise Meditation: mit dem Gedanken, dass Jesus uns etwas von dem, was er durch den neuen Empfang der Kommunion gewirkt hatte, mitteilen wollte, lud ich die Fokolarinnen und mich ein, an nichts zu denken, jeden Gedanken auszulöschen, damit Er uns erleuchten könnte.

36. Im Feuer der Dreifaltigkeit waren wir, in der Tat, so in eins verschmolzen worden, dass ich diese Schar »Anima« nannte. Wir waren die Anima. Wenn nun der Herr gewollt hätte, hätte er diese Seele (durch mich, die ich wie ihr Zentrum war) über ihre neuen Wirklichkeiten erleuchten können, und dafür – so schien uns – bedurfte es der maximalen inneren Stille.

37. Das, was ich verstand, teilte ich danach Foco und den Fokolarinnen mit. Unsere Kommunionen waren also drei: jene mit Jesus in der Eucharistie, mit seinem Wort und jene unter uns.

Der 'Pakt der Einheit' eröffnet zunächst für Chiara und Foco und am darauffolgenden Tag auch für die Fokolarinnen eine einzigartige Erfahrung der Gnade, die einen Qualitätssprung im geistlichen Leben markiert[349] und von Chiara als *Paradiso*[350] bezeichnet wird. Entsprechend ihren eigenen Schilderungen lässt sich diese Erfahrung folgendermaßen beschreiben: Jesus in der Eucharistie auf dem gewollten Nichts-aus-Liebe einer menschlichen Kreatur schließt den 'Pakt der Einheit' mit Jesus in der Eucharistie auf dem gewollten Nichts-aus-Liebe einer weiteren menschlichen Kreatur und so bleibt in beiden einzeln und in der Einheit der beiden nichts als Jesus, als ein und derselbe Jesus. Mit und als Jesus finden sie sich im Innersten der Dreifaltigkeit, im 'Schoß des Vaters' (Vers 26), vor und nehmen – zur 'Anima'[351] geworden – am trinitarischen Leben teil. Chiara nennt diese Erfahrung in der Folge ' *Trinitisierung* '[352], was – so in ihrer Anmerkung zum Ausdruck 'sich trinitisieren' –»bedeutet, dass man – da man Einheit schließt – eins ist, dass man die Anima ist, dass aber jeder, als einzelner, Anima ist, dass jeder die Anima ist: man ist also nach Art der Dreifaltigkeit« (P'49, 41, Anm. 50)[353]. Das Charisma Lubichs, das diese zunächst singuläre Erfahrung der Trinitisierung ermöglichte, hat mit diesem spezifischen 'Pakt der Einheit' nach Ansicht von Stefan Tobler[354] zugleich einen neuen Weg für andere Menschen eröffnet, trinitarisch zu leben und zu denken, wenn sie die entsprechenden, oben genannten Voraussetzungen leben. Für Chiara selbst und für jene, die das Charisma der Einheit – auch in der Art und Weise zu denken und theologische Erkenntnisse zu erlangen – leben möchten, ist dieser Pakt zur Realität geworden, die möglichst beständig sein sollte und hinter die es kein Zurück mehr geben dürfte.

---

[349] Dazu Lubich:»An diesem Punkt schien mir, dass mein religiöses Leben anders sein musste, als ich es bisher gelebt hatte: es durfte nicht so sehr darin bestehen, auf Jesus ausgerichtet zu sein, als vielmehr darin, mich an Seine – unseres Bruders – Seite zu begeben, und auf den Vater ausgerichtet zu sein.« (P'49, 27)

[350] Für Chiara war das Eintreten in den 'Schoß des Vaters' auch vom sinnenhaften Erlebnis her als Paradies erlebbar.»Da drinnen [im 'Schoß des Vaters', Anm. d. Verf.] hatten wir den Eindruck, uns im Himmel zu befinden. Es war vor allem ein unendliches, weiter, nie erlebter Atem, und unsere Seelen fühlten sich an ihrem Platz.« (P'49 [1961], 15) Vgl. auch P'49, 28-30.

[351] Zum näheren Verständnis, was Lubich mit 'Anima' im anthropologischen Sinn meint, siehe das nächste Kapitel (3. Kap. IV.1.).

[352] Inhaltliche Erläuterungen zum Begriff der 'Trinitisierung' in der Anthropologie Lubichs im letzten Kapitel (3. Kap. IV.1.) der vorliegenden Studie.

[353] Im Vers 41 kommt das Wort 'trinitizzarsi' das erste Mal im *P'49* und im gesamten Schrifttum Lubichs vor, was als Hinweis darauf gelten kann, dass sich mit dem Eintreten in den 'Schoß des Vaters' diese neue Wirklichkeit der Trinitisierung erst eröffnet hat.

[354] Vgl. Tobler, Significato del Patto, 139-141.

»Und nun kann ich nicht, können wir nicht mehr zurückkehren, nun können wir nicht mehr den Schoß des Vaters verlassen. Das ist für uns der Wille Gottes. Und nachdem man im
Paradies nicht bleibt, wenn man nicht Jesus ist, müssen wir
das Wort leben und, die Eucharistie empfangend, den Pakt
machen, lebendiger Pakt sein.« (P'49, 26, Anm. 34)

Leben und Denken haben, entsprechend dem Charisma Lubichs, den
Ort im 'Schoß des Vaters' und geschehen in trinitarischer Weise.
Im Folgenden seien einige methodologische Überlegungen angestellt,
die das theologische Denken und Erkennen in der Wirklichkeit des
'Paktes der Einheit' betreffen.[355] Dabei ist zunächst offensichtlich, dass
der Zugang zur theologischen Erkenntnis nicht rational-systematischer,
sondern vital-mystischer Natur ist, was stark an die biblische Form erinnert, im Besonderen an die johanneischen Schriften und an Paulus,
wie Hubertus Blaumeiser[356] aufzeigt. Folgende vier Elemente, die in
Lubichs Narration vom 'Pakt der Einheit' – in Form eines Erfahrungs-
berichtes weisen, so Tobler, die entsprechenden Verse genau darauf
hin, was hier theologisches Denken ist[357] – ans Licht kommen, verdienen dabei Aufmerksamkeit: der Zusammenhang von Erkennen und Leben, die gemeinschaftliche Dimension, die Frage nach dem Subjekt des
Handelns und Denkens und schließlich der Ort und damit verbunden
die Perspektive des Erkennens. Alle diese vier Elemente verdienten
eine viel ausführlichere Beschäftigung vor allem in erkenntnistheoretischer Hinsicht, als dies im Rahmen der vorliegenden Arbeit möglich
ist. Hier sollen sie zumindest in groben Zügen dargestellt werden, um
den originären Ansatz Lubichs zu sehen, den der 'Pakt der Einheit'
ermöglicht und der die wesentlichen theologischen und anthropologischen Inhalte in ihrem Gedankengut prägt.

---

[355] Bezugspunkt ist dabei z.t. die Studie von Stefan Tobler (Tobler, Significato del
Patto, 139-151). Tobler nennt darin sechs Elemente, die im 'Pakt der Einheit'
hinsichtlich des theologischen Denkens relevant sind: die Schrift und die Erfahrung als theologischer Ort, der Durchgang durch das Nichts, existentielle Wahr-
heiten, das Subjekt des Denkens, die Perspektive von Gott aus und schließlich die
drei Kommunionen.
[356] Vgl. Blaumeiser, Il Patto d'unità, 776-778. Als eines der von Hubertus Blaumeiser
genannten Beispiele sei der erste Johannesbrief erwähnt, in dem es heißt: »Ge-
liebte, wir wollen einander lieben; denn die Liebe ist aus Gott und jeder, der liebt,
stammt von Gott und erkennt Gott. Wer nicht liebt, hat Gott nicht erkannt; denn
Gott ist Liebe. Niemand hat Gott je geschaut; wenn wir einander lieben, bleibt
Gott in uns und seine Liebe ist in uns vollendet.« (1 Joh 4,7f.12)
[357] Vgl. Tobler, Significato del Patto, 141.

2. Sehen und Erkennen 'mit den Augen Gottes'

Der gelebte 'Pakt der Einheit' und das Eintreten in den 'Schoß des Vaters' führen – nach dem Maß der Intensität dieses Lebens und doch zugleich als unverdiente Gnade Gottes[358] – zu einem Sehen und Erkennen 'mit den Augen Gottes' bzw. 'mit den Augen Jesu'[359]. Dies ist die neue Sichtweise, die den Glaubenden zuteilwird, wie auch Papst Franziskus betont[360]. Dieses Sehen mit den Augen Gottes wird für Lubich hier zur erfahrbaren Realität. Die vier genannten Elemente bilden dabei die nötigen Konstanten, welche – zusammengenommen – diese Form des Erkennens ermöglichen und ausmachen.

Als erstes Element ist jenes zu nennen, welches bereits im gesamten fünften Kapitel durchgehend sichtbar wurde und beim 'Pakt der Einheit' und dem *P'49* besonders deutlich hervortritt, nämlich der *Zusammenhang von Leben und Erkenntnis*. Theologische Erkenntnis bei Lubich ist nicht zu trennen von ihrem Leben. Das Licht und die Einsichten, die sie in der Erfahrung durch das Eintreten ins *Paradiso* erhalten hat, sind ohne das intensive Leben der genannten Voraussetzungen und ohne den genannten Pakt nicht denkbar; mit ihnen hingegen eröffnen sich ihr tiefe theologische Einsichten. Entsprechend gilt grundsätzlich für ein theologisches Denken im Licht dieses Paktes, dass

---

[358] In einem Kommentar zur Erfahrung des *Paradiso* mit dem Eintritt in den 'Schoß des Vaters' und all dem, was Chiara im *Paradies* in der Folge gelebt und gesehen hat, schreibt sie:»Im nochmaligen Lesen des gesamten Textes des Paradieses [...] ist mir bewusstgeworden, dass die Erfahrung des P'49 ein außergewöhnliches Ereignis, eine Gnade, war. Selbst die Tatsache, dass ich den Schoß des Vaters und in ihm die verschiedenen Wirklichkeiten des Paradieses 'gesehen' habe – ich habe mit den Augen der Seele 'gesehen', nicht mit jenen des Körpers –, wie ich sagen werde, ist eine Gnade. Und ich beschrieb den Fokolarinnen alles in so vollkommener Art, dass auch sie in derselben Weise 'sahen'. Vielleicht treten viele in den Schoß des Vaters ein, aber nicht alle 'sehen'. Es war also eine Gnade. Darüber hinaus war es eine in einer 'kollektiven' Spiritualität, in einer neuen Spiritualität, gelebte Erfahrung, und in dieser Erfahrung ist das Werk geboren worden, ein neues Werk in der Kirche. Deshalb ist es eine Erfahrung, die noch nie existierte, es war – ich wiederhole – eine Gnade.« (P'49, 19, Anm. 23)

[359] In verschiedenen Schriften verwendet Lubich den Ausdruck 'mit den Augen Gottes' bzw. 'mit den Augen Jesu' sehen, vor allem, wenn sie von der Sichtweise spricht, die sie aufgrund der Erfahrung des *Paradiso* erlangt hat bzw. auch im Zusammenhang mit dem neuen Sehen, welches durch das Leben von Jesus dem Verlassenen ('Pupille im Auge Gottes') ermöglicht wurde.

[360] Er schreibt entsprechend:»Der Christ kann mit den Augen Jesu sehen, seine Gesinnung haben, seine Kind-Vater-Beziehung teilen, weil er seiner Liebe teilhaftig wird, die der Heilige Geist ist. In dieser Liebe empfängt man in gewisser Weise die Sichtweise Jesu.« (*Lumen fidei* 21) Ähnlich im Artikel 18 der Enzyklika *Lumen fidei*:»Der Glaube blickt nicht nur auf Jesus, sondern er blickt vom Gesichtspunkt Jesu aus, sieht mit seinen Augen: Er ist eine Teilhabe an seiner Sichtweise.«

Erkenntnisse nicht primär durch fachspezifische Analysen und vertiefende Studien erlangt und dann von einer Autorin bzw. einem Autor theologisch weiterentwickelt werden, dass also nicht Theologie 'betrieben', sondern vor allem 'gelebt' wird. In dieses 'Theologie-Leben' eingebettet und auf ihrer Grundlage gilt es dann, alle anderen, mehr der akademisch-wissenschaftlichen Theologie zugordneten Methoden anzuwenden. Die akademisch-wissenschaftlichen Methoden werden dadurch keineswegs geringgeschätzt oder gar ignoriert, was einem naiven Spiritualismus einerseits oder einem ideologischen Fundamentalismus andererseits den Boden bereiten würde. Sie werden jedoch auf dem tragenden Grund des gelebten Glaubens und in der Dynamik dieses Glaubens praktiziert – was in Wirklichkeit anspruchsvoller ist, als eine rein akademische Beschäftigung – und dadurch vor der Gefahr einer geistlos-sterilen Theologie bewahrt, die letztlich dem Menschen den Zugang zum Geheimnis Gottes und des Menschen bisweilen mehr erschwert als erleichtert. Im Charisma Chiaras, für die der 'Pakt der Einheit' einen neuen Zugang zum Geheimnis Gottes eröffnet hat, ist die theologische Erkenntnis vom Leben nicht zu trennen. So hält Stefan Tobler in seiner Analyse zur Methodologie Lubichs in Bezug auf diesen Pakt und den gesamten Text des *P'49* fest: »Inhalt und Form entsprechen einander. Denken und Leben entsprechen einander.«[361] Und er präzisiert, was dies für das theologische Denken heißt: »Es gibt keine Erkenntnis der Dinge Gottes aus der Distanz, objektiv. Denken ist Eintreten, zumindest in seinem ersten und grundlegenden Akt. Gott gibt sich der ganzen Existenz, nicht nur dem Verstand in isolierter Form.«[362] Andererseits führen die Einsichten, die Chiara im *Paradiso* zuteilwurden, sofort wiederum zum Leben dieser, wie sie selber in einem Kommentar festhält: »Wir erhielten am Abend eine Einsicht geschenkt und lebten sie am Tag danach.«[363] So kann man – insbesondere in der Zeit des *Paradieses 1949*, aber auch grundsätzlich – von einem »Aufeinanderfolgen von Licht und Leben [sprechen], die sich beständig gegenseitig durchdrangen«[364], wie Fabio Ciardi in einem seiner Beiträge über das *P'49* schreibt. Schließlich gibt es noch einen dritten Aspekt dieses Zusammenhangs von Leben und Erkenntnis, der das Verständnis der Texte Lubichs aus dieser mystischen Periode betrifft, aber auch allgemeiner für das Verständnis theologisch-spiritueller bzw. mystischer Texte gelten kann: dass sie – in gewisser Analogie zur Heiligen Schrift, die »in dem Geist gelesen und ausgelegt werden muss, in dem sie

---

[361] Tobler, Significato del Patto, 144.

[362] Ebd., 145.

[363] Zitat Lubichs in einem Kommentar während eines Studientages der *Scuola Abbà* (zitiert nach: Ciardi, Spiritualità collettiva, 27, Anm. 4). Vgl. auch P'49, 34.

[364] Ciardi, Spiritualità collettiva, 27.

geschrieben wurde« (DV 12) – in ihrem tiefen theologischen Gehalt nur von jemandem verstanden werden können, der selber in die Dynamik dieses Lebens eingestiegen ist. Entsprechend schreibt Lubich über das Verstehen ihrer Aufzeichnungen vom *P'49*:»Alle diese Aufzeichnungen, die ich geschrieben habe, zählen nichts, wenn die Seele, welche sie liest, nicht liebt und nicht in Gott ist. Sie zählen, wenn es Gott ist, der sie in ihr liest«[365].

Als zweites Element, das aus dem 'Pakt' ersichtlich wird, ist die *gemeinschaftliche Dimension der Erkenntnis* zu erwähnen. Im Unterschied zu einzelnen Autorinnen und Autoren wie auch zu Mystikerinnen und Mystikern, die auf mehr individuellem Weg theologisch relevante Einsichten erlangt haben, zeigt sich im 'Pakt der Einheit' das spezifisch gemeinschaftliche Charisma auch im Erkenntnisvorgang. Die oben zitierte Narration vom Pakt (P'49, 19-37) macht dies an einigen Stellen deutlich. Für den 'Pakt' sind zunächst die Mitmenschen eine *conditio sine qua non*. Ohne zumindest eine Schwester oder einen Bruder kann niemand diesen Pakt verwirklichen. Ohne Foco wäre Chiara nicht auf diese Weise in den 'Schoß des Vaters' eingetreten und ohne ihn bzw. in der Folge ohne die Fokolarinnen hätte sie nicht jene Erleuchtungen erhalten, wie sie ihr im *Paradiso* zuteilwurden. Dabei ist die für das Charisma der Einheit typische universale Dimension auch in diesem Pakt deutlich zu erkennen. Chiara spürt nicht eine »Einheit zu zweit« (P'49, 21.23), wie sie andere Heilige lebten, an die Foco dachte (P'49, 20: »Franz von Sales und Johanna von Chantal«), sondern die Berufung zur trinitarischen Einheit, »denn alle müssen eins sein« (P'49, 23). Trinitarisches Denken bedarf der Relationalität unter den Menschen in der universellen Dimension des »Ut *omnes* [Hervorhebung d. Verf.] unum sint« (Joh 17,21). Bedeutsam ist zudem die Tatsache, dass sie diesen spezifischen Pakt nicht einfach als Pakt unter menschlichen Kreaturen verwirklichen will, sondern in der Eucharistie als Sakrament der Einheit, in Jesus in der Eucharistie, der allein jene göttliche Einheit unter den Menschen wirken kann, derer sie bedürfen, um gemeinsam in den 'Schoß des Vaters' eintreten zu können. Die sakramental-ekklesiologische Realisierung der Gemeinschaft ermöglicht dem Menschen die Voraussetzung für ein theologisches Denken in der Trinität.[366] In der Erzählung Lubichs wird diese kirchlich-

---

[365] P'49, 237, zitiert nach: Crupi [Hg.], Come frecciate di luce, 26.

[366] Dieser Punkt wäre ein eigenes vertieftes Studium wert. Die Frage wäre: Inwiefern ist bei diesem Ansatz Lubichs das verwirklicht, was mit dem 'kirchlichen Ort der Theologie' ausgedrückt wird (vgl. Ratzinger, Wesen und Auftrag der Theologie, 37-62), bzw. welches Verständnis von Kirche (bei Lubich ist in diesem Sinn Kirche als Verwirklichung des 'Paktes der Einheit' zu sehen, die als Frucht die 'Anima' hervorbringt und als solche im 'Schoß des Vaters' theologisch denkt) ist hier

gemeinschaftliche Dimension des denkenden Subjekts auch daran sichtbar, wie sie die Auswirkungen des 'Paktes' beschreibt: Sie fragt Foco, nachdem sie sich nach dem Pakt als mit Jesus identifiziert erfährt: »Weißt du, wo *wir sind* [Hervorhebung d. Verf.]?« (P'49, 32), nicht etwa »Weißt du, wo *ich bin*?« Das Eintreten in den 'Schoß des Vaters' ist eine communiale Wirklichkeit. Chiara sieht nach dem 'Pakt' mit den Fokolarinnen »eine kleine Schar« (P'49, 33), die so eins in der Dreifaltigkeit ist, dass sie »diese Schar 'Anima' nannte. Wir waren die Anima« (P'49, 36). Dieser spezifische Pakt der Einheit in der Eucharistie lässt den Menschen an der Wirklichkeit eines neuen Wir, an der 'Anima', teilhaben, welches das denkende Subjekt weitet bzw. selbst dieses neue Subjekt wird. Die Verse 35 bis 37 der Narration zeigen, wie Chiara versucht, in diesem neuen Wir für neue Einsichten offen zu sein. Nicht nur als Einzelne – wie in mehr individuell geprägten Spiritualitäten –, sondern auch gemeinsam versuchen sie in der Meditation »an nichts zu denken, jeden Gedanken auszulöschen, damit Er *uns* [Hervorhebung d. Verf.] erleuchten könnte« (P'49, 35). Und sie schreibt, dass Gott auf diese Weise »diese Seele [...] erleuchten« (P'49, 36) könnte, also nicht bloß sie als einzelne Person, wenn auch durch sie als Person, die »wie ihr Zentrum war« (P'49, 36). Die Erkenntnisse, die sie erhält, behält sie zudem nicht für sich, sondern teilt sie anschließend sogleich Foco und den Fokolarinnen mit (vgl. P'49, 37), was Teil des Erkenntnisvorganges ist, da sie manches selbst nochmals tiefer versteht, indem sie es anderen mitteilt – »indem ich sie [die Erkenntnisse] kommunizierte, haben sie sich weiterentwickelt und verstärkt«[367], wie sie in einem Kommentar zum *P'49* schreibt.

Das dritte Element bezieht sich auf die *Frage nach dem Subjekt*, einerseits nach dem Subjekt des Handelns im 'Pakt der Einheit' sowie

als Ort der Theologie intendiert und wie könnte dieses für die Theologie – auch in ökumenischer Perspektive – fruchtbar gemacht werden. Der evangelische Systematiker Stefan Tobler schreibt in seiner Untersuchung zur Bedeutung des 'Paktes der Einheit' etwa: »Das existentielle theologische Erkennen im Licht des Paktes ist also grundsätzlich ein kirchlicher Akt.« (Tobler, Significato del Patto, 146)
[367] Lubich kommentiert den Erkenntnisvorgang im Blick auf die Schriften aus dieser Periode folgendermaßen: »Ein wichtiger Aspekt meiner Erfahrung von Anfang an war, im Allgemeinen, folgender: ich habe die Dinge nicht im Kontakt mit den anderen verstanden; ich habe sie vorher, allein, verstanden; indem ich sie dann kommunizierte, haben sie sich weiterentwickelt und verstärkt. So geschah es auch für die im Jahr '49 erhaltenen Gnaden: ich verstand sie, dann habe ich sie mitgeteilt und indem ich sie mitteilte, haben sie sich mir noch mehr erhellt und ich schrieb sie nieder. So wenigstens im ersten Teil des '49. Danach sind diese Gnaden so häufig geworden, sowohl bei Tag als auch bei Nacht, dass ich es nicht schaffte, sie mitzuteilen, also schrieb ich sie sofort nieder, um sie nicht zu verlieren. Andere Male hingegen habe ich die Dinge nur dank der Präsenz von Jesus in der Mitte mit jemandem verstanden.« (P'49, 1, Anm. 2)

andererseits, und damit verbunden, nach dem Subjekt des theologischen Denkens im Licht dieses Paktes. Die Frage nach dem Subjekt der Theologie – im Allgemeinen sowie im Speziellen beim 'Pakt der Einheit' bzw. im Charisma Chiaras – ist freilich viel komplexer, als sie an dieser Stelle behandelt werden kann. Sie beinhaltet etwa eine genauere Klärung des Verhältnisses der verschiedenen Pole und ihres aktiven Anteils im theologischen Denken, und zwar in dreifacher Beziehung: in der Beziehung Gott – Mensch (Wirken Gottes, Gnade Gottes – Tun des Menschen, Freiheit des Menschen), in der Beziehung individuelles Subjekt – kirchliches Subjekt (Mensch als individuelle Person – Mensch als Gemeinschaftswesen) und schließlich in der Beziehung Subjekt – Objekt der Theologie (Theologie *von* Jesus – Theologie *über* Jesus). Eine trinitarische Theologie und Anthropologie zeichnet sich dadurch aus, dass die jeweiligen Pole in einem positiven, befruchtenden Wechselverhältnis zueinander stehen. Der Dogmatiker Coda hat das theologische Denken Lubichs daraufhin näher untersucht und vertritt die These, dass sich im Charisma der Einheit ein trinitarisches Verhältnis der erwähnten Pole zeigt, die sich gegenseitig verstärken und erhellen, ohne in eine Antinomie oder gar in eine gegenseitige Auslöschung zu geraten.[368] Anhand der Narration vom 'Pakt der Einheit' wird dies exemplarisch sichtbar. Einige stichwortartige Hinweise dazu: Einerseits ist klar erkennbar, dass Chiara und Foco (sowie am darauffolgenden Tag die Fokolarinnen) handelndes Subjekt des Paktes sind. Chiara ergreift die Initiative – einen Wunsch Focos aufgreifend und zugleich kreativ verändernd –, diesen Pakt vorzuschlagen (P'49, 25); sie bittet Jesus in der Eucharistie, Einheit zu schaffen, wie ebenso Foco, und beide ermöglichen so diesen Pakt durch ihr persönliches Tun –»Wir haben es getan« (P'49, 26). Ebenso ist es Chiara, die die spezielle Art der Meditation vorschlägt und zusammen mit den anderen ausübt (vgl. P'49, 35); sie, als handelndes Subjekt, kommuniziert alles an die anderen (vgl. P'49, 37). Andererseits will sie nichts einfach von sich ausgehend tun, sondern alles vom Impuls der Gnade Gottes ausgehend (vgl. P'49, 22f.: Chiara wollte die Gnade Gottes, unter dessen Einfluss Foco zu stehen schien, nicht verloren gehen lassen) und im aktiven Nichts-aus-Liebe-Sein Gott zum eigentlich Handelnden werden lassen (P'49, 24: »Ich bin nichts [...] du bist nichts«). In der Tat erfährt sie, dass Jesus im Pakt zum eigentlichen Akteur wird. Die Früchte erfährt sie als gnadenhaftes Wirken Gottes, wie aus ihrer Erzählung im *P'49* hervorgeht. Nicht nur, dass sie nicht mehr 'Jesus' zu Jesus im Tabernakel sagen kann (P'49, 26: »...ich kann es nicht«). Auch beim Ausruf 'Vater', der ihr – durch die Identifikation mit Jesus – über die

---

[368] Siehe dazu die entsprechende Studie: Coda, Sul soggetto della teologia, 869-893.

Lippen kommt, ist nicht Chiara das aktive Subjekt (P'49, 26:»ich habe gehört [»ho avvertito« = ich habe gehört bzw. gespürt oder wahrgenommen], wie aus meinem Mund spontan das Wort 'Vater' hervorkam.«[369]), sondern der Heilige Geist (P'49, 31:»Ich schien zu verstehen, dass es der Heilige Geist war, der mir das Wort 'Vater' in den Mund gelegt hatte.«). Hier wird also eine Wechselwirkung zwischen dem Wirken Gottes und dem Tun des Menschen sichtbar, die Coda als 'asymmetrische Reziprozität'[370] bezeichnet, in welcher einerseits die beiden handelnden Subjekte (Gott und Mensch) in einer wechselseitigen Beziehung stehen, bei der beide aktiv sind, und in welcher dennoch ein Primat der Initiative Gottes aufleuchtet.

In der Art und Weise, wie Chiara den Pakt vorschlägt und praktiziert, wird in konzentrierter und 'idealer'[371] Weise dieses Zusammenspiel von menschlichem und göttlichem Handeln sichtbar. Die Personen, die den Pakt leben, müssen von sich aus (aktiv) Jesus der Verlassene sein, ein gewolltes Nichts-aus-Liebe, damit sie leer sind und empfänglich (passiv) für das Wirken Gottes, um das sie bitten. Im Pakt bittet Chiara Jesus in der Eucharistie:»Auf meinem Nichts schaffe *du* [Hervorhebung d. Verf.] Einheit mit Jesus in der Eucharistie im Herzen von Foco. Und mache es so, Jesus, dass jene Verbindung unter uns herauskomme, die du willst.« (P'49, 25) Das eigentliche Subjekt des Handelns im Pakt ist Jesus in der Eucharistie. *Er* in Chiara schließt den Pakt *mit sich* in Foco auf dem Nichts der beiden, die in der gegenseitigen Liebe »einer in Christus Jesus« (Gal 3,28) geworden sind. Der Neutestamentler Gérard Rossé betont, wie in diesem Pakt der christologische und der ekklesiologische Wert dieses Einer-in-Christus-Seins der Personen besonders hervortritt, ausgehend von einem Zitat Lubichs zur Erfahrung des 'Paktes im Paradiso'.[372] Dieser – in der Kirchengeschichte

---

[369] In ihrer sprachwissenschaftlichen Untersuchung schreibt Atzori zu diesem Vers 26:»In der Tat ist es nicht mehr sie [Chiara], die spricht; sie scheint vielmehr einem Vorgang beizuwohnen, der sie transzendiert« (Atzori, Il Patto in Paradiso '49, 39).

[370] Vgl. Coda, Sul soggetto della teologia, 875. Eine Formel, die nach Coda diese Dynamik der 'asymmetrischen Gegenseitigkeit' ('reciprocità asimmetrica') im Erkenntnisvorgang ausdrückt, wäre:»*Gott erkennt in uns, wir erkennen in Gott*« (ebd.).

[371] Tobler weist darauf hin, dass die Texte des *Paradiso '49* von einer 'idealen' Form dieser Kommunikation sprechen, da sie »in einem Moment außergewöhnlicher Gnade, einer Erleuchtung durch Gott, gelebt wird, die sich in dieser singulären Form nicht wiederholt.« (Tobler, Significato del Patto, 146) Dennoch drücken sie, seines Erachtens, bleibend Gültiges für das theologische Denken im Allgemeinen aus.

[372] »'Hier nichts, dort nichts, dann Jesus in der Eucharistie, der verbindet. Was bleibt? Null plus null plus Jesus: es bleibt Jesus'. Im Raum des gegenseitigen Nichts hat

einzigartige und beispiellose[373] – 'Pakt der Einheit' schafft die Bedingungen dafür, dass Jesus in der Eucharistie im Menschen das wirken kann, wozu er bestimmt ist, nämlich den Menschen – einzeln und gemeinsam – in sich zu verwandeln, zu vergöttlichen und am Leben der Dreifaltigkeit Anteil haben zu lassen.[374] Der einzelne Mensch erfährt sich so mit Christus identifiziert (P'49, 26:»Jener Jesus [...] war auch ich, war ich, identifiziert mit Ihm«), und in Christus auch mit den Mitmenschen, also *ein* Christus persönlich und gemeinsam und als Christus im 'Schoß des Vaters' (P'49, 26). Damit entsteht in Christus ein neues, erweitertes Subjekt, welches Chiara die 'Anima' (P'49, 36) nennt und welches für sie ein anderer Ausdruck für die Kirche als mystischer Leib Christi ist; näherhin den gelebten Vollzug der Kirche als mystischer Leib Christi meint. Dieses neue, in das kirchliche Wir geweitete Subjekt ist in der Folge das Subjekt des theologischen Denkens, das aus dem 'Pakt der Einheit' hervorgeht. Zusätzlich zur deutlich christologischen Dimension enthält diese Wirklichkeit auch die trinitarische Dimension, wie Coda ausführt:

die Eucharistie [...] ihr Potential als Sakrament der Einheit explizit gemacht: das 'einer in Christus Jesus' (Gal 3,28) hat sich in seiner christologischen ('Jesus sein') und ekklesiologischen (die Gemeinschaft als Leib Christi) aktualisiert. In diesem Einer-Sein erhält das Ich von Christus selbst seine eigene Persönlichkeit als 'neuer Mensch', durch die Vermittlung des Bruders; und andererseits wird das Ich durch den Reichtum des Bruders bereichert, durch die Vermittlung Christi.« (Rossé, Il Paradiso '49 e la Rivelazione biblica, 519f.)

[373] Nach Ciardi gab es im Laufe der Kirchengeschichte verschiedene Formen von Pakten: 1. Den 'Pakt' zwischen Gott und einer einzelnen Person, 2. Den 'Pakt' zwischen einzelnen Personen, um sich gemeinsam zu heiligen, 3. Den 'Pakt' zwischen Personen, aus dem neue Gemeinschaften hervorgehen. Der 'Pakt der Einheit' ist – so die Schlussfolgerung aus der Analyse Ciardis – in der Geschichte der Spiritualität ohne Vorbild (vgl. Ciardi, Un patto fondativo, 82-94).

[374] Am 20. Oktober 1976 fasst Lubich in einer Seite (von ihr 'La paginetta' genannt) ihr Verständnis (aufgrund ihrer Erfahrung im *Paradies 1949*) diesbezüglich – als Vorspann und Synthese zu ihren vier Vorträgen über das Geheimnis der Eucharistie im Oktober 1976 – zusammen. Darin schreibt sie:»Die Eucharistie hat als Ziel, uns zu Gott (in Teilhabe) zu machen. Indem sie den durch den Heiligen Geist lebendig gemachten und lebendigmachenden Leib Christi mit unserem vermischt, heiligt sie uns an Seele und Leib. Sie macht uns also zu Gott. Nun kann Gott nur in Gott sein. Deshalb lässt die Eucharistie den Menschen, der sich würdig von ihr genährt hat, in den Schoß des Vaters eintreten; in Jesus versetzt sie den Menschen in die Dreifaltigkeit. Gleichzeitig bewirkt die Eucharistie dies nicht nur in einem Menschen, sondern in vielen, die – indem sie alle Gott sind – nicht mehr viele sind, sondern eins. Sie sind Gott und alle gemeinsam in Gott. Sie sind eins mit Ihm, verloren in Ihm. Diese Realität, die die Eucharistie bewirkt, ist die Kirche.« (Lubich, Gesù Eucaristia, 20f.)

»Das geschöpfliche Subjekt der Erkenntnis Gottes, welches nun in Christus lebt, wird hier von Christus an seiner Beziehung des gegenseitigen Erkennens mit dem Vater im Heiligen Geist teilhaftig gemacht. Jeder Akt des authentischen Erkennens Gottes geschieht innerhalb der trinitarischen Beziehungen, im Feuer der trinitarischen Liebe, in welchem der Vater, der Sohn und der Heilige Geist eins sind und unterschieden sind.«[375]

Das Eintreten in den 'Schoß des Vaters' (P'49, 26) und das Teilhaftig-Werden am trinitarischen Leben durch diesen speziellen Pakt bringt mit sich, dass das Sehen und Erkennen von einem neuen Ort aus und damit – das ist das vierte Element – *aus einer neuen Perspektive* geschieht, nämlich aus der Perspektive »von Oben, *vom Einen*, vom Vater«[376]. Neben der Tatsache, dass aus dem Charisma der Einheit eine 'Theologie *von* Jesus', eine 'Theologie Jesu'(siehe oben), erwächst, ist hier für das theologische Denken »eine zweite Neuheit [erkennbar]. Indem diese Theologie jene *von* Jesus ist, der *in den 'Schoß des Vaters'* aufgenommen ist und der heute in der Einheit, welche die Kirche ist, lebt, ist sie durch die Perspektive *vom Einen* charakterisiert, also von Gott, in dem alles in seiner wahren Realität ist«[377], wie Lubich dieses methodologische Spezifikum erklärt. Hier lässt sich eine weitere Differenzierung zur 'Theologie *von* Jesus' vornehmen. Die Theologie als Frucht des Lebens und Denkens in der Form der gegenseitigen Liebe kann näherhin als 'Theologie von Jesus in der Mitte' charakterisiert werden und jene als Frucht vom 'Pakt der Einheit' als 'Theologie von Jesus im Schoß des Vaters' mit der Perspektive vom Vater aus. Diese neue Sichtweise 'von Gott aus' nimmt, so Coda, gewissermaßen schon jetzt in der Geschichte – freilich »immer im Glauben, aber in einer wachsenden Transparenz, die durch die gelebte Einheit ermöglicht wird«[378] – die eschatologische Perspektive vorweg, wie sie Jesus gemäß dem Johannesevangelium verheißt: »wo ich bin, dort wird auch mein Diener sein« (Joh 12,26) und »Wenn ich gegangen bin und einen Platz für euch

---

[375] Coda, Sul soggetto della teologia, 879.
[376] Coda, Sulla teologia che scaturisce dal carisma, 159.
[377] Lubich, Lezione magistrale in Teologia [1997], 88. Lubich greift hier einen Gedanken auf, den sie bereits im *P'49* schreibt, nämlich dass der Heilige Geist in diesem Jahrhundert durch das Charisma der Einheit ein Licht schenkte, »wo der Glaube vernünftig ist und die Vernunft dem Glauben dient; wo das Bild, das sich ergibt, vollständig ist, weil die Vision jene von Oben, vom Einen, vom Gipfel, von Gott her ist, der allein die Dinge exakt beurteilen kann, weil nur Er sie an ihrem wahren Platz und in ihrem Verhältnis zu allem Anderen sieht« (P'49, 930)
[378] Coda, Sulla teologia che scaturisce dal carisma, 159.

vorbereitet habe, komme ich wieder und werde euch zu mir holen, damit auch ihr dort seid, wo ich bin« (Joh 14,3). »Dieses 'Wo'« – so Piero Coda –»ist der 'Schoß des Vaters'. Die Dinge vom Einen, vom Vater aus sehen heißt [...], sich jener Erkenntnis *von* Gott und *in* Gott zu erfreuen«[379].

Als Frucht dieser Erfahrung beschreibt Lubich schließlich, dass dieses neue Sein im 'Schoß des Vaters' und die daraus resultierende neue Perspektive vom Vater aus zu einem *Sehen und Erkennen* '*mit den Augen Gottes*' bzw. '*mit den Augen Jesu*' führt. Die Kreatürlichkeit des menschlichen Sehens und Erkennens wird dadurch nicht aufgehoben, aber in der Weise ins trinitarische Leben aufgenommen, dass sie Anteil am Sehen und Erkennen Gottes hat. In ihren Aufzeichnungen zum *Paradies 1949* schreibt die Autorin entsprechend: »Er [Christus] wird mir alles zeigen, weil Er mir das Licht (Claritas) geben wird, welches der Vater Ihm gegeben hat. Dasselbe Licht. Sodass ich zugleich die menschliche Sicht und die göttliche Sicht der Dinge haben werde«[380]. Ab dem Eintreten ins *Paradiso* tauchen in mehreren Texten Lubichs Ausdrücke auf, die dieses Sehen und Erkennen 'mit den Augen Gottes' beinhalten bzw. in denen sie vom Auge spricht, welches diese Sichtweise angenommen hat[381], die für sie die richtige, weil christliche (christologisch-trinitarische) Sichtweise ist. Nach Meinung von Piero Coda führt der Versuch, beständig in dieser Wirklichkeit des Paktes und damit im 'Schoß des Vaters' zu weilen zu einer »neuen *intelligentia fidei*, um auf neue Weise, von und im Dreifaltigen Gott, Gott und die Schöpfung zu erkennen«[382]. Diese *intelligentia* erfordert freilich von denen, die Theologie 'treiben', nicht nur den Einsatz des Intellekts (im Sinne der *ratio*, des Verstandes), sondern das Leben im 'Pakt der Einheit' als ganzer Mensch. In diesem Sinn schreibt Stefan Tobler zur

---

[379] Ebd. »Es ist dies die *trinitarische ‚Logik'*. Unser Erkennen ist [...] von Jesus in den Rhythmus des trinitarischen Lebens ‚aufgenommen'« (ebd., 158). Diese Erfahrung Lubichs wäre auch unter dem Blickpunkt einer ‚präsentischen Eschatologie' einer Vertiefung wert.

[380] P'49, 184f., zitiert nach: Zanghí, Leggendo un carisma, 82.

[381] Im November 1949 schreibt sie: »Wenn dein Auge einfach ist, ist es Gott, der durch es schaut« (P'49, 904) und kommentiert den Satz: »Ein einfaches Auge haben bedeutet, einen einzigen Blick zu haben.« (P'49, 904, Anm. 729, zitiert nach: Pelli, Uno sguardo che fa vedere, 56) In einem Beitrag der *Scuola Abbà* stellt Anna Pelli einige vertiefende Überlegungen zu diesem neuen Sehen an, welches Chiara Lubich in der Erfahrung des *Paradiso* geschenkt wurde (vgl. Pelli, Uno sguardo che fa vedere, 53-63). In der Narration von *Paradiso '49* spricht Lubich an einer Stelle vom »Sehen mit den Augen der Seele, die in den Schoß des Vaters eingetreten ist« (P'49 [1961], 14).

[382] Coda, Dalla Trinità, 500.

Bedeutung von diesem spezifischen Pakt des *Paradiso* für das theologische Denken, dass er

>»ein Weg ist, um [...] in Gott-Wahrheit hinein zu führen, um 'in Ihm' zu denken. Seine Wahrheit besteht in der Veränderung des Lebens und von daher der Perspektive der Person, welche Theologie betreibt (oder generell, welche Gott zu denken versucht). Seine Wahrheit [...] besteht in seiner Methodologie«[383].

Der hier untersuchte 'Pakt der Einheit' erweist sich somit als Schlüssel zum Eintreten ins *Paradiso* und zugleich als hermeneutischer Schlüssel zum Verständnis der Methodologie Lubichs. Chiara wird dazu geführt, mit dem im gesamten fünften Kapitel aufgezeigten Glaubens- und Erkenntnisweg im Hintergrund sowie im 'Schoß des Vaters' seiend, 'mit den Augen Gottes' auf alle Wirklichkeiten zu blicken. Aus dieser Vorgehensweise ergibt sich ihre spezifische Sicht des Menschen, welche – zum Unterschied von einer 'Anthropologie von oben' bzw. einer 'Anthropologie von unten' – als '*Anthropologie von innen*'[384] bezeichnet werden kann, und deren wesentlichen Inhalte im folgenden letzten Kapitel dargestellt werden sollen. Zu dieser Sichtweise lädt sie auch alle jene ein, die verstehen wollen, wer der Mensch gemäß der christlich-trinitarischen Offenbarung ist.»Betrachte also den Menschen so, wie Gott ihn sehen wird, und nicht, wie du ihn siehst. Denn das Wahre sieht Er!«[385] Eine Trinitarische Anthropologie hat sich genau dieser Herausforderung zu stellen, wenn sie das wahre Wesen und die wahre Bestimmung des Menschen zum Inhalt wählt.

---

[383] Tobler, Significato del Patto, 141.

[384] In seiner Studie zum theologischen Denken bei Lubich meint Piero Coda unter anderem, dass bei ihr »die Dialektik der Bewegung 'von oben' und der Bewegung 'von unten' von ihrem gegensätzlichen Charakter befreit und hier auf eine andere Ebene transportiert wird; auf jene der perichoretischen Beziehung zwischen Gott und dem Menschen, zu welcher der 'Zugang' in Jesus, genauer in Jesus dem Verlassenen möglich ist.« (Coda, Sul soggetto della teologia, 882)

[385] P'49, 182, zitiert nach: Zanghí, Leggendo un carisma, 86.

Drittes Kapitel

Inhalte einer Trinitarischen Anthropologie bei Chiara Lubich

»[Es] ist die immense und grundlegende Wichtigkeit dieses 'Paktes' evident, der in Schlichtheit einem Akt der Liebe entsprungen ist [...] dieser Pakt hat den Anfang einer außerordentlichen Erfahrung des Reiches Gottes unter uns bewirkt. Nicht nur: er hat auch den Beginn für eine neue Lehre bewirkt. Nachdem nämlich die Eucharistie uns in Jesus verwandelt, drückt sich in uns, die wir Er geworden sind, der Logos aus: ein Wort, welches Doktrin ist.«[1]

In dieser Textpassage aus einem Kommentar Lubichs zum – im vorhergehenden Kapitel im Hinblick auf die Methodologie analysierten – *Pakt der Einheit* wird von der Autorin die große Bedeutung dieses Paktes samt den nötigen Voraussetzungen für diesen unterstrichen. Er markiert, abgesehen von einer neuen geistlichen Erfahrung, den *Beginn für eine neue Lehre*, die es nun – in diesem letzten Kapitel – im Hinblick auf die Trinitarische Anthropologie darzustellen gilt. Diese Doktrin will eine Rede vom Menschen, seinem Wesen und seiner Bestimmung sein, welche aus dem Inneren der Dreifaltigkeit, aus der Perspektive vom *Schoß des Vaters, mit den Augen Gottes* geschieht. Die knappe Präsentation der Person Lubichs mit ihrer unverwechselbaren Biografie und dem mit ihr verbundenen Werk Mariens, die Hintergrundinformationen zu ihrem literarischen Werk mit seinen Charakteristika, wie auch die Analyse der aus dem Charisma der Einheit hervorgegangenen spezifischen Methodologie im Hinblick auf theologische Erkenntnisse bilden dabei die nötige Grundlage zum Verständnis ihrer inhaltlichen Aussagen zur Lehre des Menschen.

Die Antworten auf die anthropologische Grundfrage, *was bzw. wer der Mensch ist*, sind in Lubichs Schriften – gemäß ihrer Zugehensweise und der all ihren Schriften zugrunde liegenden Intention – von der Form her hauptsächlich auf die Frage zugeschnitten, *wie Menschsein geht*[2] und *was Menschsein im Licht Christi* bedeutet. Gerade darin

---

[1] P'49, 41, Anm. 49.
[2] Ähnlich der vom Charisma Lubichs stark inspirierte Klaus Hemmerle, der zu vielen theologischen Inhalten zunächst weniger fragt 'Was ist das?', als vielmehr 'Wie geht das?'. Man denke an seine *Thesen zu einer trinitarischen Ontologie* mit dem Ansatz bei »einer Phänomenologie des Sich-Gebens [...] einer Phänomenologie der Liebe«, wo das »Hauptwort eines solchen Denkens [...] nicht mehr das

zeigen sich bei ihr auch die wesentlichen inhaltlichen Aussagen, wer der Mensch *ist.* Die folgende Darstellung der spezifischen Inhalte Lubichs zur Trinitarischen Anthropologie soll demnach auch zu einem guten Teil dieser Form – gleichsam einer 'theologischen Phänomenologie' – entsprechen. Dabei werden wichtige inhaltliche Aussagen über den Menschen aus ihren Schriften herausgefiltert und synthetisch präsentiert. Die Textausschnitte aus dem *Paradiso* '49 sind dabei verschiedenen Quellen entnommen. Abgesehen von einzelnen Zitaten und kürzeren Auszügen aus ihrem reichhaltigen Schrifttum erweisen sich etwas längere, zusammenhängende Schriften als *Schlüsseltexte*[3], welche die wesentlichen Kernpunkte beinhalten. Als Sekundärliteratur zu diesem Kapitel werden hauptsächlich Autorinnen und Autoren herangezogen, die zur Studiengruppe der *Scuola Abbà*[4] gehören und jene, die bereits im ersten Teil der Studie zur Thematik der theologischen und trinitarischen Anthropologie herangezogen wurden.

Die Lehre Chiara Lubichs über den Menschen zeigt sich dabei als eine Antwort auf die im ersten Teil der Studie aufgezeigte Notwendigkeit einer christologisch-trinitarischen Anthropologie. Sie ist außerdem nicht nur eine theologische Lehre *über* den Menschen, sondern erweist sich als Lehre *für* den Menschen, da ihre Theologie aus einem Charisma hervorgeht, welches, abgesehen von einem spezifischen Licht zum Verständnis des Menschseins, vor allem eine neue Weise aufzeigt, dieses Menschsein zu realisieren. Im skizzierten Kontext der Frage nach dem Menschen erweist sich das Gedankengut Chiaras somit unter theologischer wie unter anthropologischer Perspektive als relevant und ist aufgrund dessen für die wissenschaftliche Disziplin der Theologischen Anthropologie von Interesse. In den folgenden Abschnitten sollen Inhalte der Lehre Lubichs anhand der wichtigsten und für ihr

---

Substantiv, sondern das Verb [ist].« (Hemmerle, Thesen, 39f.) Siehe auch das Kapitel *Die Restitution des Substantivs aus dem Verb* (vgl. ebd., 46-48). In seiner Analyse zum trinitarischen Ansatz Hemmerles schreibt Böhnke entsprechend: »Hemmerle interessiert nicht in erster Linie, was Trinität ist, sondern wie das trinitarische Leben Gottes im Leben des Menschen geht. Die Wirklichkeit der Trinität ist ihm kein Vorkommnis, sondern ursprüngliches Hervorkommen, dem nachgegangen wird, um in diesem Nachgang die 'Gangart' des trinitarischen Lebens von sich her phänomenologisch als Sinn von Sein auszuweisen.« (Böhnke, Einheit in Mehrursprünglichkeit, 5)

[3] Diese Schlüsseltexte sind im Anhang im italienischen Originalwortlaut abgedruckt, um eine Verifizierung am Quellentext zu erleichtern.

[4] Es sind dies (in alphabetischer Reihenfolge) u.a.: Vera Araújo, Maria Caterina Atzori, Hubertus Blaumeiser, Piero Coda, Klaus Hemmerle, Gérard Rossé, Callan Slipper, Stefan Tobler, Giuseppe Maria Zanghí. Schriftliche Beiträge von diesen Genannten, die z.T. seit mehreren Jahren in regelmäßigen Studientagen – zu ihren Lebzeiten mit Chiara Lubich persönlich – die im Charisma der Einheit enthaltene Lehre vertiefen, sowie persönliche Gespräche mit einigen von ihnen dienten mir zu einem möglichst authentischen Verständnis des Denkens Lubichs.

Gedankengut charakteristischen Punkte dargelegt werden, ohne damit einen vollständigen und abgerundeten Gesamtentwurf bieten zu können und ohne auf alle für die Anthropologie relevanten Punkte samt deren philosophischen und theologischen Implikationen eingehen zu können, was den Rahmen dieser Arbeit bei Weitem sprengen würde. An bestimmten Stellen der Abhandlung wird zumindest auf weiter zu vertiefende Themen hingewiesen werden.

Eine Bemerkung vorweg zum Aufbau und zur Art der Darstellung der Inhalte in diesem Kapitel: Die Trinitarische Anthropologie Lubichs ließe sich in verschiedener Weise präsentieren. Nachdem Chiara ihre spezifische Sicht des Menschen vor allem durch ihre Erfahrung des *Paradiso* erhält, wäre es naheliegend, ihre Anthropologie eingebettet in die Gesamtschau dieses Ereignisses und folglich gemäß den Aufzeichnungen im *P'49* darzulegen. Dies würde den großen Spannungsbogen aufzeigen lassen, in welchem die Autorin den Menschen sieht, und den man schematisch folgendermaßen darstellen könnte: Zunächst wird der Mensch gesehen im Plan Gottes als Wort Gottes von Ewigkeit her; dann in seiner Geschichtlichkeit als irdische Kreatur, die – gemäß dem Heilsplan Gottes, der Liebe ist – durch die Inkarnation des göttlichen Logos (wobei die Inkarnation bei Chiara bis zu ihrem Höhepunkt am Kreuz und in der Verlassenheit Jesu gedacht wird) von Gott selbst erreicht wird und durch Christus und in Ihm (im konkreten Lebensvollzug im Leben des Willens Gottes, des Wortes Gottes, der gegenseitigen Liebe, des verlassenen Jesus und schließlich durch den Pakt der Einheit in der Eucharistie) zu einem 'anderen Christus' wird, ja Christus wird; endlich der Mensch gesehen in der Trinitisierung und Vergöttlichung als Zielpunkt, durch den er in den Schoß des Vaters eingeborgen wird, wo er in der Vollendung Gott in Teilhabe ist. Da jedoch das *Paradiso '49* bis dato nicht als zusammenhängendes Werk vollständig publiziert ist, zeigen sich aktuell bei einem solchen Ansatz rasch Grenzen bei größeren Argumentationszusammenhängen, weil sie nicht ausreichend wissenschaftlich belegt respektive begründet werden können. Dazu genügen die vorhandenen Textpassagen des *P'49* nicht, die zwar reichlich – in verschiedenen Publikationen verstreut – vorhanden sind, aber nicht in ihrem organischen Aufbau und folglich in ihren inneren Zusammenhängen in der Beweisführung gezeigt werden können. Aus diesem Grund wird in der vorliegenden Arbeit ein anderer Weg beschritten. Es werden einige wichtige – in der Fachliteratur zur Anthropologie üblicherweise als Kernpunkte behandelte – Themen[5] aufgegriffen, um

---

[5] Die Auswahl der Themen spiegelt dabei außerdem wider, welches Gewicht sie im Gedankengut Lubichs haben bzw. unter welchem Gesichtspunkt sie in ihrer Anthropologie betrachtet werden. Auffallend ist dabei etwa, dass der 'Mensch als

zu diesen jeweils das spezifische Denken Lubichs zu präsentieren. Dies hat zwar den Nachteil, dass etwas von der Dynamik der Gesamtvision des Menschen in Chiaras Denken zu kurz zu kommen droht, erleichtert jedoch andererseits den Vergleich mit Ansätzen anderer Autorinnen und Autoren zur jeweiligen Thematik. Die Abfolge der vorzustellenden Thematiken entspricht dabei nichtsdestotrotz der inneren Logik der Vision des Menschen bei Lubich, die sowohl deutlich heilsgeschichtlich als auch Ausdruck ihres spezifischen Charismas der Einheit ist.

I. Wer ist der Mensch? – Jesus Christus!

In Übereinstimmung mit der aktuellen kirchlichen Lehre vor allem ab dem Zweiten Vatikanischen Konzil und den Grundaussagen der dogmatischen theologischen Anthropologie ist in den Schriften Lubichs eine erste wichtige Affirmation jene, dass 'Christus der neue Mensch' (GS 22) ist, dass in der Folge das tiefste und eigentliche Sein des Menschen Jesus Christus ist. Entsprechend schreibt die Autorin im Jahr 1949 in *Risurrezione di Roma* (*Auferstehung Roms*): »Jesus ist die wahre, die tiefste Persönlichkeit jedes einzelnen.«[6] Chiaras Verständnis dieser – für alle weiteren anthropologischen Inhalte grundlegenden – Auskunft soll im Folgenden erschlossen werden. Dazu bedarf es zunächst eines Blicks auf ihr Trinitätsverständnis sowie auf ihr damit zuinnerst zusammenhängendes dynamisch-trinitarisches Schöpfungsverständnis, da nur innerhalb dieser beiden Wirklichkeiten ihre Sicht des Menschen als Geschöpf sowie als 'anderer Christus' richtig zu verstehen ist. Nach der Fokussierung zunächst mehr auf die ontologische Ebene dieser Grundauskunft, dass der Mensch 'Christus' ist soll im daran anschließenden Abschnitt die mehr lebenspraktische Ebene erschlossen werden, welche das Ernstnehmen dieser theologischen Botschaft im Christ(us)-Sein sichtbar macht.

1. Der Mensch im trinitarischen Schöpfungsereignis

Das Charisma der Einheit und speziell das Eintreten in den 'Schoß des Vaters' haben in Chiara eine *Sichtweise der Dreifaltigkeit* erschlossen, die ihr gesamtes theologisches Denken prägt und somit auch ihr

---

Sünder / als Sünderin' zum Unterschied von vielen Entwürfen zur Theologischen Anthropologie kein schwerpunktmäßiges Thema für sich darstellt, sondern zumeist – entsprechend ihrer Perspektive aus dem 'Schoß des Vaters' auf alle Wirklichkeiten – im Zusammenhang mit 'Jesus dem Verlassenen' bzw. im Zusammenhang mit der Freiheit thematisiert und in deren Licht gesehen wird.

[6] Lubich, Risurrezione di Roma, 8, Anm. 1.

Verständnis von der Schöpfung und vom Menschen. Daher muss, zumindest synthetisch, diese Vision in den Blick genommen werden.

Das Sein der Trinität als Liebe

Ausgangspunkt der im Gedankengut Lubichs enthaltenen Trinitätslehre ist die Grundbotschaft der gesamten Heiligen Schrift, die zugleich der 'zündende Funken' (Johannes Paul II.) des spezifischen Charismas der Einheit ist:»Gott ist Liebe« (1 Joh 4,8.16) und als Liebe ist Gott nur als Dreifaltiger zu denken, wie die Dreifaltigkeit nur als Liebe zu denken ist. Darin sind sich die verschiedenen Ansätze der Trinitätstheologie einig, wie im ersten Teil (3. Kap.) aufgezeigt werden konnte. Dies gilt auch für die Theologie Lubichs, wobei durch ihre spezifische christologische Zentrierung in Jesus dem Verlassenen ein Element zum Schlüssel[7] wird, durch den sich Gott als Liebe, als Dreifaltig-Einer ihrem Denken erschließt. Es ist dies das Element des Nichts-Seins, welches Chiara in der Trinität verortet sieht. Ein ähnlicher Ansatz konnte bereits bei Gisbert Greshake[8] (1. Teil 3. Kap. II.) gesehen werden, der in seinem Communio-Modell das Moment des 'Nicht' in der Trinität lokalisiert, wobei er dieses Moment des 'Nicht' in seinem Modell dem Vater als *Ur-Gabe* zuordnet. Bei Chiara wird das Moment des *Nichts* (*Nulla*) allen drei göttlichen Personen zugeordnet und – wie zu zeigen sein wird – in gewisser Entsprechung auch im Menschen. In ihren Aufzeichnungen zum *Paradiso '49* hält sie diese Sicht fest, die sie in den wesentlichen Aussagen bei ihrer Vorlesung anlässlich der Verleihung der Ehrendoktorwürde in Theologie vonseiten der Universität von Trnava (Slowakei) am 23. Juni 2003 referiert. Hier der entsprechende Auszug aus diesem Referat, in welchem Lubich das *Sein der Trinität als Liebe* beschreibt:

«Der Vater zeugt aus Liebe den Sohn: indem er sich, sozusagen, vollkommen entäußert [vollkommen aus sich herausgeht], macht er sich in gewisser Weise aus Liebe 'Nichtsein' [im Original 'non essere', was sowohl substantivisch als 'Nichtsein' bzw. als 'Nichts-Sein', als auch mit 'nicht sein' als Verbform übersetzt werden kann.[9]]; aber gerade auf diese

---

[7] Zu Jesus dem Verlassenen als 'Schlüssel' für die Trinitarische Anthropologie Lubichs sei auf die Ausführungen weiter unten (3. Kap. III.) verwiesen.

[8] Siehe 1. Teil 3. Kap. II. dieser Studie.

[9] In den Schriften Lubichs ist beim Ausdruck 'non essere' das 'essere' (entsprechend der italienischen Rechtschreibung kann 'essere' sowohl das Verb 'sein' als auch das Substantiv 'Sein' bedeuten) an manchen Stellen aus dem Zusammenhang heraus deutlich substantivisch zu verstehen. An anderen Stellen wiederum – so wie

157

Weise ist er Vater. Der Sohn, als Echo des Vaters, kehrt seinerseits aus Liebe zum Vater zurück; auch er macht sich in gewisser Weise aus Liebe 'Nichtsein' und gerade auf diese Weise ist er, Sohn; auch der Heilige Geist, der die gegenseitige Liebe zwischen dem Vater und dem Sohn ist, ihr Band der Einheit, macht sich in gewisser Weise aus Liebe 'Nichtsein', jenes Nichtsein und jene 'Leere aus Liebe', in welcher Vater und Sohn einander begegnen und eins sind: aber gerade auf diese Weise ist er, Heiliger Geist. Wenn wir den Sohn im Vater betrachten, müssen wir daher den Sohn als Nichts denken, als Nichts aus Liebe, um Gott als den Einen ['Dio-Uno'] denken zu können. Und wenn wir den Vater im Sohn betrachten, müssen wir den Vater als Nichts denken, als Nichts aus Liebe, um Gott als den Einen denken zu können. Die Personen der Heiligsten Dreifaltigkeit sind drei und dennoch sind sie Einer, weil die Liebe gleichzeitig nicht ist und ist. Der Vater ist vom Sohn und vom Geist unterschieden, obwohl er in Sich den Sohn und den Geist enthält. Ebenso wie der Geist, der in Sich sowohl den Vater als auch den Sohn enthält, und wie der Sohn, der in Sich den Vater und den Heiligen Geist enthält. Das heißt, in der Relation der göttlichen Personen ist jede, weil sie Liebe ist, ganz und gar [sie selbst], indem sie nicht ist: weil sie perichoretisch ganz in den anderen ist, in einem ewigen Sich-Geben. Im Licht der Trinität, wie Jesus der Verlassene sie erschließt, offenbart sich, dass Gott, der das Sein ist, sozusagen das Nichts-Sein in Form der Gabe Seiner selbst in sich trägt: dabei handelt es sich freilich nicht um ein Nichtsein, welches das Sein negiert, sondern um ein Nichts-Sein, welches das Sein als Liebe offenbart. Dies ist die Dynamik des innertrinitarischen Lebens, das sich als bedingungslose gegenseitige Gabe seiner selbst, als gegenseitiges Nichts-Werden aus Liebe, als völlige und ewige Gemeinschaft manifestiert.«[10]

In diesem Text zeigt sich das spezifische Verständnis Lubichs dessen, wie Gott als Liebe, als der Dreifaltig-Eine zu denken ist. Einheit und Vielfalt in der Trinität sind gemäß dieser Sichtweise nicht unversöhnliche Pole, die entweder in Richtung Einheit Gottes oder aber in Richtung eines Tritheismus eine Schlagseite bekommen müssten. Sie

---

im hier zitierten Text – kann es sowohl als Verb als auch als Substantiv gelesen werden. Dies ist bei Lubich allerdings nicht nur eine Frage der italienischen Rechtschreibung, sondern entspricht ihrer trinitarischen Ontologie der Liebe, in welcher das Verb das neue Substantiv ist (vgl. dazu: Hemmerle, Thesen, 38-41).

[10] Lubich, Lezione magistrale in Teologia [2003], 352f. Der Text im italienischen Originalwortlaut befindet sich unter den Schlüsseltexten im Anhang dieser Arbeit.

verfällt weder einem Subordinatianismus, noch einem Modalismus – eine Herausforderung, vor der jede Trinitätslehre steht[11] – sondern hat »ein profundes und originäres Verständnis dessen, was es bedeutet, dass Gott die Liebe ist und dass die göttlichen Personen 'subsistente Relationen' sind«[12], wie Piero Coda in seiner Analyse dieses Textes und für die Trinitätslehre Lubichs insgesamt befindet. Zu unterstreichen ist in dieser trinitarischen Vision des Nicht-Seins – unter ontologischer Perspektive –, dass es eben kein 'absolutes Nichtsein' ist, das einem ontologischen Nichts gleichkäme, sondern ein 'relationales Nicht-Sein' (der Vater in der Dreifaltigkeit *ist nicht* der Sohn und *nicht* der Geist, der Sohn *ist nicht* der Vater und *nicht* der Geist, der Heilige Geist *ist nicht* der Vater und *nicht* der Sohn), welches das ontologische Sein der Trinität als Liebe offenbart. In diesem Sinne ist es kein negatives Nichtsein, sondern ein positives Nicht(s)-Sein, welches die Dynamik der Kenosis (als Selbst-Entäußerung, Selbst-Weggabe) im innertrinitarischen Leben lokalisiert sieht. Ansätze in diese Richtung lassen sich auch bei Hans Urs von Balthasar finden, der das innertrinitarische Sein als in sich kenotisch sieht[13], bzw. in der orthodoxen Theologie bei Sergej Bulgakov, der in einer kenotisch-perichoretischen Formel für Gott-Liebe die kenotische Liebe in Bezug auf die drei göttlichen Hypostasen durchbuchstabiert.[14] Diese kenotisch-dynamische Vision vom (relationalen) Nicht-Sein und Sein in der Trinität prägt Lubichs gesamtes theologisches Denken von der Protologie bis zur Eschatologie und darin ihre Anthropologie.

Die Schöpfung als dynamisches Beziehungsgeschehen

Lubichs *Schöpfungsverständnis*[15] basiert auf dieser Vision der innertrinitarischen Dynamik und ist folglich selbst ein dynamisches. Nicht so sehr die 'Schöpfung' als freier Akt Gottes, der allem erst das Sein

---

[11] Vgl. dazu das Kapitel *Die subordinatianische und die modalistische Herausforderung* (Werbick, Trinitätslehre, 494f.).

[12] Coda, Dalla Trinità, 507. Hier lässt sich das Denken Lubichs auf einer Linie mit Augustinus (Vater-, Sohn- und Geistsein als Relationsbegriffe) und Thomas von Aquin und seinem Verständnis der *relationes subsistentes* sehen.

[13] Auch Balthasar geht aus von der Botschaft, dass Gott die Liebe ist und deutet das Liebe-Sein in der Trinität als kenotische Dynamik der göttlichen Personen (vor allem in *Mysterium paschale*. Dazu ist die entsprechende Darstellung des Gedankengangs Balthasars von Piero Coda (Coda, Dalla Trinità, 474-477) aufschlussreich.

[14] Siehe dazu die entsprechende Präsentation (vgl. Coda, Dalla Trinità, 490-493).

[15] Zur vertieften theologischen Auseinandersetzung mit dem Schöpfungsverständnis Lubichs sei verwiesen auf folgende Beiträge: Zanghí, Leggendo un carisma, 80-152; Coda, Dio e la creazione, 67-88; Rossé, Rivisitare il Paradiso 1-4.

schenkt, oder als vom Schöpfer Erschaffenes ist primär im Fokus ihres Interesses, sondern die *Schöpfung als Beziehungsgeschehen* zwischen der Dreifaltigkeit und allem Geschaffenen, als »dynamisches *Ereignis*, als *Geschichte*: als die Geschichte Gottes mit der Menschheit und durch diese mit dem Kosmos«[16], wie Coda betont. Die Schöpfung wird bei Lubich als Ausdruck der Agape des Dreifaltig-Einen gesehen, der infolgedessen die trinitarische Prägung innewohnt, sowie als beständig in die oben skizzierte innertrinitarische Dynamik involviert. Dabei erhält das 'Nichts' bzw. 'Nicht-Sein' ('nulla' bzw. 'non-essere') auch in der Schöpfungsdynamik eine positive Konnotation. Die *creatio ex nihilo* (Schöpfung aus dem Nichts) wird von Chiara verstanden als Schöpfung Gottes 'aus Sich', der die Liebe ist, aus seinem kenotischen Nichts-aus-Liebe, wie sie in *P'49* notiert:

»Als Gott schuf, erschuf er alles aus dem Nichts, weil er es aus Sich erschuf: aus Nichts bedeutet, dass es nicht präexistierte, weil Er allein präexistierte (aber nachdem es in Gott kein Vorher und Nachher gibt, ist solches Reden unpassend). Er erschuf jedoch alles aus Sich, denn er starb (aus Liebe) es schaffend, er starb in Liebe, er liebte und daher schuf er.«[17]

Der Ausdruck 'sterben' ('morire') meint bei Lubich hier eben das kenotische Zu-Nichts-Werden aus Liebe, das dem anderen Raum und Leben gibt. Auch die Schöpfung ist in dieser Vision Ausdruck des göttlichen Nichts-aus-Liebe, das *ex nihilo* ist verstanden im Sinne des *nihil amoris*[18] ('Nichts aus Liebe').

---

[16] Coda, Dio e la creazione, 71. Wobei, nach Coda, auch die beiden anderen Aspekte – Schöpfung als Akt Gottes, der allem erst Sein verleiht, und Schöpfung als das Geschaffene – bei Lubich präsent sind, aber die dynamisch-trinitarische Perspektive vorherrschend ist.

[17] P'49, 1203, zitiert nach: Coda, Dio e la creazione, 78; gekürzt und mit Versangabe in: Zanghí, Leggendo un carisma, 88.

[18] Zum 'positiven Nicht-Sein als Liebe' sei auf die Ausführungen von Piero Coda verwiesen, in welchen er die Deutung des 'ex nihilo' im Sinne des *nihil amoris* schöpfungstheologisch durchspielt (vgl. Coda, Dalla Trinità, 571-573). Das Nichts »sagt nicht nur, negativ, dass vor der Schöpfung nichts existierte außer Gott, sondern es sagt auch, positiv, dass der Akt der Schöpfung von Gott ein Akt purer Liebe ist, ein Akt, in dem Er selbst sich gegenüber der Schöpfung Nichts macht, damit die Schöpfung sei. Damit der *von* Sich Andere (und nicht nur der *in* Sich Andere: der Sohn/Logos und der Heilige Geist) sei, schafft Gott in Freiheit im Innersten seines Seins selbst, welches *Agape* ist, den Existenzraum dieses in seiner Liebe gewollten Anderen.« (Ebd., 572)

Der Zugang zum Verständnis, welches Chiara von der Schöpfung erhält, eröffnet sich ihr in einem dynamischen Bild[19] von der Sonne und
den Strahlen. [20] Genau eine Woche nach dem Eintreten in den *Schoß
des Vaters*, der für Chiara »wie ein immenser, kosmischer Abgrund
[...] erschien [...] alles Gold und Flammen oberhalb, unterhalb, rechts
und links« (P'49, 28), sah sie den »Himmel als das Innere der Sonne«[21].

Die Strahlen der Sonne (= die Liebe des Vaters) nach innen hinein
konvergieren im Wort, im *Logos*, den sie im *P'49* daher als »*Licht des
Vaters*, Glanz des Vaters« – »*luce del Padre*, splendore del Padre« (P'49
[1961], 16) bezeichnet, und die Sonnenstrahlen nach außen hin sind die
Schöpfung. Am 23. Juli 1949 hält sie fest:

> »Das Himmelreich ist im Schoß des Vaters. Der Vater hat ei-
> nen Ausdruck von Sich nach außen hin, wie aus divergieren-
> den Strahlen beschaffen, und einen Ausdruck von Sich nach
> innen hinein, wie aus ins Zentrum hin konvergierenden Strah-
> len beschaffen, auf einen Punkt hin, der die Liebe ist: Gott im
> unendlich Kleinen: das 'Nichts-Alles' der Liebe! Das Wort.«
> (P'49, 97)[22]

---

[19] Für Chiara zeigt sich dieses Bild im *Paradiso* in einer geistigen Schau am 23. Juli
1949, wobei ihr bewusst ist, dass es – wie jedes Bild – begrenzt geeignet ist, um
die damit benannte Wirklichkeit zu beschreiben, wie sie selbst in ihren Aufzeichnungen festhält. »[Der Vater] erklärte mir die kreatürliche Wirklichkeit mit Vergleichen (wie jenem der Sonne), die nicht ganz passend, aber für ein erstes Verstehen hilfreich sind« (P'49, zitiert nach: Rossé, Rivisitare il Paradiso 3, 701).

[20] Der Vergleich zwischen Gott und der Sonne ist dabei zunächst nichts Neues und
kommt sowohl in der spirituellen Literatur (vgl. Sonnengesang des hl. Franziskus)
als auch in der Literatur (vgl. Dantes Göttliche Komödie) vor. Eine Originalität
in diesem Vergleich weist die Vision Chiaras jedoch insofern auf, als sie die Sonne
von innen sieht bzw. erfährt, was mit ihrem Eintreten in den 'Schoß des Vaters'
verbunden ist. In einer Studie ist Anna Maria Rossi diesem Vergleich wie einigen
anderen Vergleichen Lubichs im *P'49* unter linguistischer Perspektive nachgegangen (vgl. Rossi, L'uso della similitudine, 99-112).

[21] »[Der Vater] zeigte meinem Geist den Himmel als das Innere der Sonne. Die Projektion des Vaters nach innen ist das Wort und alles, was in Ihm enthalten ist. Das
Geschaffene hingegen war die Projektion der Sonne nach außen hin.« (P'49, zitiert
nach: Rossé, Rivisitare il Paradiso 3, 701)

[22] Zitiert nach: Zanghí, Leggendo un carisma, 85. Da die Sprache nur begrenzt dazu
geeignet ist, eine mystische Erfahrung bzw. Schau auszudrücken, verwendet Chiara gerade im *P'49* mehrmals – wie auch in diesem Zitat – Ausdrücke, die diese
Grenze ausdrücken: 'wie von', 'wie wenn', 'so als ob', 'quasi', 'den Eindruck
wie', 'sozusagen' etc. und außerdem viele Metaphern, Symbole und Vergleiche.
Die Sprachwissenschaftlerin Irena Teresa Socha hat die Metaphern im *P'49* (darunter die Sonne und die Strahlen) untersucht und bezeichnet sie als 'symbolische'
Metaphern, deren Symbolik »stark in der Symbolik der Evangelien verwurzelt ist«
(Socha, Le metafore, 95).

Die divergierenden Strahlen erreichen entsprechend diesem Bild die gesamte Schöpfung und geben ihr »die Ordnung, welche Liebe ist, das Leben, die Idee, das Wort« (P'49, 115)[23]. Durch die Inkarnation des Logos (das Wort wird Fleisch, Jesus, somit menschliche Kreatur, divergierende Strahlen) vereint sich, 'vermählt sich'[24] das Ungeschaffene mit dem Geschaffenen und holt alles in den Schoß des Vaters zurück[25], sodass am Ende »Gott alles in allem« (1 Kor 15,28) ist, alles durch den Mittler Jesus Christus Gott ist: »Gott in Sich und Gott in der Schöpfung. Zwei, jedoch eins geworden durch den Mittler Jesus«[26], wie Chiara festhält. In ihrer Sicht von der Schöpfung als kenotisches Sich-Geben Gottes an das 'Nichts' (das 'Nichts' hier verstanden als das von sich selbst aus Nicht-Seiende[27] in dem Sinn, dass nur Gott das Sein als solches aus Sich heraus zukommt[28]) ist das Sein der Schöpfung selbst letztlich Liebe und, eschatologisch, Trinität.

> »In der Tat ist in der Schöpfung ['Creazione' hier großgeschrieben, wie auch weitere Substantive im Zitat, und dadurch hervorgehoben, Anm. d. Verf.] alles Trinität: Trinität die Dinge in sich, weil ihr *Sein* (*l'Essere*) Liebe (Amore) ist, Vater (Padre) ist; das Gesetz (Legge) in ihnen ist Licht (Luce), ist Sohn (Figlio), Wort (Verbo); das Leben (Vita) in ihnen ist Liebe (Amore), ist Heiliger Geist (Spirito Santo). Das dem Nichts (Nulla) mitgeteilte Alles (Tutto). Und sie sind untereinander Trinität, weil das eine für das andere Sohn (Figlio) und Vater (Padre) ist und alle, indem sie einander lieben, auf den

---

[23] Zitiert nach: Rossé, Rivisitare il Paradiso 2, 515. In einer Anmerkung zu diesem Vers erklärt Lubich, dass das Wort (*logos*) in der gesamten Schöpfung präsent ist und daher allem die Prägung der Trinität verleiht (vgl. P'49, 115, Anm. 134).

[24] Chiara verwendet das Bild der Vermählung des Ungeschaffenen mit dem Geschaffenen durch den Mittler Jesus. Sie schreibt: »Jesus, der Mittler, war die Ursache der Vermählung des Ungeschaffenen mit dem Geschaffenen, der Einheit zwischen der Schöpfung und dem Geschöpf« (P'49, zitiert nach: Blaumeiser, Un mediatore che è Nulla, 393).

[25] »Am Ende holt der Vater jene Strahlen zurück, welche aus divergierenden nun zu konvergierenden werden und sich in Seinem Schoß treffen werden. Und die Begegnung wird die Idee der Ideen zeugen [...] und jene Idee wird das Wort ('Verbo') sein, von dem sie ausgegangen ist und das Paradies wird das Wort sein: Substanz der Liebe, in der [alles] Liebe sein wird und daher unsterblich: unsterblich im ewigen Wort, ewige Kontemplation des Vaters und der Kinder des Vaters.« (P'49, 127, zitiert nach: Zanghí, Leggendo un carisma, 148)

[26] P'49, zitiert nach: Blaumeiser, Un mediatore che è Nulla, 393.

[27] »die Nichtigkeit der gesamten Schöpfung, d.h. ihr Sein als Für-sich-selbst-Nicht-sein« (P'49, zitiert nach: Rossé, Rivisitare il Paradiso 4, 27).

[28] »Im Vater angekommen, erfuhr ich nur Ihn und all das, was in seinem Schoß enthalten ist, als konkret (Sein).« (P'49, zitiert nach: Rossé, Rivisitare il Paradiso 3, 701)

Einen (*Uno*) zugehen, von dem sie ausgegangen sind.« (P'49, 627f.)[29]

Soweit, in extremer Synthese, die mystisch-theologische Vision der Schöpfung bei Lubich, deren schöpfungstheologische Implikationen freilich eine eigene umfangreiche Studie verdienen würden.

Der Mensch in der trinitarischen Vision Lubichs

Der *Mensch* wird von Lubich in dieser trinitarisch-dynamischen Vision der Schöpfung gesehen. Sie enthält die für die Theologische Anthropologie wesentliche christologische Zentrierung.[30] Alles in der Schöpfung ist gemäß diesem Bild »auf einen Punkt hin, der die Liebe ist: Gott im unendlich Kleinen: das 'Nichts-Alles' der Liebe! Das Wort« (P'49, 97), also auf den Logos, der dieses 'Nichts-Alles' ist, hin geschaffen. Gleich im daran anschließenden Vers der Beschreibung dieses Bildes wird das inkarnatorische Moment des Wortes in Jesus eingeführt, durch welches das Wort alle Menschen erreicht und durch dessen Mittlerschaft diese wiederum zum Wort werden, das im Logos zum Vater zurückkehrt. Bei Lubich wird das inkarnatorische Moment dabei bis hin zur Gottverlassenheit und zum Tod Jesu am Kreuz gedacht. Chiara beschreibt diese Bewegung folgendermaßen: »Die divergierenden Strahlen sind Jesus[31]: durch Jesus erreicht der Vater alle Töchter und Söhne außerhalb von sich, wo immer sie sich befinden mögen.« (P'49, 98)[32] Durch ihn werden sie in die Bewegung zurück zum Vater mithineingenommen und konvergieren als Wort im Logos im Herzen der Sonne, also im Vater.[33] Der Mensch als 'Wort des Vaters' nimmt teil an der

---

[29] Zitiert nach: Zanghí, Leggendo un carisma, 56.

[30] Biblisch vor allem im Epheserhymnus (Eph 1: Gottes Heilsplan für die Menschen, seine Bestimmung, Söhne / Töchter zu werden in Jesus Christus) sowie im Kolosserhymnus (Kol 1: Christus als Bild des unsichtbaren Gottes) konzentriert ausgedrückt. Auf diesen beiden Schriftstellen bezieht sich Lubich mehrmals in ihren anthropologisch relevanten Aussagen.

[31] Im Rahmen eines Studientages mit der *Scuola Abbà* kommentiert Lubich diesen Satz, dass die divergierenden Strahlen Jesus sind, und erinnert an den Kolosserhymnus, in welchem Paulus in Bezug auf Christus und die Schöpfung schreibt: »alles ist durch ihn und auf ihn hin erschaffen. Er ist vor aller Schöpfung und in ihm hat alles Bestand.« (Kol 1,16f.)

[32] Zitiert nach: Rossé, Rivisitare il Paradiso 2, 514.

[33] »Die konvergierenden Strahlen im Herzen der Sonne, welches der Vater ist, sind Wort Gottes, Wort, und konvergieren im Wort« (P'49, 100, zitiert nach: Zanghí, Leggendo un carisma, 85).

trinitarischen Dynamik, welche der Vater mit dem Logos lebt. So Chiara in ihrer Beschreibung des Bildes:

>»Der Vater spricht 'Liebe' in unendlichen Tönen und zeugt in Sich das Wort, das Liebe ist, den Sohn. Und der Sohn als Echo des Vaters, der er ist, spricht 'Liebe' und kehrt zum Vater zurück! Aber alle Seelen, die im Schoß des Vaters sind [...] sind auch Wort des Vaters, das dem Vater antwortet [...] So, dass das ganze Paradies ein Gesang ist, welcher von überallher erklingt: Liebe, Liebe, Liebe, Liebe, Liebe, Liebe...« (P'49, 101-103)[34]

Anzumerken ist, dass in dieser Schau der Mensch nicht unter den einzelnen heilsgeschichtlichen Momenten bzw. *status* – zuerst Schöpfung, dann Sünde, dann Erlösung und schließlich Vollendung, wie dies vor allem in der westlichen theologischen Anthropologie zumeist geschieht – gesehen wird, sondern in einer einzigen großen Bewegung von der Protologie bis zur Eschatologie[35], wie dies stärker in der östlichen Theologie der Fall ist. Spezifisch für die Sichtweise Lubichs ist, dass sich diese gesamte Bewegung im Innenraum der Dreifaltigkeit abspielt und dass die – in der Theologischen Anthropologie wesentliche – Verortung des Menschen sowie der gesamten Schöpfung im Sohn[36] bei ihr im Wort als dem 'Nichts-Alles' im Innersten des Vaters, im 'Herzen der Sonne' gesehen wird.

Die in der theologischen Anthropologie vertretene Überzeugung, dass der Mensch die 'Krone der Schöpfung' ist, sowie der Gedanke der Gottesbildlichkeit des Menschen finden sich bei Lubich in diese dynamische Schau eingebettet. Sie werden in ihren Schriften allerdings nicht im Einzelnen entfaltet, sondern – als selbstverständlich vorausgesetzt –

---

[34] Zitiert nach: Rossé, Rivisitare il Paradiso 2, 514.

[35] Der Bibelwissenschaftler Gérard Rossé schreibt dazu: »der göttliche Heilsplan, das durch Christus vermittelte und verwirklichte geoffenbarte 'Geheimnis' wird beschrieben mit dem Bild der Strahlen, in einer Bewegung des Hinausgehens und der Rückkehr, welche die Protologie und die Eschatologie in einer einzigen Bestimmung zur Einheit beinhaltet.« (Rossé, Rivisitare il Paradiso 2, 517) Rossé analysiert in seinem, oben erwähnten, vierteiligen Beitrag (Rivisitare il Paradiso 1-4) den Textausschnitt des *P'49* zur Schöpfung und zum Menschen in der Schöpfung im Licht des Epheserbriefes. Dabei zitiert er längere Textpassagen dieses bislang nicht vollständig publizierten Textes und hebt einige schöpfungstheologische Spezifika in der Vision Lubichs ans Licht.

[36] Zur Aussage, dass der Ort der Schöpfung und des Menschen 'im Sohn' ist, siehe die Ausführungen im ersten Teil der Studie (3. Kap. II.), wo von Hans Urs von Balthasar dieser Gedanke aufscheint.

in verschiedenen Gedankengängen[37] eingebaut. Als Besonderheit ist dabei auch hier die trinitarische Sichtweise des Menschen herauszustreichen, nach welcher der Mensch – verstanden als »Wort des Vaters« (P'49, 102), als »Sohn im Sohn«[38] – von Ewigkeit her in der Dreifaltigkeit als 'Krone der Schöpfung', als 'Zusammenfassung des Universums' gedacht wird, damit der Sohn sich im Anderen seiner selbst betrachten und lieben kann; zunächst im Universum in der Zeit und schließlich im Himmel in der Ewigkeit. Mit den Worten Chiaras in *P'49* ausgedrückt: »Auf Ihn hin ist alles geschaffen, d.h.: damit Er (gleichsam Vater geworden, welcher Sich im Anderen, im Wort, betrachtet) Sich in der Zeit im Universum sowie Sich ewig im Menschen im Himmel sehe! Denn der Mensch ist die Zusammenfassung des Universums!«[39] In Lubichs Sicht, dass 'alles in Christus und auf Ihn hin'[40] und der Mensch als 'anderer Christus' geschaffen ist, kann sie schreiben, dass der Mensch die Schöpfung *ist*. »Der Mensch ist also die Schöpfung, und wenn er erlöst ist, ist alles erlöst.«[41] Das ewige Wort des Vaters, das in Jesus Fleisch angenommen hat und Mensch geworden ist (vgl. Joh 1,14), hat den Menschen erlöst und im Menschen die gesamte Schöpfung. »Jesus erlöst den Menschen und der Mensch erlöst die Natur, er verleiht der Natur das Prägemal, die Personalität Christi«[42], wie Chiara formuliert.

---

[37] So in einer Textpassage des *P'49*, in der sie schreibt: »Gott schuf zuerst das gesamte Universum. Dann den Menschen. Das Universum ohne den Menschen wäre absurd erschienen, und der Mensch krönte es. Der Mensch krönte es und fasste es zusammen: er ist das Haupt des Universums und enthält es. [...] alle Geschöpfe und der Mensch sind zusammengefasst in Jesus« (P'49, zitiert nach: Coda, Dio e la creazione, 72).

[38] Chiara sieht den Menschen als »Sohn / Tochter im Sohn«, zugleich aber als »vom Sohn unterschieden als anderer Sohn Gottes« (P'49, 134). »Nachdem er aber in sich das ganze Wort hat, wird auch er ein Spiegel des Universums sein, welcher im Wort ist.« (P'49, 135 [beide zitiert nach: Zanghí, Leggendo un carisma, 149])

[39] P'49, 138, zitiert nach: Zanghí, Leggendo un carisma, 149.

[40] »Denn in ihm wurde alles erschaffen im Himmel und auf Erden, das Sichtbare und das Unsichtbare, Throne und Herrschaften, Mächte und Gewalten; alles ist durch ihn und auf ihn hin erschaffen. Er ist vor aller Schöpfung und in ihm hat alles Bestand.« (Kol 1,16f.)

[41] P'49, 890, zitiert nach: Zanghí, Leggendo un carisma, 87. Der Erlöser der Welt, das Wort, konnte sich entsprechend dieser Logik Lubichs deshalb auch nur im Menschen als 'Zusammenfassung der Schöpfung' inkarnieren und so Erlöser der Menschen und der gesamten Schöpfung sein. Entsprechend schreibt sie: »Nachdem [...] der Mensch, das letzte Geschöpf, auch die Zusammenfassung der gesamten Schöpfung ist (und er ist nach dem Bild Gottes gemacht, eben weil Fleischgewordenes Wort) konnte sich das Wort nur im Menschen inkarnieren, weil er, obwohl er ein Teil der Schöpfung ist, auch die ganze Schöpfung ist.« (P'49, zitiert nach: Slipper, Verso una comprensione della persona, 34)

[42] P'49, zitiert nach: Slipper, Verso una comprensione della persona, 34.

In der Bewegung der divergierenden und konvergierenden Strahlen ist der Mensch dazu bestimmt, in Christus die Vergöttlichung seiner selbst und der Welt zu realisieren. Als Bild Gottes kann er in Freiheit[43] – im und wie der Sohn – als 'Echo des Vaters' sich ganz in Liebe dem Vater zurückschenken und in dieser Rückgabe die Schöpfung mitbringen.[44] So realisiert der Mensch sein Wesen, Christus zu sein, sowie seine Bestimmung, Sohn / Tochter im Sohn zu sein, also vergöttlicht zu werden. »Gott teilt sich im Menschen« – so Lubich – »direkt mit, indem er die Seele als Sein Bild in ihn hineinlegt und indem er ihn auf die Erde sendet für das Abenteuer, Gott zu werden, indem er zum Vater zurückkehrt, der ihn erschaffen hat, um durch die Gnade des göttlichen Lebens teilhaftig zu sein.«[45] In ihrer Vision, 'mit den Augen Gottes', sieht sie den Menschen von Ewigkeit her im Logos und folglich das eigentliche *Ich* des Menschen als *Christus* im Menschen. In ihren Schriften hält sie – in der ersten Person formuliert – fest:

> »Ich (die Idee von mir) ist 'von Ewigkeit her' im Gedanken Gottes, im Wort; 'von Ewigkeit her' bin ich also vom Vater geliebt und 'von Ewigkeit her' nehme ich den Platz ein, den der Vater mir zugewiesen hat. Und Ich bin Dort-Oben, d.h. mein eigentliches Ich: Christus in mir. Im Himmel bin ich jenes Wort Gottes, welches Gott 'von Ewigkeit her' ausgesprochen hat. Und ich bin Gott«[46]

Und weiter: »Gott hat mich von Sich ausgesprochen, wie er 'von Ewigkeit her' seinen Sohn *ausgesprochen* hat, denn indem er mich in Sich sah, hat er mich geliebt und mir Leben gegeben, indem er mich von

---

[43] Für Lubich ist – wie in den meisten Ansätzen zur Theologischen Anthropologie – die Freiheit ein Aspekt der Gottesbildlichkeit des Menschen, in Unterscheidung zur übrigen Schöpfung, welche diese Freiheit des Menschen, die der Freiheit des Sohnes bzw. der Freiheit im Sohn entspricht, als 'Echo des Vaters' die totale Rück-Gabe zum Vater zu leben, nicht hat. Entsprechend schreibt sie: »Die Natur jedoch hat nicht die Freiheit, daher sieht sie im Menschen *ihren Gott*: er überragt sie, weil er frei ist [...]. Die Natur hat ihre Freiheit: sie hat die Freiheit in uns, sie hat unsere Freiheit.« (P'49, zitiert nach: Zanghí, Leggendo un carisma, 139)
[44] Lubich verwendet – im Bild der bräutlichen Beziehung zwischen dem Menschen und Gott – das Bild der Mitgift, welche der Mensch in der bräutlichen Vermählung mitbringt. »Eine zu Jesus gewordene Seele, die in den Vater eintritt und (als Kirche) sich mit dem Sohn vermählt, bringt in sich die ganze Schöpfung mit, und diese ist ihre Mitgift! Ohne diese Mitgift vermählt sich Jesus nicht mit ihr. Und Jesus schenkt ihr das ganze Paradies. Und das ist seine Mitgift!« (Lubich [unveröffentlicht, zitiert nach: Coda, Sul soggetto della teologia, 888]).
[45] P'49, zitiert nach: Slipper, Verso una comprensione della persona, 36.
[46] P'49, 244, zitiert nach: Zanghí, Leggendo un carisma, 86.

Heiligem Geist geformt hat.«[47] In der Erfahrung des *Paradiso* und entsprechend einer der Mystik zuzuordnenden Sprache wird in diesen markanten Textausschnitten ein radikales Ernstnehmen dessen zum Ausdruck gebracht, was die Theologische Anthropologie meint, wenn sie festhält, dass das eigentliche Sein des Menschen *Christus* ist. Das Sein und die Bestimmung des Menschen, entsprechend der Sicht Lubichs und ihres trinitarischen Schöpfungsverständnisses, ist es demnach, Wort Gottes im göttlichen Logos zu sein und folglich im Innersten der Dreifaltigkeit selbst verortet, also Gott innerlich, Gott 'intim' zu sein, wie eine Textpassage unterstreicht:

> »Wir sind in Gott Gott intimer als Er selbst, denn wir sind ein
> jeder / eine jede Wort Gottes, ein Wort Gottes; und so, wie
> ein Wort im Wort ist, genauso sind wir so sehr in Gott, dass
> wir das Innerste Gottes sind. Er hat uns gesehen, er sieht uns
> und er wird uns sehen im Wort, im Herzen des Wortes, im
> Innersten also der Dreifaltigkeit.«[48]

Soweit ist Chiara Lubichs Sicht des Menschen im trinitarischen Schöpfungsereignis dargelegt. Eine Schwierigkeit jedoch, die sich in der Analyse ihrer Schriften zur Thematik zeigt, besteht in der Begrifflichkeit, die in Bezug auf den Menschen nicht immer eindeutig und gleichbleibend verwendet wird. Lubich verwendet die Begriffe 'Wort Gottes', 'Idee', 'Jesus', 'Christus' für den Menschen bisweilen synonym, bisweilen klar unterschieden (Mensch vom Plan Gottes her als 'Wort'; in der Geschichte als 'Jesus'; in seiner Bestimmung als 'Christus'). Eine profundere Auseinandersetzung mit der Frage, warum sie an bestimmten Stellen genau diesen und nicht einen anderen Begriff für den Menschen wählt, wann die Begriffe synonym verstanden werden können und wann nicht und welche Bedeutung an einzelnen Stellen näherhin den gewählten Ausdrücken zukommt, würde den Rahmen dieser Arbeit sprengen. Als zentraler Inhalt kann jedenfalls festgehalten werden, dass im Denken Lubichs das eigentliche Sein des Menschen Christus ist.

2. Der Mensch in Jesus Christus

Was bedeutet nun diese Grundbotschaft, dass das Sein des Menschen 'Christus' ist, näherhin im Gedankengut Lubichs? Die entsprechenden

---

[47] P'49, zitiert nach: Zanghí, Gesù abbandonato maestro di pensiero, 75.
[48] P'49, zitiert nach: Slipper, Verso una comprensione della persona, 31.

Aussagen, dass – im Singular formuliert –»mein eigentliches Ich: Christus in mir« (P'49, 244)[49] ist bzw. dass – im Plural ausgedrückt –»unsere Persönlichkeit also Christus in uns« (P'49, Anm. 229)[50] ist, können unter den beiden, in der Literatur zur Theologischen Anthropologie häufig verwendeten, Gesichtspunkten untersucht werden, nämlich als Antwort auf die Frage nach dem *Wesen* des Menschen und als Antwort auf die Frage nach der *Bestimmung* des Menschen. Unter beiden Perspektiven gibt es bei Lubich reichhaltige Aussagen, wobei in ihren Schriften beide Aspekte eng miteinander verbunden sind, was mit der Hermeneutik ihrer Gedankengänge zusammenhängt: durch den Versuch, ihrer Bestimmung bzw. Berufung als Mensch und Christin zu entsprechen, gelangt sie zu tieferer Einsicht über das Wesen des Menschen, und diese Sicht 'mit den Augen Gottes' wiederum evoziert und verstärkt den Wunsch, diesem eigentlichen Sein als Mensch zu entsprechen.

Das *Sein* des Menschen ist Christus

Unter *ontologischer* Perspektive, also in der Frage nach dem *Wesen* des Menschen, ist für Chiara die Botschaft grundlegend, dass der Mensch in seinem tiefen Wesen Christus *ist*, wobei sie diese in der Theologischen Anthropologie allgemein vertretene Aussage in überraschender Konsequenz durchhält und trinitarisch denkt. Der Mensch – als»jenes Wort Gottes, welches Gott 'von Ewigkeit her' ausgesprochen hat« (P'49, 244)[51], und zwar im 'Innenraum' der Trinität – hat Teil an der Trinität, ist im Plan Gottes Trinität (in Teilhabe), sodass Chiara im selben Atemzug die – für sich isoliert stehend gewagte – Aussage hinzufügen kann»ich bin Gott« (P'49, 244). In dieser Vision und folglich Affirmation liegt die ganze Konzentration auf dem *Gottsein* Christi, welche auch im Menschen das eigentliche Sein gemäß dem ursprünglichen Schöpfungsplan Gottes ausmacht. Hier wird die *Einheit* der Trinität betont, an welcher der Mensch in Christus teilhat. Im Ernstnehmen dessen, dass der Mensch als Kreatur Gottes jedoch zugleich das 'Andere Gottes' ist, verwendet Lubich meistens die Formulierung, dass das eigentliche Sein des Menschen 'Christus in mir', bzw. auf mehrere Personen bezogen 'Christus in uns' ist. In diesen und ähnlichen Ausdrucksweisen sind die *Vielfalt* der Personen sowie die Unterschiedenheit zwischen Christus und dem Menschen (Christus *im* Menschen) stärker im Blick, in Analogie zur Unterschiedenheit der drei göttlichen

---

[49] Zitiert nach: Zanghí, Leggendo un carisma, 86.
[50] Zitiert nach: Ebd.
[51] Zitiert nach: Ebd.

Personen. Von Gott aus bzw. vom 'Schoß des Vaters' aus betrachtet sieht Chiara in Christus das wirkliche Sein des Menschen, das sie in ihren Schriften unterschiedlich bezeichnet als 'Idee'[52] Gottes vom Menschen, seine tiefste 'Natur'[53], seine 'Form'[54], wobei ersichtlich ist, dass diese Ausdrücke bei ihr nicht etwas Abstraktes oder rein Ideelles bezeichnen, sondern etwas Reales. So kommentiert sie selbst einen entsprechenden Vers in *P'49*:

»Wie das Wort, das die Idee des Vaters ist, Gott ist, so sind in Analogie die Ideen der Dinge, die 'von Ewigkeit her' im Wort sind, nicht abstrakt, sondern sie sind Realität: Wort im Wort. Der Vater projiziert sie – wie mit divergierenden Strahlen – 'außerhalb von Sich', also in eine unterschiedene und neue, geschöpfliche Dimension«(P'49, 126, Anm. 142)[55].

---

[52] So z.B. in P'49, 115f., 127, 139-141, 244, 821-823, 1031 etc. (hier wird *Idee* als anderer Ausdruck für *Logos* verwendet). Dabei ist zu beachten, dass Lubich keiner platonischen Ideenlehre anhangt, wenn sie von 'Idee' Gottes spricht, auch wenn sie als Reminiszenz an diese gesehen werden könne, wie Zanghí meint (vgl. Zanghí, Leggendo un carisma, 85). An anderer Stelle bezeichnet Lubich die 'Idee' Gottes vom Menschen als seinen 'Gedanken' über den Menschen: »Die Idee, die Gott von einer Person hat, ist Gott. Es geht um den Platz, den Jesus bereitet hat: unser Platz ist der Gedanke, den Er von uns hat; und wir nehmen diesen ein. Meine Persönlichkeit ist Christus in mir, die ganz unterschiedlich ist von Christus in der heiligen Katharina, von Christus im heiligen Franziskus oder von jeglicher anderen Person.« (P'49, zitiert nach: Zanghí, Alcuni cenni su Gesù Abbandonato, 37)

[53] An dieser Stelle kann nicht näher auf die Frage eingegangen werden, welchen 'Naturbegriff' Lubich verwendet (er ist überdies nicht einheitlich in ihren Schriften). Zum besseren Verständnis, wie sie Christus als die eigentliche Natur des Menschen sieht, kann folgender Kommentar dienen, in welchem sie zum entsprechenden Vers in *P'49* festhält: »Übernatur = die Natur der Natur. In der Tat ist die wahre Natur der Natur die Übernatur. Denn die wahre Natur der Natur ist Gott. Gott ist der Gebärer (Natur kommt von lat. *nascor*) der Natur.« (P'49, zitiert nach: Coda, Il logos e il nulla, 475, Anm. 317)

[54] Dass Christus die 'Form' des Menschen ist, verwendet sie vor allem im Hinblick auf Jesus den Verlassenen als 'Form' des Menschen und auf Christus als die göttliche Liebe, welche die Form des Menschen ist. Gleichsam als Negativfolie beschreibt Lubich die Hölle als Erfahrung, in welcher der Mensch diese seine Form verfehlt. »[Die Hölle] wird als Materie ohne das Leben, ohne die Ordnung, ohne die Liebe bleiben. [...] Und jeder Teil dieser formlosen Materie wird verzweifelt nach *der* Form schreien. Sie wird eine einzige Sehnsucht haben: jene zu *lieben*: sie ist geschaffen, um zu lieben, und wird nicht mehr lieben können.« (P'49, zitiert nach: Pelli, Essere come amore, 194)

[55] Zitiert nach: Zanghí, Leggendo un carisma, 87.

169

Aber diese Ideen sind eben real. Und dass nun Christus die ontologische Wirklichkeit, das eigentliche Sein des Menschen ist, führt bei Lubichs Denken bis hin zum Bewusstsein, dass »wir in Christus an der hypostatischen Union partizipieren«[56], wie Zanghí in seiner Analyse zu den entsprechenden Aussagen in *P'49* schreibt. Giuseppe Maria Zanghí bezieht sich vor allem auf eine Textpassage, in der Chiara – in der Form einer mystischen Intuition, wie er hinzufügt – unter anderem schreibt:

> »Es gibt keine Dualität zwischen der Idee von mir, die in Gott ist, und meinem Ich. So wie es undenkbar ist, dass es eine Dualität gab zwischen dem Wort Gottes, das in der Trinität ist, und Jesus, dem inkarnierten Wort Gottes, der in Zeit und Raum lebte, so lässt sich in analoger Weise nicht denken, dass es eine Dualität gibt zwischen der Idee von mir, die im Wort Gottes, in der Trinität ist, und mir. In der Tat lebe ich in Raum und Zeit, aber der Christus, der in mir ist, ist derselbe Christus, der im Schoß des Vaters ist.«[57]

Dieses eigentliche Sein des Menschen ist freilich oftmals im Menschen verschüttet, es bleibt verborgen und durch die Macht der Sünde verdunkelt, wie Lubich in ihren Schriften betont. Es braucht daher, so Chiara, »den Mut, 'unsere' Personalität zu verlieren, wohingegen alle in der Welt daran festhalten, um sie zu retten. [...] Indem wir 'unsere' Personalität verlieren, erlangen wir jene von Christus, die viel stärker und viel distinguierter ist.« (P'49, Anm. 229)[58] Die eigentliche Aufgabe im irdischen Leben des Menschen besteht darin, dieses Sein in der je unverwechselbaren Einmaligkeit jeder Person immer deutlicher hervortreten zu lassen, um mit Paulus sagen zu können: »Nicht mehr ich lebe, sondern Christus lebt in mir« (Gal 2,20) – ein Schriftwort, das in Chiaras Werk nicht von ungefähr häufig zitiert wird.

Ein Ernstnehmen dieser ontologischen Wirklichkeit für *jeden* Menschen heißt für Lubich in Konsequenz, dass jedes Ich auch in jedem menschlichen Du real Christus begegnet und berührt; »den Menschen berühren heißt Jesus berühren«[59]. Häufig zitiert sie daher die Jesusworte im sogenannten Jüngsten Gericht gemäß dem Evangelisten Matthäus »Was ihr für einen meiner geringsten Brüder [bzw. Schwestern] getan habt, das habt ihr mir getan.« (Mt 25,40) Aufgrund ihrer Vision,

---

[56] Ebd., 86, Anm. 23.
[57] P'49, Anm. 229, zitiert nach: Zanghí, Leggendo un carisma, 86.
[58] Zitiert nach: Zanghí, Leggendo un carisma, 86.
[59] P'49, 176, zitiert nach: Zanghí, Leggendo un carisma, 85.

dass das Sein jedes Menschen Christus ist, und zwar ein anderer Christus als Wort Gottes im Innenraum der Dreifaltigkeit, heißt Christus im Menschen berühren in logischer Folge, ihn nicht nur auf Erden im Menschen berühren, sondern es heißt überdies, Christus in der Dreifaltigkeit und damit die ganze Trinität zu berühren. Diese Erkenntnis ernstnehmend schreibt sie in einem Kommentar zum zitierten Jesuswort:

>»Nun sehen wir die Worte [gemeint sind die Worte Jesu gemäß Mt 25,40 'das habt ihr mir getan'] vom Himmel aus, wo wir im Gedanken Gottes in unserer Realität als andere Christus existieren. Was wir daher einem Menschen hier auf Erden tun, das sieht Er an Sich im Himmel in jenem Menschen getan. Es gelangt also direkt zum Wort, zu Jesus.«[60]

Schließlich eröffnet Lubichs besondere Sichtweise der anthropologischen Aussage, dass jeder Mensch 'Christus' ist, ein spezifisches Verständnis des Gebotes der Nächstenliebe:»Du sollst deinen Nächsten lieben wie dich selbst« (Lev 19,18 // Mk 12,31). So schreibt Chiara, im Ernstnehmen dessen, dass jedes Du wie auch das Ich 'Jesus' ist: »Du bist Jesus«, aber auch »du bist ich«.»Wenn der Bruder / die Schwester und ich wirklich Jesus sind, muss ich ihn / sie lieben *wie* mich selbst, denn er / sie ist ich selbst«[61]. Jede/r Nächste, insofern sie/er 'Christus' ist, ist also auch – im trinitarischen Sinne von eins im Wesen und unterschieden in den Personen – ein anderes Ich ('Christus'). Die Nächsten lieben '*wie* sich selbst' bekommt so die Bedeutung, die Nächsten '*als* anderes Ich selbst' zu lieben.[62] Dieses spezifische Verständnis Lubichs der Nächstenliebe ist eine Form des Ernstnehmens der paulinischen Botschaft, dass wir tatsächlich »einer in Christus Jesus«[63] (Gal 3,28) sind.

---

[60] P'49, 177, zitiert nach: Zanghí, Leggendo un carisma, 85f.

[61] P'49, zitiert nach: Rossé, Spiritualità collettiva, 540.

[62] Es würde sich lohnen, dieses Verständnis des Gebotes der Nächstenliebe weiter zu vertiefen und deren Konsequenzen für die christliche Liebe zu bedenken.

[63] Die in der theologischen Anthropologie häufig zitierte Schriftstelle »ihr alle seid einer in Christus« (Gal 3,28) wurde bislang (soweit bekannt ist) noch nicht in dieser Weise mit dem Gebot der Nächstenliebe in innerer Beziehung gesehen, wie dies bei Lubich der Fall ist. Paulus formuliert diese Aussage übrigens als Feststellung (ihr *seid*), nicht als moralischen Aufruf (ihr *sollt sein*). Es ist eine *ontologische* Botschaft, dass die Menschen in Christus ‚einer‘ (εἷς = Nom. Sg. m.) sind, also ‚ein (anderer) Christus‘ sind.

Der Mensch *ist* (Christus), wenn er liebt

Unter dem Gesichtspunkt der *Bestimmung* des Menschen bzw. seiner Berufung, 'Christus' zu sein, sollen hier einige markante Elemente im Gedankengut Chiaras genannt werden, die z.T. in den folgenden Punkten weiter vertieft bzw. ergänzt werden: Da Jesus das Wesen Gottes als Liebe geoffenbart hat und die inkarnierte Liebe *ist*, ist der Mensch als 'anderer Christus' grundsätzlich dazu berufen, Liebe zu *sein*, worauf bereits im Kapitel über die Methodologie Lubichs hingewiesen wird. In konzentrierter Weise und gemäß ihrer Vision des Menschen in der Trinität schreibt Lubich:

»Wir sind nach dem Bild Gottes erschaffen. Wir sind wie Feuer aus *dem* Feuer projiziert und daher frei. Um uns mit *dem* Feuer zu vereinen und mit Ihm eins zu sein, müssen wir beständig mit reiner Liebe zu Ihm zurückkehren, denn wir *sind*, wenn wir jene sind, die wir sein sollen, nämlich reine Liebe.«[64]

Indem der Mensch seiner Bestimmung, Liebe zu sein, zustimmt und sie im Leben verwirklicht, erfährt er sich erst in seinem eigentlichen Sein. Er ist als Mensch wahrhaft Kind Gottes (1 Joh 3,1: »Wir heißen Kinder Gottes und wir sind es.«), Sohn / Tochter des himmlischen Vaters und erfährt dieses Sein umso stärker, je mehr er seiner Bestimmung gemäß lebt. In diesem Bewusstsein motiviert Chiara daher in unzähligen Vorträgen und Schriften beständig zur Liebe, nicht so sehr mit moralischer Begründung, sondern um die Würde des Menschseins als 'anderer Christus' zu erfahren. Denn:

»Wer liebt, ist König. Genau so ist es. Das gilt auch für dich, auch für den Armen oder Kranken, der reichen und gesunden Personen begegnet. Denn wer liebt, gibt. Er gibt immer. Und in diesem seinem Geben erfährt er seine hohe Würde und hat in sich eine Fülle, die nicht endet. Vielleicht hat uns Gott deshalb geboten zu lieben: damit wir uns nicht bloß als begrenzte, unfähige Menschenkinder fühlen, sondern die Freude verspüren, Kinder Gottes zu sein, des Königs der Könige.«[65]

---

[64] P'49, zitiert nach: Fratta, L'uomo-persona, 340.
[65] Lubich, Scritti Spirituali 2, 197. In deutscher Übersetzung (leicht gekürzt) wiedergegeben in: Lubich, Alles besiegt die Liebe, 186.

Beim 19. Internationalen Familienkongress in Luzern (Schweiz) am 16. Mai 1999 zitiert Lubich in ihrem Referat Emmanuel Mounier (1905-1950; Hauptvertreter des französischen Personalismus) mit den Worten »*Amo ergo sum* (*Ich liebe, also bin ich*)«[66]. Wer nicht liebt, erfährt sich hingegen als Nichts.[67] Lieben bedeutet bei Lubich, wie hier und in vielen Texten ersichtlich, Geben; Liebe ist gemäß ihrem Verständnis der trinitarischen Beziehungen vor allem verstanden als Kenosis, als Hingabe, als Aus-sich-Herausgehen und gerade darin Sich-selbst-Wiederfinden. Der Mensch als Ausdruck der kenotischen Liebe Gottes (wie bereits weiter oben beschrieben) realisiert seine Bestimmung, indem er selbst die kenotische Liebe lebt. Entsprechend fasst Zanghí die Sicht Lubichs zur Kreatur Mensch und seiner Bestimmung zusammen: »Das Geschöpf ist die *Kenosis* Gottes: und als solche muss es sich erkennen und sich zur *Kenosis* seiner selbst machen. Nur so erlangt das Geschöpf den Gipfel seiner selbst – das Bild Gottes erstrahlt in seiner ganzen Glorie.«[68]

Die Berufung zur Teilnahme an trinitarischen Beziehungen in Christus

Schließlich muss auf die für das Charisma der Einheit typische gemeinschaftliche Dimension hingewiesen werden, die in Chiaras Erfahrung und Denken auch das 'Christus-Sein' betrifft. Die Berufung des Menschen ist es nach Lubich, in Christus als 'anderer Christus' an den trinitarischen Beziehungen der kenotischen Liebe teilzunehmen. Wie der Sohn in der Trinität nur in trinitarischen Relationen mit dem Vater und dem Geist zu denken ist, so ist auch Christus im Menschen nur in trinitarischen Beziehungen, in Kommunion und Kommunikation denkbar. Die grundlegende Relation ist dabei jene mit dem Vater im Geist. Exemplarisch kann dies an der Erzählung vom 'Pakt der Einheit' aufgezeigt werden. Nachdem sich Chiara durch diesen Pakt mit Foco als in Jesus verwandelt erfahren hat – sowohl einzeln (»Jener Jesus [...]

---

[66] Die entsprechende Textpassage ist veröffentlicht in: Lubich, La dottrina spirituale, 229. An mehreren Stellen nimmt die Autorin Bezug auf die Schriftstelle 1 Joh 3,14: »Wir wissen, dass wir aus dem Tod in das Leben hinübergegangen sind, weil wir die Brüder lieben. Wer nicht liebt, bleibt im Tod.« Dies ist schon in ihren frühen Schriften der Fall, wie in der Betrachtung *Una volta conosciuto Dio*, wo sie u.a. schreibt: »Die Seele, welche liebt, nimmt Teil an Gott [...] Man gelangt vom Tod zum Leben, wenn man liebt.« (Lubich, Meditazioni, 105)

[67] In einer bis dato noch nicht publizierten Textpassage schreibt Lubich prägnant: »In der Tat sind wir, wenn wir Jesus sind; abgesehen davon sind wir nichts« (P'49, 131, Anm. 146). In der, erstmals 1959 veröffentlichten, Betrachtung *Invasione di amore* schreibt sie: »Eine Seele, die nicht liebt, vegetiert dahin und ist [...] ein Widerspruch zu Christus« (Lubich, Meditazioni, 76).

[68] Zanghí, Leggendo un carisma, 98.

war auch ich, war ich, identifiziert mit Ihm«[69]) als auch gemeinsam mit Foco (»Wir waren Jesus«[70]) –, verspürt sie bzw. Christus in ihr die innere Notwendigkeit zu kommunizieren. In ihrer Narration zum *Paradiso* hält sie fest:

>»Und der Jesus in mir präsentierte sich vor dem Tabernakel, um zu kommunizieren, da er ja nicht mit dem Bruder kommunizieren konnte, denn der Bruder [gemeint ist hier Foco] war ich, war Jesus. Und das Herz braucht das Kommunizieren wie [es] das Leben [braucht]. Mit wem? Wie? Wer bleibt ihm darüber hinaus? Ist nicht alles gemacht? Und dennoch: sogar Jesus zu sein, ohne Gemeinschaft zu sein, ist eine Qual, ist der Tod, also nicht Jesus, der Leben und Freude ist. Und aus meinem Mund kam, vom Geist ausgedrückt, ein einziges Wort hervor: *Vater*! Und alles war erfüllt. Nichts fehlte mehr. Ich habe meine erste Liebe wiedergefunden: Gott-Liebe: Vater.«[71]

Die Identifikation mit Jesus, die in Chiara durch den Pakt zunächst so intensiv erlebt wird, dass sie weder mit Jesus in der Eucharistie, noch mit Jesus im Bruder (Foco) kommunizieren kann – »nachdem wir zum Sohn im Sohn wurden, ist es unmöglich, mit jemandem außer *mit dem Vater* zu kommunizieren, so wie der Sohn nur mit Ihm kommuniziert«[72] –, geht also in eins mit der Notwendigkeit zur Kommunikation mit dem Vater. Das Empfinden, Jesus geworden zu sein, aber nicht in Kommunikation bzw. Relation mit dem Vater zu sein, wäre nicht nur nicht der Himmel, sondern die 'Hölle', wie Chiara in ihren Aufzeichnungen anmerkt.[73] Ohne Relation, ohne Kommunion ist Jesus noch nicht wirklich Jesus, bedeutet 'Jesus' sein (falls dies dann überhaupt noch so zu bezeichnen wäre) 'eine Qual'; so in der Formulierung in *P'49* im Vers 389. Als isoliertes Individuum und ohne Kommunion mit dem Vater ist folglich auch der Mensch von der Sache her unfähig zum Christ(us)-Sein.

Dasselbe gilt für die Relation zu den Mitmenschen, mit denen der Mensch in Christus ebenso Dessen Beziehung zu leben berufen ist, um

---

[69] P'49, 26.

[70] P'49, 386.

[71] P'49, 387-392.

[72] P'49, 41.

[73] »Die Unmöglichkeit zu kommunizieren, die ich erfuhr – in jenem Sekundenbruchteil, welcher dem 'Abbà, Vater' vorausging – ließ mich verstehen, dass selbst Gott in Teilhabe zu sein, aber nicht Liebe zu sein und folglich nicht kommunizieren zu können – da ja Gott als Liebe höchste Kommunion zwischen den göttlichen Personen ist – die Hölle war.« (P'49, 42, Anm. 51)

sich wirklich als 'Christus' zu erfahren. Dem eben genannten Textausschnitt des *P'49* folgend wird sichtbar, dass Chiara in einem Atemzug mit der Neuentdeckung der Relation zum Vater auch die Relation zum Mitmenschen – als ebensolche Kinder des einen Vaters – neu erfährt. Entsprechend schreibt sie einige Verse weiter unten: »Wir: Töchter und Söhne im Sohn im Vater.« (P'49, 396) Alle Menschen sind in Christus in die trinitarischen Beziehungen eingewoben und bilden den einen mystischen Leib Christi. Somit ist jede Beziehung zum Mitmenschen als 'anderer Christus' die Beziehung zum *Christus totus*, zum ganzen mystischen Christus. Der Mensch verwirklicht die Kommunion mit *Christus totus*, indem er die Beziehung zum je konkreten Nächsten als Relation zu 'Christus im Nächsten' lebt. Denn:

»Wie von Milliarden von Hostien auf der Erde eine einzige heilige Hostie genügt, um sich von Gott zu nähren, so genügt *ein* Mensch – die Schwester oder der Bruder, die bzw. den uns der Wille Gottes zur Seite stellt –, um mit der Menschheit, die der Mystische Leib Christi ist, zu kommunizieren«[74],

wie Lubich am 24. Oktober 1949 (somit nach dem Sommer in den Dolomiten und ihren mystischen Erfahrungen und Einsichten) in einer Betrachtung schreibt. Nach Lubich verwirklicht der Mensch seine Bestimmung, 'Christus' zu sein, indem er als Sohn bzw. Tochter Gottes die trinitarische Relation des göttlichen Sohnes mit dem Vater lebt und indem er mit den Mitmenschen als 'anderen Christus' und somit als 'andere er bzw. sie selbst' in Kommunion (in Christus) lebt. Hier leuchtet bereits die für das Menschsein notwendige ekklesiale Dimension im Gedankengut Lubichs auf, die in den folgenden Punkten weitere Vertiefungen erfährt.

---

[74] Ausschnitt aus dem Text *Dilatare il cuore* (zitiert in: Lubich, Scritti Spirituali 1, 33). In deutscher Übersetzung wurde der Text unter dem Titel *Das Herz weit machen* publiziert in: Lubich, Alle sollen eins sein, 15. Die Datierung des Textes mit 24. Oktober 1949 ist in beiden Publikationen nicht angegeben. Sie findet sich hingegen in der Darstellung von Giordani, in welcher er den Kontext des Textes liefert (vgl. Giordani, Storia del nascente Movimento dei Focolari, 156).

3. Wie Christ(us)-Sein im Leben geht

»*Das, was der Mensch ist, geschieht in seinem Vollzug.*«[75] So fasst
Andreas Frick einen gedanklichen Ansatz von Klaus Hemmerles Anthropologie in seinem Kapitel über den Menschen als Bild des dreifaltigen
Gottes. Dies entspricht dem Denken Lubichs. Da es ihr primäres Interesse ist zu vermitteln, wie Menschsein, Christsein und Christus-Sein
– was für sie im Letzten gleichbedeutend ist – *geht*, enthält ihr Gedankengut von den frühesten Aufzeichnungen an Textpassagen, die vor
allem dies zum Inhalt haben.[76] Dabei lässt sich in ihrem literarischen
Werk ein Ernstnehmen der für die Theologische Anthropologie grundlegenden chalzedonischen Formel von 'unvermischt und ungetrennt'[77]
nachweisen, selbst wenn diese in den meisten Texten nicht explizit an-
gesprochen ist.[78] Dies hängt mit dem bezeugenden, verkündenden und
missionarischen Charakter der Texte zusammen, die vor allem zum
Christ(us)-Sein motivieren wollen, sowie mit dem Kontext, in dem die
meisten Aussagen entstanden sind und in dem es nicht um exakte theologische Absicherungen aller einzelnen Aussagen gehen konnte. Im
Vollzug des Christseins – bei Lubich gleichbedeutend mit 'ein anderer
Christus' bzw. 'ein anderer Jesus' sein – realisiert und manifestiert sich
eben dieses 'Christus-Sein' des Menschen. Aus den Schriften der Autorin lassen sich nicht nur zahlreiche Hinweise finden, wie Christ(us)-
Sein bzw. Christ(us)-Werden im Menschen lebenspraktisch versucht
werden kann. Es lässt sich darüber hinaus ein für ihre Spiritualität cha-
rakteristischer Weg nachzeichnen, wie Chiara selbst – und mit ihr die
Weggefährtinnen und Weggefährten – dieses 'Christus-Sein' in

---

[75] Frick, Der dreieine Gott, 122. Die Aussage findet sich in der Dissertation von
Andreas Frick über das trinitarische Denken von Hemmerle in Bezug auf dessen
Anthropologie (vgl. ebd., 117-153).

[76] In ihren schriftlichen Unterlagen für ein Treffen der Fokolar-Gemeinschaft im Sala
Massaia (Trient) am 2. Dezember 1946 ist zu lesen: »Die Seele muss danach
trachten, so schnell wie möglich ein anderer Jesus zu sein. Und wie in Jesus die
Menschheit und die Gottheit eins waren, so muss die Seele danach trachten, das
Menschliche, das in ihr ist, und das Göttliche in eins zu verschmelzen.« (zitiert
in: Giordani, Storia del nascente Movimento dei Focolari, 99f.)

[77] Vgl. dazu den Hinweis im ersten Teil (2. Kap. III.) der Studie.

[78] Ersichtlich wird dies etwa im weiter unten behandelten Text *Risurrezione di Roma*
(*Auferstehung Roms*), wo sie das Werden zu einem 'anderen Christus' mit folgenden Worten beschreibt: »Und ich komme mit dem Feuer in Berührung, das
mein ganzes, mir von Gott geschenktes Menschsein durchdringt und mich zu einem anderen Christus macht, zu einem Gott-Menschen in Teilhabe. Auf diese
Weise verschmilzt [im Original 'si fonde', nicht etwa 'si *con*fonde', was 'vermi-
schen' heißen würde] das Menschliche mit dem Göttlichen.« (Lubich, Risurrezione di Roma, 6). Wenn Lubich von 'eins werden' spricht, ist dies immer im
trinitarischen Sinn zu verstehen im Sinne von Einheit in der Vielfalt.

steigender Intensität realisiert. Im Folgenden möchte ich die wichtigsten Etappen benennen, die im Wesentlichen die spezifische Methodologie widerspiegeln, wie sie im vorhergehenden Kapitel dieser Studie präsentiert wurde. Dabei wird wiederum deutlich die Zäsur erkennbar, die das *Paradies 1949* markiert. Daher im Folgenden auch die Untergliederung in das Christ(us)-Sein vor und das Christ(us)-Sein mit bzw. nach dieser Erfahrung.

Christ(us)-Sein vor der Erfahrung des *Paradiso*

Ganz am Beginn der entstehenden Fokolar-Bewegung, gleich nach der ersten Entdeckung, dass Gott die Liebe ist, liegt das ganze Bemühen bei Chiara und ihrer Gruppe darauf, als konkrete Antwort auf die Liebe Gottes in jedem Augenblick den *Willen Gottes* zu leben. Eine Frucht dieses Bemühens ist bereits hier die Entdeckung, dass sie auf diese Weise 'ein anderer Jesus' wurden.»Wir merkten, dass wir in gewisser Weise ein anderer Jesus sind.«[79] Ein weiterer Schritt ist die im vorigen Kapitel dargestellte Erfahrung, durch das Leben des *Wortes Gottes* ein anderer Christus zu werden, wobei Lubich dabei unter anderem das Paschageheimnis Christi hervorhebt, welches auch im Menschen, der das Wort lebt, die prägende Lebensform wird. Christus lebt in der Dynamik von Tod und Auferstehung im Menschen.[80] Durch das Leben des *Neuen Gebotes Jesu* der gegenseitigen Liebe, welches als Frucht die spürbare Gegenwart des auferstandenen Christus in der Gemeinschaft und in der Folge die Einheit in ihm als gnadenhafte Erfahrung ermöglicht, erlebt Chiara das Sein als 'Christus' auch in der gemeinschaftlichen Dimension, wie sie in einer Reflexion darüber im Nachhinein schreibt:»Eins sein bedeutete für uns, dass wir Jesus waren, dass wir alle Jesus waren. [...] Jeder erfuhr sich ganz Jesus.«[81] Um den Unterschied gegenüber dem Jesus-Sein vorher hervorzuheben, erläutert sie im selben Atemzug:»Es war, als wären wir vorher jeder eine ganze heilige Hostie gewesen. Und jetzt sind wir wie viele Teile *der* Heiligen Hostie. Jeder Teil trägt den ganzen Jesus in sich.«[82] In diesen Zeilen

---

[79] Lubich, Ideale dell'unità, 5.

[80] »Ich schien also zu verstehen, dass in jedem Wort Jesus in seinem Tod und seiner Auferstehung präsent ist« (P'49, 14). Und weiter:»die Existenz Jesu selbst, in vollkommener Liebe zum Vater und zu den Menschen gelebt, war ganz Tod und Auferstehung: Ausdruck und Offenbarung auf Erden des Nichts-Seins und Seins der trinitarischen Liebe. Dieselbe Wirklichkeit jedoch findet sich in seinem Wort, in jedem seiner Worte. Und dieselbe Wirklichkeit ist präsent und manifest in der Existenz einer bzw. eines jeden, welche/r das Wort lebt, und daher im Leben der Kirche.« (P'49, 14, Anm. 19)

[81] Lubich, Ideale dell'unità, 22f.

[82] Ebd., 23.

wird ein deutlicher Schritt erkennbar von einer mehr individuellen Erfahrung, Jesus zu sein, hin zu einer kommunitären Erfahrung, alle gemeinsam sowie jede und jeder einzelne Jesus zu sein – jeweils der ganze Jesus.

Wirklich Christ(us)-Sein in trinitarischer Einheit

Auch unter dem Aspekt des 'Christ(us)-Seins' wird durch das *Paradies 1949* schließlich in Lubichs Denken eine deutliche Zäsur und damit einhergehend ein noch tieferes Erfassen dessen erkennbar, was es heißt, 'Christus' zu sein. Durch das Leben des Nichts-aus-Liebe nach dem Maß des Verlassenen Jesus und durch den Pakt, den Jesus in der Eucharistie zwischen Chiara und Foco besiegelt, erfährt Chiara den Höhepunkt des 'Christus-Seins' in der mystischen Identifikation mit ihm, wie einige Passagen aus *P'49* belegen. Diese mystische Erfahrung zeigt sich in der Vereinigung mit Jesus dem Verlassenen und Auferstandenen, die bis zur Teilnahme an dessen soteriologischen Dimension[83] geht, wie folgender Textausschnitt vom August 1949 zeigt:

»Ich möchte die Misere der Welt sein (auf mich nehmen): ich möchte sie, ich mache sie mir zu eigen, damit ich sie in Barmherzigkeit erlöse. Für jeden Fehler, den ein Bruder / eine Schwester begangen hat, bitte *ich* den Vater um Vergebung, als wäre es meiner; und er *ist* meiner, weil meine Liebe ihn sich angeeignet hat. Auf diese Weise bin ich Jesus. Und ich bin im Angesicht des Vaters immer Jesus der Verlassene als Sünde und im größten Akt der Liebe zu den Geschwistern und damit zum Vater. Jede Sünde ist daher mein. Auf diese Weise bin ich Jesus, das Lamm Gottes, das die Sünden der Welt hinwegnimmt. Denn meine Liebe bezahlt sie, indem sie sie verbrennt.«[84]

Zum richtigen Verständnis dieser Aussage ist zu betonen, dass das 'Ich' in diesem 'Christus-Sein' nicht mehr einfach der Mensch als Individuum ist, sondern das durch den Pakt der Einheit in der Eucharistie in den 'Schoß des Vaters' eingetretene und geweitete 'ekklesiale Ich', wie

---

[83] Ähnlich der Weise, wie der Apostel Paulus seine Erfahrung als »Diener der Kirche für alle Menschen« (= Überschrift zu Kol 1,24-29 in der revidierten Einheitsübersetzung) beschreibt: »Jetzt freue ich mich in den Leiden, die ich für euch ertrage. Ich ergänze in meinem irdischen Leben, was an den Bedrängnissen Christi noch fehlt an seinem Leib, der die Kirche ist.« (Kol 1,24)

[84] P'49, zitiert nach: Blaumeiser, Attraverso la trasparenza del nostro nulla, 675.

Hubertus Blaumeiser in seiner Analyse zu dieser Textstelle betont.[85] Es drückt die Wirklichkeit der *anima ecclesiastica* aus, von der Origenes und andere Kirchenväter sowie in jüngerer Zeit Hans Urs von Balthasar[86] sprechen. Erst in dieser kirchlichen Dimension wird das Christ(us)-Sein[87] in seiner Fülle erfahr- und lebbar. Erst auf diese Weise entspricht folglich der Mensch ganz seiner Bestimmung, welche er vom Dreifaltig-Einen eingeprägt bekommen hat,[88] und erst so kann sein von Gott geschenktes Wesen voll aufleuchten. In den Schriften Lubichs wird dies sichtbar ab ihrer Erfahrung der Trinitisierung im *Paradies 1949*, wo dem Jesus-Sein bzw. Christus-Sein jeweils diese kirchliche und damit verbunden trinitarische Dimension innewohnt. Entsprechend schreibt sie im August 1949:

»Wir verstanden, dass wir Jesus waren, der unterwegs war, wenn wir uns in eins verzehrten und zur Grundlage unseres Lebensweges die *Einheit* nahmen. Er, der Weg ist, wurde in uns zum Wanderer. Und wir waren nicht mehr wir, sondern Er in uns. Er, göttliches Feuer, das unsere beiden sehr verschiedenen Seelen in eine dritte Seele verzehrte: in Seine: ganz Feuer. Daher waren wir Eins und Drei. Jesus und Jesus in ihm [gemeint ist Foco, mit dem Lubich die Erfahrung der

---

[85] Vgl. Blaumeiser, Attraverso la trasparenza del nostro nulla, 675.

[86] Unter der Überschrift *Anima Ecclesiastica* im Beitrag *Wer ist die Kirche?* (vgl. Balthasar, Sponsa verbi, 174-180) spricht Balthasar von dieser Wirklichkeit der Weitung des Bewusstseins auf die ekklesiale Dimension, ausgehend von Maria. »Ihre Person ist in Glaube, Liebe, Hoffnung so geschmeidig in der Hand des Schöpfers geworden, dass er sie aus einem vereinzelten privaten Bewusstsein weiten kann zu einem kirchlichen Bewusstsein: zu dem, was seit Origenes und Ambrosius die alte Theologie anima ecclesiastica zu nennen pflegt. Diese *'Verkirchlichung' des Einzelbewusstseins* aber ist, auf anderer Stufe, jedem Menschen zugänglich« (174).

[87] Im Hinblick auf die ekklesiale Dimension des 'Christus-Seins' gibt es im *P'49* eine weitere Differenzierung, auf die Blaumeiser in einem Beitrag aufmerksam macht. Einerseits ist das Ich als *anima ecclesiastica* identifiziert mit Christus, also durch den Pakt der Einheit in der Eucharistie derselbe Jesus, andererseits ist es ein 'anderer' Jesus, unterschieden von Ihm, um sich mit Ihm vereinen zu können. Wie diese Dynamik von Identifikation (derselbe Christus) und Distinktion (ein anderer Christus), welche die Wirklichkeit der Kirche als 'Leib Christi' (derselbe) und 'Braut Christi' (anderer) aufleuchten lässt, im Gedankengut Lubichs aussieht, entfaltet der ekklesiologische Beitrag von Blaumeiser (vgl. Blaumeiser, Un nuovo spazio relazionale, 155-160).

[88] An dieser Stelle wäre eine vertiefte vergleichende Studie interessant zwischen dem Verständnis des ekklesialen Ich bei Chiara Lubich und in Ansätzen der Theologischen Anthropologie orthodoxer Prägung, in welcher der Aspekt der Kirchlichkeit eine wichtige Rolle spielt und stärker betont wird, als dies für gewöhnlich in Ansätzen katholischer Prägung bzw. in solchen aus der Tradition der Reformation der Fall ist.

Trinitisierung erstmals erfährt]; Jesus in mir; Jesus unter uns. Der Ort, der uns aufnahm, ein Ziborium mit Einem und Drei Jesus.« (P'49, 384f.)

Christus im Menschen und somit der Mensch nimmt hier teil am dreifaltigen Leben. Erst auf diese Weise erfährt er sich *wirklich* als Christus. In den Schriften Lubichs fällt auf, dass sie ab dem Eintreten ins Paradies bisweilen das Christus-Sein durch das Wort 'wirklich' ('veramente') in diesem Sinne hervorhebt. Schrieb sie nach dem Bemühen, den Willen Gottes zu leben, dass sie »*in gewisser Weise* [Hervorhebung d. Verf.] ein anderer Jesus« (siehe oben) waren, so schreibt sie gleich nach dem Eintreten in den 'Schoß des Vaters': »Nicht mehr wir leben, es ist *wirklich* Christus, der in uns lebt.«[89] Piero Coda hebt in seiner Analyse zur zitierten Aussage ebenso die Besonderheit hervor, dass das Leben der Einheit das Christus-Sein im Menschen realisiert, wenn er schreibt: »Das Geschenk der Einheit empfangen und leben bedeutet nichts anderes als Jesus zu werden. Die *Einheit macht uns zu Jesus.* Die Einheit ist Jesus-Sein. Je mehr wir die Einheit leben, desto mehr werden wir diejenigen, die wir aus Gnade sind.«[90] Zusammenfassend lässt sich festhalten, dass sich die Grundwahrheit, dass der Mensch Christus ist, im Leben der trinitarischen Einheit in Fülle für den Menschen manifestiert und realisiert.

---

[89] P'49, 44. In einem Kommentar zu diesem Vers, dem sie in der zitierten Stelle den biblischen Verweis »Nicht mehr ich lebe, sondern Christus lebt in mir« (Gal 2,20) beifügt, unterstreicht Chiara: »Dieses unser Wirklich-Jesus-Sein ließ uns die Erfahrung der Ewigkeit machen, also im Paradies zu sein und dort Tag um Tag zu leben.« (P'49, 44, Anm. 54)

[90] Coda, Teologia che scaturisce dal carisma, 157. Um längere Textpassagen Chiara Lubichs beim ersten Hinsehen identifizieren und sie von längeren Zitaten anderer Autorinnen und Autoren – so wie dieses Zitat von Piero Coda – leicht unterscheiden zu können, werden in diesem Kapitel nur die Zitate Lubichs durch Blockformatierung hervorgehoben, die über mindestens vier Zeilen gehen. Die anderen Zitate bleiben im normalen Textfluss.

Auferstehung Roms: Anleitung zum Christ(us)-Sein

Im Text *Risurrezione di Roma*[91] (*Auferstehung Roms*[92]), den Lubich kurz nach dem Sommer 1949 verfasst, wird – in komprimierter Weise und in der ersten Person formuliert – durch die Autorin sichtbar gemacht, wie nun das Christ(us)-Sein im menschlichen Alltag im Blick auf die Welt, so wie sie sich zeigt, gehen kann. Dieser Text kann als ein *Schlüsseltext* zum Verständnis der Anthropologie Chiara Lubichs betrachtet werden, da in ihm, abgesehen von vielen praktischen Hinweisen für das Christ(us)-Sein, wichtige anthropologische Kernaussagen enthalten sind. Im Folgenden seien die wichtigsten Ausschnitte des Textes wiedergegeben, in welchen die anthropologisch relevanten Aussagen enthalten sind.[93] Der vollständige Text im italienischen Originalwortlaut befindet sich im Anhang dieser Arbeit.

Auferstehung Roms

»Wenn ich mir diese Stadt Rom anschaue, so wie sie ist, dann empfinde ich mein Ideal so weit weg wie die Zeiten, in denen die großen Heiligen und Märtyrer um sich herum sogar die Mauern dieser Bauwerke mit dem ewigen Licht erleuchteten, welche heute noch aufragen, um die Liebe zu bezeugen, die die ersten Christen verband.

In einem krassen Gegensatz dazu beherrscht die Welt mit ihrem Schmutz und ihren Eitelkeiten heute ihre Straßen und mehr noch die verborgenen Winkel der Häuser, wo es Zorn, verbunden mit jeder Art von Sünde und Aufregung gibt.

Und ich würde mein Ideal als Utopie bezeichnen, wenn ich nicht an Ihn dächte, der sich auch von einer Welt wie dieser umgeben sah und am Höhepunkt seines Lebens davon überwältigt schien, besiegt vom Bösen.

Auch Er schaute auf diese ganze Menschenmenge, die er liebte wie sich selbst. Er hatte sie erschaffen und wollte jene

---

[91] Der am 29. Oktober 1949 in der Zeitschrift *La Via* 36 (1949) erstveröffentlichte Text wurde – von der Autorin überarbeitet – im Jahr 1995 neu publiziert (vgl. Lubich, Risurrezione di Roma, 5-8). Maria Caterina Atzori weist darauf hin, dass es vier Versionen des Textes gibt (vgl. Atzori, Risurrezione di Roma, 432, Anm. 4). Allerdings sind die Varianten, was die inhaltlichen Aussagen zur Anthropologie anbelangt, nicht so unterschiedlich, als dass dies hier berücksichtigt werden müsste. Hier dient die Version aus dem Jahr 1995 als Grundlage.

[92] Eine deutschsprachige Übersetzung von Auszügen aus dem Text findet sich in: Tobler, Jesu Gottverlassenheit, 273ff.

[93] Zur Komposition des Gesamttextes und seiner inneren Dynamik verweise ich auf die sprachwissenschaftliche Studie von Maria Caterina Atzori (vgl. Atzori, Risurrezione di Roma, 438) bzw. auf den Sammelband, der sich unter verschiedenen Gesichtspunkten diesem Text annähert (vgl. Blaumeiser/Rossi [Hg.], Resurrezione di Roma).

Beziehung herstellen, welche sie mit Ihm – wie Kinder mit dem Vater – und untereinander als Geschwister vereinen sollte.

Er war herabgekommen, um die Familie wiederherzustellen: um alle eins zu machen.

Seine Worte voll Feuer und Wahrheit verbrannten das Vergängliche, das wie Spreu das Ewige in uns und zwischen den Menschen zuschüttete; trotzdem wollten die Menschen, viele Menschen, obwohl sie diese vernahmen, dennoch nicht begreifen. Ihre Augen blieben erloschen, weil die Seele finster war.

Und dies alles, weil er sie als freie Menschen erschaffen hatte. Als Gott vom Himmel auf die Erde kam, hätte ein einziger Blick genügt, um sie zum Leben zu erwecken. Doch weil sie nach seinem Bild erschaffen waren, musste er es ihnen überlassen, musste er ihnen die Freude lassen, den Himmel in Freiheit zu erobern. Die Ewigkeit stand auf dem Spiel, und für alle Ewigkeit hätten sie als Kinder Gottes leben können, wie Gott, als Schöpfer (in Teilhabe an Seiner Allmacht) des eigenen Glücks.

Er sah die Welt, wie ich sie sehe, aber er zweifelte nicht. Unzufrieden und traurig über all das, was dem Verderben entgegenging, betrachtete er nachts betend den Himmel über sich und den Himmel in seinem Innern, wo die Dreifaltigkeit wohnte, das wahre Sein, das konkrete Alles; draußen durch die Straßen hingegen zog die Nichtigkeit, die vergeht.

Auch ich folge Seinem Beispiel, um mich nicht vom Ewigen zu lösen, vom Ungeschaffenen, das die Wurzel des Geschaffenen und daher das Leben von allem ist, und um an den endgültigen Sieg des Lichts über die Finsternis zu glauben.

Ich gehe durch Rom, möchte aber diese Stadt nicht anschauen. Ich schaue auf die Welt, die in mir ist, und halte mich fest an dem, was Sein und Wert hat. Ich vereine mich mit der Dreifaltigkeit, die in meiner Seele wohnt, sie mit ewigem Licht erleuchtet und sie mit dem ganzen Himmel erfüllt, der von Heiligen und Engeln bevölkert ist. Diese sind ja nicht an Raum und Zeit gebunden und können sich daher in meinem kleinen Sein mit den Drei in Einheit der Liebe zusammenfinden.

Und ich komme mit dem Feuer in Berührung, das mein ganzes, mir von Gott geschenktes Menschsein durchdringt und mich zu einem anderen Christus macht, zu einem Gott-Menschen in Teilhabe. Auf diese Weise verschmilzt das Menschliche mit dem Göttlichen und meine Augen sind nicht mehr erloschen, sondern ich schaue auf die Welt und auf die Dinge durch die Pupille, die auf die Seele Leere ist, durch welche das ganze Licht, das in mir ist (wenn ich Gott in mir leben lasse) dringt. Aber nun schaue nicht mehr ich, sondern es ist

Christus, der in mir schaut. Und er sieht auch heute wieder Blinde, denen er das Augenlicht, Stumme, denen er die Sprache, und Lahme, denen er die Beweglichkeit geben will. Menschen, die blind sind für die Schau Gottes in ihnen und um sie herum; die stumm sind in Bezug auf das Wort Gottes, das doch in ihnen spricht und von ihnen den Nächsten weitergegeben werden könnte, um sie zur Wahrheit zur führen; unbeweglich gewordene Lahme, die den Willen Gottes nicht kennen, der sie aus dem Innersten ihres Herzens zur ewigen Bewegung drängt, zur ewigen Liebe, in der man selbst entflammt wird, wenn man Feuer weitergibt.

Wenn ich dann die Augen wieder öffne für das, was außerhalb ist, sehe ich die Menschheit mit den Augen Gottes, *der alles glaubt*, weil er Liebe ist.

Ich sehe und entdecke in den anderen mein eigenes Licht, meine eigentliche Wirklichkeit, mein wahres Ich in den anderen (wenn auch vielleicht zugeschüttet oder aus Scham verborgen gehalten). Und nachdem ich mich auf diese Weise wiedergefunden habe, vereine ich mich mit mir, indem ich mich im Bruder / in der Schwester – durch die Liebe, die Leben ist – auferwecke.

Indem ich dort Jesus auferwecke, einen anderen Christus, einen anderen Gott-Menschen, Manifestation der Güte des Vaters hier auf Erden, Gottes Auge auf die Menschheit. So weite ich Christus in mir auf den Nächsten aus und bilde eine lebendige und vollständige Zelle des Mystischen Leibes Christi, eine lebendige Zelle, einen Feuerherd Gottes, der das Feuer hat, um es weiterzugeben und mit ihm das Licht.

Gott ist es, der aus zwei eins bzw. einen [im ital. Orig. *uno*] macht, indem er selbst als der Dritte, als deren Beziehung hinzutritt: Jesus unter uns.

So kreist die Liebe und wie ein feuriger Strom bringt sie wie von selbst (durch das Gesetz der Gemeinschaft, welches ihr innewohnt) alles andere in die Gemeinschaft mit ein, was die beiden an geistigen und materiellen Gütern besitzen.

Und dies ist wirksames und äußeres Zeugnis einer einenden Liebe, der wahren Liebe, jener der Dreifaltigkeit.

So lebt wirklich der ganze Christus in beiden wieder, wie auch in jedem Einzelnen und unter uns.

[...]«[94]

Die Verfasserin beginnt ihre Überlegungen mit dem Blick auf die Wirklichkeit der Welt, wie sie sich den Menschen zeigt und erlebt dabei zunächst den großen Kontrast zu ihrer Erfahrung und ihren Einsichten im *Paradies 1949* sowie zu ihrem Ideal der Einheit insgesamt.»Wenn

---

[94] Lubich, Risurrezione di Roma, 5-7.

ich mir diese Stadt Rom anschaue, so wie sie ist, dann empfinde ich mein Ideal so weit weg«[95]. Im Blick auf »die Welt mit ihrem Schmutz und ihren Eitelkeiten [...], wo es Zorn, verbunden mit jeder Art von Sünde und Aufregung gibt«, ist sie versucht, ihr »Ideal als Utopie« zu bezeichnen. Aber – so ein erster wichtiger Schritt als Christin – sie lenkt ihr Denken auf Christus und Sein Ideal. »Er war herabgekommen, um die Familie wiederherzustellen: um alle eins zu machen« und schien am Ende von dieser Welt »überwältigt [...] besiegt vom Bösen«. Und weiter: »Er sah die Welt, wie ich sie sehe, aber er zweifelte nicht.« Der Blick auf Christus, sein Leben, Sterben und Auferstehen sowie auf den Plan Gottes, den er geoffenbart hat, befreit zu einer neuen Sichtweise. Im Betrachten der Heilsgeschichte Gottes für die Menschen findet auch das Dunkle, die Sünde, ihren Platz. Es braucht nicht verleugnet werden, gewinnt aber auch nicht die Herrschaft über den Menschen, der mit dem Blick Christi darauf schaut.

An dieser Stelle der Betrachtung bringt Chiara einen für die Anthropologie grundlegenden Aspekt der Gottesbildlichkeit ins Spiel, nämlich die *Freiheit* des Menschen, die auch in der Freiheit besteht, entgegen seiner Bestimmung leben zu können. Gott nimmt die Würde des Menschen als Bild Gottes und daher seine Freiheit[96] so radikal ernst, dass er dem Menschen nun auch »die Freude [lassen musste], den Himmel in Freiheit zu erobern«. Nur so würden sie wirklich ein anderer Christus, Sohn / Tochter im Sohn, »Gott [...] in Teilhabe« sein, denn im trinitarischen Gott sind Einheit und Freiheit – weil vollkommene Liebe – eins.

> »Als Gott vom Himmel auf die Erde kam, hätte ein einziger Blick genügt, um sie zum Leben zu erwecken. Doch weil sie nach seinem Bild erschaffen waren, musste er es ihnen überlassen, musste er ihnen die Freude lassen, den Himmel in Freiheit zu erobern. Die Ewigkeit stand auf dem Spiel, und für alle Ewigkeit hätten sie als Kinder Gottes leben können, wie Gott, als Schöpfer (in Teilhabe an Seiner Allmacht) des eigenen Glücks.«

---

[95] Die folgenden direkten Zitate in diesem Absatz sind, soweit nicht eigens anders belegt, dem Text *Risurrezione di Roma* entnommen.

[96] Die Frage, wie im Gedankengut Lubichs das Verhältnis von Einheit und Freiheit im innertrinitarischen Leben und im Menschen im Detail zu verstehen ist, kann an dieser Stelle nicht ausgeführt werden. Fest steht: Wie im Leben der göttlichen Dreifaltigkeit absolute Freiheit und vollkommene Einheit in der Liebe eins sind, und Freiheit und Einheit charakteristisch für die innertrinitarischen Relationen sind, so zeigen sich beide Dimensionen analog in der Gottesbildlichkeit des Menschen.

In der trinitarischen Sichtweise Lubichs wird der Mensch als 'Christus' so konsequent ernstgenommen, dass selbst die Erlösung durch Christus, die reine Gnade, also unverdientes Geschenk (passiv) ist, dem Menschen dergestalt zukommt, dass er selbst (aktiv) den Himmel in Freiheit[97] erobern darf, um in Ewigkeit als Sohn / Tochter Gottes wie der Sohn zu leben, als Gott in Teilhabe, und nicht weniger. Denn Christ(us)-Sein bedeutet, so Chiara in einem anderen Text,»ganz aktiv und passiv zu sein: Einheit der Gegensätze: *Gott*«[98]. Die in der gesamten Literatur zur Theologischen Anthropologie virulente Frage nach der Relation zwischen dem Handeln Gottes und der Freiheit des Menschen findet im trinitarischen Denken Lubichs einen Lösungsansatz, welcher freilich einer eigenen Vertiefung[99] bedürfte. An dieser Stelle muss der Hinweis darauf genügen.

Nach dem ersten, rein menschlichen Blick auf Rom (exemplarisch für die Welt) macht Chiara als Christin einen Schritt in ihre Innerlichkeit, um sich in der eigenen Seele mit der Dreifaltigkeit zu vereinen, dem »Ungeschaffenen, das die Wurzel des Geschaffenen und daher das Leben von allem«; mit der Dreifaltigkeit, die »das wahre Sein, das konkrete Alles« ist. Die *Vereinigung mit der Dreifaltigkeit* in ihrem Inneren führt nun dazu, dass diese sie in einen 'anderen Christus' verwandelt. Im Wortlaut der Verfasserin:

> »Und ich komme mit dem Feuer in Berührung, das mein ganzes, mir von Gott geschenktes Menschsein durchdringt und mich zu einem anderen Christus macht, zu einem Gott-Menschen in Teilhabe. Auf diese Weise verschmilzt das Menschliche mit dem Göttlichen und meine Augen sind nicht mehr erloschen, sondern ich schaue auf die Welt und auf die Dinge durch die Pupille[100], die auf die Seele Leere ist, durch welche das ganze Licht, das in mir ist (wenn ich Gott in mir leben

---

[97] Siehe dazu die Aussage in der paulinischen Gnadentheologie »Zur Freiheit hat uns Christus befreit.« (Gal 5,1) Dass Christus uns befreit hat, unterstreicht das *aktive Wirken Christi* und den passiven Anteil des Menschen. Dass diese Gnade die Freiheit des Menschen (= *aktiver Anteil des Menschen*) jedoch nicht unterdrückt, sondern in Wirklichkeit ermöglicht, wird damit ausgedrückt, dass uns Christus eben *zur Freiheit* befreit hat.

[98] P'49, zitiert nach: Coda, Sul soggetto della teologia, 874f., Anm. 10.

[99] Durch eine trinitätstheologische Auseinandersetzung mit Lubichs Denken in dieser Frage könnte sich m.E. unter anderem ein Dialogfeld mit den großen östlichen Religionen und ihren Ansätzen von 'Selbsterlösung' auftun.

[100] Der Ausdruck 'Pupille' nimmt Bezug auf Jesus den Verlassenen, der bei Lubich als 'Pupille des Auges Gottes' bezeichnet wird (vgl. die entsprechenden Ausführungen im vorherigen Kapitel).

lasse) dringt. Aber nun schaue nicht mehr ich, sondern es ist Christus, der in mir schaut.«

Dieser neue Blick[101] 'mit den Augen Christi' auf die Menschheit ermöglicht in der Folge, auch in allen Mitmenschen einen 'anderen Christus', das eigentliche Sein des Ich auch als das eigentliche Sein im Du zu erkennen und zu wecken. So schreibt Chiara:»Ich sehe und entdecke in den anderen mein eigenes Licht, meine eigentliche Wirklichkeit, mein wahres Ich in den anderen (wenn auch vielleicht zugeschüttet oder aus Scham verborgen gehalten)«. Dieses Entdecken von Christus im anderen und das Sich-Vereinen – aus Liebe – mit Christus im anderen bewirkt, da es derselbe Christus im eigenen Inneren ist, welcher geliebt wird, dass das Ich sich, d.h. Christus in sich, 'auferweckt', wie Chiara formuliert:»Und nachdem ich mich auf diese Weise wiedergefunden habe, vereine ich mich mit mir, indem ich mich im Bruder / in der Schwester – durch die Liebe, die Leben ist – auferwecke.« Dieser neue Blick bewirkt also eine 'Auferstehung' Christi (Christus ist ja nach Lubich das Sein des Menschen) im Du wie im Ich. Der Blick erweist sich so als ein generativer Blick, der Leben zeugt und Auferstehung erwirkt.

Dieser generative Blick 'mit den Augen Gottes' auf Christus, das eigentliche Sein im Ich und in jedem Du, schafft nun – dem Text folgend – schließlich eine neue Beziehung unter den Menschen, eine Beziehung, welche in Christus zur Einheit, zur Wirklichkeit der Kirche als mystischem Leib Christi führt, wie Chiara im anschließenden Absatz schreibt.

»Indem ich dort Jesus auferwecke, einen anderen Christus, einen anderen Gott-Menschen, Manifestation der Güte des Vaters hier auf Erden, Gottes Auge auf die Menschheit. So weite ich Christus in mir auf den Nächsten aus und bilde eine lebendige und vollständige Zelle des Mystischen Leibes Christi, eine lebendige Zelle, einen Feuerherd Gottes, der das Feuer hat, um es weiterzugeben und mit ihm das Licht. Gott ist es, der aus zwei eins bzw. einen [im ital. Orig. *uno*] macht, indem

---

[101] Der Blick, von dem Lubich hier spricht, erweist sich als generativer Blick, d.h. es ist ein Blick, der Leben schafft. Weil es der Blick 'durch die Pupille' ist, also durch Jesus den Verlassenen (der Mensch und Gott ist), ist es Gott, der durch das Ich blickt. Wenn schon rein menschliche Blicke sprichwörtlich töten oder lebendig machen können, kann der Blick Gottes durch den Menschen umso mehr *das* Leben im Menschen schaffen. Verstärkt wird im Text Lubichs die Vorstellung von der generativen Potenz dieses Blickes Gottes durch die Tatsache, dass die Pupille als Loch (= Nichts) im Auge »durchlässig ist für das ganze Licht«, dass also nichts den Blick trübt, wenn der Mensch wirklich durch Jesus den Verlassenen blickt.

er selbst als der Dritte, als deren Beziehung hinzutritt: Jesus unter uns.«

Die Erfahrung des Christ(us)-Seins mündet in *Risurrezione di Roma* in die – nur im trinitarischen Sinn verständlichen – Formel ein: »So lebt wirklich der ganze Christus in beiden wieder, wie auch in jedem Einzelnen und unter uns.« Dieser 'ganze Christus' erfasst auch die ganze Wirklichkeit und verändert nicht nur den – im falschen Sinn verstandenen und aus dem Gesamt des Lebens heraussegmentierten – 'religiösen Bereich'[102] des Menschseins, sondern alles: »Politik und Kunst, Schule und Religion, Privatleben und Freizeit. Alles.« Christ(us)-Sein in dieser Wirklichkeit als mystischem Leib Christi führt also zur Erneuerung aller Lebensbereiche des Menschen, da jeder Mensch »als anderer Christus, als Glied seines mystischen Leibes, seinen spezifischen Beitrag in allen Bereichen gibt«[103]. Chiara spricht in einer Anmerkung zur Textpassage von der 'Inkarnation', die weitergeht, von der Inkarnation, »die alle Jesus des Mystischen Leibes Christi«[104] betrifft. Diese Sicht des Menschen ist es, die für die Autorin im tiefsten Sinn *human* ist, denn sie führt zu einem »neuen Humanismus, wo wirklich der Mensch im Zentrum ist, jener Mensch, der vor allem Christus ist, Christus in den Menschen«[105], wie Chiara schreibt. Solches Christ(us)-Sein führt – so die Quintessenz des gesamten Textes – zur *Auferstehung Roms*, d.h. zur Erneuerung, besser gesagt zur Christifizierung der Menschheit.

In einem gesellschaftlichen und geistesgeschichtlichen Kontext, in welchem einerseits eine Anthropozentriertheit prägend ist und andererseits Gott entweder offen als Feind des Menschen und seiner Entwicklung deklariert wird, oder aber – subtiler und bisweilen unbewusst – unausgesprochen als jemand erlebt wird, der die volle Entfaltung und

---

[102] Im Gedankengut Lubichs gibt es als Konsequenz ihres Verständnisses vom Menschen als 'anderem Christus' keine Trennung zwischen 'religiös' und 'profan' im Menschsein, wie sie im letzten Teil vom Text *Risurrezione di Roma* schreibt: »Gott ist nicht in uns wie das Kruzifix, das bisweilen gleich einem Amulett an der Wand eines Klassenzimmers hängt. Er ist lebendig in uns – wenn wir Ihn leben lassen – als Gesetzgeber jedes menschlichen und göttlichen Gesetzes, denn alles ist seine Schöpfung. Von innen her diktiert er alles und lehrt uns – als ewiger Lehrer – das Ewige und das Kontingente, und er verleiht allem Wert.« (Lubich, Risurrezione di Roma, 8)

[103] Lubich, Risurrezione di Roma, 8, Anm. 1. Die Autorin ergänzt: »Freilich ist es nicht der historische Jesus oder Er als Haupt des Mystischen Leibes, der alle Probleme löst. Das macht Jesus-Wir, Jesus-Ich, Jesus-Du [...] es ist Jesus im Menschen, in diesem bestimmten Menschen, welcher – wenn Seine Gnade in ihm ist – eine Brücke baut und eine Straße errichtet.«, denn: »Die eigentliche, tiefste Persönlichkeit eines / einer jeden ist Jesus« (ebd., 8, Anm. 1)

[104] Ebd.

[105] Ebd., 8, Anm. 2.

Erfüllung des Menschseins letztlich doch einschränkt, oder der zumindest in manchen Bereichen des menschlichen Lebens als irrelevant ausgeklammert wird, kann das in diesem Abschnitt dargestellte anthropologische Verständnis Lubichs vom Menschsein als 'Christ(us)-Sein' einen interessanten Ansatzpunkt für ein Gespräch mit anderen – auch nicht theologischen – Anthropologien bieten. Als Ausgangspunkt vonseiten einer theologischen Anthropologie für ein solches Gespräch könnte die These – im Sinne von Chiara Lubich – lauten: Christsein, weil Christus-Sein, lässt mehr und wirklich Mensch sein!

II. Die gegenseitige Liebe als 'Herz' der Trinitarischen Anthropologie

»Ich habe gespürt, dass ich geschaffen bin als Geschenk für meine Nächsten und dass meine Nächsten geschaffen sind als Geschenk für mich. So wie der Vater in der Trinität ganz für den Sohn ist und der Sohn ganz für den Vater ist. Auf der Welt ist alles in einer Beziehung der Liebe untereinander: alles mit jedem. Man muss die Liebe sein, um den roten Faden zu finden, der alles Sein verbindet.«[106]

Da dieses Zitat aus dem *Paradiso '49* Wichtiges zum Thema prägnant ins Wort bringt, soll es einem zweiten inhaltlichen Punkt in der Anthropologie Lubichs vorangestellt werden, der einen Aspekt der Gottesbildlichkeit des Menschen hervorhebt, welcher in ihrem gesamten Schrifttum eine zentrale Rolle spielt, nämlich den Aspekt der Gegenseitigkeit der Liebe. Kurzgefasst lässt sich das Denken Chiaras dazu folgendermaßen ausdrücken: Die Dreifaltigkeit ist gegenseitige Liebe, der Mensch als Bild des Dreifaltigen Gottes ist geschaffen als und zur gegenseitigen Liebe und er muss diese Liebe im Leben sein, also sie leben, um dies zu erfassen. Etwas ausführlicher formuliert heißt das: Gott als der Dreifaltig-Eine ist vollkommene gegenseitige Liebe in den Relationen der drei göttlichen Hypostasen. Jeder der Drei *ist* im kenotischen Nicht(s)-Sein aus Liebe, im Sein-*Für* die jeweils Anderen, in der Selbst-Gabe. Für sich allein, ohne die jeweils Anderen und ohne diese Relation der gegenseitigen Liebe ist keine der drei göttlichen Personen denkbar. Im Ernstnehmen dieser Vision der Dreifaltigkeit, die am Beginn dieses Kapitels bereits etwas ausführlicher dargestellt wurde, und der Grundbotschaft der Theologischen Anthropologie, dass

---

[106] P'49, zitiert nach: Zanghí, Leggendo un carisma, 114.

der Mensch nach dem Bild Gottes und 'im innertrinitarischen Raum' (siehe oben) erschaffen ist, sieht Chiara diese trinitarische Grundprägung im Mensch-*Sein* als solchem (also ontologisch) gegeben. Was für die Personen in der Dreifaltigkeit gilt, gilt also – in analoger Weise – auch für die Menschen: jeder Mensch *ist* im kenotischen Nicht(s)-Sein aus Liebe, im Sein-*Für* die jeweils anderen, schließlich im gegenseitigen Für-Sein im Geist Gottes. Für sich allein, ohne die jeweils anderen und ohne diese Relation der gegenseitigen Liebe entspricht der Mensch nicht seinem vom Gott geschenkten Wesen, *ist* er nicht wirklich voll Mensch. In diesem Sinn und weil Chiara selbst – vor dem Verfassen der zitierten Textpassage – bereits über Jahre hinweg versucht hat, entsprechend dem Neuen Gebot der gegenseitigen Liebe zu leben und durch das *Paradies 1949* in diese trinitarische Liebe eingetaucht ist, erfährt jede und jeden Nächsten als 'Geschenk'[107] für sich und sich selbst als Geschenk für die anderen. Denn jede und jeder Nächste ermöglicht dem Ich, sich in seinem Sein mehr zu verwirklichen.

Nur wer selbst in diese Dynamik der gegenseitigen, trinitarischen Liebe miteinschwingt und somit wahrhaft *ist*, kann 'den roten Faden' dieser trinitarischen Grundprägung des Seins erkennen. Denn sie erschließt sich, wie Klaus Hemmerle zur – dem Denken Lubichs zugrunde liegenden – trinitarischen Ontologie schreibt,»nur dem, der diesem göttlichen Sich-Geben sich selber gibt, der in die antwortende Bewegung des Sich-Gebens nicht nur sein Denken, sondern seine Existenz, und

---

[107] Die von der Autorin häufig verwendeten Ausdrücke ‚geben‘, ‚schenken‘ für ‚lieben‘ beinhalten in ihren Schriften stets die Momente der Gegenseitigkeit und der trinitarischen Dynamik, wie sie unter 6.1.1. für das innertrinitarische Leben skizziert wurden. Im Bild vom ‚Geschenk‘ leuchten – phänomenologisch – bereits in der Erfahrung unter Menschen verschiedene Momente auf, die zusammengehören: der bzw. die Schenkende, die Gabe des Geschenks selbst, der Akt des Schenkens, der bzw. die Beschenkte, das Echo an den Ursprung, dass das Geschenk als Geschenk angekommen ist und angenommen wurde und es damit erst wirklich als Geschenk erwiesen sieht. Erst, wenn alle diese Elemente vorhanden und miteinander verbunden sind, ist das Geschenk *wirklich* Geschenk. Auf personeller Ebene heißt das: Das Ich als Geschenk *ist* dann wirklich Geschenk für den anderen, wenn es sich als Geschenk, also als Gabe sich selbst gibt, ver- und damit wegschenkt und beim empfangenden Du als Geschenk angenommen wird und in der Weise als geschenkter Dank zum Ich zurückkehrt, dass es wahrlich als Geschenk offenbar wird. So ist das Geschenk zugleich als eigene Wirklichkeit zwischen dem Ich und dem Du, welches beide verbindet, umfasst und eins macht und sie gleichzeitig als Ich und Du (jeweils als Geschenk) erst offenbar macht. Klaus Hemmerle hat in seinen *Thesen zu einer trinitarischen Otologie*, nicht zuletzt inspiriert vom Trinitätsverständnis Lubichs Grundzüge einer trinitarischen Lehre vom Sein entworfen, in welcher er die Liebe als ‚Sich-Geben‘ als den Grundrhythmus des Seins durchbuchstabiert.

sie nicht nur privat, sondern in allen ihren Bezügen einbringt«[108]. Denn wenn, so Hemmerle weiter, »der eine Gott Sich-Geben ist und wenn gerade in der 'ökonomischen' Trinität die 'immanente' aufgeht und wenn ihr Aufgang selbst eine ökonomische Intention hat: die Teilgabe am Innersten Gottes und unsere Hineinnahme ins Innerste Gottes – dann wird die Analogie des Seins also doch zur Analogie der Trinität. Alles erfüllt sich und vollbringt sein Eigenstes, indem es in seine Beziehentlichkeit, in sein Über-sich-Hinaus, in sein Sich-Haben im Sich-Geben, in sein Zu- und Füreinander tritt.«[109] Die Verwirklichung des Neuen Gebots Jesu ist für Lubich der Weg des Menschen, seine trinitarisch geprägte Gottesbildlichkeit zu realisieren und gerade in der Realisierung diese auch als das tiefstes Sein seines Menschseins zu erfassen.

In der Lehre des Menschen bei Chiara Lubich ist die gegenseitige Liebe ein so zentraler Punkt, dass sie diese bei mehreren Gelegenheiten als das 'Herz' der Anthropologie bezeichnet, so u.a. in Manila in ihrer *Lectio magistralis*. Wörtlich referiert sie in diesem Vortrag: »Das Gebot der gegenseitigen Liebe, nach dem Maß der Liebe Jesu zu uns, also bis zur Verlassenheit gelebt, die uns in Ihm eins werden lässt, bezeichnet [...] die Vision des Menschen, wie sie uns von Jesus geoffenbart ist; es ist das Herz der christlichen Anthropologie.«[110] Dass die Verwendung des Ausdrucks 'Herz' – als dasjenige Organ, welches den Menschen am Leben erhält, wenn es schlägt[111], und das in fast allen Kulturen das 'Innerste' des Menschen bezeichnet – nicht zufällig ist und warum sie für die gegenseitige Liebe in der Anthropologie Lubichs angemessen ist, soll in den folgenden beiden Punkten deutlich werden. Dabei wird zunächst die Bedeutung der gegenseitigen Liebe im Hinblick auf das Verständnis der Gottesbildlichkeit untersucht, und anschließend werden einige für die Anthropologie Chiaras charakteristische Punkte anhand eines Schlüsseltextes ans Licht gehoben.

1. Die gemeinschaftliche Berufung des Menschen, Bild der Trinität zu sein

Zunächst ist zu beobachten, dass es in den Schriften Lubichs eine Übereinstimmung gibt sowohl mit dem Zweiten Vatikanischen Konzil als

---

[108] Hemmerle, Thesen, 55.

[109] Ebd., 56.

[110] Lubich, Lezione magistrale in Teologia [1997], 85.

[111] Wenn das Herz zwar vorhanden ist, aber nicht schlägt, ist der Mensch zwar noch vollständig da, aber nicht mehr am Leben. Auf die gegenseitige Liebe angewandt: nur, wenn sie gelebt wird, ist der Mensch im trinitarischen Leben und damit in seinem wirklichen Sein lebendig.

auch mit dem Großteil der Literatur zur Theologischen Anthropologie, was den gemeinschaftlichen Aspekt der *Imago-Dei*-Lehre anbelangt. In verschiedenen Vorträgen zur Thematik der Berufung des Menschen zur gegenseitigen Liebe weist sie dezidiert auf die Nummer 24 von *Gaudium et spes*[112] hin und wenn sie über Ehe und Familie spricht, zitiert sie gerne das Apostolische Schreiben von Papst Johannes Paul II. *Mulieres dignitatem*[113], in welchem er von der Ehe als Abbild der dreifaltigen Liebe Gottes spricht, denn auch für die Trägerin des Charismas der Einheit »ist die Familie untrennbar mit dem Mysterium Gottes selbst, der Einheit und Dreifaltigkeit ist, verbunden«[114], wie sie beim Internationalen Kongress für Familien in Luzern am 16. Mai 1999 betont. Dennoch lassen sich im Gesamt ihrer Schriften Spezifika erkennen, die mit ihrer Erfahrung der 'Trinitisierung' sowie mit ihrer Vision des Menschen im trinitarischen Schöpfungsereignis gegeben sind. Diese sollen im Folgenden aufgezeigt werden.

Das 'Herz' nicht als Zusatz, sondern als Lebensmitte

In der Analyse des schriftlichen Werks Lubichs zeigt sich, dass der Aspekt der gegenseitigen Liebe in der Gottesbildlichkeit des Menschen nicht ein *zusätzliches* Moment zur Kreatürlichkeit darstellt, sondern zentral ist, eben das *'Herz'* ihrer Anthropologie ausmacht. Hier zeigt sich ein Unterschied sowohl zur Anthropologie, wie sie in *Gaudium et*

---

[112] Vor allem auf die Aussagen in GS 24, dass Gott wollte, dass »alle Menschen *eine* Familie bilden«, sowie der Hinweis auf das Gebet Jesu um die Einheit in Joh 17, durch welches »eine gewisse Ähnlichkeit nahe[legt] zwischen der Einheit der göttlichen Personen und der Einheit der Kinder Gottes« (vgl. Lubich, Lezione magistrale in Teologia [1997], 85).

[113] Wörtlich schreibt Papst Johannes Paul II. im Apostolischen Schreiben *Mulieres dignitatem*: »Gott, der sich den Menschen durch Christus zu erkennen gibt, ist Einheit in Dreifaltigkeit: Einheit in Gemeinschaft. Damit fällt auch neues Licht auf jenes Abbild und Gleichnis Gottes im Menschen, von dem das Buch Genesis spricht. Dass der als Mann und Frau geschaffene Mensch Gottes Abbild ist, bedeutet nicht nur, dass jeder von ihnen einzeln als vernunftbegabtes und freies Wesen Gott ähnlich ist. Es bedeutet auch, dass Mann und Frau, als 'Einheit von zweien' im gemeinsamen Menschsein geschaffen, dazu berufen sind, eine Gemeinschaft der Liebe zu leben und so in der Welt jene Liebesgemeinschaft widerzuspiegeln, die in Gott besteht und durch die sich die drei göttlichen Personen im innigen Geheimnis des einen göttlichen Lebens lieben. Der Vater, der Sohn und der Heilige Geist, ein einziger Gott durch die Einheit des göttlichen Wesens, existieren als Personen durch die unergründlichen göttlichen Beziehungen. Nur auf diese Weise wird die Wahrheit begreifbar, dass Gott in sich selbst Liebe ist (vgl. 1 Joh 4, 16).« (Johannes Paul II.: Apostolisches Schreiben *Mulieres dignitatem* [1988] Nr. 7). Auf diese Stelle weist Lubich bei der Verleihung des Ehrendoktorats in Theologie durch die Universität Trnava (Slowakei) am 23. Juni 2003 hin (vgl. Lubich, Lezione Magistrale in Teologia [2003], 353).

[114] Zitiert in: Lubich, La dottrina spirituale, 230.

spes enthalten ist, als auch bei den Ansätzen der im ersten Teil der Arbeit vorgestellten Autoren, wo die gemeinschaftliche Dimension jeweils mehr oder weniger deutlich als 'zusätzliche' Dimension zur Gottesbildlichkeit des einzelnen Menschen erscheint. Einiges weist etwa bei genauerer Lektüre des genannten Konzilsdokuments darauf hin: so das – zunächst als rein formal erscheinende – Faktum, dass in GS 22 vom Menschen im Singular gesprochen wird. Bei näherem Hinsehen erweist es sich aber als mehr denn rein formal. Im ersten Kapitel des Konzilsdokuments, von dem GS 22 ein Teil ist, ist in der Tat nämlich zunächst der *einzelne* Mensch im Blick. Es geht um Christus, welcher der 'neue Mensch' ist, und um den Menschen in seiner (persönlichen) Berufung. Die gemeinschaftliche Dimension des Menschen wird von den Konzilsvätern extra und sogar in einem eigenen Kapitel, nämlich im zweiten Kapitel von *Gaudium et spes*, konkret in GS 24 und unter einer eigenen Überschrift – *Die menschliche Gemeinschaft* – behandelt. Der einzelne Mensch und die menschliche Gemeinschaft werden als zwei Themen im Konzilstext präsentiert, wodurch die gemeinschaftliche Dimension gleichsam als 'Plus' zur Grundberufung des Menschen erscheint. Ähnlich ist es in anderen anthropologischen Ansätzen, vor allem bei Entwürfen, in denen die *Imago-Dei*-Lehre primär auf die Ehe und die Familie zugespitzt wird und somit als etwas erscheint, das nicht *alle* Menschen[115] betrifft. Im Vergleich zu Ansätzen explizit trinitarischer Anthropologien zeigt sich ein gewisser Unterschied zudem darin, dass in ihnen die Konzentration auf der 'Einbergung *in* die Trinität' (Balthasar) liegt, und zwar meistens mit dem Fokus der Einbergung des *einzelnen* Menschen in Gott und folglich der trinitarischen Ebenbildlichkeit aller Menschen *in* der Trinität. Bei Chiara hingegen liegt ein zusätzlicher Schwerpunkt im trinitarischen Leben *unter* den Menschen. Dies hängt eng mit ihrem Charisma zusammen, wie sie selbst in ihrer theologischen Lektion in Trnava unterstreicht:

> »Es war eine neue Spiritualität, die in der Kirche entstand, jene Spiritualität, in der das Lieben das Geliebt-Werden und das Geben das Empfangen erwartet. In dieser Spiritualität wird das Leben der Dreifaltigkeit nicht mehr nur in der Innerlichkeit der einzelnen Seele gelebt, sondern es fließt frei unter den Gliedern des Mystischen Leibes Christi.«[116]

---

[115] Zusätzliche Hinweise sowohl in kirchlichen Dokumenten als auch bei einzelnen Autorinnen und Autoren, dass die Ehe und Familie als Abbild der Trinität exemplarisch für das Miteinander aller Menschen bzw. für die Gemeinschaft der Kirche stehen, können diesen Gesamteindruck nur bedingt relativieren.

[116] Lubich, Lezione magistrale in Teologia [2003], 353.

Das 'Herz', also die gegenseitige Liebe, bildet im Verständnis der Gottesbildlichkeit des Menschen folglich nicht einen Zusatz, der eventuell auch entfallen könnte, ähnlich einem Körperorgan (z.b. Hand oder Fuß), ohne welches der Mensch immer noch ein lebendiger Mensch im Vollsinn wäre, sondern es ist eben die pulsierende Mitte, ohne die der Mensch nicht leben kann und ohne die er als Mensch nicht im Vollsinn der *Imago Trinitatis* verwirklicht ist.

»Liebe ist lieben und geliebt werden: sie ist die Trinität«

Wie versteht nun Chiara Lubich die gegenseitige Liebe als 'Herz' der Anthropologie näherhin? In ihren Schriften zeigt sich die Gottesbildlichkeit jedes einzelnen Menschen und aller Menschen als trinitarisch entsprechend ihrer Vision vom Menschen im Schöpfungsereignis. Gott *ist* trinitarische (gegenseitige) Liebe und alle Menschen *sind* in diese trinitarischen Relationen eingewoben und folglich auch untereinander zu trinitarischen Beziehungen berufen, in welchen derselbe Heilige Geist die Beziehung *ist*, die Er zwischen Vater und Sohn in der Dreifaltigkeit ist. Von daher ist die gegenseitige Liebe nicht ein 'Plus' zur Gottes- und Nächstenliebe, sondern sie ist *die* Liebe. »Liebe ist lieben und geliebt werden: sie ist die Trinität.«[117] In vielen Schriften betont Lubich daher das spezifisch Christliche des Gebots der gegenseitigen Liebe – welches Jesus nicht von Ungefähr 'mein' Gebot und 'neues' Gebot nennt, wie sie hervorstreicht[118] – und sieht dessen Umsetzung im Leben als Weg, die Gottesbildlichkeit als Menschen zu realisieren. Dabei zeigt sie – meistens weniger in philosophisch-theologischer als vielmehr in bildhaft-kerygmatischer Sprache – die Notwendigkeit der Gegenseitigkeit in der Liebe auf, um für dieses 'Sein als Trinität' zu animieren. So in einem der bekannteren Texte aus ihrer Feder, der

---

[117] Lubich, Se il tuo occhio è semplice, 152. In früheren Publikationen (bis zum Jahr 2003) dieses Textes, der im November 1949 verfasst wurde, wurde das Zitat in einer vom Original abweichenden Version wiedergeben mit »Così l'amore è amare ed esser amato: *come nella* [Hervorhebung d. Verf.] Trinità«, also »*wie in der* Trinità«. Die wichtigsten Belege dafür, auf die später – auch bei Übersetzungen in andere Sprachen – Bezug genommen wurde, sind: Lubich, Se siamo uniti, 358; Lubich, La dottrina spirituale, 123; Henderson, Gli infiniti toni, 375.381. In der im Jahr 2002 veröffentlichten Habilitationsschrift von Tobler gibt der Autor beispielsweise die deutsche Übersetzung noch entsprechend der vom Original abweichenden Version wieder (vgl. Tobler, Jesu Gottverlassenheit, 106).

[118] Die Spiritualität der Einheit bezeichnet die Gründerin der Fokolar-Bewegung daher in einer Aufzeichnung aus dem Jahr 1950 als »Mystik des *Neuen* Testaments [nicht des AT], des Neuen Gebots, Mystik der Kirche, durch welche die Kirche wirklich Kirche ist, weil sie *Einheit*, Mystischer Leib, Liebe ist« (zitiert in: Folonari, Testimonianza su Chiara Lubich, 368).

auch als gesamter[119] die Priorität der gegenseitigen Liebe im Christsein unterstreicht:

> »Weil die Seele Bild Gottes ist, ist sie Liebe, und eine auf sich selbst bezogene Liebe ist wie eine Flamme, die erlischt, weil sie nicht genährt wird. Schau weg von dir: nicht in dich hinein, nicht auf die Dinge, nicht auf die Geschöpfe: schau auf Gott außerhalb von dir, um dich mit Ihm zu vereinen. Er befindet sich im Grund jeder Seele, die lebendig ist, und falls sie tot ist, ist sie der Tabernakel Gottes, den sie erwartet als Freude und Ausdruck der eigenen Existenz. Schau also in Liebe auf jeden Nächsten, und lieben heißt geben. Doch die Gabe ruft wiederum Gabe hervor und so wirst auch du geliebt werden. [...] Du entzündest in einer Umgebung kein Licht – selbst wenn elektrischer Strom vorhanden ist – solange du die Pole nicht miteinander in Kontakt bringst. So ist es mit dem Leben Gottes in uns: es muss zum Zirkulieren gebracht werden, damit es nach außen strahlt, um Christus zu bezeugen: den Einen, der Himmel und Erde sowie die Geschwister untereinander verbindet. Schau also auf jeden Nächsten, gib dich ihm hin, um dich Jesus hinzugeben und Jesus wird Sich dir hingeben.[120] Das Gesetz der Liebe lautet: 'Gebt, dann wird auch euch gegeben werden!' (Lk 6,38).«[121]

Die dem Menschen von der Trinität eingeprägte Reziprozität der Liebe leuchtet in seiner Aktualisierung auf. Für Lubich gilt die Aussage, dass die Trinität Liebe ist, auch umgekehrt, nämlich dass die Liebe Trinität

---

[119] Der Text wurde ursprünglich im November 1949 als Kommentar zum Schriftwort »Die Leuchte des Leibes ist dein Auge. Wenn dein Auge gesund ist, dann ist dein ganzer Leib hell« (Lk 11,34) verfasst und in der Zeitschrift *Nuova Umanità* im Jahr 2007 neu veröffentlich (vgl. Lubich, Se il tuo occhio è semplice, 151-153).

[120] Zu beachten ist, dass die Adresse der Liebe, also der Hingabe nicht einfachhin der bzw. die Nächste ist, sondern Christus im Nächsten. Er ist es, der die Gegenseitigkeit der Liebe garantiert. Andernfalls, wenn also einfachhin die Schwester bzw. der Bruder die Adresse wäre, würde die Hingabe meistens nicht entsprechend beantwortet werden, sondern ins Leere gehen. Der bzw. die auf diese Weise – rein auf irdische Weise – den Mitmenschen Liebende würde in der Hingabe leicht ausbrennen, sich selbst de facto verlieren, und die Gemeinschaft der Menschen würde sich als Bedrohung für die 'Selbstverwirklichung', die kenotische Liebe als tödliche Falle erweisen. Dass im irdischen Leben der Menschen das Moment des Kreuzes dennoch ein wichtiges Moment ausmacht, zeigt die Erfahrung von Jesus dem Verlassenen und Auferstandenen, wie im nächsten Abschnitt noch näher ausgeführt wird. Im zitierten Text schreibt die Autorin gegen Ende: »Vielleicht wirst du dann an einem Kreuz sterben, um nicht über deinem Meister zu stehen, aber du wirst für den sterben, der dich kreuzigt, und so wird die Liebe den letzten Sieg davontragen.« (Lubich, Se il tuo occhio è semplice, 153)

[121] Lubich, Se il tuo occhio è semplice, 152.

ist, aber eben insofern, als sie gegenseitig ist analog zu den Relationen der göttlichen Dreifaltigkeit.

Imago Trinitatis – einzeln und gemeinsam

Wenn der Mensch nun mit anderen Menschen die gegenseitige, trinitarische Liebe lebt, ist er im Vollsinn *Imago Trinitatis* – und zwar als Einzelner wie als Gemeinschaft der Menschen. Es fällt in diesem und in anderen Texten allerdings auf, dass Chiara dabei eine Verlagerung des Schwerpunkts vollzieht, nämlich von Christus (als dem eigentlichen Sein des Menschen) in der Seele des Ich zu Christus im Du, das als Frucht zusätzlich Christus im Zwischen erfahren lässt. Als Bild der Dreifaltigkeit, in welcher der Vater das ganze Gottsein dem Sohn gibt und der Sohn sein Gottsein dem Vater zurückgibt und so die Gabe des Gottseins als der Heilige Geist gegeben ist und gerade auf diese Weise jeder der Drei ganz Er selbst und alle gemeinsam Einer ist, ist der Mensch in trinitarischer Weise er selbst, indem er als 'Christus' ganz dem Gott außerhalb von sich (im anderen) hingegeben ist und in der Rückgabe Gottes an sich sich selbst neu als 'Christus' empfängt; jetzt angereichert durch Christus im anderen und beide 'Einer' geworden in Christus, der zugleich in ihrer Mitte ist. Hier wird ein authentisch christlicher, weil trinitarischer Weg der menschlichen 'Selbstverwirklichung' – wobei der Begriff '*Selbst*-Verwirklichung' im trinitarischen Sinne nicht angemessen ist – beschrieben, in welchem das Ich nicht beim Ich beginnt (was im Übrigen leicht dazu führt, dass das Ich auch bei sich stehen bleibt, um sich selbst kreist und bei sich selbst endet), sondern beim Du und somit seine 'Verwirklichung' als Geschenk, also als Gnade erfährt und sein Selbst ein um das Du und das Wir erweitertes Selbst ist. Indem der Mensch die gegenseitige Liebe mit dem Maß der Lebenshingabe Jesu lebt, schenkt Christus im Nächsten dem Ich das Sein als 'anderer Christus' – Chiara beschreibt diese Entdeckung mit den Worten:»Jesus im Bruder gab mir Christus in mir«[122] – und derselbe Heilige Geist, der Vater und Sohn in der Trinität verbindet, ist die Verbindung unter den Menschen, sodass das trinitarische Leben unter ihnen zirkuliert, wie Lubich diese trinitarische Seinsweise ins Wort bringt.

»Und daher ist die Beziehung unter uns der Heilige Geist, dieselbe Beziehung, die zwischen den Personen der Trinität besteht. Es ist das Leben der Heiligsten Dreifaltigkeit, das wir

---

[122] P'49, 78, zitiert nach: Zanghí, Leggendo un carisma, 84.

nachzuahmen versuchen müssen, indem wir einander mit jener Liebe lieben, welche der Geist in unsere Herzen ausgegossen hat, wie der Vater und der Sohn einander lieben.«[123]

In der gelebten gegenseitigen Liebe sind die Menschen wirklich 'Geschenk' (vgl. Einleitungszitat zu diesem Abschnitt) füreinander, da sie einander das eigentliche Sein (Christus) schenken und dieses am Leben der Dreifaltigkeit teilnimmt. Es ist die Wirklichkeit des mystischen Leibes Christi, also der Kirche, die alle einzeln und gemeinsam Christus sein lässt. Hier zeigt sich eine 'eucharistische' Vision des Menschen. »Im Leib Christi, wo jede und jeder Christus ist [...] und alle gemeinsam Christus sind [...], fällt das *eine* und das *viele* in eins.«[124] Der einzelne Mensch wird dadurch nicht in seiner Persönlichkeit unterdrückt oder gar ausgelöscht, sondern im Gegenteil zu seinem wirklichen, von Gott gedachten Sein als 'anderer Christus' in der Trinität erhöht. Der Mitmensch verhilft dem Menschen vom Individuum zur *Person*[125]. Erst in der so realisierten gegenseitigen Liebe, in welcher Christus im Ich in kenotischer Liebe auf Christus im Du ausgerichtet ist und vice versa, und Christus somit auch der Verbindende von Ich und Du als das gemeinsame Wir ist, ist die *Imago Trinitatis* sowohl im einzelnen Menschen als auch in der Gemeinschaft der Menschen verwirklicht. Von daher wird die Priorität des Neuen Gebots Jesu im Leben und Denken Chiaras verständlich, die Priorität jener gegenseitigen Liebe, welche die trinitarische Liebe selbst ist, die zur Einheit führt.

»Von Anfang an [...] haben uns die Worte Jesu im Gebet um die Einheit getroffen 'Alle sollen eins sein: Wie du, Vater, in mir bist und ich in dir bin, sollen auch sie in uns sein' (Joh 17,21). Wir haben verstanden, dass wir einander lieben müssen bis dahin, eins zu werden und in der Einheit wieder die Unterschiedenheit zu finden; so wie Gott, weil er Liebe ist, Einer ist und Drei.«[126]

---

[123] Lubich, Lezione Magistrale in Teologia [2003], 353. Vgl. dazu den Beitrag von Piero Coda, in welchem er aufzeigt, wie in der trinitarischen Anthropologie Lubichs die interpersonalen Beziehungen, in der gegenseitigen Liebe in Christus gelebt, dieselbe Qualität aufweisen, »welche der Sohn mit dem Vater im Heiligen Geist lebt und umgekehrt« (Coda, Concetto e luogo di un'antropologia trinitaria, 131).

[124] P'49, zitiert nach: Rossé, Spiritualità collettiva, 542.

[125] Person nicht im Sinne des neuzeitlichen Subjektbegriffs, sondern im Sinne eines relationalen trinitarischen Personbegriffs.

[126] Lubich, Lezione Magistrale in Teologia [2003], 353.

In einer Reflexion aus dem Jahr 1950 über ihre geistliche Erfahrung, verdeutlicht die Autorin einen Unterschied zwischen dem 'Jesus-Sein' aufgrund des Lebens des Wortes Gottes und des Willens Gottes und dem 'Jesus-Sein', das sie im Leben mit 'Jesus in der Mitte'[127] – als Frucht der gegenseitigen Liebe bis zum Einssein – erfährt.

>Zuerst waren wir unter die Mitmenschen gemischt. Nun war Jesus in der Mitte wie das Feuer[128], das zwei Metalle in ein drittes verschmilzt, welches im Vergleich zu den beiden Komponenten unterschiedliche Eigenschaften besitzt. Und wir stellten fest, dass zwei Menschen, die im Namen Jesu vereint waren, weil sie sich mit jener Liebe liebten, mit welcher Jesus sie geliebt hatte, in dieser Fusion ihre natürlichen Eigenschaften verloren, indem sie jene übernatürlichen erhielten, die sie eins werden ließen und sie gleichzeitig in der Unterschiedlichkeit bewahrten, mit einer ganz charakteristischen übernatürlichen Personalität: sie wurden ein anderer Jesus.«[129]

Wie in der Trinität jeder der Drei durch die gegenseitige kenotische Liebe ganz Er selbst und zugleich ganz Gott ist, so ist der Mensch als *Imago Trinitatis* durch die Realisierung der gegenseitigen Liebe ganz er selbst, nämlich ein anderer Christus, und gemeinsam mit den anderen Christus. Ohne diese Reziprozität der Liebe, die das Neue – weil Trinitarische – des Neuen Gebots Jesu ausmacht, ist der Mensch nicht in seiner Gottesbildlichkeit voll verwirklicht.

---

[127] Die erfahrbare Gegenwart des auferstandenen Christus (gemäß der Verheißung Jesu in Mt 18,20) in der Mitte derer, die die gegenseitige Liebe entsprechend dem Neuen Gebot Jesu und nach dem Maß Seiner Liebe bis zur Bereitschaft der Lebenshingabe leben, ist in der Spiritualität Chiaras einer der zwölf Kernpunkte. Ursprünglich an sechster Stelle in der Reihenfolge hat Chiara ihn später als letzten Punkt gesehen, der alle anderen inhaltlichen Schwerpunkte der Spiritualität der Einheit um- und zusammenfasst. Die wichtigsten Inhalte zu diesem Punkt der Spiritualität hat Lubich im Jahr 1976 niedergeschrieben (vgl. Lubich, Scritti Spirituali 3, 159-200). In deutscher Übersetzung wurde es als selbständiges Buch publiziert (vgl. Lubich, Mitten unter ihnen). Einen theologischen Zugang zu diesem Punkt der Spiritualität Lubichs veröffentlichte Klaus Hemmerle im Jahr 1977 mit *Der Himmel ist zwischen uns* (ursprünglich als Monografie publiziert; jetzt in: Hemmerle, Glauben im Leben, 127-198).

[128] In einer Betrachtung zum Leben des Fokolars unterstreicht die Gründerin als ein Charakteristikum dieses geistlichen Weges, dass die Menschen »zwischen zwei Feuern« nach dem Bild Christi geformt werden, durch die »Vereinigung mit Gott in sich« und »mit Gott außerhalb von sich« bzw. durch »Jesus in uns und Jesus in unserer Mitte«. Alle Zitate finden sich im Text *E nacque il Focolare* (in: Lubich, La dottrina spirituale, 88-91, 88f.).

[129] Lubich, Ideale dell'unità, 20.

197

2. Jesus sein, um vereint zu sein – vereint sein, um Jesus zu sein

Einem vertieften Verständnis dessen, was es heißt, dass der Mensch erst durch das existentielle Eintreten in die Dynamik der gegenseitigen Liebe wirklich Jesus ist bzw. welcher Unterschied zwischen dem 'Jesus-Sein' ohne den Aspekt der Reziprozität und mit diesem besteht, dient eine Schrift Lubichs aus der Periode des *Paradiso*, die im Folgenden präsentiert und im Anschluss daran im Hinblick auf entsprechende anthropologische Implikationen analysiert wird. Der hier (mit kurzen Auslassungen) wiedergegebene Text entspricht jener Version, wie sie im Jahr 2002 in der Zeitschrift *Nuova Umanità* publiziert wurde.[130] Im Anhang dieser Arbeit ist wiederum der italienische Originaltext abgedruckt, an welchem auch jene Hervorhebungen durch bewusste Groß- bzw. Kleinschreibung der Wörter sichtbar sind, die in der deutschsprachigen Übersetzung nicht erkennbar sind. Wo es zum Verständnis nötig ist, wird in der Analyse eigens darauf hingewiesen.

Trinitarisches Leben

Im Namen Jesu vereint sein bedeutet einerseits vereint zu sein für Ihn, d.h. um sein Gebot (seinen Willen) zu erfüllen, und andererseits so vereint zu sein, wie Er es will.

Wenn wir uns also für positive oder auch religiöse Ziele vereinen, die aber nicht in seinem Namen sind, ist Er nicht unter uns. Zum Beispiel: Wenn ich mich mit einem Freund zusammentue um der Freundschaft willen, oder um eine bestimmte Aufgabe zu erfüllen, oder um mich zu amüsieren, ist Jesus nicht unter uns. Wenn ich ein Ordenschrist wäre, der zusammen mit einem Mitbruder zu einer religiösen Mission aufbricht, ist Jesus noch immer nicht unter uns.

Jesus ist dann unter uns, wenn wir in Ihm, in seinem Willen vereint sind, was nichts anderes bedeutet, als in Ihm selbst; und sein Wille ist es, dass wir einander lieben, wie Er uns geliebt hat.

Das Wort Jesu: »Denn wo zwei oder drei in meinem Namen versammelt sind, da bin ich mitten unter ihnen« (Mt 18,20) muss interpretiert werden durch das andere: »Das ist mein

---

[130] Vgl. Lubich, Vita Trinitaria, 135-137. Die Zitate in diesem Abschnitt stammen, soweit nicht eigens anders vermerkt, allesamt aus dieser Veröffentlichung. Bei der Zitation werden allerdings die Hervorhebungen gegenüber dem in der Zeitschrift *Nuova Umanità* veröffentlichten Text umgekehrt, da dort der publizierte Text als gesamter in kursiv abgedruckt ist und die Hervorhebungen durch die Autorin nicht kursiv gedruckt sind. Der Einheitlichkeit halber werden in der vorliegenden Arbeit die Hervorhebungen durch die Autorin kursiv und die übrigen Textpassagen nicht kursiv wiedergegeben.

Gebot, dass ihr einander liebt, *so wie* [Hervorhebung d. Verf.] ich euch geliebt habe« (Joh 15,12). [...]
Von daher wirst du verstehen, dass selbst wir, die wir im Fokolar leben, nicht immer Jesus unter uns haben. Damit Er da ist, müsste ich – vorausgesetzt, dass nur wir beide dieses Fokolar bilden – in jedem Moment dich so lieben, wie Er uns geliebt hat, und ich müsste ebenfalls von dir so geliebt werden.

Er hat uns so sehr geliebt, dass er für uns starb und außerdem die Verlassenheit durchlitt.

Nicht immer bzw. nur selten erfordert die Nächstenliebe von uns ein solch großes Opfer. Doch wenn jene Liebe, die ich zu dir haben soll [...] nicht getragen ist von der *Intention*, so zu lieben wie Jesus uns geliebt hat, liebe ich nicht wie Er. Wenn du es ebenso nicht machst, liebst auch du nicht so wie Er und folglich sind wir *nicht* in seinem Namen vereint und Jesus ist *nicht* unter uns.

Du siehst also, dass man auf diese Weise lieben muss, damit Er unter uns ist. Doch du weißt, dass so zu lieben bedeutet, ein 'anderer Jesus' zu sein. Damit Er also unter uns sei, ist es nötig, vorher Er zu sein.

Es geht hier jedoch um ein Vorher, das auch ein Nachher ist.

Und hier liegt das Mysterium, das zwar sehr leicht zu leben ist, jedoch unseren Verstand übersteigt.

Wir sind in der Tat nicht vollkommen Er, solange Er nicht unter uns ist.

Wenn Er unter uns ist, sind wir EINER und sind wir DREI, und jeder ist dem einen gleich.

Praktisch merken wir es, wann er unter uns ist: wenn wir uns frei, eins und voller Licht fühlen. Wenn Ströme lebendigen Wassers aus unserem Innern fließen.

Es ereignet sich also zwischen mir und dir, was sich zwischen den Personen der Trinität ereignet.

[...]

Der Heilige Geist ist nach dem Vater und dem Sohn dritter.

Er geht aus Beiden hervor.

Und dennoch ist Er 'von Ewigkeit her' mit den Beiden.

Denn wie soll man sich einen Vater vorstellen, der den Sohn zeugt und liebt, wenn die Liebe nicht in Ihm ist? Und wie soll man sich einen Sohn denken, der liebt, wenn die Liebe nicht in Ihm ist? Und dennoch geht der Heilige Geist aus den Beiden anderen hervor und ist der Dritte.

Nach unserem Sprachgebrauch würden wir sagen, dass jeder der Drei zuerst, danach und gleichzeitig mit den anderen Beiden ist.

So geschieht es, wo zwei sich im Namen Jesu vereinen. Sie müssen Jesus sein, um Ihn in ihrer Mitte zu haben; aber sie sind Jesus, wenn sie Ihn in ihrer Mitte haben.

Wenn wir vereint sind und Er da ist, sind wir nicht mehr zwei, sondern *einer*. Das, was ich sage, sage de facto nicht ich, sondern ich, Jesus und du in mir. Und wenn du sprichst, sprichst nicht du, sondern du, Jesus und ich in dir. Wir sind ein einziger Jesus und auch unterschieden: ich (mit dir in mir und Jesus), du (mit mir in dir und Jesus) und Jesus unter uns, in dem ich und du sind.
Und seine Präsenz unter uns ist eine mystische.
Und Er ist im Vater und in Ihm sind folglich wir beide im Vater und nehmen am Trinitarischen Leben teil.
Und das Trinitarische Leben fließt frei in uns. Und indem wir die anderen lieben, wie Er uns geliebt hat, lassen wir sie an diesem Schatz, an diesem göttlichen Leben, teilhaben.
Oder besser gesagt: sie erfahren in sich den Schatz, den sie bereits bei ihrer Eingliederung durch Jesus in Gott in der Taufe und durch die anderen Sakramente erhalten hatten.

Von der Struktur her lässt sich der Text in drei Abschnitte untergliedern, die auch durch die beiden größeren Absätze zwischen den drei Teilen von der Autorin kenntlich gemacht sind. Im ersten Textabschnitt geht es um eine Auslegung der Verheißung Jesu in der sogenannten Gemeinderegel bei Matthäus, die für das Charisma der Einheit eine zentrale Stellung einnimmt: »Denn wo zwei oder drei in meinem Namen versammelt sind, da bin ich mitten unter ihnen.« (Mt 18,20)[131] In der geistlichen Erfahrung Chiaras und der Fokolar-Bewegung verwirklicht sich diese Verheißung Jesu dann, wenn zwei oder mehr Menschen das Neue Gebot Jesu zur Grundlage ihres Lebens nehmen und die darin geforderte gegenseitige Liebe mit dem Maß der Lebenshingabe Jesu leben. Aus diesem Grund nimmt die Verfasserin dieses Neue Gebot[132] aus den johanneischen Abschiedsreden (Joh 15,12f.) als Interpretationsschlüssel für die Verheißung im Matthäusevangelium. Im zweiten Textabschnitt liefert die Autorin eine trinitätstheologische Begründung für das Spezifische des 'Jesus-Seins' mit Jesus in der Mitte, die

---

[131] Eine prägnante, theologisch reflektierte Zusammenfassung dieses Kernpunktes in der Spiritualität Lubichs bietet Tobler in seiner Habilitationsschrift (vgl. Tobler, Jesu Gottverlassenheit, 113-115).

[132] Einer der zwölf Kernpunkte der Spiritualität der Einheit ist in der Tat *Die gegenseitige Liebe*. Siehe dazu die Ausführungen in: Tobler, Jesu Gottverlassenheit, 106-108, samt Verweis auf weitere Belegstellen. Eine jüngere Sammlung grundlegender Texte Lubichs zur Thematik der gegenseitigen Liebe findet sich in: Lubich, L'amore reciproco.

gleichzeitig einen kurzen Einblick in ihr Verständnis von den Hervorgängen in der Trinität gewährt. Dabei zeigt sie einen Aspekt der *Imago Trinitatis* im Menschen auf, der nur in der Realisierung des Neuen Gebotes zum Vorschein kommt. Im dritten Abschnitt schließlich nennt sie einige Konsequenzen daraus für das Menschsein in seinen interpersonalen Beziehungen, in seiner Beziehung zur Dreifaltigkeit und für die Mitmenschen. Die Überschrift zum Text – *Vita Trinitaria* (*Trinitarisches Leben*) – gibt dabei vorweg den Kern der Botschaft an, nämlich, dass der Mensch durch das Leben der gegenseitigen Liebe mit Jesus in der Mitte am *Trinitarischen Leben* partizipiert. Dabei ist zu beachten, dass Chiara sowohl in der Überschrift als auch im Textkorpus beide Worte (*Vita* und *Trinitaria*) jeweils mit großen Anfangsbuchstaben schreibt. Sie meint mit *Vita* also nicht einfach Leben (in diesem Fall wäre *vita* im Italienischen kleingeschrieben), sondern *Das Leben*, und *Trinitaria* ist nicht einfach ein Adjektiv (in diesem Fall würde *trinitaria* stehen), sondern benennt die Trinität selbst. Die Aussage des Textes zielt also darauf ab, dass der Mensch am *Trinitarischen Leben*, am Leben der Göttlichen Dreifaltigkeit selbst, partizipiert. Die genannten drei Abschnitte des Textes sind nun strukturgebend für die folgenden Ausführungen.

Was es nach Chiara Lubich heißt, im Namen Jesu vereint zu sein

Unter anthropologischer Perspektive, konkret in der Frage, wie und warum die gegenseitige Liebe den Menschen zu einer neuen und trinitarischen Weise des Seins als 'Jesus' führt, lassen sich aus dem ersten Textabschnitt von *Vita Trinitaria* einige gedankliche Schritte nachvollziehen, die der geistlichen Erfahrung im Charisma Lubichs entspringen.[133] Die spürbare Gegenwart des Auferstandenen in der Gemeinschaft, die für Lubich wertvoller ist als alles andere[134], ist Frucht der gelebten gegenseitigen Liebe. Aus diesem Grund ist für sie das Neue Gebot Jesu der Interpretationsschlüssel für die Verheißung seiner Gegenwart inmitten der Seinen. Folglich schreibt sie: »Im Namen Jesu

---

[133] Sie ließen sich an mehreren Schriften Lubichs aufzeigen, können aber am Text *Vita Trinitaria* in exemplarischer Weise und synthetisch gesehen werden.

[134] Entsprechend schreibt sie in einer häufig zitierten Betrachtung: »Wenn wir vereint sind, ist Jesus unter uns. Und das zählt. Das ist mehr wert als jeder andere Schatz, den unser Herz besitzen kann: mehr als Mutter, Vater, Geschwister, Kinder. Es ist mehr wert als Haus, Arbeit, Eigentum; mehr als Kunstwerke einer großen Stadt wie Rom, mehr als unsere Angelegenheiten, mehr als die Natur, die uns umgibt mit Blumen und Wiesen, dem Meer und den Sternen. Seine Gegenwart ist mehr wert als unsere Seele!« (Lubich, Se il tuo occhio è semplice, 151; in deutschsprachiger Übersetzung in: Lubich, Mitten unter ihnen, 33).

vereint sein bedeutet vereint zu sein [...] um sein Gebot (seinen Willen) zu erfüllen [...] und sein Wille ist es, dass wir einander lieben, wie Er uns geliebt hat«[135]. Ein weiterer Schritt besteht darin, dass sie die Bedeutung des »wie Er« von Joh 15,12 im daran anschließenden Vers 13 (»Es gibt keine größere Liebe, als wenn einer sein Leben für seine Freunde hingibt.«) erklärt sieht. Lieben heißt Geben, und lieben »wie Er« (wie Jesus) bedeutet, sein Leben hinzugeben. Weil für Chiara schließlich die Höchstform der Liebe in Jesus dem Verlassenen aufleuchtet – »Er hat uns so sehr geliebt, dass er für uns starb und außerdem die Verlassenheit durchlitt« – sieht sie das Neue Gebot der gegenseitigen Liebe erst dann voll aktualisiert, wenn sie als Maß dieses »Wie« Jesu bis zur Verlassenheit, also bis zum 'Nichts-Werden aus Liebe', zumindest »von der *Intention*« her, hat. Wenn die Autorin in ihren Schriften den Ausdruck »im Namen Jesu vereint sein« – an verschiedenen Stellen synonym mit 'in seiner Liebe vereint sein'[136] – verwendet, sind immer die genannten Elemente in der Deutung impliziert. Dass diese geistliche Erfahrung und das damit verbundene spezifische Verständnis der Gegenwart Jesu in der Gemeinschaft der Menschen eine Neuheit in der katholischen Welt darstellt, zeigt sich u.a. darin, dass Chiara in den Anfangsjahren der Fokolar-Bewegung bei der offiziellen Katholischen Kirche damit auf Unverständnis stößt und eine gewisse Zeit lang nicht von 'Jesus in der Mitte' sprechen durfte, wie sie selber berichtet.[137] Seit dem Zweiten Vatikanum ist die Verheißung Jesu in Mt 18,20 und damit der Ausdruck 'Jesus in der Mitte' hingegen in vielen kirchlichen Dokumenten und in der geistlichen wie theologischen Literatur viel präsenter. Bei näherem Hinsehen zeigt sich dennoch, dass das spezifische Verständnis von 'Jesus in der Mitte' bei Lubich unverwechselbar mit ihrem Charisma zusammenhängt und einmalig ist. An den vier Stellen im Gesamt der Dokumente des Konzils etwa ist Mt 18,20 jeweils im Zusammenhang mit dem *Gebet* 'in seinem Namen'[138]

---

[135] Die direkten Zitate in diesem Abschnitt stammen, soweit nicht anders vermerkt, vom zitierten Text *Vita Trinitaria*.

[136] »Jesus ist unter uns, wenn wir in seinem Namen vereint sind, das heißt, wenn wir vereint sind in ihm, in seinem Willen, in der Liebe, die sein Wille ist, in der gegenseitigen Liebe; sie ist das größte Gebot.« (Lubich, Mitten unter ihnen, 29)

[137] »Als unsere Bewegung entstand, sprach man in der katholischen Welt kaum von der Gegenwart Jesu unter den Menschen. Sein Wort 'Wo zwei oder drei in meinem Namen versammelt sind, da bin ich mitten unter ihnen' (Mt 18,20) hatte kein großes Gewicht. Unsere geistlichen Vorgesetzten haben uns sogar einmal die Weisung gegeben, nicht davon zu sprechen, obwohl sie uns sehr wohlgesonnen waren.« (Lubich, Mitten unter ihnen, 11)

[138] So in: UR 8 (Gebet um die Einheit); SC 7 (Gegenwart in der Versammlung der liturgischen Feier).

oder im Hinblick auf das *apostolische Wirken* 'in seinem Namen'[139] verwendet. Bei Lubich hingegen ist die Verheißung Mt 18,20 weder auf eine Personengruppe noch auf eine Situation eingegrenzt, sondern wird *für alle und in allen Momenten und Situationen* als »Norm aller Normen« (so in den Allgemeinen Statuten vom Werk Mariens) angesehen, als »Voraussetzung für jede andere Regel«[140]. Dies entspricht im Übrigen dem Matthäusevangelium, in welchem die Personen nicht näher definiert sind, auf die sich die Verheißung Jesu bezieht. Es heißt ganz allgemein: »Denn wo zwei oder drei in meinem Namen versammelt sind, da bin ich mitten unter ihnen«. Die einzige Bedingung, die im Evangelium genannt ist, um Jesus in der Mitte zu erfahren, ist jene, in seinem Namen versammelt zu sein, was gemäß dem Charisma der Einheit eben bedeutet, in der gegenseitigen Liebe (gemäß dem Neuen Gebot Jesu) vereint zu sein, mit der Bereitschaft, füreinander das Leben zu geben, wie Jesus der Gekreuzigte und Verlassene sein Leben hingegeben hat.

Jesus-Sein mit Jesus in der Mitte

Aus den dargestellten gedanklichen Schritten folgert Chiara nun, dass dies heißt, dass der Mensch, der die Liebe in dieser Weise – also 'wie' Jesu und nach dem Maß Jesu am Kreuz – lebt, bereits ein 'anderer Jesus' ist und schreibt als Konsequenz daraus:»Damit Er also unter uns sei ist es nötig, vorher Er zu sein.« An diesem Punkt des Textes werden die Ausführungen der Autorin zum Menschen und seinem 'Jesus-Sein' explizit trinitarisch, was sprachlich u.a. daran erkennbar ist, dass Begriffe wie 'vorher' und 'nachher', 'einer' und 'drei' nun auch in Bezug auf den Menschen in perichoretischer Weise, analog der Verwendung in der Trinität, verwendet werden. Daher auch genau an dieser Stelle der Hinweis auf das »Mysterium, das zwar sehr leicht zu leben ist, jedoch unseren Verstand übersteigt«. Der Mensch muss »vorher Er sein«, damit Er in der Mitte ist, aber der Mensch ist »nicht vollkommen Er, solange Er nicht unter uns ist«. Erst wenn zwei oder mehr Menschen in der beschriebenen Weise Jesus sind und diese Liebe gegenseitig wird, schafft Jesus in ihrer Mitte durch Seinen Geist Einheit nicht

---

[139] Vgl. PC 15 (Gemeinschaft unter Ordensleuten); AA 18 (gemeinschaftlich ausgeübtes Apostolat der Laien).

[140] Im Vorwort zu den Allgemeinen Statuen des Werkes Mariens, welches von Lubich persönlich verfasst wurde, heißt es unter der Überschrift *Die Voraussetzung für jede andere Regel*:»Die gegenseitige und beständige Liebe, die die Einheit und die Gegenwart Jesu in der Gemeinschaft ermöglicht, ist für die Angehörigen des Werkes Mariens die Grundlage ihres Lebens in jedem seiner Aspekte: Sie ist die Norm aller Normen, die Voraussetzung für jede andere Regel.«

nur mit dem Vater, sondern auch unter ihnen. Er lässt sie nun zu Jesus werden, welchem die trinitarische Dimension innewohnt. Erst so *ist*[141] der Mensch *Imago Trinitatis*.

Am Beispiel des Heiligen Geistes in der Dreifaltigkeit, der aus dem Vater und dem Sohn hervorgeht und so in gewisser Weise »nach dem Vater und dem Sohn dritter« ist, von dem jedoch gleichzeitig gesagt werden muss, dass er »'von Ewigkeit' her mit den Beiden« ist, erklärt sie das perichoretische Ineinander von 'vorher', 'nachher' und 'gleichzeitig' der drei göttlichen Personen. In einer gewissen – und etwas gewagten – Analogie[142] dazu sieht sie die Verwirklichung des Menschen in seinem Sein als Jesus. »So geschieht es, wo zwei sich im Namen Jesu vereinen. Sie müssen Jesus sein, um Ihn in ihrer Mitte zu haben; aber sie sind Jesus, wenn sie Ihn in ihrer Mitte haben.« Die zentrale Aussage in diesem Vergleich lautet: Der Mensch muss persönlich schon Jesus sein, um in trinitarischen Beziehungen leben zu können, und zugleich ist er, als *Imago Trinitatis*, erst vollkommen Jesus, wenn er in trinitarischen Beziehungen mit anderen lebt. Hier zeigt sich ein Charakteristikum im Charisma der Einheit: Es enthält sowohl die Dimension einer persönlich-individuell gelebten Spiritualität[143] als auch – gleich wesentlich – die Dimension der gemeinschaftlich gelebten

---

[141] Im Schrifttum Lubichs gibt es häufig Aussagen wie 'nach dem Bild Gottes', oder 'wie Jesus sein'. Wenn die Autorin vom Menschen in der Wirklichkeit der gelebten gegenseitigen Liebe und im Besonderen in der Erfahrung des Paktes der Einheit spricht, verwendet sie meistens die Formulierung 'Jesus sein' bzw. 'Christus sein', und zwar gemeint als ontologische Aussage. Aufgrund der Kreatürlichkeit freilich immer gemäß dem eschatologischen 'Schon und Noch-nicht', wobei ein deutlicher Schwerpunkt auf dem 'Schon' liegt, was eine stark präsentische Eschatologie in ihrem Denken sichtbar macht.

[142] Von daher betont die Autorin, dass sie hier »nach unserem Sprachgebrauch« spricht. Es geht ihr an dieser Stelle nicht um eine bis ins Letzte korrekte analoge Rede in diesem Vergleich, sondern sie will für die Leserin und den Leser verständlich machen – daher die Hinzufügung: »Mit menschlichen Begriffen ist dies schwierig zu erklären. Doch versuche mich zu verstehen« –, dass es in der trinitarischen Wirklichkeit auch beim Menschen kein Widerspruch ist, zu sagen, dass er vorher Jesus sein muss, um Jesus in der Mitte zu haben und dass er zugleich erst Jesus ist, wenn Er in der Mitte ist. Ein bedeutender Unterschied besteht freilich darin, dass der Heilige Geist als aus dem Vater und dem Sohn hervorgegangener 'Dritter' auch 'von Ewigkeit her' mit den Beiden ist, wohingegen auf der kreatürlichen Ebene und in der geschichtlichen Wirklichkeit des Menschen es de facto auch das 'Vorher' und 'Nachher' ohne das 'gleichzeitig' gibt.

[143] Dass der persönlich-individuelle Aspekt der Gottesbeziehung und des 'Christ(us)-Seins' bei Lubich immer grundlegend war, lässt sich ohne Mühe aufzeigen. Erinnert sei daran, dass die Fokolar-Bewegung mit der persönlichen Weihe Lubichs an Gott seinen Anfang nahm und dass sie als ihren 'Bräutigam', als ihr Ein und Alles Jesus den Verlassenen gewählt hat (»Ho un solo sposo sulla terra«).

Spiritualität[144], in welcher die gegenseitige Liebe ein zentrales Element ausmacht; denn:»In der gemeinschaftlichen Spiritualität liebt man und wird man geliebt. Um die gemeinschaftliche Spiritualität zu leben, muss man daher lieben, aber man muss auch geliebt werden.«[145] Die persönlich-individuelle Komponente kann nicht nur nicht gegen die kommunitäre ausgespielt werden, sondern sie ist nicht ohne diese in Fülle lebbar und umgekehrt. Das Leben mit Gott im Inneren der Seele und das Leben mit Gott außerhalb von sich bestärken einander.[146] Den Gipfelpunkt erreichen die Menschen entsprechend dem Charisma der Einheit – welches eine »trinitarische Spiritualität«[147] hervorgebracht hat –, wenn sie im Namen Jesu (im Sinne des in diesem Absatz Ausgeführten) vereint sind und dazu noch durch den 'Pakt der Einheit' in der Eucharistie in den 'Schoß des Vaters' eintreten und die gnadenhafte 'Trinitisierung' erfahren. Dazu nähere Erläuterungen weiter unten.

Konsequenzen eines trinitarischen Menschseins

In der Analyse vom Text *Vita Trinitaria* lassen sich für die Anthropologie vier Konsequenzen dessen herauslesen, wie die Autorin das Menschsein (= Christus- bzw. Jesus-Sein) im Licht der gegenseitigen Liebe versteht und was sie als Frucht daraus erkennt. Zunächst sind, so Chiara, zwei oder mehr Menschen vereint mit Jesus in ihrer Mitte, »nicht mehr zwei, sondern *einer*«[148], mit anderen Worten und aus der

---

[144] Zur Spiritualität Lubichs als 'gemeinschaftliche Spiritualität' bietet Fabio Ciardi als Fachmann für Spiritualitäten in der Kirche einen wertvollen Einblick (vgl. Ciardi, Spiritualità collettiva, 25-38).

[145] Zitiert in: Zanghí, Per una cultura rinnovata, 514.

[146] Entsprechend schreibt Chiara: »Wir haben ein inneres Leben und ein äußeres Leben. Das eine wie das andere ist eine Blüte; das eine ist Wurzel für das andere; das eine ist für das andere die Krone unseres Lebensbaumes. Das innere Leben wird durch das äußere genährt. Je tiefer ich in die Seele des Mitmenschen eindringe, desto tiefer dringe ich in Gott in mir ein; je tiefer ich in Gott in meinem Inneren eindringe, desto tiefer dringe ich in den Mitmenschen ein« (P'49, 602f., zitiert nach: Ciardi, Spiritualità collettiva, 33).

[147] So der Experte für Spirituelle Theologie und Karmelit Jesús Castellano Cervera im Blick auf das Charisma Lubichs: »Es handelt sich um eine Neuheit, welche die gemeinschaftliche und kirchliche Spiritualität zu einer trinitarischen Spiritualität erhebt« (Cervera, Introduzione L'unità e Gesù Abbandonato, 13).

[148] Im Originalwortlaut heißt es: »non siamo più due ma *uno*.« Das '*uno*' in diesem Satz kann sowohl mit '*einer*' (im Sinne, dass zwei vereint im Namen Jesu »*Einer* in Christus« [Gal 3,28] sind) als auch mit '*eins*' (im Sinne von »eins sein« [Joh 17,21]) übersetzt werden. Im Gesamtkontext und vor allem im Licht des Satzes weiter oben im Text »Wenn Er unter uns ist, sind wir EINER und sind wir DREI, und jeder ist dem einen gleich« sind beide Übersetzungen richtig und drücken beide – trinitarisch betrachtet – dieselbe Wirklichkeit in zwei Weisen aus. Durch

ersten Person heraus formuliert »ein einziger Jesus und auch unterschieden: ich (mit dir in mir und Jesus), du (mit mir in dir und Jesus) und Jesus unter uns, in dem ich und du sind«. Die göttliche trinitarische Perichorese wird durch Jesu Gegenwart inmitten der Seinen auch auf der kreatürlichen Ebene Wirklichkeit. Die gegenseitige Einwohnung, durch und in Christus, wird dabei nicht nur ideell, sondern auch ganz praktisch erlebbar, wie Chiara am Beispiel des Sprechens ausführt. »Das, was ich sage, sage de facto nicht ich, sondern ich, Jesus und du in mir. Und wenn du sprichst, sprichst nicht du, sondern du, Jesus und ich in dir.«

Eine zweite Auswirkung besteht darin, dass Menschen, die im Namen Jesu vereint sind, durch Ihn, der im Vater ist, auch selbst »im Vater« sind und folglich »am Trinitarischen Leben«[149], am Leben der göttlichen Dreifaltigkeit selbst, teilnehmen. Dies wiederum hat, drittens, zur Folge, dass das Trinitarische Leben ungehindert in diesen Menschen fließen kann: »frei in uns« und darüber hinaus »nicht nur in der Innerlichkeit der einzelnen Person, sondern frei unter den Gliedern des Mystischen Leibes Christi«[150], wie die Autorin hervorhebt. Mit Klaus Hemmerle formuliert: »Sein-in-Christus öffnet [...] nicht nur uns ins trinitarische Leben hinein, sondern öffnet auch *zwischen* uns [...] trinitarische Beziehungen. Zwischen uns will das johanneische 'Wie' spielen: Wir sollen *einander* lieben, wie Jesus uns geliebt hat, ja *miteinander* eins sein, wie er und der Vater eins sind«[151]. In den genannten Elementen zusammengenommen wird, viertens, eine neue Mystik ersichtlich, welche Chiara in einer Aufzeichnung vom 29. September 1950 folgendermaßen charakterisiert:

> »Unsere Mystik ist die Mystik [...] des *Neuen* Testaments [...] des Neuen Gebots, die Mystik der Kirche, durch welche die Kirche wirklich Kirche ist, weil sie *Einheit*, Mystischer Leib, Liebe ist und weil in ihr der Heilige Geist zirkuliert, der sie

---

Jesus in der Mitte werden die Menschen *Einer* (nämlich Christus) und *eins* in Christus.

[149] Wörtlich: »...in Lui siamo nel Padre e partecipiamo alla Vita Trinitaria.« (*Vita* und *Trinitaria* sind auch in dieser Formulierung mit großen Anfangsbuchstaben geschrieben) Aufgrund der Abfassung dieses Textes (nach dem Eintreten in den 'Schoß des Vaters') ist klar, dass in Chiara bei dieser Formulierung bereits die Erfahrung der 'Trinitisierung' präsent ist.

[150] Lubich, Lezione magistrale in Teologia [2003], 353. Dieses freie Zirkulieren des Trinitarischen Lebens unter den Gliedern des mystischen Leibes Christi erfasst – so die Autorin gegen Ende des Textes *Vita Trinitaria* – auch die Menschen, die mit Jesus in der Mitte in Berührung kommen und lässt sie »an diesem Schatz, an diesem göttlichen Leben, teilhaben«.

[151] Hemmerle, Thesen, 60.

zur Braut Christi macht. [...] Unsere Mystik setzt wenigstens
zwei Seelen voraus [...] unter denen wirklich der Heilige Geist
zirkuliert [...] Dann sind die beiden wirklich Jesus. Das also
ist unsere Mystik, wenn Er in unserer Mitte ist.«[152]

Als Quintessenz dieses Abschnitts sowie als lebenspraktische Anwen-
dung der Kernaussagen von *Vita Trinitaria* soll abschließend ein Zitat
wiedergegeben werden, welches im Originaltext des *P'49* direkt anschließend an den hier analysierten Text *Trinitarisches Leben* steht, in
der hier zitierten Publikation allerdings nicht wiedergegeben ist. Es
bietet zugleich eine trinitarische Antwort auf die in Bezug auf die Gnadenlehre virulente Frage nach dem Verhältnis des Wirkens Gottes und
dem Tun des Menschen im Christsein, respektive im Christus-Sein.

»Die Neuheit dieses Lichts (die eine praktische Neuheit darstellt) besteht darin, dass wir nicht nur nicht Parasiten von
Jesus unter uns sein dürfen und uns von ihm schönmachen
lassen, indem wir passiv auf sein Licht warten; wir können es
gar nicht sein. Er ist nämlich nicht unter uns, wenn wir nicht
Er sind. Wir müssen also unsere ganze Aktivität einsetzen,
um wie Er zu sein, jedoch passiv darauf warten, dass Er unter
uns sei, um Er zu sein. Daran erkennt man die wunderbare
Einfachheit unseres Ideals, das jedoch auch göttlich und ge-
heimnisvoll ist. Das Christsein leben bedeutet, ganz aktiv und
ganz passiv zu sein: Einheit der Gegensätze: *Gott*«.[153]

III. Jesus der Verlassene
als 'Schlüssel' zur Trinitarischen Anthropologie

»Ich bin davon überzeugt, dass die Einheit in seinem spirituellen, innersten und tiefsten Aspekt nur von jemandem verstanden werden kann, der in seinem Leben Gott als seinen
Anteil gewählt hat [...] Jesus den Verlassenen, der schreit:
'Mein Gott, mein Gott, wozu hast auch Du mich verlassen?'
[...] er ist das Geheimnis der Einheit und ich würde und könnte
unendlich viele Tage lang darüber zu Ihnen sprechen. Jesus
der Verlassene ist alles. Er ist die Garantie für die Einheit.
Jedes Licht auf die Einheit entspringt diesem Schrei. [...] Das

---

[152] Lubich am 29. September 1950 (zitiert nach: Folonari, Testimonianza su Chiara
Lubich, 368f.).
[153] P'49, zitiert nach: Coda, Sul soggetto della teologia, 874f., Anm. 10.

Buch des Lichtes, das der Herr in meiner Seele schreibt, hat zwei Seiten: eine strahlende Seite geheimnisvoller Liebe: die *Einheit*, und eine leuchtende Seite geheimnisvollen Schmerzes: Jesus der Verlassene. Sie sind die zwei Seiten einer einzigen Medaille.«[154]

Diese Zeilen der damals 28-jährigen Lubich – entnommen einem Brief vom 30. März 1948 an den Kapuzinerpater Bonaventura da Malé und von der Verfasserin unterschrieben mit 'Chiara di Gesù abbandonato' ('Chiara von Jesus dem Verlassenen') – drücken bereits etwa vier Jahre nach dem Beginn der Fokolar-Bewegung die Zentralität von Jesus dem Verlassenen im Charisma der Einheit aus.

Ohne an dieser Stelle näher auf die zentrale Bedeutung dieses Kernpunktes der Spiritualität im Allgemeinen[155] eingehen zu können, kann in Bezug auf die vorliegende Thematik festgehalten werden, dass Jesus der Verlassene sich in mehrfacher Hinsicht als Schlüssel zu ihrer Trinitarischen Anthropologie erweist. Als das göttliche 'Nichts-aus-Liebe' erschließt er ihr das Verständnis der Trinität in der relationalen Dynamik der göttlichen Personen zueinander, wie weiter oben bereits dargelegt. In der Verlassenheit am Kreuz offenbart Jesus die Höchstform der kenotischen Liebe Gottes, die in der Selbstentäußerung nicht einmal am Gottsein festhält (Hymnus in Phil 2,6f.:»Er war Gott gleich, hielt aber nicht daran fest, Gott gleich zu sein, sondern er entäußerte sich und wurde [...] den Menschen gleich.«), sondern gerade sein Eigenstes, nämlich sein Einssein als Sohn mit dem Vater und sein Gottsein, aus Liebe weggibt, um das Menschsein bis hin zur Sünde, zum Tod und zur Gottferne ganz anzunehmen und von innen her zu erlösen, indem er sich so als der Verlassene dem Vater zurückgibt. Das kenotische Nichts-Werden aus Liebe als totale Selbsthingabe und Selbstgabe, wie Jesus sie in der Verlassenheit lebt, offenbart für Lubich das Sein der Trinität selbst als Liebe und ist der Schlüssel, wie Gott zugleich als Einer und Drei gedacht werden kann.

Wenn Chiara in ihren Schriften Formulierungen wie 'essere Gesù Abbandonato' ('Jesus der Verlassene sein'), oder 'vivere Gesù Abbandonato' ('Jesus den Verlassenen leben') verwendet, meinen sie, auf den

---

[154] Lubich, Lettere dei primi tempi, 149.

[155] Zum grundlegenden Verständnis dieses Kernpunktes sei auf folgende Literatur verwiesen: Lubich, L'unità e Gesù Abbandonato (in Übersetzung: Lubich, Jesus der Verlassene und die Einheit); Lubich, Il grido (in Übersetzung: Lubich, Der Schrei). Eine jüngere Publikation zum Thema mit einer reichhaltigen Schriftensammlung zu Jesus dem Verlassenen aus der Feder Lubichs samt einer Einführung ist: Lubich, Gesù Abbandonato.

Menschen bezogen, dieses 'Nichts-Sein aus Liebe'[156] und stehen bisweilen auch als Chiffre für diese göttliche Liebe Jesu am Kreuz, welche zugleich die innertrinitarische Liebe auszeichnet. Die Verlassenheit Jesu am Kreuz wird dabei als 'trinitarisches Ereignis'[157] verstanden, wobei alle drei göttlichen Personen auf je ihre Weise den 'Verlassenen' leben, wie Lubich an einer Stelle schreibt:

>»Die Drei in der Trinität sind Einer durch die gegenseitige Einwohnung. Jedoch um Einer zu sein ist es nötig, dass jeder der Drei wirklich Nichts ist, ein so großes und göttliches Nichts, wie es ihr Einer-Sein ist. Man müsste tiefer in dieses ihr Nichts-Sein, in diese ihre totale Inexistenz eindringen. Sicherlich bleibt es ein Geheimnis, wie in der Dreifaltigkeit das Wort Nichts ist und zugleich der Sohn ist, ebenso der Vater und der Geist. Sicher ist, dass Gott, weil er Liebe ist, fähig ist, sich zu Nichts zu machen. Daher ist es Jesus der Verlassene, die ganz entfaltete Liebe, der uns dieses Geheimnis in gewisser Weise erhellen kann. Ich denke, es ist so, wie wenn jede der göttlichen Personen sich im Nichts-Werden mit Jesus dem Verlassenen bekleidet; denn Jesus der Verlassene ist Gott, bekleidet mit dem Nichts, mit wirklich Nichts. Er ist es daher, der uns die Wirklichkeit von Gott als dem Einem erklären kann, àuch wenn sofort danach alles neuerlich vom Geheimnis umhüllt erscheint.«[158]

---

[156] Die Formulierung 'Nichts-Sein' (nicht etwa 'Nichtsein') als Übersetzung für das italienische 'essere nulla' wird jeweils dann verwendet, wenn es in Texten Lubichs dieses positive bzw. gewollte Nichts-Sein ausdrückt und nicht das Nichtsein (als das kreatürliche Aus-sich-selbst-Nichts-Sein) benennt. Linguistisch betrachtet handelt es sich dabei um ein Oxymoron (= eine Formulierung mit zwei gegensätzlichen, widersprüchlichen Begriffen), da es das 'Sein' und das 'Nichts' verbindet. 'non' meint in diesem Fall nicht eine Negation des Seins, sondern eine Affirmation des Seins als 'Nichts-Sein'. Chiara schreibt nicht 'io *non sono* niente' (das wäre mit 'Ich bin nichts' zu übersetzen), sondern »io *sono* niente« (z.B. in P'49, 24), wie um zu sagen: 'ich bin das Nichts', das 'Nichts' zeichnet mich in meinem Sein aus (vgl. Atzori, Il Patto in Paradiso '49, 35f.).

[157] Vgl. Coda, Dalla Trinità, 504-507. Coda zeigt dabei auf, wie die Verlassenheit Jesu einen Zugang zum Geheimnis Gottes als trinitarische Liebe ermöglicht und als trinitarisches Ereignis erscheint.

[158] Hier der Text im italienischen Original, an dem auch die Hervorhebungen der Autorin durch Großschreibung erkenntlich sind: »I Tre, nella Trinità, sono Uno per l'inabitazione reciproca. Ma per essere Uno è necessario che ciascuno dei Tre sia veramente nulla, un gran nulla, un nulla divino, quanto il loro essere Uno. Bisognerebbe penetrare questo loro essere nulla, questa loro totale inesistenza. Senz'altro resta un mistero come nella Trinità il Verbo sia nulla e al tempo stesso sia il Figlio, e così il Padre e lo Spirito. Certo è che Dio, essendo Amore, è capace di annullarsi. Perciò è Gesù Abbandonato, l'Amore tutto spiegato, che può

Dieses positive, göttliche Nichts-aus-Liebe, welches der Verlassene *ist*, erweist sich für Chiara und Foco, indem sie es als Menschen zu leben versuchen – wie oben ausgeführt – als Schlüssel zum Eintreten in den 'Schoß des Vaters', sodann als hermeneutischer Schlüssel für das Sehen und Erkennen 'mit den Augen Gottes' und ist ebenso der nötige und passende Schlüssel für die Realisierung der gegenseitigen Liebe in der spezifischen Form, wie sie im vorherigen Abschnitt erläutert wurde. Jesus der Verlassene erschließt für Lubich »die Dynamik des trinitarischen Lebens, die sich als bedingungsloses gegenseitiges Geschenk seiner selbst manifestiert, als liebendes gegenseitiges Zu-Nichts-Werden, als vollkommene und ewige Gemeinschaft«[159]. Diese trinitarische Dynamik ist von Gott dem Menschen als Bild des Dreifaltig-Einen eingeschrieben, wie die Autorin direkt im Anschluss an den zitierten Satz schreibt, und zwar nicht nur in der Beziehung der einzelnen Menschen zu Gott, sondern auch »in der Beziehung unter den Menschen«[160]. So ist der Verlassene im Denken Lubichs schließlich der Schlüssel für die Anthropologie, einerseits für das Verständnis des Wesens Mensch als *Imago Trinitatis* und andererseits für die Verwirklichung des Menschen in trinitarischen Beziehungen.

Dieser Schlüssel erweist sich gerade im heutigen Kontext der Frage nach dem Menschen als brauchbar und geeignet, die christlich-trinitarische Botschaft über den Menschen aufzuschließen, da in Jesus dem Verlassenen einerseits die Höchstform der göttlichen Liebe aufleuchtet und andererseits der Mensch in seiner tiefsten Abgründigkeit bis hin zur Sünde, zur Loslösung von Gott, zur Erfahrung der dunklen Gottferne und zur Gottlosigkeit, ja bis zur Gott-ist-tot-Erfahrung (Nietzsche) und bis zur kollektiven und kulturellen Nacht Gottes (Johannes Paul II.) eingeholt ist. War der Aspekt der Gottverlassenheit Jesu am Kreuz in der Theologiegeschichte wie auch in der Spiritualität bis ins letzte Jahrhundert kaum im Blick bzw. wenn, dann in Interpretationen, die jeweils einen singulären Aspekt hervorhoben[161], so wird er im Charisma der Einheit zum zentralen und zugleich alles betreffenden

---

illuminarci in qualche modo questo mistero. Penso che sia come se ciascuna delle Persone divine, nell'annullarsi, si rivestisse di Gesù Abbandonato, perché Gesù Abbandonato è Dio rivestito di nulla, proprio nulla. È Lui, quindi, che può spiegarci la realtà di Dio Uno, anche se subito dopo tutto ci appare nuovamente avvolto nel mistero.« (P'49, zitiert nach: Coda, Dalla Trinità, 507)

[159] Lubich, Lezione magistrale in Teologia [2003], 352f.

[160] Ebd., 353.

[161] Siehe dazu den geschichtlichen Überblick von Gérard Rossé über die verschiedenen Interpretationen vom Schrei der Verlassenheit von den Kirchenvätern bis hin zu Jürgen Moltmann und Hans Urs von Balthasar (vgl. Rossé, Il grido di Gesù, 86-115).

Angelpunkt der geistlichen Erfahrung wie ebenso der Theologie und Anthropologie. Jesus der Verlassene scheint, so Lubich in ihrer theologischen *Lectio Magistralis* in Manila, »gerade der Gott der heutigen Zeit zu sein: die göttliche Antwort auf die Abgründe der Leiden und der Prüfungen, die im Herzen der Menschen durch den Atheismus eingegraben sind, der weite Teile der modernen Kultur durchdrungen hat«[162]. In diesem spezifischen Moment Jesu am Kreuz können sich *alle* Menschen wiederfinden. Sein Schrei der Gottverlassenheit kann ein Echo in jeder menschlichen Erfahrung von Leid, Sünde, Tod und Gottferne finden, weil jede Form des Leids, der Sünde, des Todes und der Gottferne in Seinem Schrei bereits angenommen und in Gott eingeborgen ist. Im Verlassenen ist entsprechend dem Charisma Chiaras »der ganze Himmel mit der Dreifaltigkeit und die ganze Erde mit der Menschheit«[163], also schlichtweg alles.

An dieser Stelle sind zwei Klärungen zum richtigen Verständnis des Ausdrucks 'Gesù Abbandonato' ('Jesus der Verlassene') bei Lubich vonnöten. Eine erste: Nachdem für die Trägerin des Charismas der Einheit der Gipfelpunkt der Passion Jesu und zugleich der Offenbarung der Liebe Gottes im Moment der Verlassenheit Jesu vom Vater am Kreuz gesehen wird, benennt sie den Gekreuzigten fast immer mit dem Ausdruck 'Gesù Abbandonato', wobei sie das Adjektiv 'abbandonato' ('verlassen') in der Mehrzahl der Fälle mit großen Anfangsbuchstaben schreibt. Dies weist darauf hin, dass es von ihr fast nie adjektivisch verstanden wird, sondern in der Verbindung mit 'Gesù' quasi zu einem

---

[162] Lubich, Lezione Magistrale in Teologia [1997], 86. Der Philosoph und Theologe Zanghí sieht das Charisma der Einheit mit Jesus dem Verlassenen als Schlüssel als eine Antwort Gottes auf die Herausforderungen der jetzigen Epoche und bettet Lubichs Verständnis vom Gekreuzigten und Verlassenen ein in den großen geschichtlichen, kulturellen und geistesgeschichtlichen Kontext (Stichworte wie 2. Weltkrieg, Nihilismus, Atheismus, große Ideologien wie Nationalsozialismus und verschiedene atheistische Philosophien), der in verschiedenen Facetten von der Abwesenheit Gottes bzw. der Nacht Gottes spricht. Um in diesem Kontext der christlichen Botschaft von der Liebe Gottes Gehör zu verschaffen, bedürfe es eines Gottes, der selbst bis in diese Abgründe vordringt. Jesus der Verlassene im Charisma Lubichs ist für Zanghí dieser Gott (vgl. Zanghí, Leggendo un carisma, 22-33). Sechs kurze Beiträge zur Thematik 'Jesus der Verlassene als der Gott von heute' finden sich in der Zeitschrift *gen's*, einer italienischsprachigen Zeitschrift zu Themen der Theologie und des kirchlichen Lebens (vgl. gen's [2016/4], 137-165).

[163] Lubich, Der Schrei, 51. In einem Brief vom 5. Jänner 1947 schreibt die Verfasserin über Jesus den Gekreuzigten und Verlassenen: »Er ist *alles* – er ist das Buch der Bücher. Er ist die Zusammenfassung jeder Kenntnis. Er ist die brennendste Liebe. Er ist das vollkommene Modell. Er ist das Ideal unseres Lebens. Wie nehmen Ihn *als einziges alleiniges Ideal* unseres Lebens.« (Lubich, Lettere dei primi tempi, 130)

Hoheitstitel verschmolzen ist und wie ein Eigenname verwendet wird: 'Gesù Abbandonato'. Von daher auch die entsprechende Übersetzung mit 'Jesus der Verlassene', und nicht etwa 'der verlassene Jesus'. Nicht selten verwendet Chiara auch schlicht 'l'Abbandonato' ('der Verlassene') und meint damit stets Jesus den Verlassenen. Eine zweite Klärung: Den Ausdruck 'Abbandonato' entnimmt Chiara dem Schrei Jesu am Kreuz, wie er in den beiden synoptischen Evangelien Mt und Mk – den Psalm 22 zitierend – wiedergegeben wird: »Dio mio, Dio mio, perché mi hai abbandonato?« – »Mein Gott, mein Gott, warum hast du mich verlassen?« (Ps 22,2, entsprechend der Einheitsübersetzung). Wie bereits kurz angedeutet, gibt die Übersetzung des hebräischen Wortes לָמָה (lama bzw. lema) mit Warum nach Meinung bedeutender Alttestamentler nicht vollständig die Bedeutung wieder, die dieses Wort im Allgemeinen und im Besonderen im Psalm 22 hat. Denn das Warum fragt analytisch nach den Ursachen für etwas und ist eher rückwärtsgewandt. Das hebräische Wort hingegen, so der Alttestamentler Franz Sedlmeier, »fragt nicht so sehr nach dem Grund für die Gottferne, sondern nach dem verborgenen Sinn: Wozu hast du mich verlassen?«[164], ist also auch nach vorne gewandt und folglich auf Zukunft, auf Erlösung aus der Gottverlassenheit hin offen. Interessanterweise geben schon die Evangelisten Matthäus und Markus den entsprechenden Vers im Griechischen unterschiedlich wieder. In Mt 27,46 wird ἱνατί (= Warum) verwendet, in Mk 15,34 hingegen εἰς τί (= Wozu). In beiden Evangelien steht der Schrei der Gottverlassenheit auf jeden Fall als Hinweis für eine Gottesoffenbarung gerade in der scheinbaren Gottferne, wie Bibelwissenschaftler[165] vor allem jüngeren Datums in ihren Studien festhalten. In der italienischen Übersetzung des Psalmwortes, wie sie von Lubich immer verwendet wird »Dio mio, Dio mio, perché mi hai abbandonato?« stellt sich dieses Problem nicht so wie in der deutschen Sprache, da das italienische Wort 'perché' sowohl 'warum', also auch 'wozu' (auch 'weil') bedeuten kann. Im Verständnis Lubichs sind de facto auch beide Aspekte – das Warum ebenso wie das Wozu

---

[164] Sedlmeier, L'abbandono di Gesù, 143f.

[165] Eine umfangreiche exegetisch-theologische Studie zum Schrei der Gottverlassenheit Jesu am Kreuz bietet der Neutestamentler Gérard Rossé (vgl. Rossé, Il grido di Gesù). Wertvoll in dieser Hinsicht ist auch der Beitrag von Franz Sedlmeier zur Verlassenheit Jesu am Kreuz im Licht von Psalm 22 (Sedlmeier, L'abbandono di Gesù, 142-147). Auf die Frage des Wozu der Gottverlassenheit lautet die Antwort, seiner Studie gemäß, zusammengefasst: »Damit man von nun an Gott auch dort finden kann, wo er nicht ist. So wird der Ort der Abwesenheit Gottes zum Ort der Präsenz Gottes, er wird zum locus theologicus. Denn im vom Gott verlassenen geliebten Sohn verwandelt Gott den Ort der Gottferne in den Ort der Gottesnähe.« (Ebd., 147)

– präsent, wenn sie den Psalmvers im Zusammenhang mit Jesus dem Verlassenen verwendet, wobei der Aspekt des 'Wo*zu*' nie fehlt, ist doch die Verlassenheit Jesu immer als 'Schlüssel' *zur* Einheit mit Gott und den Menschen, *zum* trinitarischen Leben, *zur* Erlösung verstanden. Aus diesem Grund wird in der vorliegenden Studie von mir die Übersetzung mit »*wozu* hast du mich verlassen?«[166] bevorzugt. Jesus der Verlassene im Denken Chiaras, gerade als Schlüssel zur Trinität und zur Anthropologie, als Ort der Präsenz und der Offenbarung Gottes, als 'Heilsereignis'[167], wird in dieser Übersetzung besser verständlich. Dass der Abschnitt über Jesus den Verlassenen genau an dieser Stelle angesiedelt ist, erscheint im Blick auf alle inhaltlichen Elemente in diesem Kapitel von der Sache her sinnvoll. Jesus der Verlassene ist im Charisma Lubichs der Angelpunkt, um den sich ihr gesamtes Denken dreht[168] und von dem aus erst alle anderen anthropologischen Kernaussagen verständlich werden. Erst durch Jesus den Verlassenen können alle Menschen 'Christus' sein. Ohne diesen 'Schlüssel' wäre die Berufung des Menschen zur gegenseitigen Liebe bis zum trinitarischen Einssein nicht realisierbar und bliebe Utopie. Schließlich ist das Leben der Menschen als 'Verlassener' im Sinne von Nichts-aus-Liebe-Sein eine *conditio sine qua non* für die Trinitisierung, wie Chiara sie versteht. Aus diesem Grund ist im bisherigen Verlauf der Ausführungen – naturgemäß und unausweichlich – schon an mehreren Stellen von Jesus dem Verlassenen die Rede gewesen, wenn auch noch ohne nähere Klärungen, welche Bedeutung er im Leben und Denken Lubichs näherhin hat. Mit der nun folgenden Erschließung der Bedeutung des Verlassenen in der Anthropologie Lubichs können auch vorige Absätze dieser Studie, in denen bereits von ihm die Rede war, nochmals umfassender bzw. tiefer verstanden werden.

---

[166] Tatsache ist, dass in allen bisherigen publizierten deutschsprachigen Übersetzungen der Texte Lubichs dieser Vers aus dem Psalm 22 immer mit »*warum* hast du mich verlassen?« wiedergegeben ist, da jeweils die Einheitsübersetzung herangezogen wird, die selbst der den revidierten Fassung vom Jahr 2016 wieder mit »Warum« übersetzt. Gerade im Zusammenhang der Verwendung von Ps 22,2 in den Schriften Lubichs über Jesus den Verlassenen besteht dabei die Gefahr, ihr Verständnis des Verlassenen inhaltlich zu verkürzen.

[167] So die These in der Habilitationsschrift des evangelischen Theologen (vgl. Tobler, Jesu Gottverlassenheit).

[168] »Um ihn [um Jesus den Verlassenen] kreist ihr ganzes Denken« (Tobler, Jesu Gottverlassenheit, 7)

1. Jesus als Jesus der Verlassene und der Mensch in Jesus dem Verlassenen

Wie im ersten Teil dieser Studie aufgezeigt, bedarf es für jede theologische Anthropologie einer christologischen Zentrierung, wenn sie das Attribut 'christlich' zurecht tragen will. Da Jesus der Gekreuzigte der Gipfelpunkt der Selbstoffenbarung Gottes als Liebe ist, hat diese Zentrierung der Anthropologie generell und in der überwiegenden Mehrheit der anthropologischen Entwürfe im Gekreuzigten seinen Ort. Wie die christologische Zentrierung nun im Charisma Lubichs aussieht, wo der Gekreuzigte im spezifischen Aspekt von Jesus dem Verlassenen seinen Kulminationspunkt erreicht, soll nun in den wichtigsten Grundzügen[169] nachgezeichnet werden. Dabei zeigt sich – so viel sei vorweggenommen – dass gemäß der Sichtweise Lubichs im *Paradiso '49* in Jesus dem Verlassenen jeder Mensch Jesus ist und jeder Mensch in Ihm seine Verwirklichung erreichen kann.

Um Chiaras Denken diesbezüglich nachvollziehen zu können, ist zunächst eine kurze Rückblende auf ihre Vision des dynamischen Schöpfungs-, Erlösungs- und Vollendungsgeschehens im *Paradiso '49* nötig. In diesem trinitarischen Geschehen, welches sich ihr im Bild von den divergierenden und konvergierenden Strahlen im Inneren der Sonne, im Schoß des Vaters, zeigt, ist das Moment der Inkarnation des göttlichen Logos in den divergierenden Strahlen enthalten. »Die divergierenden Strahlen sind Jesus: durch Jesus erreicht der Vater alle Töchter und Söhne außerhalb von sich, wo immer sie sich befinden mögen.«[170] Es gibt demnach keinen Ort und keine menschliche Erfahrung, die nicht von Jesus erreicht würden. Dies konkretisiert sich in Jesus, der in seiner Verlassenheit vom Vater am Kreuz die tiefste Tiefe des Menschlichen und die abgründigste Gottferne *als Mensch* durchlebt. *Als Gott* – Jesus ist gemäß der Vision in P'49 die 'Strahlen des Vaters' – erfüllt er alles mit göttlichem Sein, um es auf diese Weise in sich umzuwandeln. Chiara verwendet dafür das Bild der bräutlichen Vereinigung, wenn sie schreibt:

> »der Vater sandte seinen Sohn auf die Erde, um Sich mit den geschaffenen Dingen zu verbinden, sie zusammenzufassen und sie zu vergöttlichen. Der Mittler Jesus war die Ursache

---

[169] Für eine weitere Vertiefung zum Verständnis von Jesus dem Verlassenen in Chiara Lubich im Hinblick auf christologische Fragestellungen sei auf folgende Studien verwiesen: Tobler, Jesu Gottverlassenheit, 189-285; Zanghí, Alcuni cenni su Gesù Abbandonato, 33-39; Blaumeiser, Un mediatore che è Nulla, 385-407.

[170] P'49, 98, zitiert nach: Rossé, Rivisitare il Paradiso 2, 514.

der Vermählung des Ungeschaffenen mit dem Geschaffenen, der Einheit zwischen dem Geschaffenen und dem Ungeschaffenen, gleich jener [Einheit] zwischen dem Wort und dem Vater.«[171]

Mit anderen Worten drückt die Autorin in diesen Worten den Heilsplan Gottes zur Vollendung der Welt aus, den Paulus im christologischen Hymnus des Epheserbriefes besingt:»Er hat beschlossen, die Fülle der Zeiten heraufzuführen, das All in Christus als dem Haupt zusammenzufassen, was im Himmel und auf Erden ist, in ihm.« (Eph 1,10) Diese Vermählung sieht Chiara in Jesus dem Verlassenen an den Gipfelpunkt angekommen, da er sich dort als göttliches Nichts-aus-Liebe (welches das wirkliche *Sein* ist, weil es Liebe *ist*) mit dem kreatürlichen Nichts in seiner offensichtlichsten Form des Nichts-Seins (Nichts aus sich selbst, wie sie die Schöpfung sieht[172]) vereint. Folglich kann sie Jesus den Verlassenen in allem erkennen. Er *ist* alles, auch das scheinbar Gegensätzlichste[173], weil Er alles angenommen hat.

»Jesus der Verlassene ist der Windhauch und er ist das Wort; er ist das, was vergeht, und das, was bleibt, denn er ist Mensch-Gott und als Mensch ist er alles Geschaffene, das Nichtigkeit der Nichtigkeit ist, und als Gott ist er das Feuer, das in sich selbst alle Dinge, das Nichts verzehrt, indem er es vergöttlicht. Jesus der Verlassene hat alle Nichtigkeiten in sich aufgesogen, und die Nichtigkeiten sind Er geworden und Er

---

[171] P'49, zitiert nach: Rossé, Rivisitare il Paradiso 4, 30.
[172] So spricht sie in Bezug auf dieses kreatürliche Nichts-Sein von der »Nichtigkeit der gesamten Schöpfung, d.h. ihr Sein als Für-sich-selbst-Nichtsein« (P'49, zitiert nach: Rossé, Rivisitare il Paradiso 4, 27).
[173] In einer Aufzeichnung vom 6. September 1949 zählt sie eine ganze Litanei auf, wer der Verlassene ist:»Ich habe bemerkt, dass Jesus der Verlassene alles ist: er ist alle Schmerzen, er ist jede Liebe, er ist die Tugenden, er ist die Sünden (er hat sich – aus Liebe – zu allen Sünden gemacht), er ist alle Realitäten. Zum Beispiel: Jesus der Verlassene ist der Stumme, der Taube, der Blinde, der Hungrige, der Müde, der Verzweifelte, der Verratene, der Gescheiterte, der Ängstliche, der Durstige, der Schüchterne, der Verrückte und alle Laster! Die Dunkelheit, die Melancholie [...] Er ist die Kühnheit, er ist der Glaube, die Liebe, das Leben, das Licht, der Friede, die Freude, die Einheit, die Weisheit, der Heilige Geist, die Mutter, der Vater, der Bruder, der Bräutigam, das Alles, das Nichts, die Zuneigung, die Wirkung, die Blendung, der Schlaf, das Wachen, etc. etc. Er ist alles, was am gegensätzlichsten ist: Anfang und Ende: der unendlich Große und unendlich Kleine [...] Und man bemerkt, dass er nie gleich ist.« (Lubich, Gesù Abbandonato, 55f.)

ist Gott. So gibt es keine Leere mehr, weder auf Erden noch im Himmel: es gibt *Gott*.«[174]

Auf diese Weise ist Jesus – gemäß der eschatologisch geprägten Vision Lubichs – der Mittler[175] zwischen Gott und den Menschen und er ist als der Verlassene der Erlöser[176] aller. Durch ihn, der alles in sich aufgesogen und in sich verwandelt hat, wird alles in die Bewegung zurück zum Vater mithineingenommen.»Am Ende holt der Vater jene Strahlen zurück, welche aus divergierenden nun zu konvergierenden werden und sich in Seinem Schoß treffen werden.«[177] Damit schließt sich die Bewegung von den divergierenden und konvergierenden Strahlen in der Vision Lubichs bis zur Vollendung der Welt im Eschaton.

»Jesus ist Jesus der Verlassene. Jesus der Verlassene ist Jesus.«

In dieser Sicht, in welcher die Inkarnation des Wortes bis zur Gottverlassenheit Jesu am Kreuz, bis zur Annahme des kreatürlichen Nichts-Seins, verstanden wird, kann Lubich Jesus als den inkarnierten Logos mit Jesus dem Gekreuzigten und Verlassenen in einem Atemzug nennen, was bis zur Identifikation von 'Jesus' mit 'Jesus dem Verlassenen' und – wie in manchen Textstellen ersichtlich – bis zur Austauschbarkeit der beiden Begriffe 'Gesù' und 'Gesù Abbandonato' führt. Vier Tage nach dem 'Pakt der Einheit' mit Foco, durch den Chiara ihre neue Vision im 'Schoß des Vaters' erhält, am 20. Juli 1949, formuliert sie prägnant:»Jesus ist Jesus der Verlassene. Jesus der Verlassene ist

---

[174] Lubich, Gesù Abbandonato, 56f.
[175] Lubich schreibt zur Mittlerschaft Jesu:»Als Jesus der Verlassene litt, hat er die Liebe von Sich weggenommen und sie den Menschen gegeben und diese so zu Kindern Gottes gemacht. [...] Jesus hat sich zu *Nichts* gemacht; er hat alles gegeben und dieses Alles ist nicht verloren gegangen, weil es in die Seelen der Menschen ging. Auf diese Weise ist Jesus wirklich der *Mittler*: ein Nichts, das Himmel und Erde verbindet, weil diese Einheit schon in sich gewirkt hatte. Aber indem Jesus sich aus Liebe zu Nichts machte bis dahin, zur *Sünde, zum absoluten Nichts, zur Hölle* zu werden, fand er Sich wieder als Heiliger, Gott, Paradies, und damit verbunden machte er seine Schwestern und Brüder, für die er litt und starb, heilig, Alles, Gott, Paradies.« (P'49, zitiert nach: Blaumeiser, Un mediatore che è Nulla, 405)
[176] Im August 1949 schreibt Lubich:»Jesus ist Jesus der Verlassene. Denn Jesus ist der Retter, der Erlöser, und er erlöst, als er das Göttliche auf die Menschheit gießt durch die Wunde des Verlassenen, die die Pupille im Auges Gottes auf die Welt ist: eine unendliche Leere, durch die Gott auf uns blickt: das Fenster Gottes, geöffnet auf die Welt und das Fenster der Menschheit, durch das man Gott sieht.« (Lubich, Gesù Abbandonato, 60)
[177] P'49, 127, zitiert nach: Zanghí, Leggendo un carisma, 148.

Jesus.«[178] Zur Erläuterung dieser Aussage fügt die Autorin später Anmerkungen hinzu. Zum ersten Satz »Jesus ist Jesus der Verlassene« verdeutlicht sie: »Jesus wird in seiner Verlassenheit ganz manifest.«[179] Sie unterstreicht damit, dass Jesus als der göttliche inkarnierte Logos und damit Gott selbst gerade im Moment der Gottverlassenheit in vollem Ausmaß offenbar wird. Und zur Aussage »Jesus der Verlassene ist Jesus« schreibt sie: »Der wirkliche Jesus ist Jesus der Verlassene. Das soll heißen: das Sein ist Liebe.«[180] Damit betont sie, dass Jesus in seiner Verlassenheit nicht etwa weniger Jesus, also weniger Logos Gottes, ist. Wer Jesus wirklich ist, erweist sich gerade an diesem Kulminationspunkt am Kreuz. Gerade in seiner Verlassenheit ist er 'Jesus', also Gott, und im Verlassenen wird alles, was der Verlassene angenommen hat, in Gott, in die Dreifaltigkeit, eingeborgen. Im Zu-Nichts-Werden in der Verlassenheit erweist sich Jesus in seinem göttlichen Sein als Liebe[181] und offenbart als Mensch in der Geschichte die ewige innertrinitarische Dynamik des Nichts-Seins und Seins als Liebe. Coda merkt diesbezüglich an: »Jesus der Verlassene, der das Fleisch gewordene Wort (und damit die Offenbarung des Vaters) ist, offenbart, dass das Sein Gottes Liebe ist, insofern Er vollkommen Er selbst, Gott-Sohn, Liebe ist, gerade indem er aus Liebe die Einheit mit dem Vater, die ihn Gott sein lässt, 'verliert'. Jesus lebt in der Verlassenheit daher das Gesetz des Lebens, das er seinen Jüngern empfohlen hat: 'Wer sein Leben verliert, wird es retten' (Mk 8,36 [!]; vgl. Joh 10,17-18 [Hier spricht Jesus von sich als dem Guten Hirten, der sein Leben aus freiem Willen hingibt, um es wieder zu erlangen]). Von daher versteht man, dass das Wort, insofern es Gott ist, in der Verlassenheit in Fülle die Bewegung seiner trinitarischen Unterscheidung vom Vater in der Liebe und als Liebe in der Geschichte gelebt hat.«[182] In Jesus dem Verlassenen offenbart sich Gott als trinitarische Liebe, die den Menschen in seiner Kreatürlichkeit und damit in seinem Aus-sich-selbst-Nichts-Sein sowie in seiner Geschichtlichkeit hineinnimmt. Die kenotische Liebe hat Ihn – als 'divergierende Strahlen' – bis ans Äußerste seiner selbst geführt, sodass er nur mehr als Mensch erschien[183] und dies in dessen

---

[178] P'49, zitiert in: Lubich, La misericordia varco per il Paradiso, 487.
[179] P'49, zitiert in: Ebd., 490, Anm. 1.
[180] P'49, zitiert in: Ebd., 490, Anm. 2.
[181] Tobler kommentiert diese Textpassage folgendermaßen: »Das Sein wird nicht einfach als Liebe *offenbart*, sondern es wird in jenem Moment als Liebe *konstituiert*, weil dessen Negation und damit jedes geschöpfliche Nichts vom göttlichen Nichtsein der Liebe durchdrungen wird.« (Tobler, Jesu Gottverlassenheit, 224)
[182] Coda, Dalla Trinità, 506.
[183] Am 22. September 1951 schreibt Lubich: »Die Kälte friert ein. Aber übermäßige Kälte brennt und schneidet. Der Wein stärkt. Aber zu viel davon schwächt die

kreatürlichem Nichts-Sein. Im Verlassenen berührt und erreicht Gott wirklich den Menschen ganz, in Ihm ist der Kontakt vollkommen[184], in Ihm werden Gott und die Menschen ganz real eins.

Jesus der Verlassene und die Erlösung des Menschen

Gerade an diesem Kulminationspunkt ist, entsprechend der Intuition Lubichs, Jesus der *Erlöser* der Menschen. Von innen her erlöst er die Menschen und die gesamte Schöpfung aus ihrem Nichts-Sein, weil er alles mit dem Göttlichen erfüllt und in sich umwandelt, wie Chiara in *P'49* diese göttliche Alchemie beschreibt: »Jesus der Verlassene hat das Alles mit dem Nichts [hier meint sie das göttliche Nichts-aus Liebe] bekleidet, um das Nichts zu vernichten und allem Vergänglichen göttliche Konsistenz zu verleihen«[185]. Das kreatürliche Nichts wird, wie Zanghí erläutert, »in das Nichts-Liebe (Nulla-Amore) hineingenommen, welches das Leben der Trinität ist, und wird daher zum Sein geführt, welches Liebe ist, das heißt zum *wirklich* sein.«[186] Jesus der Verlassene verwandelt das negative Nichts in das positive, göttliche Nichts und ermöglicht auf diese Weise, dass der – nun erlöste – Mensch seiner ursprünglichen Bestimmung entsprechen kann, nämlich als *Imago Trinitatis* das göttliche Nichts-aus-Liebe zu leben, indem er sich dem Vater – wie der Sohn – zurückgibt und mit den Mitmenschen die trinitarische gegenseitige Liebe realisiert. Bei der Verleihung des Ehrendoktorats in Philosophie am 6. Juni 1997 in Mexiko-Stadt formuliert die mit dem Doktortitel Geehrte in ihrer *Lectio magistralis* den Gedanken folgendermaßen:

> »Jesus der Verlassene hat das Nichtsein der Geschöpfe, die von der Quelle des Seins getrennt waren, in sich selbst erfahren und in sich aufgenommen; er hat den 'Windhauch, Windhauch' (Koh 1,2) auf sich genommen. Aus Liebe hat er sich dieses Nichtsein, das wir negativ nennen können, zu eigen gemacht und es in sich selbst verwandelt, in jenes positive

---

Kräfte. Die Bewegung ist jene, die sie ist. Aber wenn sie zum Wirbel wird, erscheint sie als stehenbleibend. Der Geist Gottes verlebendigt, aber er berauscht. Jesus ist die Liebe, weil er Gott ist. Aber das Zuviel an Liebe ließ ihn zu Jesus dem Verlassenen werden, der nur mehr Mensch zu sein scheint.« (Lubich, Gesù Abbandonato, 69)

[184] »Es ist also in der Verlassenheit Jesu [...] dass Gott, sozusagen, die Menschen berührt: der Kontakt ereignet sich dort; und dort geschieht auch der Kontakt der Menschen mit Gott« (Lubich, Gesù Abbandonato, 61, Anm. 15)

[185] P'49, zitiert nach: Rossé, Rivisitare il Paradiso 4, 31.

[186] Zanghí, Alcuni cenni su Gesù Abbandonato, 36.

Nichts-Sein, das die Liebe ist; was uns die Auferstehung offenbart.«[187]

Jesus der Verlassene erweist sich als Schlüssel, durch den der Zugang tatsächlich für alle zum Heil und zur Vergöttlichung geöffnet ist. In den Schriften Chiaras finden sich Passagen, in denen sie dieses 'Alle' näher ausführt, wie im folgenden Ausschnitt:

>»Er hat sich zur Sünde gemacht, zum Nichts gemacht. In ihm ist das Nichts so sehr mit dem Alles (Gott) vereinigt, dass das, was dem einen gehört, auch dem anderen zukommt; so wurde das Nichts zum Alles: Jesus der Verlassene ist Gott. Jesus die Sünde ist Gott. Jesus das Nichts ist Gott. Jesus die Hölle ist Gott. Daher sieht der Vater – und auch all diejenigen, die in seinem Schoß sind – überall da, wo er nichts sieht, Jesus den Verlassenen und damit sich selbst: Gott. So sieht er überall Gott, überall Paradies. Jesus der Verlassene hat die Sünde und den Tod vernichtet und an ihre Stelle die Liebe und das Leben gesetzt. Jesus der Verlassene hat tatsächlich in sich selbst alle Eitelkeit aufgenommen und sie mit sich selbst erfüllt.«[188]

Und insofern ist Jesus der Verlassene der »Kulminationspunkt«[189] der Christologie Chiaras, wie sie selbst festhält.

In einem hymnischen Gebet aus dem Sommer 1950 drückt Chiara ihr Staunen über diese Liebe des Verlassenen aus, dieses Gottes, den sie sich eben, weil er die Höchstform der Liebe ist, als ihren Gott (»il mio Dio«), als unseren (»il *nostro* Dio«) Gott erwählt. Der Text zeigt einerseits – litaneiartig – verschiedene Facetten dieser göttlichen Alchemie auf, die bis in die Hölle[190] hinein vordringt, also die objektive

---

[187] Lubich, Lezione Magistrale in Filosofia [1997], 167. Lubich ergänzt, dass dieses Ereignis »freilich *noch* im Werden begriffen ist: aber im auferstandenen Christus und in der in den Himmel aufgenommenen Maria mit Ihm, ist es schon erfüllt, und in gewisser Weise ist es *schon* Wirklichkeit in seinem Mystischen Leib, der die Kirche ist.« (Ebd.)

[188] P'49, zitiert nach: Blaumeiser, Un mediatore che è Nulla, 398.

[189] »Er ist der Kulminationspunkt: er ist der Erlöser, der schönste Ausdruck der Liebe. Er liebt als Gott mit einer Liebe so groß wie Gott. Er macht sich zu Nichts, um uns zum Alles zu machen. Er wird wir, Erdenwürmer, um aus uns Ihn zu machen: Sohn Gottes.« (Lubich, Ideale dell'unità, 30)

[190] In dieser Studie kann nicht näher auf die Thematik eingegangen werden, wie Lubich die Wirklichkeit der Hölle im Licht von Jesus dem Verlassenen näherhin sieht, da dies den Umfang dieser Arbeit sprengen würde. Einen Einblick zu dieser Frage bietet der Beitrag von Hubertus Blaumeiser (vgl. Blaumeiser, All'infinito

Komponente der soteriologischen Funktion des Verlassenen, wobei sie bewusst mehrmals einander entgegengesetzte Begriffe im Verlassenen in eins bringt. Andererseits macht der Text auch die subjektive Komponente sichtbar, wie der Mensch im Blick auf den Verlassenen das geschenkte Heil im Leben erfahren und sich zu eigen machen kann. Sie schreibt:

»Ich müsste sterben, wenn ich nicht auf Dich, meine Liebe, blickte, der Du auf wunderbare Weise jede Bitterkeit in Süßigkeit verwandelst: auf Dich am Kreuz in deinem und meinem Schrei, im höchsten Schwebezustand, in der absoluten Inaktivität, im lebendigen Tod, der Du – kaltgestellt – Dein ganzes Feuer auf die Erde geworfen hast und – unendlich erstarrt – Dein unendliches Leben uns zugeworfen hast, damit wir es jetzt in Fülle und in freudiger Trunkenheit leben. Und das genügt für mich: Dir, wenigstens ein wenig, ähnlich zu sein und meinen Schmerz mit deinem zu vereinen und ihn dem Vater anzubieten sowie in der Gewissheit zu bleiben, dass in diesen Stunden – wie nie sonst – viel Licht und viel Feuer in diese Welt kommt. Damit wir das Licht hätten, hast Du Dich blind gemacht. Damit die Vereinigung unsere sei, hast Du die Trennung vom Vater erfahren. Damit wir die Weisheit besäßen, hast Du Dich zur 'Torheit' gemacht. Damit wir mit Unschuld bekleidet würden, bist Du zur 'Sünde' geworden. Damit wir hoffen können, bist Du fast verzweifelt [...] Damit Gott in uns sei, hast Du Dich fern von ihm erfahren. Damit

verso la disunità, 557-570). Synthetisch beschreibt Lubich ihre Sicht der Hölle in ihren Aufzeichnungen aus dem Jahr 1961, wo sie schreibt:»Mir schien, dass Jesus der Verlassene in jenem Schrei, welcher die Rettung der Erlösten war, die Gerechtigkeit der Verdammten wäre. Und dass Er – ich weiß nicht auf welche Weise – die Hölle verewigte. Vom Himmel aus jedoch, würde man durch Jesus den Verlassenen die Hölle umgekehrt sehen, und zwar in dem Sinn, dass für die Seligen jede Uneinheit als Einheit erscheinen und dass in Jesus dem Verlassenen die Hölle das Paradies des Paradieses werden würde. Indem sich Jesus der Verlassene zur 'Sünde' gemacht hat, hat er sich zur Hölle gemacht. Jedoch ist er Gott und im Paradies sieht man Gott. Mir schien, dass die Dualität des Jenseits durch Jesus den Verlassenen annulliert wäre und dass Jesus der Verlassene die Lösung, der Kontakt der beiden Reiche wäre, wo man in einem das Ewige Leben lebt und im anderen dem Ewigen Tod. In der Hölle hätte nichts Einheit geschaffen, weil es keine Liebe gab. In der Hölle war man in der Unmöglichkeit zu lieben. Die Hölle erschien wie der Kadaver der Natur, wo es Augen gibt zum Sehen, die aber nicht sehen, Ohren zum Hören, die aber nicht hören, etc. Alles ist auf Gott hin geschaffen, zu Dem man in Ewigkeit nicht mehr gelangen kann. Und jede Begegnung der Seelen führte zu immer größerer Trennung in einer immer tragischeren Aufspaltung. Die Hitze hätte mit der Kälte nicht Einheit gemacht, und so hätte man es nie warm gehabt. Entweder ganz heiß oder ganz kalt. Feuer und Zähneklappern.« (P'49 [1961], 21f.)

der Himmel uns gehöre, hast du die Hölle erlebt. Um uns hier auf Erden einen glücklichen Aufenthalt zu gewähren, inmitten hunderter und mehr Geschwister, bist Du vom Himmel und von der Erde ausgeschlossen worden, von den Menschen und von der Natur. Du bist Gott, Du bist mein Gott, *unser* Gott der unendlichen Liebe.«[191]

Der Mensch ist von Jesus dem Verlassenen an die erste Stelle gesetzt, vor Sich selbst. Dass Gott-*Werden* des Menschen hat im Augenblick der Verlassenheit Priorität vor dem Gott-*Sein* Jesu selbst. Entsprechend der Intuition Lubichs erhält der erlöste Mensch in Jesus dem Verlassenen sein ursprüngliches Sein als Wort Gottes 'von Ewigkeit her' – »Ich bin dort Oben jenes Wort Gottes, welches er 'von Ewigkeit her' ausgesprochen hat. Und ich bin Gott«[192] – geschenkt, welches zugleich seine Bestimmung offenbar macht, Liebe in der Form des Verlassenen zu sein. Das eigentliche Sein des Menschen wie ebenso seine Berufung, nämlich ein anderer 'Jesus' zu sein, ist so im Charisma Lubichs zugespitzt darauf, 'Jesus der Verlassene' zu sein, den 'Verlassenen' zu leben, und zwar in der Beziehung zu Gott und zu den Mitmenschen, damit das trinitarische Leben, welches im Verlassenen allen erschlossen ist, tatsächlich in allen und unter allen[193] fließen kann.

Der Mensch in Jesus dem Verlassenen

Auf die anthropologische Grundfrage, wer der Mensch ist, kann Lubich infolge ihres Verständnisses von Jesus dem Verlassenen schlicht antworten: *Jede und jeder ist Jesus.* Alle, vom größten Sünder bis zum Heiligen, sind in Jesus dem Verlassenen Jesus. Jesus in jedem Mitmenschen zu sehen – gemäß dem Wort Jesu in Mt 25,40 »das habt ihr mit getan« sowie gemäß der Lehre der Kirche[194] – ist folglich für Chiara keine fromme Übung oder ein moralisches Gebot, sondern das

---

[191] Lubich, Gesù Abbandonato, 39f.

[192] P'49, 244, zitiert nach: Zanghí, Leggendo un carisma, 86.

[193] Chiara Lubich spricht in diesem Sinne oft davon, dass Jesus der Verlassene der Schlüssel zur Einheit mit Gott und zur Einheit untereinander wird, so in ihrem Buch über die beiden 'Seiten der Medaille' ihres Charismas, mit den beiden großen Kapiteln *Jesus der Verlassene, Schlüssel zur Einheit mit Gott* und *Jesus der Verlassene, Schlüssel zur Einheit mit den Schwestern und Brüdern* (vgl. Lubich, L'unità e Gesù Abbandonato, 49-100 bzw. 101-119).

[194] So beispielsweise im letzten Artikel der Pastoralkonstitution der Kirche *Gaudium et spes*: »Der Vater will, dass wir in allen Menschen Christus als Bruder sehen und lieben in Wort und Tat und so der Wahrheit Zeugnis geben und anderen das Geheimnis der Liebe des himmlischen Vaters mitteilen.« (GS 93)

Ernstnehmen der ontologischen Wirklichkeit, die ausnahmslos allen Menschen zukommt. Im realistischen Wahrnehmen, dass dieses Jesus-Sein im einzelnen Menschen jedoch unterschiedlich stark zum Vorschein kommt bzw. verdunkelt ist und der Anteil der Sünde (= *Jesus der Verlassene*, der zur 'Sünde' - nicht zum Sünder[195] - wurde) bzw. der Heiligkeit (= *Jesus* als Gott) unterschiedlich offensichtlich ist, verwendet Lubich - gleichsam als Lesehilfe im Blick auf die Mitmenschen - ein Bild, wie dennoch in allen *ganz Jesus* gesehen werden kann. Am 20. Juli formuliert sie:

> »Jesus ist Jesus der Verlassene. Jesus der Verlassene ist Jesus. In jeder Seele finde ich Jesus. Wenn sie in vollkommener Einheit mit Gott ist, ist sie der ganze Jesus. Wenn sie das nicht ist, wird sie 30 % Jesus sein und 70 % Jesus der Verlassene oder [...] in anderen Proportionen. Wenn sie in Todsünde ist, ist sie 100% Jesus der Verlassene und der Himmel feiert ein Fest, wenn sich eine dieser Seelen bekehrt, denn in den Finsternissen dieser Seele wurde ein anderer Himmel geboren. Die 99 Himmel der gerechten Seelen waren schon vorhanden.«[196]

Nachdem in Jesus dem Verlassenen jeder Mensch Jesus ist und Jesus der Verlassene der Mittler zwischen Gott und den Menschen ist, gelangt Chiara dahin zu sagen, dass jeder Mensch als 'Jesus' Anteil hat an Seiner Mittlerschaft. In einem Text vom 6. September 1949 schreibt sie: »Gott - Ich - der Bruder / die Schwester: das ist eine ganze Welt, ein ganzes Reich; und das Ich, jedes Ich, ist Mittler zwischen Gott und Mitmensch und ist Sakrament Gottes für den Bruder / für die Schwester.«[197] Unter Mittlerschaft aller Menschen versteht die Autorin hier, dass jeder Mensch, insofern er Jesus ist, zum Ort bzw. zum 'Durchgangspunkt' wird, der in die Präsenz Gottes führt, also 'Sakrament Gottes' im weiten Sinn des Wortes für die Mitmenschen ist. Chiara selbst erläutert:

> »Christus, der Verlassene am Kreuz, hat sich die Wirklichkeit jedes menschlichen Wesens dieser Welt zu eigen gemacht und hat sie daher zum Ort gemacht, an dem Gott präsent ist. Für

---

[195] Am 24. Juli 1949 schreibt Lubich: »O glückliche Schuld, die uns das Paradies erworben hat. Glücklich nicht der Schuldige, sondern die Schuld! Denn wenn Jesus sich zur Sünde (und nicht zum Sünder) gemacht hat, wurde die Sünde Jesus.« (P'49, zitiert in: Lubich, La misericordia varco per il Paradiso, 488)

[196] P'49, zitiert in: Lubich, La misericordia varco per il Paradiso, 487.

[197] P'49, zitiert nach: Blaumeiser, Attraverso la trasparenza del nostro nulla, 687.

die- bzw. denjenigen, die bzw. der die Welt mit den Augen von Jesus dem Gekreuzigten betrachtet, ist nicht nur die Kirche Präsenz Jesu und daher Mittlerin zwischen uns und Gott, sondern jede menschliche Person wird – wenn auch in unterschiedlicher Weise – ein Durchgangspunkt, der in die Gegenwart Dessen führt, der mit seiner unendlichen Liebe alles mit Sich erfüllt hat.«[198]

Hier führt das Ernstnehmen der von Lubich mehrmals verwendeten Identifikation von Jesus mit Jesus dem Verlassenen samt deren anthropologischer Konsequenz zu einem Sehen aller Mitmenschen 'mit den Augen Gottes'; und diese Augen sind es, welche nach Lubich die tiefste Wahrheit des Menschen sehen, wie sie am 24. Juli 1949 festhält: »Schau daher auf den Menschen so wie Gott ihn sehen wird und nicht wie du ihn siehst. Denn das Wahre sieht Er!«[199]

Was im Blick auf die Mitmenschen gilt, gilt ebenso im Blick des Menschen auf sich selbst. Chiara lädt jede und jeden entsprechend ein, im Licht von Jesus dem Verlassenen auch sich selbst zu betrachten und sich folglich ganz als Jesus zu erkennen. Dies bedeutet, im realistischen und ehrlichen Wahrnehmen des eigenen Menschseins – wiederum anteilsmäßig als mehr oder weniger Heilige und Sünder – sich im Sünderin- bzw. Sündersein im 'Verlassenen' und im Heilige- bzw. Heiliger-Sein als 'Jesus' zu erkennen. Gerade im sich Erkennen als der Verlassene und in der Liebe zum Verlassenen in der Gestalt des eigenen Nichts-Seins und der Sünde erfährt der Mensch die göttliche Macht der Erlösungsgnade und die oben beschriebene göttliche Alchemie, denn »wer Jesus den Verlassenen liebt, überwindet alles mit Ihm und findet sich, wie von Zauberhand, in das Reich transferiert, wo das Licht, der Friede und die Freude herrschen: in *die* Liebe.«[200] In dieser Perspektive kann Chiara sogar sagen, dass jede Sünderin und jeder Sünder in eine bräutliche Beziehung mit Jesus dem Verlassenen eintreten kann, da er sich eben, wie oben ausgeführt, mit allem, also auch mit dem Nichts, mit der Sünde, vermählt hat. In einer Aufzeichnung schreibt sie dementsprechend: »nachdem Jesus sich zur Sünde und daher zur Uneinheit, zur Individualität gemacht hat, kann Er als Verlassener der Bräutigam selbst des letzten Sünders dieser Welt sein [...] weil Er – als Sünde – Sich in allen Sündern sieht und alle Sünder sich in Ihm sehen können.«[201] Jesus der Verlassene erweist sich als Schlüssel zur Einheit mit Gott für alle Menschen, in welcher Situation sie sich auch immer

[198] P'49, zitiert nach: Blaumeiser, Attraverso la trasparenza del nostro nulla, 687.
[199] P'49, zitiert in: Lubich, La misericordia varco per il Paradiso, 488.
[200] P'49, zitiert nach: Blaumeiser, Un mediatore che è Nulla, 399, Anm. 34.
[201] P'49, zitiert nach: Ebd., 403.

befinden mögen. Entscheidend ist, dass sie diesen Schlüssel 'benützen', dass sie sich also durch einen Akt 'reiner Liebe' (siehe Zitat im folgenden Absatz), wie Chiara sagt, im Verlassenen wiedererkennen und Ihn mehr lieben als sich selbst.

Schließlich wird Jesus der Verlassene auch zum Schlüssel für die Einsicht der Autorin, dass alle Menschen im Paradies ganz Jesus sein können, und zwar *alle gleich* Jesus, unabhängig davon, ob sie mehr aufgrund ihrer Liebe zu Gott oder mehr aus der Barmherzigkeit Gottes heraus zur Vollendung gelangt sind, weil gemäß Chiara im Verlassenen die Barmherzigkeit und die Liebe eins sind, wie ein Text aus ihrer Feder vom 24. Juli 1949 belegt.

»Wer nach einer langen Serie von Sünden aus reiner Barmherzigkeit Gottes im Vater ist, ist vor Gott dem Unschuldigen *gleich*, der durch viel *Liebe* dort angekommen ist. Denn jener Augenblick, in welchem er sich als Sünder erkannte und froh war, Ihm, der sich zur Sünde gemacht hat, ähnlich zu sein (auf diese Weise liebt er Gott mehr als seine Seele, und das ist reine Liebe), hat die ganze Leere ausgefüllt, die durch die Sünde entstand. So ist er aus reiner Barmherzigkeit Gottes (indem er also alles gratis erhielt) im Paradies angekommen, aber zugleich aus reiner Liebe zu Gott, die er aus freiem Herzen aussprach. In der Tat sind im Paradies die Barmherzigkeit und die Liebe *Einer* (*Uno*[202]). Im Paradies wird man nicht sehen, von welcher Seite Christus in uns kam, ob aus der Barmherzigkeit oder aus der Liebe, sondern man wird sehen, dass jede Seele *ganz Barmherzigkeit und ganz Liebe* ist: sie ist Jesus. Denn Barmherzigkeit ist Jesus der Verlassene. Liebe ist Jesus. Aber Jesus der Verlassene ist Jesus.«[203]

---

[202] Dieser Satz könnte vom Italienischen her auch mit »In der Tat sind im Paradies die Barmherzigkeit und die Liebe *Eins*« übersetzt werden. Ich bevorzuge »*Einer*«, da sich diese Variante einerseits von der – wahrscheinlich bewusst von Chiara verwendeten – Großschreibung her empfiehlt, die mehr substantivisch als adjektivisch zu lesen ist. Vor allem aber legt die Identifikation von Jesus bzw. Jesus dem Verlassenen als Person mit der Barmherzigkeit und der Liebe in der Textpassage die Übersetzung mit »*Einer*« nahe, was durch Kursivschreibung zusätzlich von der Autorin hervorgehoben ist. Im Paradies sind Barmherzigkeit und Liebe *Einer*, sie sind Jesus, und in Ihm sind sie freilich auch *eins*.

[203] Im Originaltext werden wiederum die Hervorhebungen vonseiten der Autorin durch Großschreibung bzw. Kursivschreibung erkenntlich: »Chi è nel Padre, venuto da una lunga trafila di peccati, per pura misericordia di Dio, è di fronte a Dio *uguale* all'innocente che v'è arrivato a furia d'*amore*. Infatti: quell'attimo in cui, riconoscendosi peccatore, godette (amando Dio più della sua anima e questo è puro amore) d'esser simile a Lui fatto peccato, riempì tutto il vuoto fatto dal peccato. Così è arrivato in Paradiso per pura misericordia di Dio (quindi avendo

Lubich entfaltet in diesem Gedankengang allerdings nicht näher die für die Anthropologie ebenfalls spannende Frage, was geschieht, wenn der sündige Mensch – als in Freiheit geschaffen – diesen Akt reiner Liebe nicht vollzieht, d.h. sich nicht im Verlassenen erkennt und Gott folglich nicht mehr liebt als sich selbst. Dies hängt damit zusammen, dass das primäre Interesse dieses Textes (wie der meisten Schriften Lubichs) nicht darin besteht, eine abgerundete Lehre – an dieser Stelle etwa über Himmel und Hölle – vorzulegen, sondern darin, zur Liebe zu motivieren, die selbst noch an dem Punkt möglich ist, wo sie bereits verspielt und nicht mehr lebbar zu sein scheint. Zur Variante, dass der Mensch aufgrund seiner Freiheit dennoch dieses letzte Angebot der Barmherzigkeit-Liebe in Jesus dem Verlassenen verspielt und somit den Himmel verfehlt, sei auf das Verständnis der Hölle[204] bei Chiara verwiesen. Jesus der Verlassene kann – das wollte durch dieses Kapitel sichtbar gemacht werden – in der Anthropologie Lubichs als Schlüssel, als Mittel- und Angelpunkt gesehen werden, der allen Menschen den Zugang zum trinitarischen Leben – als einzelne Personen, in den interpersonalen Relationen und schließlich im Eschaton – erschließen kann. Dass Lubichs Anthropologie als 'trinitarisch' bezeichnet werden kann, hat nicht zuletzt in ihrem Verständnis von Jesus dem Verlassenen ihre theologische Grundlage.

2. Jesus der Verlassene als Schlüssel zu trinitarischem Leben

»Die Liebe *ist und ist nicht* zugleich.
Jesus der Verlassene ist, weil er nicht ist.
Wir sind, wenn wir nicht sind.
Wenn wir sind, sind wir nicht.«[205]

In diesen drei Aussagen aus dem *Paradiso '49* ist die trinitarische Dynamik des Nichts-Seins aus Liebe, welche sich in Jesus dem

---

tutto avuto gratuitamente) ma nello stesso tempo per puro amor di Dio pronunciato liberamente dal suo cuore. Infatti Lassù Misericordia e Amore sono *Uno*. In Paradiso non si vedrà da che parte venne Cristo in noi, se per la Misericordia o per l'Amore, ma si vedrà che ogni anima è *tutta Misericordia e tutto Amore*: è Gesù. Infatti Misericordia è Gesù Abbandonato. Amore è Gesù. Ma Gesù Abbandonato è Gesù.« (Lubich, La misericordia varco per il Paradiso, 487f.)

[204] Eine Hinführung zum Verständnis der Hölle bei Lubich bietet Hubertus Blaumeiser (vgl. Blaumeiser, All'infinito verso la disunità, 557-570).

[205] »L'Amore *è e non è* nel medesimo tempo. Gesù Abbandonato perché non è, è. Noi siamo, se non siamo. Se siamo non siamo.« (P'49, 160.253f., zitiert nach: Zanghí, Leggendo un carisma, 45)

Verlassenen erschlossen hat, auf alle drei Ebenen angewandt, die für eine trinitarische Anthropologie relevant sind: Der erste Satz ist entnommen einem Zitat[206], in welchem sie vom Nichts-Sein im innertrinitarischen Leben spricht, das von Gott auch der gesamten Schöpfung eingeprägt ist. Im zweiten Satz[207] ist prägnant zum Ausdruck gebracht, wie in Jesus dem Verlassenen dieses trinitarische Nichts-Sein und Sein – von Ihm, der wahrer Gott und wahrer Mensch ist, gelebt – als inkarnierte Liebe sich für die Menschen offenbart und wie Er sich gerade in diesem Nichts-Sein aus Liebe für die Menschen – was auf der kreatürlichen Ebene auch für Ihn leiden und sterben bedeutet – in seinem eigentlichen Sein 'verwirklicht', besser gesagt als 'wirklicher Jesus' offenbart (»Jesus der Verlassene ist Jesus«). Im dritten Satz, der direkt an den zweiten anschließt, zieht Chiara sozusagen die anthropologische Conclusio aus den ersten beiden Aussagen. Was für das innertrinitarische Leben gilt und was für Jesus, der die innertrinitarische Ebene mit der geschöpflichen verbindet, gilt, das gilt ebenso für die kreatürliche Ebene, in welcher der Mensch ebenso *ist*, indem er *nicht ist*[208], indem er also *wie* Gott liebt und sich auf diese Weise als *Imago Trinitatis* realisiert erfährt.

Nichts-Sein aus Liebe

Der erlöste Mensch erhält in Jesus dem Verlassenen die Fähigkeit, das göttliche Nichts-aus-Liebe zu leben. Als Geschöpf ist diese Fähigkeit, 'schon' wie Gott zu lieben, freilich mit dem eschatologischen 'Noch-Nicht' und der geschichtlichen Kontingenz behaftet, sodass er es einerseits nur im je gegenwärtigen Augenblick[209] leben kann und

---

[206] Das vollständige Zitat lautet:»Drei Reale bilden die Trinität, und dennoch sind sie Einer, weil die Liebe gleichzeitig *ist und nicht ist*, aber auch wenn sie *nicht ist*, ist sie, weil sie Liebe ist. In der Tat: wenn ich etwas von mir wegnehme und es aus Liebe *herschenke* (mich seiner entledige – *ist es nicht*), *habe ich Liebe* (sie ist).« (P'49, 160, zitiert nach: Zanghí, Leggendo un carisma, 57)

[207] Chiara fügt dieser Aussage »Jesus der Verlassene ist, weil er nicht ist« später eine Anmerkung hinzu, in der sie erklärt:»Jesus der Verlassene 'ist nicht', weil er liebt, also 'ist er'« (P'49, 253, zitiert in: Lubich, Gesù Abbandonato, 61, Anm. 16).

[208] Vgl. die Aussage Jesu, die in ähnlichen Worten dieses Lebensprinzip ausdrückt und die von Lubich im Zusammenhang mit dieser Dynamik gerne zitiert wird: »Denn wer sein Leben retten will, wird es verlieren; wer aber sein Leben um meinetwillen verliert, wird es finden.« (Mt 16,25)

[209] Dadurch, dass der Mensch in die Dimension der Zeit hineingestellt ist und nur den je gegenwärtigen Augenblick aktiv gestalten kann, und der ewige Gott auch der Ewig-Jetzige ist, ist der je jetzige Moment der Kairos, in welchem der Mensch in Gott, in Seinem Willen, in Einheit mit Ihm, in Seiner Liebe sein kann, kurz: heilig sein kann. Im Schrifttum Lubichs gibt es viele Passagen, in denen sie auf den

andererseits nur in dem Maß, als er sein kreatürliches Nichts-Sein vom Verlassenen annehmen, verwandeln und vergöttlichen lässt. Je mehr er das Geschenk der Erlösung in Jesus Christus, das ihn zum Sohn / zur Tochter im Sohn macht (objektive Seite), glaubend in seinem Leben annimmt, desto mehr wird er fähig (subjektive Seite), als erlöster Mensch zu leben und seiner Bestimmung als 'anderer Jesus' zu entsprechen. Im Denken Lubichs heißt dies, dem Bild von der Vermählung des göttlichen Nichts mit dem kreatürlichen Nichts (siehe oben) entsprechend: Je mehr der Mensch realisiert, dass Jesus sich in seiner Verlassenheit mit ihm – und zwar mit allem, was ihn als Menschen ausmacht bis hin zur Sünde und zur Gottferne, kurz: mit seinem Nichts-Sein in allen geschöpflichen Dimensionen – vermählt hat und folglich sein 'Bräutigam' geworden ist (objektive Seite), desto mehr kann er sich in jedem Augenblick und in jeder Situation seines Lebens tatsächlich als vom Verlassenen geliebten Menschen erkennen und selber in eine bräutliche Beziehung mit Ihm eintreten (subjektive Seite).[210] Indem er in der bräutlichen Vereinigung sein geschöpfliches Nichts-Sein vom göttlichen erfüllen und verwandeln lässt, kann er eins werden mit dem Bräutigam, bis zur Identifikation mit Ihm.

Jesus der Verlassene als 'Bräutigam'

In der geistlichen Erfahrung von Chiara und in der Folge in ihren Schriften lässt sich diese anthropologische Seite der trinitarischen Dynamik von Nicht-Sein und Sein als Liebe aufzeigen. Jesus der Verlassene als Schlüssel zur innertrinitarischen Liebe erschließt ihr auch den Zugang zur Verwirklichung *dieser* Liebe als menschliche Kreatur. Aus einer Fülle von Texten und Textauszügen zu dieser Thematik sei an dieser Stelle eine Aufzeichnung vom 20. September 1949 wiedergegeben, die von der Verfasserin selbst als einer der grundlegendsten Texte ihres Charismas gesehen wird und die als Schlüsseltext zur hier

---

Wert des gegenwärtigen Augenblicks hinweist. Christsein bedeutet für sie, im gegenwärtigen Augenblick den Willen Gottes tun, im gegenwärtigen Augenblick das Wort Gottes sein, im gegenwärtigen Augenblick die Liebe sein: »Wenn man den gegenwärtigen Augenblick lebt und sich in *Liebe* ausdrückt, wird die Gegenwart *Liebe*: Tat der Liebe. Wir werden lebendige Liebe, wie Gott die Liebe ist [...] Die Erde: mit dem Himmel verbunden [...] Eine einzige Zeit: gegenwärtige Liebe.« (Lubich, Geschenk des gegenwärtigen Augenblicks, 74). Und so gilt es auch, im gegenwärtigen Augenblick Jesus den Verlassenen zu leben: »Es ist schön, im gegenwärtigen Augenblick Jesus den Verlassenen zu leben« (Lubich, Gesù Abbandonato, 55). Eine Sammlung von Gedanken Lubichs über die Bedeutung des gegenwärtigen Augenblicks gibt es auch in deutscher Sprache (vgl. Lubich, Geschenk des gegenwärtigen Augenblicks).
[210] Dies gilt für die einzelne Seele als 'Braut Christi' wie für die Gemeinschaft der Menschen als 'Anima', d.h. für die Kirche als 'Braut Christi'.

behandelten Thematik gelten kann. Der Text entstand etwas mehr als zwei Monate nach dem Eintreten in die intensive mystische Erfahrung des *Paradiso* in den Bergen in jenem Moment, als Chiara wieder in das Leben des Alltags in die Stadt zurückkehren sollte, als sie sozusagen vom Berg Tabor mit all dem Licht, der Erkenntnis des Lebens im 'Schoß des Vaters', herabsteigen sollte in die Niederungen einer Welt, in der es viel an Dunkel, Sünde, Leiden und Gottferne vorzufinden gibt. In ihrer eigenen Person setzt sie in den besagten Stunden einen entscheidenden Schritt, der in der Folge für alle, die sich das Charisma der Einheit zu eigen machen wollen, ein wesentlicher Ausdruck dieser Spiritualität ist: Chiara bevorzugt und wählt Gott in der Gestalt von Jesus dem Verlassenen, der in der Welt in unendlich vielen Gesichtern[211] auf sie erwartet, und lässt dafür Gott im 'Schoß des Vaters' los. Gott für Gott verlieren[212]; das Sein im Vater, das 'Alles' verlieren, um sich mit dem 'Nichts' zu verbinden. Diese kenotische Form der (inner)trinitarischen Liebe wird im Verlassenen die Form der menschlichen Liebe. Dass dieser Schritt – selbst für Chiara, die bereits im Jänner 1944 Jesus den Verlassenen als Höchstform der Liebe Gottes kennengelernt und als ihren Gott erwählt hatte[213] – keineswegs leicht und selbstverständlich ist, bezeugt ihr Bericht darüber, wie sie ihn in ihren Aufzeichnungen aus dem Jahr 1961 wiedergibt:

> »Ich wollte das Paradies nicht lassen. Ich konnte es nicht fassen, warum ich mich von jenem Himmel entfernen sollte, in dem wir für zirka zwei Monate lange gelebt hatten. Ich konnte keinen Grund dafür sehen und verstand es nicht: nicht, weil ich mich daran festklammerte oder aus Kapriziertheit, sondern aus der *Unfähigkeit* heraus, mich an die Erde anzupassen,

---

[211] Im Jahr 1950 schreibt Lubich in einer Reflexion: »Wir sahen ihn überall. Im leidenden Mitmenschen: jeder physische, moralische und geistliche Schmerz erschien uns wie ein Schatten Seines großen Schmerzes. Jeder Schmerz von uns erschien uns wie ein gekreuzigter Jesus, den wir liebten und wollten, um wie Er zu sein [...] Jedes schmerzliche Ereignis war ein Antlitz von Ihm, das wir umarmten, um eins mit Ihm zu sein« (Lubich, Ideale dell'unità, 31).

[212] Im Vers 946 des P'49 schreibt Lubich: »Man muss Gott in sich für Gott in den Schwestern und Brüdern verlieren. Und das macht nur jemand, der Jesus den Verlassenen kennt und liebt.«

[213] Vgl. Lubich, Der Schrei, 30f. Die Episode vom 24. Jänner 1944, wo sie erstmals Jesus den Verlassenen entdeckt und Ihn als 'ihren' Gott erwählt, ist etwas ausführlicher beschrieben in der Geschichte der Fokolar-Bewegung, wie Igino Giordani sie beschreibt (vgl. Giordani, Storia del nascente Movimento dei Focolari, 122-124).

nachdem ich mich an den Himmel gewöhnt hatte. Ich glaubte, dass Gott dies nicht wollen könnte.«[214]

Und wie Igino Giordani – von Chiara 'Foco' genannt – für das Eintreten ins Paradies eine entscheidende Rolle spielt, so auch an diesem Punkt, wo es darum geht, dass Chiara dieses Paradies aus Liebe zu Jesus dem Verlassenen, den Himmel für die Erde, wieder loslassen sollte.[215] »Es war Foco, der mir Mut machte, indem er mir die Augen öffnete, als er mich daran erinnerte, dass mein Ideal Jesus der Verlassene war und dass ich Ihn lieben sollte in der Menschheit, die auf mich wartete.«[216] Chiaras zweite Wahl[217] von Jesus dem Verlassenen als 'ihrem' Gott, die sie in diesem besagten Moment trifft, wird fortan zum entscheidenden Lebensprogramm, zum Verständnisschlüssel ihres Denkens und zeigt die anthropologische Dimension dessen auf, dass und wie Jesus der Verlassene der Kulminationspunkt ihrer Christologie ist. Hier der entsprechende Text – *Ho un solo Sposo sulla terra* – im übersetzten Wortlaut:

> »Ich habe nur einen Bräutigam auf Erden: Jesus den Verlassenen; außer Ihm habe ich keinen anderen Gott. In Ihm ist das ganze Paradies mit der Dreifaltigkeit und die ganze Erde mit der Menschheit.

---

[214] P'49 [1961], 22.
[215] Giordani schreibt seine Erinnerung an diesen Moment folgendermaßen nieder, wobei er von sich selbst in der dritten Person spricht: »Eines Abends [...] nahm er [Foco] allen Mut zusammen und sagte zu ihr [zu Chiara]: 'Chiara, verzeih mir, wenn ich zu dir wie einer spreche, der sich nicht von der Welt zu lösen weiß. Du hast eine Familie [gemeint ist die Fokolar-Bewegung], eine Familie, die auf der Welt zu wirken hat, in der sie zur Ehre Gottes leidet und kämpft. Du kannst sie nicht verlassen. Hast du uns nicht gelehrt, dass Jesus der Verlassene die höchste Liebe ist? Lass nun – für Ihn und mit Ihm – Gott für Gott, das Paradies für die Welt, wo du viele Seelen auf den Weg in Richtung Himmel bringen kannst. Lass die Engel und kehr zu uns Menschen zurück; aus Liebe zu Jesus dem Verlassenen'. Chiara hörte ernsthaft zu. Und, da sie stets bereit war sich für den Mitmenschen zu opfern, stöhnte sie, verängstigt und unter Tränen: 'Muss ich also das Paradies verlassen?'. 'Ja, Chiara: darum bitten dich deine Kinder auf dieser Welt.' Sie zog sich in ihr Zimmer zurück; und, allein mit Gott, verfasste sie jene Liebeserklärung, die [...] die Magna Charta der Fokolare, die Quintessenz ihrer Spiritualität, ist: Ich habe nur einen Bräutigam auf Erden« (Giordani, Storia del nascente Movimento dei Focolari, 154f.)
[216] P'49 [1961], 23.
[217] Lubich selbst bezeichnet diese Entscheidung für Jesus den Verlassenen am 20. September 1949 als »zweite Wahl« (Lubich, Der Schrei, 51) von Jesus dem Verlassenen. Dies erstens, weil sie ihn bereits am 24. Jänner 1944 erstmals gewählt hatte und zweitens, weil diese zweitmalige Wahl aufgrund der Erfahrung des *Paradiso* neue Aspekte dieser Wahl beinhaltet, die vor dieser Erfahrung nicht präsent waren.

Was *sein* ist, ist darum mein, sonst nichts.
Und *sein* ist der Schmerz der ganzen Welt und deshalb auch mein.
Ich werde durch die Welt gehen, Ihn suchend in jedem Augenblick meines Lebens.
Das, was mir weh tut, ist *mein*.
Mein ist der Schmerz, der mich in diesem Augenblick berührt.
Mein ist der Schmerz der Menschen neben mir (das ist mein Jesus). *Mein* ist alles, was nicht Friede oder Freude, was nicht schön, liebenswürdig, heiter ist [...] kurz: all das, was nicht Paradies ist. Denn auch ich habe *mein Paradies*, jedoch es ist jenes im Herzen meines Bräutigams. Ein anderes kenne ich nicht. So sei es für die Jahre, die mir verbleiben: dürstend nach Schmerz, nach Angst, nach Verzweiflung, nach Schwermut, nach Trennung, nach Verbannung, nach Verlassenheit, nach Pein, nach [...] allem, was Er ist, und Er ist die Sünde, die Hölle. So werde ich das Wasser der Trübsal *trocknen* in den Herzen vieler, die mir nahe sind, und – durch die Gemeinschaft mit meinem allmächtigen Bräutigam – in denen, die fern von mir sind.
Ich werde vorübergehen wie Feuer, das verzehrt, was verfallen muss, und nur die Wahrheit *bestehen lässt*. Aber dazu ist es nötig, *wie* Er zu sein: Er zu sein im je gegenwärtigen Augenblick des Lebens.«[218]

Diese Deklaration der ausschließlichen und bräutlichen Liebe Chiaras zu *Gesù Abbandonato* (Jesus dem Verlassenen) bis hin zur Identifikation mit Ihm, in der sich gewissermaßen das Charisma der Einheit – als die 'Medaille mit zwei Seiten' (siehe oben) – von der Seite des Verlassenen aus gesehen zuspitzt, und die »besonders eindrücklich sowohl das Eigene wie, davon untrennbar, das 'Allgemeine' dieses Verständnisses«[219] von Jesus dem Verlassenen zeigt, soll im Folgenden im Hinblick auf anthropologische Implikationen analysiert werden.

---

[218] P'49, 645-653, zitiert in: Lubich, Il grido, 56f. (ohne Angabe der Versnummern in *P'49*) sowie in: Zanghí, Leggendo un carisma, 129 (mit Angabe der Versnummern in *P'49*). In früheren Publikationen wurde das Wort 'Hölle' bisweilen weggelassen, wie bereits weiter oben ausgeführt. Deutschsprachige Übersetzungen des vollständigen Originaltextes finden sich in: Lubich, Der Schrei, 51f. und in: Tobler, Jesu Gottverlassenheit, 116. Die hier verwendete Übersetzung wird von mir verantwortet. Im Anhang dieses Buches ist der vollständige Wortlaut im italienischen Original abgedruckt.

[219] Hemmerle, Glauben im Leben, 230. Klaus Hemmerle kommentiert in *Wegmarken der Einheit. Theologische Reflexionen zur Spiritualität der Einheit* (Erstveröffentlichung 1982 als Monografie im Verlag Neue Stadt) auf mehreren Seiten den Text *Ich habe nur einen Bräutigam* und stellt ihn in den großen Rahmen der biblischen Botschaft und der Geschichte der Spiritualitäten (vgl. ebd., 230-241).

Ein erstes wichtiges Element ist die bereits angedeutete Fähigkeit des Menschen, in Jesus dem Verlassenen nicht nur der trinitarischen Liebe Gottes zu begegnen, sondern diese auch als Geschöpf zu leben. Durch die Annahme und Vergöttlichung des kreatürlichen Aus-sich-selbst-Nicht-Seins im Verlassenen erlangt der Mensch die Möglichkeit, das göttliche Nichts-aus-Liebe zu verwirklichen. Hierin erfährt Chiara die bräutliche Liebe eines Gottes, der nicht nur den Menschen mit Seiner göttlichen Liebe liebt, sondern ihn als Bild Gottes selbst in göttlicher Weise lieben lässt und ihm damit Anteil gibt an Seinem Wesen, welches trinitarische, gegenseitige und kenotische Liebe ist. Das zeichnet seine einmalige Würde als 'Krone der Schöpfung' aus, wie Gott lieben zu können, in Freiheit und in der Form Gottes selbst. In der freien Wahl von Jesus dem Verlassenen als ihren Bräutigam vermählt sich die Trägerin des Charismas der Einheit dieser Seiner Form der Liebe, der bewusst gewählten kenotischen Form des Nichts-aus-Liebe[220]. Die Verwendung des Ausdrucks 'Bräutigam' für Jesus den Verlassenen ist einerseits ohne Vorbild in der Geschichte der Spiritualitäten und der Theologie und zeigt damit ein Spezifikum dieses Charismas an. Andererseits weist sie hin auf das schon im AT vorhandene Bild der bräutlichen Liebe Gottes zu seinem Volk[221], das in Jesus als göttlichem Bräutigam, mit dem die Hochzeit schon auf Erden begonnen hat[222], die bei seiner Wiederkunft zur Vollendung führen wird[223], seinen Höhepunkt erreicht. Das Bild impliziert Aspekte wie die Ausschließlichkeit dieser Liebe, die Fruchtbarkeit, die Treue und weckt überdies die dem Menschen in der Schöpfung gegebene Erfahrung bzw. Sehnsucht nach dem Paradies. All diese Aspekte finden sich im zitierten Text wieder. So zeigt er den 'christlichen Menschen', dessen gesamtes Menschsein vom Verlassenen her erfasst ist, gleichsam als im Verlassenen aktualisierte Variante des paulinischen »ich hatte mich entschlossen, bei euch nichts zu wissen außer Jesus Christus, und zwar als den Gekreuzigten« (1 Kor 2,2)[224].

---

[220] Lubich spricht auf der anthropologischen Ebene vom 'gewollten Nichts' ('nulla voluto'). Der Mensch setzt einen freien Akt der Liebe in der Nichts-Werdung wie Gott im Verlassenen. »Ja, es ist ein gewolltes Nichts. [...] Es ist ein Akt der Zu-Nichts-Werdung, den ich setze.« (P'49, 78, Anm. 91, zitiert nach: Zanghí, Leggendo un carisma, 84) »Gott wird so aus unserem gewollten Nichts geboren; denn, wenn ich nicht wäre, könnte Gott nicht in mir sein.« (zitiert nach: Coda, Dio e la creazione, 86)

[221] Vor allem im Hohelied der Liebe und im Buch des Propheten Hosea ist dieses Bild der bräutlichen Liebe besonders präsent.

[222] Vgl. vor allem Joh 3,29 und Eph 5,22-33.

[223] Vgl. das Bild von der 'Hochzeit des Lammes' in Offb 19,7.9; 21,9.

[224] In verschiedenen Publikationen des Textes *Ho un solo sposo sulla terra* (*Ich habe nur einen Bräutigam auf Erden*) wählte Lubich dieses Pauluszitat als Überschrift.

Was dem Bräutigam gehört, gehört auch der Braut.»Was *sein* ist, ist darum mein, sonst nichts.«[225] In der bräutlichen Liebe zum Verlassenen – das ist ein zweites Element – macht sich die Braut all das zu eigen, was des Bräutigams ist. Die allgemein vertretene anthropologische Auskunft, dass der Mensch in Christus Anteil am Leben Gottes erhält und daher auch nach dem streben soll, was Christi ist[226], heißt im Licht des Verlassenen konsequenterweise, dass der Mensch all das sucht und sich zu eigen macht, was er in Ihm vorfindet. Und im Verlassenen findet Chiara nicht nur »das ganze Paradies mit der Dreifaltigkeit« – das ist dasjenige, was der christgläubige Mensch erwartungsgemäß in Jesus sucht und zu finden hofft –, sondern auch »die ganze Erde mit der Menschheit«, weil für sie der im Verlassenen geoffenbarte Logos Gottes »das 'Nichts-Alles' der Liebe« (P'49, 97 – siehe oben) ist und alles in sich hineingenommen hat. In Ihm findet sie folglich wirklich alles und macht es sich zu eigen, vorzugsweise dasjenige, was sich ihr Bräutigam zu eigen gemacht hat: den »Schmerz der ganzen Welt«, »alles, was nicht Friede oder Freude, was nicht schön, liebenswürdig, heiter ist [...] kurz: alles, was nicht Paradies ist«. Weil »der Verlassene [...] alle Nichtigkeiten in sich aufgesogen«[227] hat, will auch sie diese ihr Eigen nennen. Damit dies in Lubichs Text nicht missverstanden wird und einem abzulehnenden Masochismus das Wort redet, ist daran zu erinnern, dass der Verlassene nicht nur allen Schmerz, ja sogar die Sünde und die Hölle 'aufgesogen' hat, sondern – wie die Autorin betont – in sich, der Gott ist, verwandelt hat. Denn »die Nichtigkeiten sind Er geworden und Er ist Gott. So gibt es keine Leere mehr, weder auf Erden noch im Himmel: es gibt *Gott*«[228]. Chiara sucht also nicht den Schmerz und alles, was im Text unter 'Nichtigkeiten' erwähnt ist, *an sich*, sondern sie sucht *Gott in allem*, sie sucht – wie alle – das Paradies und findet ihr Paradies »im Herzen meines Bräutigams«, wie sie schreibt. Der christliche Mensch ist demzufolge nicht jemand, welcher dem Leid in den verschiedensten Gesichtern (in sich und in den anderen) aus dem Weg geht, den Kontakt mit ihm meidet, es ignoriert oder gar verleugnet, sondern er ist ein Mensch, welcher in allem das Antlitz

---

Zum Beispiel in: Lubich, Scritti Spirituali 1, 45 und in der entsprechenden deutschen Übersetzung in: Lubich, Alle sollen eins sein, 27.

[225] Die direkten Zitate in diesem Absatz stammen alle, wenn nicht anderes angegeben, aus dem zitierten Text *Ho un solo sposo sulla terra.*

[226] »Seid ihr nun mit Christus auferweckt, so strebt nach dem, was oben ist, wo Christus zur Rechten Gottes sitzt!« (Kol 3,1); »Strebt aber nach den höheren Gnadengaben!« (1 Kor 12,31a); »Jagt der Liebe nach! Strebt aber auch nach den Geistesgaben« (1 Kor 14,1) u.a.

[227] Lubich, Gesù Abbandonato, 57.

[228] Ebd.

Gottes in der Gestalt des Verlassenen erkennt[229] und Ihn darin liebt.
Die Braut von Jesus dem Verlassenen sucht und findet im Nichts (in
den Nichtigkeiten) das Alles (Gott) und schwingt aus Liebe zum Bräutigam mit Ihm ein in die kenotische Liebesdynamik, »dürstend nach
[...] allem, was Er ist«. Sie lässt Gott für Gott los, das Paradies im
'Schoß des Vaters' für das Paradies im Herzen von Jesus dem Verlassenen, dem sie sich vermählt, weil sie erfahren hat, dass Er sich mit
ihr vermählt hat. Und sie erfährt im Verlassenen zugleich den Auferstandenen, die göttliche Alchemie, durch die der Schmerz in Freude,
das Dunkel in Licht, der Tod in Leben verwandelt wird. Denn, so
Lubich in einer Aufzeichnung: »Es ist eine unerhörte Sache; jenseits
der Pforte, die zu mir von Tod und unendlicher Angst sprach, fand ich
die Liebe und der Schmerz verschwand. [...] Wer nämlich in deinen
unendlichen Schmerz eintritt, findet wie durch Zauberhand alles in
Liebe verwandelt.«[230] So wird dem Menschen das Paschageheimnis
existentiell zuteil.

Das Sich-zu-eigen-Machen all dessen, was der Bräutigam angenommen
hat und was er also *ist*, führt – dem zitierten Text *Ho un solo Sposo
sulla terra* und der entsprechenden geistlichen Erfahrung Lubichs folgend – zur Identifikation der Braut mit dem Bräutigam. Dies kann als
ein drittes Element der Anthropologie im Licht des Verlassenen betrachtet werden: der Mensch, der selbst wie Jesus der Verlassene zum
Nichts (aus Liebe) wird, findet sich – da nichts mehr als Hindernis im
Wege steht – als Er vor, identifiziert mit Ihm. Je radikaler er dieses
Nichts in der Relation zu Gott lebt, desto mehr ist er 'Jesus der Ver-
lassene-Gott'. Und je radikaler der Mensch dieses Nichts in der Relation zu den Mitmenschen lebt, desto mehr ist er 'Jesus der Verlassene-
Menschheit'[231]. Je mehr also der Mensch ein Nichts aus Liebe ist – in

---

[229] Das 'Gott in allen Dingen suchen und finden' des hl. Ignatius von Loyola erfährt
eine spezifische Aktualisierung in Jesus dem Verlassenen. Im Schrifttum Lubichs
gibt es viele Belegstellen dafür, dass gerade mit dem Verlassenen ein Schlüssel
gegeben ist, Gott in allen Dingen, Situationen, Menschen zu finden. Am 22. September 1951 schreibt sie, dieser Erfahrung entsprechend, indem sie zum Verlassenen sagt: »Jesus, verstecke dich, denn ich sehe dich überall.« (Lubich, Gesù
Abbandonato, 69)

[230] P'49, zitiert nach: Pelli, L'abbandono di Gesù e il mistero del Dio Uno e Trino,
272.

[231] »Gesù Abbandonato-Umanità« (P'49, 486, zitiert nach: Zanghí, Leggendo un carisma, 94). Am 6. September 1949 schreibt Lubich: »Ich spüre, dass ich in mir
alle Geschöpfe der Welt lebe und die gesamte Gemeinschaft der Heiligen. Wirklich: denn mein *Ich* ist die *Menschheit mit allen Menschen, die waren, sind und
sein werden*. Ich spüre und lebe diese Realität: denn ich spüre in meiner Seele
sowohl die Freude des Himmels als auch die Angst der Menschheit, die *ein*

vertikaler wie in horizontaler Richtung – desto mehr ist er wirklich Jesus in seiner Fülle: Gott und Mensch.

Durch diese Identifikation mit Jesus dem Verlassenen nimmt der Mensch schließlich teil an Seinem Erlösungsgeschehen in der österlichen Dynamik von Tod und Auferstehung[232], ähnlich der Erfahrung, wie Paulus seine Teilhabe am Erlösungsgeschehen Christi beschreibt.[233] Im Text Lubichs ist es ausgedrückt mit den Worten

»So werde ich das Wasser der Trübsal *trocknen* in den Herzen vieler, die mir nahe sind, und – durch die Gemeinschaft mit meinem allmächtigen Bräutigam – in denen, die fern von mir sind. Ich werde vorübergehen wie Feuer, das verzehrt, was verfallen muss, und nur die Wahrheit *bestehen lässt*.«

Die hier beschriebenen Wirkungen, von Chiara in der ersten Person formuliert, zeigen diese Identifikation mit dem Verlassenen auf. In solcher Identifikation vollbringt sie, zu Jesus geworden, Seine Werke, gemäß dem Jesuswort: »Amen, amen, ich sage euch: Wer an mich glaubt, wird die Werke, die ich vollbringe, auch vollbringen und er wird noch größere als diese vollbringen, denn ich gehe zum Vater.« (Joh 14,12) Zudem weitet diese Identifikation den einzelnen Menschen auf die universale Dimension hin, auf den *Christus totus*, was im Text darin anklingt, dass die Braut des Verlassenen auch jene Menschen erreicht, welche fern von ihr sind. In den beiden abschließenden Sätzen nennt die Autorin, kurz zusammengefasst, die Voraussetzungen vonseiten des Menschen, damit die bräutliche Vereinigung die Früchte der Erlösung zeitigen kann: »Aber dazu ist es nötig, *wie* Er zu sein: Er zu sein im je gegenwärtigen Augenblick des Lebens«. Der Mensch muss im je

---

einziger großer Jesus der Verlassene ist. Und ich möchte diesen Jesus den Verlassenen leben.« (Lubich, Gesù Abbandonato, 68)

[232] Wenn Chiara vom Leben des Verlassenen ('Nichts') spricht, ist der Aspekt des Auferstandenen ('Alles', 'Liebe') impliziert. Der Verlassene repräsentiert in ihrem Denken jeweils das gesamte Paschamysterium von Tod und Auferstehung. Den Verlassenen leben, meint bei ihr, dieses Geheimnis des Pascha zu vollziehen. Aufgrund ihrer Wahrnehmung, dass dies bisweilen nicht richtig verstanden wurde, schreibt sie: »Es gibt solche, die Jesus den Verlassenen leben, aber nicht so, wie Er geliebt werden möchte. Sie sind immer in Jesus dem Verlassenen, gelangen jedoch nie dahin, *Jesus* [gemeint ist hier Jesus der Auferstandene] zu sein.« (P'49, zitiert nach: Marchetti, Spunti per l'etica, 185) Der Mensch muss, nach Chiara, in die Wunde des Verlassenen hineingehen, aber dann auch durch die Wunde hindurchgehen, den Auferstandenen erfahren.

[233] »Jetzt freue ich mich in den Leiden, die ich für euch ertrage. Ich ergänze in meinem irdischen Leben, was an den Bedrängnissen Christi noch fehlt an seinem Leib, der die Kirche ist.« (Kol 1,24)

gegenwärtigen Augenblick versuchen, *wie* der Verlassene zu sein –
Nichts aus Liebe – und er muss versuchen, Er zu sein – *Sein als Liebe*
–, denn es gilt nach Lubich:»Wir sind, wenn wir nicht sind« (P'49,
254). Negativ formuliert: Wenn der Mensch Gott und den Menschen
gegenüber versucht, aus sich selbst heraus etwas bzw. jemand zu sein,
wenn er also »an seinem Leben hängt« (Joh 12,25, alte EÜ),»sein Leben liebt« (Joh 12,25 revidierte EÜ), verfehlt er das eigene Sein als
Liebe und»verliert es« (Joh 12,25). Mit Chiara formuliert, kann gesagt
werden:»Wenn wir sind, sind wir nicht« (P'49, 254).

Jesus der Verlassene als Schlüssel zu trinitarischer Einheit

Anhand vieler Texte aus dem Schrifttum Lubichs lässt sich belegen,
wie sich in ihrem Denken Jesus der Verlassene für den Menschen als
Schlüssel zu trinitarischem Leben in der Praxis erweist. An dieser
Stelle seien einige signifikante Textpassagen wiedergegeben, die aufzeigen, wie der Mensch in Jesus dem Verlassenen zur Einheit mit Gott
sowie zur Einheit mit den Menschen gelangen kann. Nach dem bisher
in diesem Kapitel Gesagten bedarf es keiner umfangreichen erklären-
den Kommentare zu den Zitaten. Sie zeigen die lebenspraktische Seite
auf, die – so die Grundintention der Verfasserin – zum Leben anspor-
nen möchten, im Bewusstsein, dass sich in der gelebten Erfahrung
zeigt, dass der theoretische Ansatz gültig ist. Am 26. Juli 1949 schreibt
Chiara – den am Beginn des Absatzes zitierten zweiten und dritten Satz
beinhaltend und erläuternd – folgendermaßen:

>»Jesus der Verlassene ist, weil er nicht ist. Wir sind, wenn
>wir nicht sind. Wenn wir sind, sind wir nicht. Wir müssen
>'gedankenfrei'[234] sein, weil wir Kinder Gottes sind. Die Kin-
>der Gottes machen sich keine Gedanken. Nur wenn wir uns
>keine Gedanken mehr machen, wird unser Geist ganz offen
>sein und beständig das Licht Gottes erhalten; und er wird Ka-
>nal sein. So müssen wir ohne Willen sein, um für den Willen
>Gottes fähig zu sein. Und ohne Erinnerung, um uns nur an
>den gegenwärtigen Augenblick zu erinnern und 'ekstatisch'
>(außerhalb von uns) zu leben. Ohne Fantasie, um das Paradies
>auch mit der Fantasie zu sehen, denn das Paradies ist der
>Traum der Träume. [...] Das Bewusstsein unseres Nichts-
>Seins muss unendlich sein, damit Gott in uns wohnt. Wir müs-
>sen das Nichts-Sein von Jesus dem Verlassenen haben, der das

---

[234] Vgl. dazu die Anmerkung zu diesem Gedanken im vorherigen Kapitel (2. Kap.
II.2.) der vorliegenden Arbeit.

unendliche Nichts-Sein ist. Dann wird in uns der Heilige Geist
Wohnung nehmen.«[235]

Am 2. September 1949 beschreibt Chiara die Frucht des Lebens als
Braut des Verlassenen so: »Jesus der Verlassene, umarmt, fest an sich
gezogen, als das Ein und Alles in Ausschließlichkeit erwählt; Er, der
sich in *eins* mit uns verzehrt hat, und wir, in *eins* mit Ihm verzehrt,
zum Schmerz geworden mit Ihm, Dem Schmerz: hierin liegt alles. So
wird man *Gott*, die *Liebe*.«[236]
Für das Charisma der Einheit gilt diese Radikalität des Nichts-Seins,
um Alles zu werden, auch – und das ist Ausdruck der spezifisch gemeinschaftlichen Spiritualität – den Mitmenschen gegenüber, wie
exemplarisch eine Aufzeichnung vom 28. August desselben Jahres
zeigt:

> »Um das Alles in sich aufzunehmen, muss man wie Jesus der
> Verlassene das Nichts sein. Und auf dem Nichts können alle
> schreiben [...] Man muss sich allen gegenüber in die Haltung
> des Lernens begeben, denn man hat wirklich etwas zu lernen.
> Und nur das Nichts sammelt alles in sich und fügt es in Einheit
> zusammen: man muss *Nichts* (Jesus der Verlassene) sein je-
> dem Mitmenschen gegenüber, um in ihm *Jesus* an sich zu zie-
> hen«[237].

---

[235] Lubich, Gesù Abbandonato, 61f. Erläuternde Kommentare zu einzelnen Aussagen
des Textes vonseiten der Autorin finden sich in: Zanghí, Leggendo un carisma,
50. So wird der Heilige Geist – als die personifizierte göttliche Liebe – das Leben
der Menschen, die den Verlassenen leben. Die Liebe, im Verlassenen gelebt, ist
im Menschen der Heilige Geist. »Die Liebe will 'destilliert' werden, bis sie nur
noch Heiliger Geist ist. Dies geschieht im 'Durchgang' [d.h. 'Pascha'] durch Jesus den Verlassenen. Jesus der Verlassene ist das Nichts, er ist der Punkt und
durch diesen Punkt (= die Liebe, die aufs Äußerste reduziert ist, die alles gegeben
hat) geht nur die Einfachheit, welche Gott ist, hindurch: die Liebe. Nur die Liebe
dringt hindurch« (ebd., 63).

[236] Ebd., 63.

[237] Ebd., 64f. Um die Einheit mit Gott (mit *Jesus* im Nächsten) und untereinander
(mit dem Nächsten) zu verwirklichen muss der Mensch, wie Lubich in ihrer Vorlesung in Manila sagt, »Jesus den Verlassenen präsent haben und lieben [...], man
muss ihn lieben in der radikalen Weise wie der heilige Paulus, der festhält: 'Ich
hatte mich entschlossen, bei euch nichts zu wissen außer Jesus Christus, und zwar
als den Gekreuzigten' (1 Kor 2,2)« (Lubich, Lezione Magistrale in Teologia
[1997], 85)

Einheit mit Gott und Einheit untereinander sind auf diese Weise folglich nicht mehr zwei voneinander getrennte Wirklichkeiten, sondern werden im Verlassenen eins. Welche Implikationen die trinitarische Anthropologie, wenn sie in Jesus dem Verlassenen ihren Schlüssel hat, in den verschiedenen Fachgebieten theologischer Disziplinen[238] aufweist, kann an dieser Stelle nicht weiter ausgeführt werden. Hier gibt es auf jeden Fall noch ein großes Feld zu bestellen.

IV. Trinität werden:
Verwirklichung und Vollendung des Menschen

»Dieses unser Einssein war solcherart, dass es uns nicht nur zum Bild der Trinität machte, nicht nur vereint mit Ihr, sondern es ließ uns, in Teilhabe, Trinität sein.«[239]

Trinität sein: das ist, entsprechend dem Charisma Lubichs, das Wesen des Menschen unter eschatologischer Perspektive. In der Vollendung ist der Mensch Trinität. *Trinität werden*: das drückt demnach die

---

[238] Für den Bereich der Ethik im Licht des Verlassenen sei verwiesen auf den Beitrag: Marchetti, Spunti per l'etica, 169-186. Durch den Verlassenen fällt etwa ein neues Licht auf die Tugenden, die es nicht zu 'haben' gilt, sondern die es, wie alles andere, zu 'verlieren' gilt, um sie wirklich in ihrer göttlichen Fülle, d.h. in Gott, zu 'haben'. »Um Gott zu haben, müssen wir die Tugenden verlieren: *alle*. Auch das ist ein Geheimnis, das aus der Wunde des Verlassenen quoll.« (P'49, zitiert nach: Zanghí, La creazione 3, 343) Und Chiara weiter: »Wer im Nächsten lebt, hat nicht die Tugenden, wie sie für gewöhnlich verstanden werden: er ist *Nichts*; und das Nichts hat nichts: es hat nicht die Reinheit, noch die Demut, noch die Geduld, noch die Abtötung, etc., denn es ist nichts; die wahre Reinheit ist daher die Reinheit der Reinheit, die wahre Demut ist die Demut der Demut, die wahre Geduld ist die Geduld der Geduld etc.« (P'49, 612, zitiert nach: Zanghí, Leggendo un carisma, 118f.). Der Ansatz Lubichs bei Jesus dem Verlassenen bietet zudem eine höchst inspirierende Ressource für die trinitarische Ontologie (vgl. dazu die *Thesen zu einer trinitarischen Ontologie* von Klaus Hemmerle) und für die Frage nach der 'Konvertibilität von Sein und Liebe' (Hans Urs von Balthasar). In der 2014 erschienenen Publikation des italienischen Dogmatikers Stefano Mazzer (Salesianer und Professor für Systematische Theologie) widmet dieser in der Frage nach dem *Nichts-Alles der Liebe zwischen Philosophie, Mystik und Theologie* (so der Untertitel) ein Kapitel dem Ansatz Lubichs (vgl. Mazzer, Li amò fino alla fine, 373-410). Im Hinblick auf die theologische Erkenntnislehre im Licht des Verlassenen ist bereits im vorigen Kapitel dieser Arbeit Wesentliches gesagt.

[239] »Questo nostro essere uno era tale che ci faceva non solo immagine della Trinità, non solo unite ad Essa, ma ci faceva essere, per partecipazione, Trinità.« (P'49, 36, Anm. 42)

Bestimmung des Menschen, seine Berufung aus, der es im irdischen Leben nachzugehen und die es nach und nach zu verwirklichen gilt.

Das Zitat stammt aus der Narration des *Paradiso '49* und beschreibt die Erfahrung, die Chiara mit Foco und den ersten Fokolarinnen gemacht hat, nachdem sie durch den Pakt der Einheit in den 'Schoß des Vaters' eingetreten sind und sich im »Feuer der Trinität« (P'49, 36) als in eins verschmolzen, als 'Anima' vorfanden.[240] Hier scheint die größtmögliche Realisierung des Menschen auf, die er im Diesseits als Geschöpf erlangen kann und die zugleich das ewige Leben ins irdische Leben hereinreichen sowie das irdische Leben schon im Paradies leben lässt: der eschatologische Mensch.

In diesem Kapitel soll die eschatologische Perspektive der Anthropologie Lubichs behandelt werden. Zwei inhaltliche Vorbemerkungen sind zum Verständnis der Gedankengänge Chiaras nötig. Erstens ist daran zu erinnern, dass ihre Sichtweise – im Speziellen ab dem Juli 1949 – jene von Gott aus ist, vom 'Schoß des Vaters' aus. Aufgrund ihrer geistlichen Erfahrung, dass das ewige Leben Gottes bereits im irdischen Leben präsent ist und das irdische Leben durch das Eintreten ins Paradies schon am ewigen Leben teilnimmt, zeugen viele ihrer Texte von einer *präsentischen Eschatologie.* Im Leben der Einheit gemäß diesem Charisma lebt der Mensch schon gnadenhaft als 'Jesus' bzw. als 'Wort im Wort' im Vater. »Wer die Einheit lebt, lebt Jesus und lebt im Vater. Er / sie lebt immer im Himmel, im Paradies: irdisch hier unten, da die Erde durch das Hundertfache Paradies geworden ist, und himmlisch dort oben mit dem ewigen Leben.«[241] Im Vater lebend wirkt der Mensch als anderer Jesus in der Welt an seiner Umgestaltung im Sinne des Evangeliums mit. Er realisiert trinitarisches Leben, wie im Himmel so auf der Erde.[242] Die Verwirklichung des Menschen hier auf Erden

---

[240] Die zitierte Aussage ist ein Kommentar Lubichs während einer Arbeitssitzung der *Scuola Abbà* zum Vers 36 des *P'49*, in dem es heißt: »Im Feuer der Dreifaltigkeit waren wir, in der Tat, so in eins verschmolzen worden, dass ich diese Schar 'Anima' nannte.«

[241] Lubich, La dottrina spirituale, 152. An diesem Zitat wird sichtbar, dass das Leben der Einheit den Menschen nicht aus der Welt in den Himmel entrückt und er dabei der Welt entflieht, sondern dass er gerade im Vater lebend die Erde umgestaltet, damit sie sich zum Ort entwickelt, in der die Erfahrung des 'Hundertfachen' (vgl. Mk 10,30), das Jesus im Evangelium seinen Jüngerinnen und Jüngern verheißt, auf dieser Erde zur Realität wird. Die im Werk Mariens entstandenen Umsetzungen des Charismas in verschiedenen Bereichen der Gesellschaft, der Wirtschaft, der Politik etc. sind in diesem Licht zu sehen.

[242] In seiner Analyse zur Doktrin Lubichs schreibt Piero Coda, einen Text vom November 1949 kommentierend, unter anderem: »Dort, wo – wie im Dreifaltigen Gott – die Gegenseitigkeit der Liebe gegeben ist – das heißt die Offenheit/Aufnahme und die Hingabe/Übergabe in Bezug auf den Nächsten – verwirklicht sich

und seine Vollendung im Himmel sind in Lubichs Schriften oft in eins gesehen und lassen sich von daher in der Analyse nicht immer eindeutig entweder nur dem irdischen oder nur dem ewigen Leben zuordnen. Dennoch soll in den folgenden beiden Punkten diese Unterscheidung strukturgebend sein, um die jeweiligen spezifischen Aspekte hervorzuheben. Dabei gilt der Blick im Abschnitt IV.1. schwerpunktmäßig der Verwirklichung des Menschseins im Diesseits und im Abschnitt IV.2. der Frage nach der Vergöttlichung im Jenseits.

Die zweite Vorbemerkung betrifft die Gesamtvision Lubichs, wie sie im Abschnitt I.1. dieses Kapitels – das Heilsmysterium von der Protologie über die Soteriologie bis zur Eschatologie umspannend – skizziert wird, die eben auch für die eschatologische Perspektive den Hintergrund bildet. Wie diese dynamische Vision trinitarisch ist, ist ebenso die *Eschatologie trinitarisch* durchformt. Dies nicht nur in dem Sinn, dass Gott immer trinitarisch gedacht wird, sondern auch in dem Sinn, dass der Mensch in Christus nie losgelöst vom Vater und vom Heiligen Geist und – dies ist für das Charisma Chiaras besonders charakteristisch – gleichzeitig nie losgelöst von den Mitmenschen gedacht wird. Wenn etwa das Zweite Vatikanum in *Lumen Gentium* (LG 2) und *Gaudium et spes* (GS 22) von der Bestimmung des Menschen zur Gleichförmigkeit mit Christus spricht – der Vater hat die Menschen »im Voraus dazu bestimmt, an Wesen und Gestalt seines Sohnes teilzuhaben« (προώρισεν συμμόρφους[243] τῆς εἰκόνος τοῦ υἱοῦ αὐτοῦ) (Röm 8,29) –, wird dies in der Fachliteratur meistens eingeschränkt oder zumindest fokussiert auf den einzelnen Menschen interpretiert. Bei Chiara ist der Sohn einerseits nie ohne den Vater und den Geist gedacht, sodass die Gleichförmigkeit des Menschen mit dem Sohn immer bedeutet, wie Er und mit Ihm in die trinitarischen Relationen mit dem Vater und dem Geist einzutreten. In diesem Sinn ist der Mensch erst σύμμορφος (gleichförmig dem Bild des Sohnes), wenn und insofern er diese 'Form' der trinitarischen Beziehungen des Sohnes mitvollzieht. Dieser Gedanke findet sich in Ansätzen zur trinitarischen Anthropologie, etwa bei Hans Urs von Balthasar, Karl Rahner oder Gisbert Greshake wieder. Andererseits ist im Ansatz Lubichs – und dies ist ein Spezifikum – der Sohn auch *nie* ohne die Mitmenschen gedacht, sodass die Gleichförmigkeit des Menschen mit dem Sohn unabdingbar verbunden ist mit dem Eintreten in dieselbe Relation, die der Sohn – im Verlassenen –

---

die Kommunikation Gottes in Gott durch unsere, von Christus angenommene Menschheit. In der Vorwegnahme der von Jesus eröffneten eschatologischen Zeit verwirklicht sich das 'wie im Himmel so auf Erden'« (Coda, Dalla Trinità, 501f.).

[243] Das griechische Adjektiv σύμμορφος heißt wörtlich: von der gleichen Form oder Natur, gleichförmig. Der Mensch ist also bestimmt, »gleichförmig dem Bild seines Sohnes« zu sein.

mit den Mitmenschen lebt. Das Bezogensein des Menschen auf Gott sowie sein Bezogensein auf die Schwestern und Brüder sind im Sohn – als die Offenbarung und inkarnierte Form der trinitarischen Liebe – von daher stets trinitarisch geprägt und nicht voneinander zu trennen. Hierin liegt eine Wurzel für die präsentische Eschatologie Lubichs insofern, als eben die Relation zu Gott in Christus *dieselbe* Relation ist, die der Mensch zum Mitmenschen hat, nämlich das 'Nichts-Sein-aus-Liebe', der Heilige Geist, 'bekleidet'[244] mit Jesus dem Verlassenen.

1. Trinitisierung als Realisierung des Menschseins

Im Blick auf die Verwirklichung des Menschen im irdischen Leben kann das Spezifische im Gedankengut Lubichs vor allem an einem Begriff aufgezeigt werden, den sie erstmals in ihren Schriften des *Paradiso '49* verwendet, nämlich am Verb 'trinitizzarsi'[245]. Dieses Wort stellt – als Verb, wie desgleichen als Substantiv bzw. Partizip Perfekt – einen Neologismus[246] in der italienischen Sprache dar. Es ist eine Wortschöpfung Chiaras, die auf eine neue und ursprüngliche mystische Erfahrung hinweist, für die sie einen neuen Ausdruck kreiert. Das entsprechende, von ihr verwendete Substantiv lautet im Italienischen 'trinitizzazione'.[247] Dieses zusammengesetzte Wort 'trinitizzazione' stellt eine originäre Verbindung von 'tri[u]niti'[248] (wörtlich übersetzt

---

[244] Siehe dazu das in Abschnitt III. zitierte Bild, das jeder der Drei in der Trinität sich in gewisser Weise mit Jesus dem Verlassenen bekleidet, d.h. das 'Nichts-aus-Liebe' lebt (vgl. Coda, Dalla Trinità, 507).

[245] Im Vers 41 von *P'49* beschreibt sie mit diesem Terminus den für die Beteiligten überraschenden Effekt, welchen der Pakt der Einheit von Chiara mit Foco und in Folge mit den ersten Fokolarinnen hervorgebracht hat. In der Anmerkung zum Vers verweist die Autorin auf weitere Stellen in *P'49*, in denen das Wort 'trinitizzarsi' vorkommt.

[246] Bei Chiara Lubich sind Neologismen, also Wortneuschöpfungen – es gibt mehrere in ihren Schriften – nie um ihrer selbst willen entstanden oder um die Sprache als solche zu bereichern. Sie sind jeweils Ausfluss einer neuen Erfahrung, für die erst die entsprechenden Worte bzw. Formulierungen in ihrem Denken und in ihrer Sprache gefunden werden mussten.

[247] Eine ausführliche Erschließung dessen, was mit 'trinitizzazione' ('Trinitisierung') gemeint ist, bietet Stefano Mazzer in seinem im Jahr 2014 veröffentlichten Werk mit dem Titel »*Li amò fino alla fine*«. *Il nulla-tutto dell'amore tra filosofia, mistica e teologia* (vgl. Mazzer, Li amò fino alla fine, 775-805). Das Wichtigste findet sich synthetisch zusammengefasst in seinem Beitrag in der Zeitschrift *Sophia* mit dem Titel *La »trinitizzazione«: per un'ermeneutica teologica* aus dem Jahr 2015 (vgl. ebd., La trinitizzazione, 28-43).

[248] Das Wort 'triniti' ist dasselbe wie 'triuniti' und setzt sich aus 'tri' ('drei') und 'uniti' ('vereint') zusammen, wobei im Italienischen – wie im Lateinischen durch Kontraktion zweier zusammenstoßender Vokale im Wortinneren oder Ausstoßung von kurzen Vokalen unbetonter Silben – beim Zusammenfall von zwei Vokalen

'dreivereint') und 'azione' ('Handlung', 'Aktivität', 'Aktion') dar. Dabei verweist das 'tri[u]niti' bzw. 'triniti' auf die Trinität (ital. 'Trinità' = 'Tri-Unità' = 'Drei-Einheit'), in der die drei göttlichen Personen vereint sind, und das 'azione' auf die Dynamik des Trinität-Werdens.[249] Das Substantiv 'trinitizzazione'– von Chiara im *Paradiso '49* in Bezug auf den Menschen angewandt – beinhaltet also von der Bedeutung her sowohl das bereits Vereint-Sein, als auch das Geschehen hin auf das Trinität-Sein. Eduard Prenga analysiert in seiner Habilitationsschrift den Begriff 'trinitizzazione' bei Lubich ausführlich und schreibt, dass es sich bei diesem Begriff »um eine theologieanthropologische Revolution [handelt], die die bisherigen Fragen der theologischen Anthropologie und vor allem jener Anthropologie, die in ihrem Denken das Eschatologische mit einberechnet, trinitarisch löst und das trinitarische Leben als endgültige Seinserfüllung erwägt, die aber schon hier in der Geschichte, durch den dynamischen Prozess der Trinitisierung beginnt. Die Anthropologie, die daraus erwächst, zeigt sich nicht als bloß theologische oder trinitarische Anthropologie, sondern sie fordert den existenziellen Ausdruck des ontologischen Gleichwerdens zur Trinität – mehr noch: 'Trinität sein' ist der Kern dieser existenziellen Theologie.«[250] Im folgenden Abschnitt soll der Bedeutung des Ausdrucks 'trinitizzazione' anhand eines Schlüsseltextes des *P'49* nachgegangen werden.

Im Ernstnehmen der spezifischen Bedeutung, die bei genauerem Hinsehen auch sprachlich in dieser Wortschöpfung Chiaras einen genialen Ausdruck findet, ist das Substantiv 'trinitizzazione' im Deutschen am besten mit 'Trinitisierung', das von Chiara verwendete reflexive Verb 'trinitizzarsi' mit 'sich trinitisieren' und das entsprechende Partizip Perfekt mit 'trinitisiert' zu übersetzen. Diese Ausdrücke gehören in der deutschen Sprache nicht zum offiziellen Wortschatz und kommen im aktuellen Wörterbuch (Duden) nicht vor.[251] Abgesehen von deren Verwendung bei Eduard Prenga haben sie bislang selbst in der

---

der zweite Vokal (in diesem Fall das 'u') wegfällt. 'Uniti' ist die Perfekt-Form vom Verb 'unire' ('vereinen').

[249] Vgl. Prenga, Trinitarische Phänomenologie, 95, Anm. 53. Darin bietet Eduard Prenga eine sprachlich genaue und theologisch fundierte Klärung des Wortes 'trinitizzazione' bei Lubich, auf welche sich auch diese Ausführungen beziehen.

[250] Ebd. Denn, so Prenga, es »kommt theologiegeschichtlich und -anthropologisch etwas Neues ans Licht. In der gesamten theologischen Tradition [...] findet man nirgendwo das Identifikationsprinzip mit der Dreifaltigkeit wie wir es in Chiara Lubich antreffen« (95, vgl. 94-97).

[251] Dass der Begriff 'Trinitisierung' in der Esoterik auftaucht, sei der Vollständigkeit halber erwähnt. Allerdings ist die Bedeutung dieses Begriffs dort eine völlig andere als bei Lubich und überdies nicht eindeutig.

theologischen Fachsprache (noch) nicht Einzug gehalten.[252] Ich schließe mich mit Überzeugung dieser von Prenga vorgeschlagenen Übersetzung an. Ein dem Ausdruck 'Trinitisierung' ähnlicher Begriff, der allerdings in der theologischen Literatur ebenfalls nur ganz selten vorkommt, ist jener der 'Trinatarisierung'.[253] Er entspricht jedoch nicht bzw. nur zum Teil der Bedeutung, die der Terminus 'Trinitisierung' im Denken Lubichs hat. Am nächsten kommt wahrscheinlich noch Gisbert Greshake, wenn er vom »Prozess der Trinitarisierung«[254] spricht, wobei er den Ausdruck 'Trinitarisierung' und seine Bedeutung nicht genau definiert, wodurch ein Vergleich nicht wirklich möglich ist. Vermutlich entspricht die Verwendung des Begriffs bei ihm jedoch auch nicht exakt dem, was 'Trinitisierung' bei Chiara bedeutet; doch dazu müsste sich Gisbert Greshake selbst äußern. Im Folgenden soll die spezifische Bedeutung der *Trinitisierung* als Verwirklichung des Menschseins in der Anthropologie Lubichs aufgezeigt werden, und zwar ausgehend von ihrer Aufzeichnung, in welcher sie ihre erstmalige existentielle Erfahrung solcher Trinitisierung beschreibt.

Trinitisierung im *Paradiso '49*

Trinitisierung im Menschen und unter den Menschen kann sich erst ereignen, wenn bestimmte *Voraussetzungen* dafür gegeben sind, und sie kann erst verständlich werden, wenn die entsprechenden

---

[252] Dies hängt nicht zuletzt mit der bis dato noch schwachen Rezeption der Schriften Lubichs in der deutschsprachigen Theologie zusammen.

[253] Der Terminus 'Trinatarisierung' kommt in geistlichen Schriften hin und wieder vor und bezeichnet dort das Bemühen der Menschen bzw. der Kirche, ihre Beziehungen nach dem Vorbild der Dreifaltigkeit zu gestalten. In der Systematischen Theologie wird der Begriff von Ciril Sorč in seinem Beitrag zur Festschrift für Bernhard Körner (vgl. Sorč, Trinatarisierung der zwischenmenschlichen Verhältnisse, 173-189) verwendet. Bei Sorč meint 'Trinatarisierung', dass die Trinität und die perichoretischen Beziehungen unter den Personen der Dreifaltigkeit Grund und Vorbild für die Beziehungen zwischen Menschen und Gott, der Menschen untereinander und im Speziellen in der Kirche sind.

[254] Greshake, Der dreieine Gott, 325. Greshake verwendet den Ausdruck im Zusammenhang mit der Inkarnation, dem Rahnerschen Axiom, dass die immanente Trinität die ökonomische Trinität ist, mit der Berufung der Geschöpfe zur trinitarischen Communio, und damit, dass diese ursprüngliche Grundbestimmung durch die Sünde aufgehalten bzw. ins Gegenteil (Isolierung statt Communio) verkehrt ist. »Die Geschichte Gottes mit den Menschen, der Prozess der Trinatarisierung der Wirklichkeit, die Communio-Werdung allen geschaffenen Seins, ist kein harmonisches Entwicklungs- oder Aufstiegsgeschehen, sondern ist gebrochen durch die Perversion der Sünde und die Notwendigkeit ihrer Heilung durch Gott. Die Geschichte wird zum 'Drama', zum Drama zwischen Mensch und trinitarischem Gott.« (Ebd.)

Voraussetzungen in ihrem spezifischen Gehalt, d.h. so wie Chiara sie lebt und folglich versteht, bekannt sind. Im Verlauf der vorliegenden Studie ist auch von daher die Behandlung der Thematik (erst) an dieser Stelle angemessen, auch wenn der Begriff der 'Trinitisierung' bereits im Kapitel über die spezifische Methodologie erwähnt werden musste, um diese nicht verkürzt darzustellen. Ohne die 'drei Kommunionen' (mit dem Wort Gottes, mit dem Mitmenschen und in der Eucharistie)[255], ohne das Leben von Jesus dem Verlassenen, ohne die gegenseitige Liebe und ohne den Pakt der Einheit hätte die Trinitisierung in der Biografie Chiaras und der ersten Fokolarinnen und Fokolare nicht in der Weise stattfinden können, wie dies de facto geschah. Ohne ihr spezifisches Verständnis vom Menschen in Christus (Abschnitt I.), von der gegenseitigen Liebe (II.) und von Jesus dem Verlassenen (III.) wäre auch die Trinitisierung nicht verstehbar. Daher müssen die genannten Punkte als Grundlage gesehen werden; ihre Kenntnis kann an dieser Stelle vorausgesetzt werden.

Zum *Ereignis der Trinitisierung* selbst, welche eine Folge des Paktes der Einheit ist, seien die wichtigsten Textpassagen der Narration Lubichs wiedergegeben, um im Anschluss daran die entsprechenden anthropologischen Elemente aufzeigen zu können. Durch den Pakt der Einheit mit Foco fand sich Chiara »im Schoß des Vaters« (P'49, 26) vor. Durch den am darauffolgenden Tag vollzogenen selben Pakt mit den Fokolarinnen hatte sie »den Eindruck, im Schoß des Vaters eine kleine Schar zu sehen« (P'49, 33) und nannte diese im »Feuer der Dreifaltigkeit« eins gewordene Gruppe im Schoß des Vaters die »Anima« (P'49, 36). In ihrer Reflexion vom 8. Dezember 1949 über die Auswirkungen dieses Paktes sowie in späteren Anmerkungen dazu[256] ist nun die entscheidende Textpassage[257] zur vorliegenden Thematik enthalten, die daher an dieser Stelle im Wortlaut wiedergegeben werden muss, um Chiaras Gedankengang nachvollziehen zu können.

> 38. Vor dem Eintreten ins Paradies sprachen wir immer von Sonnenstrahlen und wir spürten, dass jeder auf dem Strahl des göttlichen Willens gehen musste, der vor uns lag, verschieden für jeden und dennoch einer, so wie die Substanz der Sonne in der Vielfalt der Strahlen eine ist.

---

[255] Vgl. den Abschnitt (2. Kap. IV.1.) über den 'Pakt der Einheit'. Chiara schreibt: »Unsere Kommunionen waren also drei: jene mit Jesus in der Eucharistie, mit seinem Wort und jene unter uns.« (P'49, 37)

[256] Die entsprechenden Verse (38-59) hat Lubich am 20. Dezember 1990 in den Textkorpus des *P'49* aufgenommen. Sie sind bereits eine theologisch reflektierte Deutung des Ereignisses vom Pakt der Einheit und der damit verbundenen geistlichen Erfahrung (vgl. P'49, Anm. 47).

[257] Der Text im italienischen Originalwortlaut findet sich im Anhang dieser Studie.

39. Und jeder von uns empfand sein eigenes Ich vom Licht
umkleidet, vom Licht des Strahls, umkleidet von jenem
einzigen Willen, der uns zu anderen Jesus machte.
40. Wir waren Chiara-Jesus; Grazia-Jesus; Giosi-Jesus etc.
41. Aber als zwei von uns, im Wissen um das eigene Nichts,
ermöglichten, dass Jesus in der Eucharistie *Einheit* auf unser beiden Seelen schuf, wurde ich dessen gewahr, Jesus
zu sein. Ich spürte die Unmöglichkeit, mit Jesus im Tabernakel zu kommunizieren. Ich erfuhr den Taumel, auf dem
Gipfel der Pyramide der gesamten Schöpfung zu sein wie
auf einer Stecknadelspitze: auf dem Punkt, wo die zwei
Strahlen konvergieren: wo die zwei Gott (sozusagen) Einheit schaffen, indem sie sich trinitisieren, wo es – nachdem
wir zum Sohn im Sohn wurden – unmöglich ist, mit jemandem außer *mit dem Vater* zu kommunizieren, so wie der
Sohn nur mit Ihm kommuniziert.
42. Es ist der Punkt, wo das Geschaffene ins Ungeschaffene
hineinstirbt, wo das Nichts sich in den Schoß des Vaters
verliert, wo der Geist aus unserem Mund ruft: Abba-Vater.
43. Dann ist unsere Seele die Seele Jesu.
44. Nicht mehr wir leben, es ist *wirklich* Christus, der in uns
lebt.

Anthropologische Fragestellungen

Zunächst gilt die Aufmerksamkeit der Frage, *wer* das Subjekt der
Trinitisierung ist und *was* sie genau bedeutet. Die für die Anthropologie
zentrale Antwort entsprechend dem Erlebnis und gemäß dem Text lautet kurzgesagt: die Trinitisierung ist gnadenhaftes *Wirken Gottes* am
Menschen, um ihn *der Trinität teilhaftig* werden zu lassen. Etwas ausführlicher formuliert: Trinitisierung im Menschen ist die außerordentliche, jedes menschliche Handeln und Erwarten übersteigende Antwort
Gottes auf den – auf dem Nichts-aus-Liebe gelebten – Pakt der Einheit
unter den Menschen in der Eucharistie, durch die der Vater die Menschen im Sohn am Leben der Trinität teilhaben und folglich sich selbst
trinitarisch erfahren lässt. Zu unterstreichen ist zunächst das *Subjekt*
des Handelns im Ereignis der Trinitisierung. Nicht der Mensch ist das
Subjekt der Trinitisierung. Die Menschen (im Plural, also mindestens
»zwei oder drei«) schaffen jedoch die entsprechenden Voraussetzungen
(dabei sind sie Subjekt), durch die sie dazu disponiert werden, das eigentliche Ereignis als Gnade Gottes – in sich und an sich sowie untereinander und aneinander – zu empfangen. Das »sich trinitisieren«
(»trinitizzarsi«) ist im Text Chiaras nicht primär auf die Menschen,
sondern auf Gott als Subjekt bezogen. Im Vers 41 ist zu lesen: »wo die

zwei Gott (sozusagen[258]) Einheit schaffen, indem *sie sich trinitisieren* [Hervorhebung d. Verf.]«. Jesus in der Eucharistie (= Gott) im Herzen von Chiara und Jesus in der Eucharistie (= Gott) im Herzen von Foco trinitisieren sich. Die beiden Menschen sind durch das Leben des Verlassenen ein Nichts-aus-Liebe Gott gegenüber geworden und so kann Gott in beiden Alles sein. Gleichzeitig sind die beiden Menschen durch das Leben des Verlassenen ein Nichts-aus-Liebe auch in ihrer zwischenmenschlichen Relation geworden (vgl. Abschnitt II.: die gegenseitige Liebe mit der Bereitschaft, das Leben füreinander zu geben) und so kann Gott auch unter ihnen Alles sein. Die »zwei Gott«, die zwei »Jesus in der Eucharistie« (41) werden auf diese Weise Einer, ein einziger Jesus, weil nichts mehr im Wege steht, was die 'beiden Jesus' nicht vollkommen eins, also *Einer* sein ließe, wie Chiara an anderer Stelle dieses Erlebnis beschreibt: »Hier nichts, dort nichts, dann Jesus in der Eucharistie, der verbindet. Was bleibt? Null plus Null plus Jesus: es bleibt Jesus«[259]. Und dieser *Eine* ist *Derselbe* der Dreifaltigkeit und so partizipieren die zu Ihm gewordenen Menschen an der Trinität; sie finden sich trinitisiert vor.

Wie diese theo-logische Botschaft unter anthropologischer Perspektive aussieht, soll nun an ein paar – im zitierten Text vorkommenden – Punkten aufgezeigt werden. Zunächst wird an der Beschreibung der Trinitisierung in der Erfahrung Lubichs deutlich, dass es einen Unterschied gibt zwischen dem Sein als 'anderer Jesus' vor der Trinitisierung und dem *'Jesus-Sein' aufgrund der Trinitisierung.* Der Vers 41, der vom 'Sich-trinitisieren' Gottes im Menschen spricht, markiert dabei die Grenze zwischen dem Sein als 'anderer Jesus' vor der Trinitisierung und dem 'Jesus-Sein' vermittels dieser bzw. danach. Vorher erlebten sie sich je einzeln als 'anderer Jesus', indem jede und jeder versuchte, den Willen Gottes zu leben, und sie auf dem Strahl der Sonne[260] zu gehen versuchten. In der Tat verwendet Lubich dafür oft die

---

[258] Im Bewusstsein, dass die Rede von »zwei Gott« unangemessen ist, fügt Lubich den Klammerausdruck »sozusagen« hinzu. »Jesus in der Eucharistie« (Vers 41) auf dem Nichts Chiaras und Jesus in der Eucharistie auf dem Nichts Focos werden einzeln jeweils als »Gott« in den Blick genommen.

[259] P'49, zitiert nach: Rossé, Il Paradiso '49 e la Rivelazione biblica, 519.

[260] Lubich bezieht sich hier auf das Bild von der einen Sonne und den vielen Strahlen in einem von ihr früher verfassten Text: »Betrachte die Sonne und ihre Strahlen: Die Sonne ist Symbol für den göttlichen Willen, der Gott selbst ist. Die Strahlen sind dieser göttliche Wille für einen jeden. Geh auf die Sonne zu im Licht deines Strahls, der einmalig, von allen anderen verschieden ist, und verwirkliche den wunderbaren, einmaligen Plan, den Gott mit dir hat. Unendlich viele Strahlen, alle aus derselben Sonne [...] Ein einziger Wille, doch einzigartig für jeden.« (Lubich, Meditazioni, 22).

Formulierung 'un altro Gesù'[261] ('ein anderer Jesus') oder 'altri Gesù' ('andere Jesus') in der Beschreibung dieser Wirklichkeit. Schon auf diese Weise machte sie das Licht der *einen* Sonne »zu anderen Jesus« (39) und sie empfanden ihr »eigenes Ich vom Licht umkleidet [...] von jenem einzigen Willen« (39). Sie erlebten als 'andere Jesus' die Einheit in Gott, da entsprechend dem verwendeten Bild »die Substanz der Sonne in der Vielfalt der Strahlen eine« (38) ist. Allerdings hatte dieses 'Jesus-Sein' noch nicht jene Qualität, die sie aufgrund der Trinitisierung haben sollte, wie aus der Formulierung im Vers 40 im Vergleich zum Vers 44 hervorgeht. Chiara selbst kommentiert die Aussage »Wir waren Chiara-Jesus; Grazia-Jesus; Giosi-Jesus etc.« (40) in späterer Folge so:

> »Die Tatsache, dass hier von 'Chiara-Jesus', 'Giosi-Jesus' [...] die Rede ist, und nicht einfach von 'Jesus', bedeutet, dass in jenem Jesus, der in uns lebte, noch etwas Menschliches vorhanden war, in dem Sinn, dass in uns als Kreaturen nicht alles vergöttlicht war. In der Tat: nur in Jesus in der Mitte ist der ganze Jesus, ist nur Jesus, und wir sind nichts mehr.«[262]

Das paulinische »Nicht mehr ich lebe, sondern Christus lebt in mir« (Gal 2,20) realisiert sich, Lubich folgend, erst im Ereignis der Trinitisierung vollkommen. Das neue Sein, welches die Trinitisierung im Menschen bewirkt, beschreibt sie mit der Formulierung: »es ist *wirklich* Christus, der in uns lebt« (44), wobei die Hervorhebung durch die Autorin den Unterschied nochmals unterstreicht. Damit verbunden ist auch die Qualität der erfahrenen Einheit mit Gott und untereinander unterschiedlich vor der Trinitisierung und mit dieser. Ohne dies hier im Detail ausführen zu können, kann festgehalten werden, dass erst

---

[261] In der Niederschrift eines Vortrags im Dezember 1946 schreibt Chiara: »Die Seele muss danach trachten, so schnell wie möglich ein anderer Jesus ('un altro Gesù') zu sein.« (zitiert in: Giordani, Storia del nascente Movimento dei Focolari, 99) Auch wenn Chiara von der Erfahrung von Jesus in der Mitte der Seinen spricht, die sie bereits vor 1949 erleben, schreibt sie, dass jene, die mit Jesus in der Mitte leben, »ein anderer Jesus wurden« – im Original »divenivano un altro Gesù« (Lubich, Ideale dell'unità, 20). Allerdings darf die inhaltliche Aussage – bei deutlicher Tendenz in der Verwendung der Begrifflichkeit – in den Schriften Lubichs nicht auf diese Begrifflichkeit fixiert verstanden werden, da es auch Stellen in *P'49* gibt, an denen vom Sein als 'anderer Jesus' nach der Erfahrung der Trinitisierung die Rede ist (vgl. P'49, 332-335, zitiert nach: Zanghí, Leggendo un carisma, 20f.). Es muss jeweils der größere Zusammenhang gesehen werden, in welchem der Ausdruck vorkommt.
[262] P'49, 40, Anm. 48.

aufgrund der Trinitisierung die Einheit jene göttlich-trinitarische Qualität erreicht, von der das Testament Jesu[263] im Johannesevangelium spricht, das eine der zentralen Schriftstellen im Charisma Lubichs darstellt. Ein weiterer Punkt betrifft die Frage nach dem *Ort des Menschen*, an welchem er sich aufgrund der Trinitisierung vorfindet. Der vorliegende Textausschnitt aus *P'49* enthält einige – mehrere Metaphern beinhaltende – Aussagen, die aufzeigen, dass die Menschen durch das Erleben der Trinitisierung einen neuen Ort einnehmen.»Weißt du, wo wir sind?«[264] war die erste Frage Chiaras an Foco, nachdem sie Jesus in der Eucharistie gebeten hatten, den Pakt der Einheit auf ihrem Nichts zu schließen. In den Versen 41 bis 43 macht die Verfasserin sozusagen eine nähere 'Ortsangabe' und verwendet dafür das – für die Anthropologie durchaus suggestive – Bild von einer Pyramide, die sich nach oben hin immer mehr zuspitzt bis hin zum unendlich kleinen Punkt, der mit dem Nichts in eins fällt und zugleich der Berührungspunkt zwischen Erde und Himmel ist. Wörtlich beschreibt sie ihr Erleben folgendermaßen:»Ich erfuhr den Taumel, auf dem Gipfel der Pyramide der gesamten Schöpfung zu sein wie auf einer Stecknadelspitze« (41). Als höchster Punkt der Pyramide der Schöpfung weckt das Bild zunächst den in der Anthropologie klassischen Gedanken vom Menschen als 'Krone der Schöpfung', der allerdings auch missverständlich ist und oft falsch interpretiert wurde – und z.T. noch immer wird – in dem Sinne, dass der Mensch, gleich einem irdischen König, seine eigenen Machtinteressen über die restliche Schöpfung ausübt. Im Bild, welches Lubich verwendet, wird deutlich, dass der Mensch nicht – wie etwa ein despotischer Herrscher – gemütlich auf einem Königsthron sitzt. Der Ort des trinitisierten Menschen ist kein ruhiger, sicherer Hafen oder eine gemütliche Wohnstätte, denn der Gipfel der Pyramide als ihr Höhepunkt ist zugleich der ausgesetzteste und schwindelerregendste Punkt, eben»wie auf einer Stecknadelspitze« (41). Nicht von ungefähr ist vom»Taumel« des Menschen an dieser Stelle die Rede.

---

[263] »Alle sollen eins sein: Wie du, Vater, in mir bist und ich in dir bin, sollen auch sie in uns sein, damit die Welt glaubt, dass du mich gesandt hast. Und ich habe ihnen die Herrlichkeit gegeben, die du mir gegeben hast, damit sei eins sind, wie wir eins sind, ich in ihnen und du in mir. So sollen sie vollendet sein in der Einheit, damit die Welt erkennt, dass du mich gesandt hast und sie ebenso geliebt hast, wie du mich geliebt hast.« (Joh 17,21-23) Wenn Lubich von der Einheit spricht, meint sie *diese* Qualität der trinitarischen Einheit. Von daher gehören diese Jesusworte zu den zentralen und am häufigsten zitierten Stellen in ihrem Werk.

[264] P'49, 32.

Anhand von *sechs 'Ortsbeschreibungen'* wird dieser Punkt im Text noch näher definiert, wobei alle sechs Aussagen – im Text jeweils mit dem Wort »wo« (ital. »ove«) eingeleitet – eine anthropologische Relevanz zeigen. Es ist – erstens – der »Punkt, wo die zwei Strahlen konvergieren« (41). Entsprechend der Vision im *Paradiso '49* ist dieser Ort im Zentrum vom 'Schoß des Vaters'; dieser *Ort* ist das *Wort*, der *Logos* selbst, der »Punkt [...] der die Liebe ist: Gott im unendlich Kleinen: das 'Nichts-Alles' der Liebe! Das Wort.«[265] Der trinitisierte Mensch hat also seinen Ort im Wort, im Logos. Das Wort wird zum Ort seines Lebens. Hier scheint eine interessante Parallele zum Ansatz von Hans Urs von Balthasar auf, der schreibt: »Die Vollendung des Menschen kann sich daher eschatologisch nur in der trinitarischen Liebe am Ort des Sohnes ereignen, aber genau deshalb muss der Christ schon jetzt, in der gegenwärtigen Weltzeit, von dieser Liebe her und auf sie hin leben.«[266] Wird dieser Ort bei Balthasar in der Person Christi selbst und seinem Gehorsam gesehen, so wird dieser eschatologische Ort bei Lubich unter den Menschen durch den Pakt der Einheit gegenwärtig. An diesem Punkt geht das von den Geschöpfen gelebte Nichts in das göttliche 'Nichts-Alles' der Liebe ein und wird eins mit Ihm.

Es ist – zweitens – der »Punkt, wo die zwei Gott (sozusagen) Einheit schaffen, indem sie sich trinitisieren« (41). In diesem Wort / an diesem Ort erlebt der Mensch sich trinitisiert, also in Einheit und zugleich in trinitarischer Unterschiedenheit. Die Menschen sind an diesem Punkt, wie Chiara sagt, »nach Art der Trinität«[267], was so viel heißt wie, dass alle in Jesus Einer sind und dass jede und jeder einzeln ganz Jesus ist[268], so wie in der Trinität alle Drei der Eine Gott (Einheit) sind und jede der drei Hypostasen ganz Gott (Dreifaltigkeit) ist.[269] Es ist die Erfahrung der maximalen Einheit in der maximalen Unterschiedenheit, die sich im Menschsein realisiert.

Drittens ist dieser Punkt beschrieben als Ort, »wo es – nachdem wir zum Sohn im Sohn wurden – unmöglich ist, mit jemandem, außer *mit dem Vater* zu kommunizieren« (41). Auffällig ist dabei zunächst die

---

[265] P'49, 97.

[266] Zitiert nach: Meuffels, Einbergung des Menschen, 349.

[267] Im Originalton: »a mo' della Trinità« (P'49, 41, Anm. 50)

[268] Chiara beschreibt die Gnade der Trinitisierung an anderer Stelle in *P'49* mit folgenden Worten: »weil man Einheit schließt, ist man eins, man wird der einzige Jesus, Sohn im Sohn; aber auf diese Weise ist auch jede und jeder von uns Jesus. Der einzige Jesus und so viele Jesus, wie wir sind« (P'49, zitiert nach: Coda, Sulla teologia che scaturisce dal carisma, 157)

[269] Gott, so schreibt Lubich in P'49, ist »Der, welcher *ist*, aber als Trinität. Drei, wobei jeder der Drei der Eine-Gott (Dio-Uno) ist. Wir leben [diese Wirklichkeit], wenn wir trinitisiert werden« (zitiert nach: Coda, Sulla teologia che scaturisce dal carisma, 157)

Formulierung »Sohn im Sohn«, obgleich es sich um mehrere Personen handelt; nicht etwa »Töchter und Söhne im Sohn«, wie Chiara an anderen Stellen[270] schreibt, oder wie das Zweite Vatikanum in *Gaudium et spes* (GS 22: »Söhne im Sohn«) und die Fachliteratur zur Theologischen Anthropologie im Allgemeinen die Bestimmung des Menschen beschreiben. Zudem ist das Wort 'Sohn' im italienischen Original beide Male mit Großbuchstaben geschrieben (»Figlio nel Figlio«), wobei das Substantiv 'Sohn' ('figlio') normalerweise im Italienischen mit Kleinbuchstaben beginnt. Wie bereits an mehreren Texten Chiaras aufgezeigt, hat die bewusste Großschreibung auch hier seinen besonderen Grund. Es geht der Autorin darum aufzuzeigen, dass die Menschen in der Trinitisierung mit dem Sohn (Jesus) identifiziert, will heißen »*wirklich* Christus« (44) werden.[271] So verstehen sich auch die anschließenden Zeilen, dass es durch diese Identifikation mit dem Sohn »unmöglich ist, mit jemand außer *mit dem Vater* zu kommunizieren, so wie der Sohn nur mit Ihm kommuniziert« (41)[272].

Als vierte Ortsbeschreibung gilt »der Punkt, wo das Geschaffene ins Ungeschaffene hineinstirbt« (42). Damit wird ausgedrückt, dass die Menschen durch die Trinitisierung bereits an der Bewegung der 'konvergierenden Strahlen'[273] zurück in den Schoß des Vaters und desgleichen im eschatologischen 'Schon' am Ungeschaffenen[274], am Leben Gottes selbst teilnehmen.

---

[270] Im Vers 396 des P'49 etwa schreibt sie, die Situation des Menschen in der Wirklichkeit des Paktes der Einheit beschreibend: »Wir: Töchter und Söhne im Sohn im Vater«. Hier scheint der Schwerpunkt mehr auf der Vielfalt, im Vers 41 mehr auf der Einheit zu liegen.

[271] Zanghí meint in seiner Analyse zum Text, dass hier ein Kernpunkt der Anthropologie Lubichs getroffen ist. Es ist nach seiner Meinung »das Herz der christlichen Anthropologie« (Zanghí, Leggendo un carisma, 52)

[272] Zur Unterstreichung sei darauf hingewiesen, dass die – hier nicht wiedergegebenen – Verse 392-403 von *P'49* allesamt von diesem Ausgerichtet-Sein des Sohnes auf den Vater und der Menschen im Sohn auf den Vater sprechen.

[273] Vgl. dazu P'49, 127, zitiert nach: Zanghí, Leggendo un carisma, 148.

[274] Ähnlich, aber mit anderer Akzentsetzung, die Formulierung im Vers 29: »Außerhalb von uns blieb das Geschaffene. Wir waren in das Ungeschaffene eingetreten.« Entsprechend dem Vers 29 bleibt das Kreatürliche beim Eintreten in den 'Schoß des Vaters' draußen, entsprechend dem Vers 42 stirbt das Geschaffene ins Ungeschaffene hinein. Zum richtigen Verständnis muss differenziert werden, dass es beim Kreatürlichen in Vers 29 um das Geschaffene im Allgemeinen (also nicht speziell um den Menschen, der in den Schoß des Vaters eintritt) geht, beim Vers 42 hingegen geht es um den Menschen als Geschöpf. Beide Male bezeichnet das Kreatürliche gemäß dem Verständnis Lubichs das 'Aus-sich-selbst-heraus-Nichts-Sein'. Dieses kann in der Trinitisierung der Menschen 'hineinsterben' ins Ungeschaffene, weil Jesus es 'aufgesogen' und in das 'Nichts-Alles der Liebe' verwandelt hat. Als solches geht es ins Ungeschaffene ein.

Die Trinitisierung ist – fünftens – der Punkt, »wo das Nichts sich in den Schoß des Vaters verliert« (42). Das 'Nichts' bezeichnet hier – den Gedanken vom vorigen vierten Punkt weiterführend – das kreatürliche 'Nichts-aus-sich-selbst', welches in Jesus zum göttlichen 'Nichts-aus-Liebe' verwandelt wird und als solches in den 'Schoß des Vaters' eingeht. Der Ausdruck 'im Schoß des Vaters' ist die von Chiara am häufigsten verwendete Beschreibung des Ortes des trinitisierten Menschen. Der Analyse der Verse 38 bis 44 nach zu schließen beinhaltet dieser Ausdruck jedoch jeweils alle anderen fünf von ihr genannten Inhalte.

Ein paulinisches Schriftwort, welches den eschatologischen Menschen in GS 22 und in der Fachliteratur häufig beschreibt, bildet die sechste und letzte 'Ortsbeschreibung' Lubichs. Es ist der Ort, »wo der Geist aus unserem Mund ruft: Abba-Vater«[275] (42). Damit drückt Chiara schließlich die pneumatologische Dimension des trinitisierten Menschen aus, die nach ihrem Verständnis ebenso *wirklich* ist, wie das »*wirklich* Jesus«-Sein und gleichsam als Siegel für dieses gilt. Die Trinitisierung des Menschen erweist sich somit in hohem Maß als trinitarisch-theologischer und trinitarisch-anthropologischer Ort, als *locus theologicus* und *locus anthropologicus* einer Trinitarischen Anthropologie.

Die 'Anima': das neue Subjekt

Zu vertiefen, welche Konsequenzen die Erfahrung der Trinitisierung für das Menschsein in seinen unterschiedlichen Aspekten hat, wäre eine eigene umfangreiche Studie wert. An dieser Stelle soll zumindest ein von Lubich häufig verwendeter Terminus genannt werden, da an ihm etwas vom Spezifikum ihres Charismas aufleuchtet, das zum besseren Verständnis ihrer Anthropologie beiträgt. Es ist der Begriff der '*Anima*' ('Seele'), der bereits an mehreren Stellen der vorliegenden Arbeit erwähnt wurde, aber erst auf dem Hintergrund der Trinitisierung in seiner tieferen Bedeutung verstehbar wird. In extremer Synthese kann gesagt werden, dass die *'Anima' das neue Subjekt* ist, welches durch die Trinitisierung entsteht. Im *Paradiso '49* verwendet Chiara den Begriff erstmals, nachdem sie zunächst mit Foco und dann mit den Fokolarinnen den Pakt der Einheit und als Frucht davon die Trinitisierung gelebt hatte, konkret im Vers 36, wo sie schreibt: »Im Feuer der

---

[275] Paulus schreibt: »Denn ihr habt nicht einen Geist der Knechtschaft empfangen, sodass ihr immer noch Furcht haben müsstet, sondern ihr habt den Geist der Sohnschaft empfangen, in dem wir rufen: Abba, Vater!« (Röm 8,15) und »Weil ihr aber Söhne seid, sandte Gott den Geist seines Sohnes in unsere Herzen, den Geist, der ruft: Abba, Vater.« (Gal 4,6)

Dreifaltigkeit waren wir, in der Tat, so in eins verschmolzen worden, dass ich diese Schar 'Anima' nannte. Wir waren die Anima« (P'49, 36)[276]. Dieses neue Subjekt der 'Anima' beinhaltet – trinitarisch – sowohl die Einheit als auch die Unterschiedenheit und beschreibt den trinitarischen Menschen als jemanden, der mit den Mitmenschen im Pakt der Einheit der *Eine Christus* im Schoß des Vaters (siehe oben) ist –»Dann ist unsere Seele die Seele Jesu« (43) – und der auch als Einzelner der *ganze Christus* (*Christus totus*) ist; in Analogie zum göttlichen Logos, in dem der *Eine Gott* ist und in dem – als die eine göttliche Hypostase – die *ganze Trinität* lebt. Lubich erklärt die 'Anima' in einem Kommentar zum Wort 'sich trinitisieren' folgendermaßen:»Es bedeutet, dass man – da man Einheit schließt – eins ist, dass man die Anima ist, dass aber jeder, als einzelner, Anima ist, dass jeder die Anima ist: man ist also nach Art der Dreifaltigkeit«[277]. Was die Wirklichkeit der 'Anima' als das neue Subjekt, welches durch die Trinitisierung entsteht, in Konsequenz für die einzelnen Personen und für die Gemeinschaft der Menschen alles beinhaltet, gilt es noch im Detail durchzubuchstabieren. Eine vertiefte Auseinandersetzung mit dieser Frage scheint auch im Hinblick auf den trinitarischen Personbegriff verheißungsvoll zu sein, welcher dem Denken Lubichs zugrunde liegt. Es darf auf weitere entsprechende Studien gehofft werden.

In dieser Untersuchung soll zumindest noch darauf hingewiesen werden, dass für Lubich die 'Anima' gleichbedeutend ist mit Kirche[278]

---

[276] Chiara kommentiert den Satz in der Folge mit den Worten:»Der Terminus Schar drückt mehr die Vielfalt aus, der Terminus Anima die Einheit« (P'49, 36, Anm. 43). Im Jahr 1961 beschreibt sie ihr Empfinden des Lebens der 'Anima' u.a. folgendermaßen:»Zwei Monate lang [...] sprachen wir immer von der Anima. In ihr hatten wir den Eindruck, im Himmel zu sein. Es war vor allem ein unendlich weiter, noch nie erlebter Geist und unsere Seelen fühlten sich wohl.« (P'49 [1961], 15)

[277] Da Chiara das Wort ‚*Anima*' im vorliegenden Zitat immer mit Großbuchstaben schreibt, ist klar, dass es hier nicht um die ‚Seele' (ital. ‚anima') geht, sondern eben um dieses neue Subjekt. Der Satz im Original lautet:»Essa vuol dire che, poiché si patteggia unità, si è uno, si è l'Anima, ma che ognuno, distinguendosi, è Anima, ognuno è l'Anima: si è, cioè, a mo' della Trinità.« (P'49, 41, Anm. 50)

[278] Die 'Anima', so Chiara, »verstand, dass sie Kirche wurde« (P'49, 49, zitiert nach: Blaumeiser, Un nuovo spazio relazionale, 158). Und an anderer Stelle:»Die Anima ist die Kirche, wobei wir mit Kirche *die Einheit* meinen [...], die Fülle des christlichen Lebens.« (P'49, zitiert nach: Rossé, Maria. La realtà dell'Anima 1, 307) Hier wäre interessant herauszuarbeiten, wie Lubichs Verständnis von der 'Anima' als Kirche anderen Zugängen ähnlich ist, die von der *anima ecclesiastica* sprechen bzw. welche spezifischen Unterschiede sich dabei zeigen würden.

sowie auch mit Maria[279]. Beide Aspekte – einzeln wie auch in ihrem inneren Zusammenhang – sind allerdings zu komplex, als dass sie in der nötigen Eingrenzung der vorliegenden Arbeit behandelt werden könnten, ohne Gefahr zu laufen, sie verkürzt zu präsentieren. Leider gibt es bislang in der deutschsprachigen Theologie noch keine entsprechenden Studien. In der italienischsprachigen Sekundärliteratur zum schriftlichen Werk Lubichs gibt es hingegen mittlerweile einige Beiträge[280], die sich mit dem Begriff der 'Anima', sowohl im Hinblick auf die Kirche als auch auf Maria, ausführlicher auseinandersetzen. Nach dem in diesem Abschnitt Ausgeführten möchte ich zumindest festhalten, dass – gemäß der geistlichen Erfahrung und der daraus folgenden Lehre des Menschen in Chiara Lubich – der eschatologische Mensch durch die Gnade der Trinitisierung tatsächlich schon in seinem irdischen Leben sich nicht nur als *Imago Trinitatis* erfährt, nicht nur eins ist mit der Trinität, sondern bereits – freilich in Teilhabe und unter der eschatologischen Prämisse des 'Noch-Nicht' stehend – Trinität ist, wie das Eingangszitat zu diesem Kapitel vorwegnahm.

2. Zur Vergöttlichungslehre

In diesem letzten Abschnitt gilt der Blick schließlich – wie dies in vielen Entwürfen zur theologischen Anthropologie geschieht – der *Theosis-* bzw. *Vergöttlichungslehre*. Es soll aufgezeigt werden, wie Chiara Lubich diesen Aspekt der Eschatologie sieht, bei dem es um die Vollendung des Menschen im ewigen Leben geht. Auch hier können nicht alle Inhalte zur Thematik präsentiert werden. Es soll vielmehr, wie in den vorigen Punkten, das Spezifische in der Anthropologie Lubichs aufgezeigt werden. Dabei zeigt sich, dass die dynamische Gesamtvision im *Paradiso '49*, in welcher die einzelnen Elemente der Lehre des Menschen einzuordnen sind, an das Axiom der altkirchlichen Soteriologie erinnert, und dass dieses Axiom von Chiara trinitarisch verstanden wird. Dieser auf den hl. Athanasius zurückgehende Grundsatz »Gott

---

[279] In ihren Aufzeichnungen zur Erfahrung des *Paradiso* schreibt Lubich unter anderem: »Die Anima verstand, dass sie Maria wurde« (P'49, zitiert nach: Rossé, Maria. La realtà dell'Anima 1, 306)

[280] Erwähnenswert sind, unter ekklesiologischer Perspektive, der Beitrag von Hubertus Blaumeiser (vgl. Blaumeiser, Un nuovo spazio relazionale, 160-166) sowie jener von Gérard Rossé (vgl. Rossé, Rivisitare il Paradiso 4, 38-49). Im Hinblick auf die 'Anima' als Maria hat Rossé drei Zeitschriftenbeiträge verfasst (vgl. Rossé, Maria. La realtà dell'Anima 1-3), die Lubichs Sicht diesbezüglich darlegen. Zur Wirklichkeit der 'Anima' als neues Subjekt hat Giuseppe Maria Zanghí Wertvolles verfasst (vgl. Zanghí, Leggendo un carisma, 34-46).

wurde Mensch, damit der Mensch Gott werde«[281], der den Menschen in einer einzigen Dynamik hin zu seiner Vergöttlichung sieht, ist vor allem in der östlichen Theologie stärker als in der westlichen prägend geblieben. Durch das Charisma der Einheit, das im 20. Jahrhundert in der westlichen Welt, in welcher die anthropologischen Ansätze üblicherweise von den sogenannten *status* ausgehen, der Italienerin Lubich zuteilwird, findet dieses Axiom eine spezifische Aktualisierung, die für die Theologische Anthropologie westlicher Prägung bereichernd sein kann. Blicken anthropologische Entwürfe, die von den *status* ausgehen, stärker und konzentrierter – und damit manchmal auch tendenziell zu isoliert – auf den Menschen in den jeweiligen Stadien (Stand bzw. Zustand des Menschen als Geschöpf, als Sünder, als Erlöster, als Vollendeter), so sieht Lubich alle anthropologischen Momente in der trinitarischen Gesamtschau, was im Übrigen einer biblisch-heilsgeschichtlichen Vision des Menschen näherkommt. Der Aspekt der Vergöttlichung in dieser Vision Chiaras soll im Folgenden skizziert werden.

Einer der Trinität wurde Mensch, damit die Menschen Trinität würden

Lubich bezieht sich, gewiss nicht von ungefähr, explizit[282] auf das genannte Axiom der Soteriologie, wie es in der klassischen altkirchlichen Version –»Gott wurde Mensch, damit der Mensch Gott werde« – überliefert ist. In ihren Schriften ist einerseits eine starke Ähnlichkeit zu dieser dynamischen Sicht zu erkennen, andererseits zeigen sich auch Besonderheiten. Ähnlich ist die zweifache Bewegung: jene von Gott ausgehend zum Menschen hin (»Gott wurde Mensch«) – diese ist sozusagen die absteigende, inkarnatorische Dynamik – und die Bewegung vom Menschen wieder zu Gott zurückkehrend (»damit der Mensch Gott werde«) – also die aufsteigende Dynamik auf Vollendung und Vergöttlichung zu. In der Vision Chiaras findet sich diese doppelte Bewegung in den divergierenden – vom 'Schoß des Vaters' ausgehend – und den konvergierenden Strahlen – in den 'Schoß des Vaters' zurückkehrend – ausgedrückt. Als Spezifikum ist zunächst zu erkennen, dass die Bewegung bei Chiara nicht so sehr ab- bzw. aufsteigend gedacht wird, sondern vom 'Schoß des Vaters' aus gesehen nach außen hin bzw. nach innen hinein. Zudem wird die Dynamik vom 'Schoß des Vaters' ausgehend nicht erst in der Inkarnation (»Gott wurde Mensch«) gesehen, sondern bereits bei der Schöpfung *ex nihilo*. Und jene konvergierende

---

[281] In Anlehnung an das Zitat des heiligen Athanasius: »Gott ist Mensch geworden, damit wir Gott werden.« (Athan., incarn. 54; PG 25, 192B)

[282] Vgl. Lubich, Scritti Spirituali 4, 234.

Bewegung zurück in den 'Schoß des Vaters', also die Vergöttlichung (»damit der Mensch Gott werde«), wird nicht erst nach dem irdischen Leben gedacht, sondern bereits ins irdische Leben hereinreichend.[283] Dieses Spezifikum hängt mit Lubichs Verständnis von Jesus dem Verlassenen zusammen, der als das 'Nichts-Alles', als 'Mensch-Gott' alles in sich 'aufgesogen' und 'vergöttlicht' hat, wie bereits oben ausgeführt wurde. Denn, so Piero Coda in seiner Analyse: »Chiara sieht in der Verlassenheit die Wirkursache der Vergöttlichung der Menschheit. [...] Nur, indem [Jesus der Verlassene] sich Gottes 'entleert' [...] kann er Ihn [Gott] *wirklich* den Menschen schenken, und zwar ganz«[284]. Die präsentische Eschatologie Chiaras umfasst dadurch bereits die Dimension der Vergöttlichung (eschatologisches 'Schon'), auch wenn sie erst in der Vollendung vollkommen (eschatologisches 'Noch nicht') sein wird.

In leichter Abwandlung und Aktualisierung gemäß der Trinitarischen Anthropologie Lubichs kann das Axiom der Soteriologie wie folgt formuliert werden: Einer der Trinität wurde Mensch, damit die Menschen Trinität würden. Mit Blick auf die gegenseitige Liebe als das Herz der Trinitarischen Anthropologie Lubichs lässt sich formulieren: Die vollkommene gegenseitige, trinitarische Liebe erfuhr im Menschensohn Jesus die kreatürliche Begrenztheit (»Mein Gott, mein Gott, wozu hast du mich verlassen?«), damit das – durch die Sünde in seiner Liebesfähigkeit begrenzte – Geschöpf Mensch im Gottessohn trinitarisch lieben könne. Oder mit Blick auf den Verlassenen als den Schlüssel zur Trinitarischen Anthropologie nochmals anders formuliert: In Jesus dem Verlassenen wurde das Alles (Gott, die Trinität, also das trinitarische Nichts-aus-Liebe) zum Nichts (ein kreatürliches Nichts), damit das Nichts Alles werde, damit also das Geschöpf Mensch (kreatürliches Nichts) zur Trinität (trinitarisches Nichts-aus-Liebe und damit Sein als Liebe, also Trinität) würde. Eingebettet ist dieses, auf die Erlösung und

---

[283] So kann die Autorin schreiben, dass die 'Vergöttlichung' schon im irdischen Leben – freilich anfanghaft, und daher von Chiara auch unter Anführungszeichen gesetzt – dadurch geschieht, dass der Heilige Geist als die Beziehung der Trinität auch dieselbe Beziehung unter den Menschen ist: »Nachdem [Jesus] durch den Heiligen Geist die Liebe in uns eingegossen hat, kann Er uns in seine eigene Beziehung zum Vater einführen [...] in die Beziehungen der Trinität selbst; und er will, dass diese Wirklichkeit den Beziehungen unter den Menschen mitgeteilt werde. Das ist die maximale Verwirklichung des Menschen, der Menschheit, seine 'Vergöttlichung'. Gott wurde Mensch, damit der Mensch Gott werde, wie die Väter sagen.« (Lubich, Scritti Spirituali 4, 234) Vergöttlichung wird hier bereits in einem Atemzug mit der Verwirklichung des Menschen im Diesseits gedacht, und zwar die Verwirklichung des einzelnen Menschen, der Menschheit und der Beziehungen der Menschen untereinander.

[284] Coda, Dalla Trinità, 506.

Vollendung des Menschen bezogene Axiom in die Dynamik von den divergierenden und konvergierenden Strahlen, die im Eschaton in den 'Schoß des Vaters' zurückkehren[285] und in ihm eins werden, bis »Gott [schließlich] alles in allem« (1 Kor 15,28) ist.

Trinität sein

Bezüglich der Lehre von der Vergöttlichung soll im Folgenden die Frage analysiert werden, wie Lubich das 'Gott-Sein' bzw. 'Trinität-Sein' in der Vollendung des Menschen näherhin versteht. An den meisten Stellen, an denen sie von der Vergöttlichung des Menschen spricht, verwendet sie die Formulierung, dass der Mensch 'Gott in Teilhabe' wird, was der Vergöttlichungslehre in der Theologie im Allgemeinen entspricht. Allerdings gibt es auch Textpassagen im *Paradiso '49*, in denen der Zusatz 'in Teilhabe' fehlt. Eine bereits zitierte Stelle betrifft die Vision Lubichs vom Menschen im trinitarischen Schöpfungsereignis, wo sie den Menschen im Plan Gottes 'von Ewigkeit her' als 'Gott' sieht. Wörtlich schreibt sie:

> »Ich (die Idee von mir) ist 'von Ewigkeit her' im Gedanken Gottes, im Wort; 'von Ewigkeit her' bin ich also vom Vater geliebt und 'von Ewigkeit her' nehme ich den Platz ein, den der Vater mir zugewiesen hat. Und Ich bin Dort-Oben, d.h. mein eigentliches Ich: Christus in mir. Im Himmel bin ich jenes Wort Gottes, welches Gott 'von Ewigkeit her' ausgesprochen hat. Und ich bin Gott« (P'49, 244)[286].

Hier ist der Mensch in seinem von Gott ursprünglich gedachten Sein im Blick, welches sich eben in seiner Vollendung schließlich wahrhaft realisieren soll. In einem anderen Abschnitt[287], welcher von der Neuentdeckung des Vaters und verschiedener Wirklichkeiten im Vater nach dem Eintreten in das *Paradiso* handelt, schreibt die Autorin, dass die Menschen im Vater Maria und die Heiligen als 'zu Gott geworden' wiederfinden werden. Im übersetzten Wortlaut:»Unsere Seelen mögen nur auf den Vater schauen. In Ihm werden sie Maria und die Heiligen wiederfinden, die zu Gott wurden.«[288] Hier ist der Zusatz 'in Teilhabe' weggelassen. Beim ersten Hinsehen könnten solche Aussagen

---

[285] Vgl. P'49, 127, zitiert nach: Zanghí, Leggendo un carisma, 148.

[286] Zitiert nach: Zanghí, Leggendo un carisma, 86.

[287] Gemeint sind die Verse 384 bis 403, die sie im August 1949 verfasste (vgl. Lubich, Paradiso '49, 23-25).

[288] Im Originaltext:»Le nostre anime guardino solo al Padre. In Lui ritroveranno Maria ed i santi fatti Dio.« (P'49, 402f.)

missverständlich klingen, da sie die wichtige Unterscheidung zwischen Schöpfer und Geschöpf zu ignorieren scheinen. Die Verfasserin dieser Zeilen selbst ist sich dessen bewusst und hat – vermutlich nicht zuletzt aus diesem Grund – einen Kommentar verfasst, der diesem Vorbehalt entgegentritt und damit zugleich ihr Verständnis von der Vergöttlichung des Menschen erhellt. In diesem Kommentar schreibt sie unter anderem:

»Maria und die Heiligen, zum Beispiel, sind sie Gott oder sind sie es nicht, in Teilhabe natürlich? Sie sind Gott. Es ist Gott, der sie so gemacht hat. Nachdem man im Paradies die Dinge vom Einen aus sieht, sieht man die Wirklichkeit sehr genau, dass sie Gott sind – in Teilhabe, versteht sich. Aber der Ausdruck 'in Teilhabe' hinterlässt – in der Weise, wie er oft benutzt wird – den Eindruck, als hätten sie eine göttliche Patina erhalten und nicht, als wären sie 'Gott geworden'. Nachdem ich unter dem Einfluss der Erleuchtung stand, ist das 'in Teilhabe' impliziert, das im Übrigen oft in anderen Seiten gesagt ist. Und dies deshalb, weil ich Gott immer als Liebe sah und ich mir sagte, dass er im Paradies mir nicht ständig sagen wird: 'Du bist Gott in Teilhabe, du bist Gott in Teilhabe'. Das wäre, wie wenn jemand einen Sohn adoptiert und ihm ständig sagen würde: 'Du bist Adoptivsohn, du bist Adoptivsohn'. Das wäre nicht mehr Paradies. Wenn ich daher die Dinge vom Paradies aus sehe, und sage, dass Maria und die Heiligen Gott sind, ist es logisch, dass ich das 'in Teilhabe' impliziere, auch wenn ich es nicht sage. Die Vergöttlichung ist wahrhaft eine *Realität*.«[289]

Dieser Textausschnitt enthält einige Klärungen zur Theosis, wie Lubich sie versteht. Vorausgesetzt ist dabei, dass die Sichtweise jene 'mit den Augen Gottes' ist, da »man im Paradies die Dinge vom Einen aus sieht«[290]. Dies entspricht der – im zweiten Kapitel als für Lubich typisch aufgezeigten – 'Anthropologie von innen'. In Gott seiend sieht Lubich »Maria und die Heiligen«, also die vergöttlichten Menschen als zu Gott geworden. »Sie sind Gott.« Mit diesem prägnanten Satz – im italienischen Original mit knappen zwei Worten »Sono Dio« ausgedrückt – sagt sie zunächst das Entscheidende. Durch die Vergöttlichung wird der Mensch Gott und nicht etwas anderes oder weniger als Gott. Sofort anschließend an diese Identifikationsaussage (»Sie *sind* [Hervorhebung

---

[289] P'49, 384, Anm. 342. Die Textpassage im italienischen Original befindet sich im Anhang dieser Studie abgedruckt.

[290] Die direkten Zitate in diesem Abschnitt stammen, wenn nicht anders angegeben, aus dem wiedergegebenen Kommentar in P'49, 384, Anm. 342.

d. Verf.] Gott«) klärt sie den wesentlichen Unterschied zwischen den vergöttlichten Menschen und Gott selbst, indem sie ergänzt:»Es ist Gott, der sie so gemacht hat«. Gott ist Gott von Ewigkeit her und aus sich selbst Gott. Er ist Gott als der Ungeschaffene. Der vergöttlichte Mensch ist Gott, weil *Gott* ihn zu Gott gemacht hat. Als Geschöpf Gottes wird er auch von Gott in der Vergöttlichung vollendet. Das Subjekt der Vergöttlichung ist nicht der Mensch, sondern Gott, denn nur Gott kann vergöttlichen. Der Mensch ist *Gott aus Gnade.* Im Vers 403 des *P'49* kommt dies in der Formulierung »zu Gott gemacht« (»fatti Dio«) zum Ausdruck. Gott gibt den Menschen Anteil an seinem Gottsein, und so wird der Mensch Gottes teilhaftig, er nimmt teil am Gottsein. Dies meint der Ausdruck, dass der Mensch 'Gott in Teilhabe' ist.

Der zitierte Textausschnitt gibt nun noch einen tieferen Einblick in die Frage, wie Chiara diese Wirklichkeit des vergöttlichten Menschen als 'Gott in Teilhabe' näherhin versteht. Zunächst ist für sie die Tatsache, dass der Mensch Gott 'in Teilhabe' ist, und nicht etwa Gott 'in sich' oder 'von sich aus' wie die göttliche Trinität, ganz selbstverständlich, wie an ihren entsprechenden Bemerkungen im Zitat –»in Teilhabe natürlich« bzw.»in Teilhabe, versteht sich« – abzulesen ist. Es steht für Lubich außer Zweifel und ist, wie sie in der zitierten Passage an zwei Stellen erwähnt, auch dann impliziert, wenn es nicht eigens erwähnt wird. Entscheidend ist nun, dass 'in Teilhabe' (im italienischen Original 'per partecipazione') für sie nicht bedeutet, dass der Mensch nur in reduzierter Weise, anteilsmäßig bzw. in qualitativ verminderter Form Gott ist. Er ist eben nicht 'teilweise' bzw. nur 'zum Teil' – das wäre im Italienischen 'in parte' – Gott, sondern er ist Gott 'in Teilhabe'. Um dies zu unterstreichen und im Wissen, dass der Ausdruck 'in Teilhabe' bisweilen in dieser falschen Weise im Sinne von 'teilweise' verstanden wird, verwendet sie das Bild von der Patina. Vergöttlichung meint nicht, dass der Mensch gleichsam mit einer göttlichen Schicht ('Patina') überzogen, sein Inneres aber nicht vergöttlicht wird, sondern der vergöttlichte Mensch ist »Gott geworden«, wie sie im Kommentar betont.[291] Im bewussten Hervorheben der Wirklichkeit, dass der vergöttlichte Menschen »Gott geworden« ist, lässt sie die Beifügung 'in Teilhabe' bisweilen weg, ohne sie jedoch zu ignorieren und ohne die Unterscheidung zwischen Gott und den Menschen zu verwischen.

---

[291] In einem ähnlichen Vergleich und in Bezug auf die Kirche als mystischer Leib Christi, der die Berufung hat, Christus in seiner vollendeten Gestalt darzustellen (vgl. Eph 4,13), schreibt Chiara: »man kann nicht einen Leib denken, dessen Haupt von einer strahlenden Natur ist und dessen Rest von einer anderen Natur, quasi das Haupt aus Gold und die Glieder aus Blei« (P'49, zitiert nach: Rossé, Rivisitare il Paradiso 4, 37). Im Paradies gesehen ist die vollendete Kirche, im Bild ausgedrückt, ganz Gold, das Haupt und die Glieder sind aus Gold.

Als zweiten und von der Sache her gewichtigeren Grund für die Weglassung führt die Autorin in ihrem Kommentar ein eschatologisches Motiv an. Im Eschaton wird Gott dem vollendeten Menschen nicht vor Augen halten, dass er sein Gottsein 'in Teilhabe' hat. Gott wird im Paradies dem vergöttlichten Menschen also nicht beständig sagen: »Du bist Gott in Teilhabe, du bist Gott in Teilhabe«. Chiara verwendet zu dessen Verdeutlichung den Vergleich mit Adoptivkindern, deren Eltern auch nicht andauernd zu ihnen sagen, dass sie bloß adoptierte Kinder sind, da sie sich auf diese Weise nicht wahrhaft als Kinder angenommen und geliebt wissen würden. So würden sich die Menschen nicht wirklich als Kinder Gottes im Vollsinn des Wortes und als vergöttlicht im Paradies erleben, wenn sie vonseiten Gottes daran erinnert würden, dass sie ihr Gottsein bloß 'in Teilhabe' haben. »Das wäre nicht mehr Paradies«, heißt es im Kommentar lapidar. Weil Gott *Liebe* ist – »weil ich Gott immer als Liebe sah«, wie es im zitierten Text heißt –, vergöttlicht er den Menschen ganz. Die Unbegrenztheit der Liebe Gottes zum Menschen erweist sich nicht zuletzt darin, dass er *Sich Selbst ganz und nicht nur teilweise* dem Menschen schenkt, weil er ihn liebt 'wie sich selbst'[292] und ihn daher nicht – quasi gönnerhaft – nur 'ein wenig' Anteil am Gottsein haben lässt, sondern ihn wahrhaft zu Gott macht. Im Eschaton erfährt der Mensch, dass er vom Vater ebenso geliebt ist wie der Sohn und als Sohn bzw. als Tochter wahrhaft Anteil an der ewigen trinitarischen Liebe hat. Für Lubich gilt, wie sie im zitierten Kommentar abschließend sagt: »La divinizzazione è veramente una *realtà*« (»Die Vergöttlichung ist wahrhaft eine *Realität*«). Lubich scheint in dieser Aussage den Wahrheitsgehalt der Vergöttlichung nicht genügend betonen zu können. So verwendet sie, literarisch betrachtet, die Stilfigur einer Tautologie, also eine Verdoppelung durch zwei Ausdrücke, die beide (je schon für sich genommen) ihre Echtheit ausdrücken und unterstreichen sollen: 'veramente' ('wahrhaft') und '*realtà*' ('*Realität*' bzw. '*Wirklichkeit*'). Zusätzlich hebt sie das Wort '*realtà*' durch Kursivschreibung nochmals hervor. Gemäß Chiara Lubichs Anthropologie 'von innen', also vom 'Schoß des Vaters' aus betrachtet, ist der vergöttlichte Mensch demnach im Eschaton *wirklich Gott*.

---

[292] In den Schriften Lubichs gibt es einige Stellen, an denen sie von Gott bzw. vom Sohn Gottes sagt, dass er den Menschen liebt 'wie sich selbst' und so selbst das Wort Gottes lebt, das er den Menschen als Gebot der Nächstenliebe »Du sollst deinen Nächsten lieben wie dich selbst« (Lev 19,18 bzw. Mk 12,31) anvertraut hat. So z.B. im Text *Auferstehung Roms*: »Auch Er schaute auf diese ganze Menschenmenge, die er liebte wie sich selbst.« (Lubich, Risurrezione di Roma, 5) An einer Stelle im *P'49* schreibt sie von Jesus, der in seiner Verlassenheit am Kreuz dem Menschen so nah war wie nie zuvor und »in diesem Moment gezeigt hat, dass er ihn liebt wie sich selbst: 'Du sollst deinen Nächsten lieben wie dich selbst' (Mk 12,31)« (P'49, zitiert nach: Ciardi, La Parola come Amore, 171)

Wenn man die hier dargelegten spezifischen Elemente der Lehre über die Vergöttlichung des Menschen – Lubich hat ja keine systematisch entfaltete Theosis-Lehre vorgelegt – nun mit der allgemein in der Fachliteratur vertretenen Lehre in Beziehung setzt, kann Folgendes festgehalten werden: Chiaras Verständnis hat zunächst ihr Fundament in der biblischen Botschaft. Im Speziellen basiert es auf den drei – in der Fachliteratur zur Thematik grundlegenden – Stellen, die in den Schriften der Autorin auch mehrmals zitiert und in ihren Aussagen zum eschatologischen Menschen ganz beim Wort (und in diesem Fall auch wörtlich) genommen werden. Es sind dies: die Stelle im Römerbrief, wo Paulus von der Bestimmung der Menschen spricht,»an Wesen und Gestalt seines Sohnes teilzuhaben« –»συμμόρφους τῆς εἰκόνος τοῦ υἱοῦ αὐτου« (Röm 8,29)[293]; sodann der Hymnus vom Heilsplan Gottes im Epheserbrief, in dem Paulus schreibt, dass Gott»uns aus Liebe im Voraus dazu bestimmt [hat], seine Söhne zu werden durch Jesus Christus« (Eph 1,5)[294] und drittens der Vers aus dem Zweiten Petrusbrief von der Verheißung,»Anteil an der göttlichen Natur« (2 Petr 1,4)[295] zu erhalten. Dabei ist diese»Teilhabe an dem göttlichen Leben« (LG 2), an der 'göttlichen Natur', am 'Wesen', an der 'Gestalt' Christi bei Lubich immer verstanden als Teilhabe am trinitarischen Leben im Sinne von trinitarischer Liebe mit all jenen Aspekten, die in den vorangegangenen Abschnitten dargelegt wurden.

Der Dreifaltige Gott wird von Lubich – auf der Basis der biblischen Offenbarung und ihrer spezifischen existentiellen Glaubenserfahrung – *wesentlich* (d.h. in seinem Wesen, in seinem eigentlichen Sein) als

---

[293] Siehe dazu die Anmerkung zur Bedeutung des griechischen Originaltexts weiter oben.

[294] Im griechischen Urtext steht für»Söhne durch Jesus Christus« der Ausdruck »εἰς υἱοθεσίαν διὰ Ἰησοῦ Χριστοῦ«, wobei das Wort υἱοθεσίαν, das übrigens auch in Röm 8,23 und Gal 4,5 (jeweils im Hinblick auf die 'Sohnschaft' im eschatologischen Sinn) vorkommt, wörtlich – gemäß dem Wörterbuch zum NT (Preuschen) – 'Adoption' bzw. 'Annahme an Kindesstatt' heißt. In der von Lubich verwendeten italienischen Bibelübersetzung steht dafür der Ausdruck 'figli adottivi' (also 'Adoptivkinder'). Von daher versteht sich, warum sie im zitierten Kommentar den Vergleich mit den Adoptivsöhnen verwendet. Die Menschen sind nach der biblischen Botschaft Adoptivkinder, aber im Eschaton wird Gott den Menschen nicht vor Augen halten, dass sie adoptierte Kinder sind, sondern sie werden sich eben vollkommen als Kinder Gottes gleich dem Sohn erfahren.

[295] In der von Lubich verwendeten Übersetzung steht dafür»partecipi della natura divina«, im griechischen Originalwortlaut»θείας κοινωνοὶ φύσεως«. Es geht also um die 'göttliche *Natur*', der der Mensch teilhaftig wird. Wie bereits weiter oben erwähnt, wäre genauer zu klären, welchen Naturbegriff bzw. welche verschiedenen Naturbegriffe Lubich in ihren Schriften verwendet. In Bezug auf die Vergöttlichungslehre übernimmt sie die biblische Aussage aus dem Zweiten Petrusbrief zur»göttlichen Natur«, ohne ihn näher zu erklären.

Liebe verstanden und von daher ist die gesamte Theologie und folglich die Anthropologie von einem *relationalen Wesensbegriff* bzw. von einem *relationalen Naturbegriff* geprägt. Die Theologie Lubichs respektive Anthropologie geht nicht von einem philosophischen oder substanzorientierten Naturbegriff (göttliche 'Natur' im Sinne von Gott als dem ungeschaffenen ewigen Sein, welches nur Ihm zukommt) aus, demzufolge eine noch klarere Unterscheidung zwischen dem Wesen Gottes und dem des vergöttlichten Menschen (der eben vergöttlichtes *Geschöpf* ist und folglich nicht wie die Trinität von göttlicher, sondern von menschlicher 'Natur') vonnöten wäre[296], sondern vom relationalen 'Sein als Liebe' (»Gott *ist* Liebe«, also vollkommene trinitarische Relation), welches auch dem vergöttlichten Menschen ohne theologische Vorbehalte zugesprochen werden kann.

Lubichs Lehre von der Vergöttlichung des Menschen steht also fest auf dem Boden der Tradition der kirchlichen Lehre und der katholischen Theologie, auch wenn manche Formulierungen – wie die zitierten Aussagen »und ich bin Gott« oder »Maria und die Heiligen [...] Sie sind Gott« – zunächst die nötige Differenzierung zwischen Schöpfer und Geschöpf bzw. die Notwendigkeit der 'analogen Rede' (gemäß der Analogieformel des vierten Laterankonzils) zu vermissen lassen scheinen. Im Ernstnehmen dessen, dass Chiara im *P'49* den Menschen 'mit den Augen Gottes' zu betrachten versucht und daher den eschatologischen Blick einnimmt, welchen im Eschaton alle vergöttlichten Menschen einnehmen werden, gilt ohne Vorbehalt: »Sie sind Gott.« Nicht unerwähnt bleiben soll dabei, dass Chiara Lubichs Sprache, vor allem in den Aufzeichnungen des *Paradiso '49*, der Sprache der Mystik zuzuordnen ist, in welcher bisweilen Grenzen einer rational-analytischen theologischen Begrifflichkeit verschwimmen, die jedoch andererseits leichter einen Zugang zum – jedes menschlich-rationale Denken übersteigenden – Mysterium der göttlichen Bestimmung des Menschen freilegen kann; in diesem Fall zur eschatologischen Bestimmung des

---

[296] Eine Unterscheidung wie sie etwa der spätere Erzbischof und Kardinal Christoph Schönborn noch als Theologieprofessor im Jahr 1980, ausgehend von Maximus Confessor, vornimmt, der zwischen dem *Logos* und dem *Tropos* (= Seinsweise, Art und Weise, Charakter) beim Menschen differenziert. »Nicht vom *Menschsein* müssen wir geheilt werden (nicht vom *logos* unserer Natur), sondern von der herrschenden *Weise* des Menschseins (dem *tropos*); *Vergöttlichung* heißt nicht Verwandeln des *logos* der menschlichen Natur, sondern Erneuern ihres *tropos*: Gewiss ist diese neue Seins*weise* über-natürlich: für der neue *tropos* des Menschseins geht über alles hinaus, was dem Menschen von sich aus möglich ist; übernatürlich, und doch dem entsprechend, was in der geschaffenen Natur des Menschen grundgelegt ist: seine Gottebenbildlichkeit.« (Schönborn, Vergöttlichung des Menschen, 38) Athanasios Vletsis bezeichnet diese Erschließung von Schönborn als eine „der scharfsinnigsten und hilfreichsten Interpretationen unseres Begriffes in der letzten Zeit" (Vletsis, Vergöttlichung oder Vermenschlichung, 147).

Menschen, *wirklich Trinität* zu sein. Von daher ist es nötig, die einzelnen Aussagen der Autorin – vor allem jene aus ihren mystischen Schriften – immer im größeren Kontext zu sehen, um sie richtig deuten zu können.

Durch die Sichtweise, welche Chiara zuteilwurde und die nun in ihrem schriftlichen Werk zugänglich ist, kann in Bezug auf die anthropologische Grundfrage »Wer ist der Mensch?« die faszinierende Botschaft aus dem christlichen Offenbarungsglauben neu aufleuchten; jene Botschaft, die auch und gerade für den zeitgenössischen Menschen wieder attraktiv scheint. Die in diesem Kapitel präsentierten Inhalte einer Trinitarischen Anthropologie tragen meiner Meinung nach ein großes Potential für – darauf aufbauende wie auch zusätzliche Aspekte vertiefende – theologische (und auch nicht theologische) Studien in sich. Es bedarf freilich noch weiterer systematischer Vertiefungen einzelner Inhalte, um eine einigermaßen vollständige und abgerundete Trinitarische Anthropologie Lubichs präsentieren zu können. Die in dieser Arbeit vorgestellte Lehre des Menschen zeigt – abgesehen von theologisch interessanten Spezifika in der Anthropologie – zudem ein trinitarisches Menschenbild, welches Menschen so zu faszinieren vermag, dass sie dieser Vision mit dem eigenen Leben entsprechen, d.h. trinitarisches Leben, beginnend schon im irdischen Leben, realisieren wollen. Das war letztendlich wohl auch die Intention Chiaras, warum sie 'ihre' Gedanken als Erbe hinterlassen wollte.

Resümee und Ausblick

Am Ende dieser Studie gilt es Bilanz zu ziehen und Ausblick zu halten. Nach dem Durchgang durch die einzelnen Kapitel kann ich mit Überzeugung festhalten, dass sich die Mühen des Studiums gelohnt haben. Der Ertrag ist groß, ja zum Teil größer und für mich erfreulicher, als ich dies erwartet hatte, bevor ich an dieses Werk heranging. Die dieser Untersuchung zugrunde liegende Annahme, dass im Gedankengut Chiara Lubichs nicht bloß eine für viele Menschen weltweit faszinierende Spiritualität, sondern auch eine vom theologischen Gehalt her interessante Lehre enthalten ist, wurde im Laufe dieser Arbeit immer mehr zur Gewissheit. Und diese Lehre hat, so zeigte sich, tatsächlich Neues in den theologischen Diskurs einzubringen. Das Charisma der Einheit ist jenen Charismen der Kirche zuzuordnen, die auch ein neues Licht auf die christliche Offenbarung werfen, die »vom Geist Blicke ins Zentrum der Offenbarung geschenkt erhalten, die die Kirche aufs unerwartetste und doch bleibend bereichern«[1]. Diese Studie kann ein bescheidener Beitrag dazu sein, etwas von diesem Schatz gehoben und sichtbar gemacht zu haben.

In der Untersuchung ging es darum, die im Charisma Lubichs enthaltene Lehre im Blick auf die Theologische Anthropologie ans Licht zu bringen. Bei der für den zeitgenössischen Menschen bisweilen schwer zu vermitteln den christlich-anthropologischen Botschaft erscheint Lubichs konsequent trinitarische Sichtweise und die spezifische Art und Weise ihrer Vermittlung als eine Antwort, die auch den modernen und postmodernen Menschen mit seinen unterschiedlichen geistigen, philosophischen und religiösen Hintergründen anzusprechen vermag. Dies nicht zuletzt deshalb, weil Chiara selbst in diesen Kontext eingetaucht und im Hinblick auf die Menschen in diesem Kontext ihre Gedanken formuliert hat.

---

[1] Balthasar, Der Geist der Wahrheit, 17.

I. Ertrag aus der Untersuchung der Anthropologie Chiara Lubichs

Als ein Ergebnis des zweiten Teils der Studie kann festgehalten werden, dass die Anthropologie, die in den Schriften Chiaras enthalten ist, zu Recht das Attribut 'trinitarisch' trägt, und zwar nicht nur von den Inhalten her, sondern auch in methodologischer Hinsicht, da ihrem gesamten Denken und ihrem Erkenntnisweg eine trinitarische Glaubenserfahrung, eine »trinitarische Mystik«[2] zugrunde liegt. Das Charisma der Einheit bewirkte in Lubich und denen, die es sich zu eigen gemacht haben, einen Lebens- und Glaubensweg, der eine betont trinitarische Prägung aufweist, die alle Bereiche des Menschseins durchdrungen und damit auch ihr Denken trinitarisch durchformt hat. Das Denken – als ein wichtiger Teil des Menschen – ist bei Chiara eine Form des Liebens ('Denken als Lieben') und geschieht in der Form der trinitarischen Liebe. Es konnte aufgezeigt werden, wie der Glaubensweg Lubichs und der Weg ihrer theologischen Erkenntnisse ineinander verwoben sind sowie einander bedingen und fördern.

In methodologischer Hinsicht konnte so ein spezifischer Weg aufgezeigt werden, der als 'Theologie von innen' bzw. als 'Anthropologie von innen' charakterisiert werden kann, im Unterschied zu einer 'Anthropologie von oben' oder einer 'Anthropologie von unten' bzw. diese beiden Zugänge beinhaltend und gewissermaßen vereinend. Im 'Schoß des Vaters' seiend, also aus dem Inneren Gottes ('von innen') denkt der Mensch und so kommt die Erkenntnis gewissermaßen auch 'von oben', also von Gott ausgehend, und zugleich 'von unten', also vom Menschen ausgehend. Diese Anthropologie von innen erweist sich nicht nur als der Zugang Lubichs zu ihren spezifischen Inhalten einer theologischen und trinitarischen Anthropologie, sondern enthält überdies Elemente, die für die Theologie in epistemologischer Hinsicht von Interesse sind. Der 'Pakt der Einheit', der als Frucht das Eintreten in den 'Schoß des Vaters' und ein Sehen und Erkennen 'mit den Augen Gottes' bewirkt, ist nicht nur als singuläre und unverwechselbare Erfahrung in der Biografie Lubichs in den Blick genommen worden. Er zeigte sich auch als eine Ermöglichung eines Theologie-Treibens, das sich zuallererst als eine Form des Theologie-Lebens (das der Theologie als wissenschaftliches Unterfangen zugrunde liegen sollte) erweist,

---

[2] »Trinitarische Mystik [...]« (Coda, Dalla Trinità, 493) lautet nicht von ungefähr die Überschrift des Kapitels im Buch *Dalla Trinità*, in welchem der italienische Dogmatiker die Erfahrung und Lehre Chiara Lubichs im Rahmen seiner Trinitätstheologie analysiert.

welche für alle Theologinnen und Theologen grundsätzlich zugänglich ist. Daraus kann eine Theologie entspringen, die von der Autorin selbst als eine 'Theologie *von* Jesus' bezeichnet wird. Es ist dies eine 'Theologie Jesu' (*genetivus auctoris*), in welcher der auferstandene Jesus nicht nur Objekt, sondern auch Subjekt der Theologie ist, insofern er in und unter den Theologinnen und Theologen präsent ist und ihnen Anteil an seinem Denken schenkt.

Im letzten Kapitel konnten wesentliche Inhalte der Anthropologie Lubichs näher präsentiert und analysiert werden, die aus dieser ihrer Perspektive 'von innen', vom 'Schoß des Vaters' bzw. 'mit den Augen Gottes' – diese Ausdrücke werden von Lubich häufig verwendet – entstanden sind. Ausgehend vom umfangreichen literarischen Werk der Autorin und im Speziellen von einigen zentralen Schriften des *Paradiso '49* – Frucht einer intensiven mystischen Zeit, die im Sommer 1949 begonnen hat und die in der Folge das gesamte Denken Lubichs prägte – sind die entscheidenden inhaltlichen Elemente ans Licht gekommen. An ihnen konnte aufgezeigt werden, dass und wie ihre Lehre vom Menschen in konsequenter Weise trinitarisch durchformt ist. Deutlich wurde dabei sichtbar, dass ihre Anthropologie einerseits fest in der Tradition der theologischen und kirchlichen Lehre des Menschen verankert ist, andererseits aber auch neue Elemente einbringt, die ihrer spezifischen Intuition zuzuschreiben sind. In ihrem trinitarischen Charisma erhalten theologische Grundaussagen, die sich auch in anderen Ansätzen theologischer und trinitarischer Anthropologien bzw. in lehramtlichen Dokumenten wie etwa im Konzilsdokument *Gaudium et spes* finden, eine neue Tiefe, ergeben ein neues dynamisches Menschenbild und werden konsequent trinitarisch durchdacht.

In den vier Abschnitten des letzten Kapitels konnten die wichtigsten inhaltlichen Grundpfeiler der Trinitarischen Anthropologie Lubichs aufgerichtet werden. Diese seien im Folgenden nochmals kurz genannt. Zunächst (Abschnitt I.) geht es um ihre Vision vom Sein der Trinität als Liebe und ihre trinitarische Gesamtschau aus dem 'Schoß des Vaters', in welcher sie alles – von der Protologie bis hin zur Eschatologie – und eben auch den Menschen sieht. In diese Vision eingebettet zeigt sich ihr spezifisches Verständnis dessen, was es heißt, dass das eigentliche und tiefste Sein des Menschen Christus ist und dass der Mensch erst in trinitarischer Einheit wahrhaft Christus ist. Diese Wirklichkeit wird bei Lubich stärker betont als bei anderen anthropologischen Entwürfen. Im Abschnitt II. wurde dargestellt, wie das Gebot der gegenseitigen Liebe, wie die gelebte trinitarische Liebe, die für Chiara die Trinität selbst ist, das Herz ihrer Anthropologie ausmacht und wie in dieser ihrer Sichtweise der Mensch als *Imago Trinitatis* zu verstehen ist. Die für jede theologische Anthropologie nötige christologische

Mitte konnte bei ihr in Jesus dem Verlassenen lokalisiert und identifiziert werden, der sich als Schlüssel zu ihrem gesamten theologischen und anthropologischen Denken erweist (Abschnitt III.). Jesus der Verlassene erschließt für Chiara das Geheimnis Gottes als Trinität bzw. näherhin als trinitarische Liebe, ist er doch der Kulminationspunkt ihrer Christologie und der Schlüssel zum trinitarischen Verständnis des Menschen wie auch zum Leben als *Imago Trinitatis*. Und schließlich (Abschnitt IV.) kristallisierten sich in Lubichs Lehre über den Menschen auch unter dem Aspekt der Eschatologie – wobei in ihrem Gedankengut eine stark präsentische Eschatologie zum Ausdruck kommt – neue inhaltliche Elemente heraus, die in keinem anderen theologisch-anthropologischen Entwurf bis dato zu finden sind. Das Neue ihrer Sicht von der Verwirklichung und Vollendung der Menschen konnte dabei u.a. anhand eines Begriffs aufgezeigt werden, der eine Wortneuschöpfung Chiaras in der italienischen Sprache ist, nämlich am Begriff der 'trinitizzazione'. Dieser Terminus 'trinitizzazione' ist am besten mit 'Trinitisierung' zu übersetzen, wobei dieses Wort auch in der deutschen Sprache ein Neologismus ist.

Trinität sein (Essere Trinità). Dreifaltigkeit leben. Mit diesen beiden Worten lässt sich nach dem Durchlauf durch die verschiedenen inhaltlichen Elemente die Anthropologie Chiara Lubichs übertiteln. Wer ist der Mensch? – Wenn man das Denken Lubichs mit anderen Ansätzen trinitarischer Anthropologien vergleicht, kann man prägnant und einen Satz der Autorin aufgreifend folgendermaßen darauf antworten: Der Mensch ist nicht nur geschaffen nach dem Bild des dreifaltigen Gottes – eine Auskunft, die in der Fachliteratur allgemein vertreten wird. Seine Bestimmung ist es nicht nur, mit der Dreifaltigkeit vereint bzw. in der Dreifaltigkeit eingeborgen zu sein, wie etwa Hans Urs von Balthasar dies versteht, sondern der Mensch ist dazu berufen, Trinität zu sein. Dies ist die geistliche Erfahrung von Chiara aufgrund des spezifischen Paktes der Einheit und beschreibt zugleich den Zielpunkt ihrer anthropologischen Lehre. Es ist eine eschatologische Vision und Erfahrung, wobei bei ihr die Eschatologie betont präsentisch ist und die Grenzen zwischen dem Diesseits und dem Jenseits bisweilen verschwimmen. Diese Erfahrung und folglich Sichtweise des Menschen ist eschatologisch im Sinne von 'schon' Trinität sein, insofern das menschliche Leben bereits im Diesseits als 'Trinitarisches Leben' ('Vita Trinitaria') gelebt wird, welches das eschatologische 'Noch-Nicht' zwar nicht aufhebt, aber im je gegenwärtigen Augenblick gegenüber der Erfahrung des Paradieses, wo der Mensch Trinität ist, bedeutend kleiner erscheinen lässt. Der Mensch erfährt das Trinität-Sein auf Erden als »Vorwegnahme der von Jesus eröffneten

eschatologischen Zeit«[3] und lebt »wie im Himmel so auf Erden« (Va-
terunser). Damit geht Lubich über andere Ansätze trinitarischer Anthropologien deutlich hinaus.

Der Mensch wird durch das Gedankengut Lubichs in seiner einmaligen,
unveräußerlichen und hohen Würde und Berufung ('Trinität sein') neu
ins Bewusstsein gehoben und wieder ins Zentrum der Aufmerksamkeit
gestellt. Dadurch können jene 'Dezentrierungen' und 'Depotenzierungen' (Hans-Joachim Höhn) überwunden werden, unter denen nicht wenige zeitgenössische Menschen leiden. Im heutigen Kontext mit seinem
oft für den Menschen und die Welt schädlichen Egozentrismus, in welchem die Kirche und die Theologie herausgefordert sind, ein christliches Menschenbild zu zeigen, das dem heutigen neuzeitlich denkenden
und empfindenden Menschen zugänglich ist, kann diese Form der
Anthropozentrik – die zugleich eine Theozentrik ist – attraktiv sein,
weil sie das neuzeitliche *Cogito ergo sum* überschreitet hin zum *Amo
ergo sum*, also hin zu einer trinitarischen (Selbst-)Erfahrung und einer
daraus folgenden Sicht des Menschen, in welcher der einzelne Mensch
nur und gerade in der von Chiara aufgezeigten trinitarischen Liebe, im
relationalen Nichts-Sein-aus-Liebe wie und als Jesus der Verlassene,
als Person verwirklicht wird; und zwar als trinitisiertes Ich, in dem
auch alle anderen sind und er in allen anderen, kurz: in dem er *Trinität*
ist. Dass ein solches Menschenbild abgesehen von seiner theologisch-
anthropologischen Faszination ansprechend sein kann, belegt nicht zuletzt die Tatsache, dass Chiara Lubich von Vertreterinnen und Vertretern sowie von Gruppen vieler christlicher Konfessionen, aller großen
Weltreligionen, von Vertretern des öffentlichen Lebens wie auch von
Menschen ohne explizit religiöses Bekenntnis mehrmals eingeladen
wurde, um ihre christliche Erfahrung und Sichtweise zu präsentieren
und in den Dialog einzubringen.

Eine besondere Stärke der Trinitarischen Anthropologie Lubichs ist
nicht zuletzt, dass sie nicht primär eine ausgedachte oder durch Studium erworbene Theorie darstellt, sondern Ausdruck und Ausfluss eines Lebens ist, nämlich eines Lebens gemäß der Botschaft der Hl.
Schrift und eines von Gott geschenkten Charismas. Sie folgt einer 'Hermeneutik des Glaubens'. Zuerst kommt das Leben, inspiriert und ani-
miert vom Geist Gottes und der Lehre der christlichen Offenbarung.
Danach bilden sich die theoretischen Elemente heran, die dadurch auf
festem Grund stehen, also im wörtlichen Sinn 'begründete' Inhalte
sind. Lubichs Anthropologie zeigt eine neue Synthese sowie ein Ver-
wobensein miteinander und eine gegenseitige Bereicherung von geleb-
tem Glauben und denkerischer Durchdringung dieses Glaubens, von

---

[3] Coda, Dalla Trinità, 502.

Charisma und Theologie. Sie ist reflektiertes trinitarisches Leben und trägt nicht zuletzt deshalb das Potenzial in sich, als theologische Lehre wiederum zu trinitarischem Leben der Menschen zu animieren. Chiaras Vision ist eine mystische und zugleich wirft sie ein Licht auf das ganz Alltägliche des menschlichen Daseins. Sie ist höchste Beschauung (Erfahrung des *Paradiso*) und zugleich Ernstnehmen der bisweilen abgründigen Realität des Menschen bis hin zur Erfahrung der Gottferne (*Jesus der Verlassene*). Gerade das verleiht dieser Lehre eine besondere Anziehungskraft. Das zentrale Wort der christlichen Botschaft *Liebe* erfährt durch Chiaras einzigartiges Verständnis von Jesus dem Verlassenen als Höchstform der Liebe eine Vertiefung, die sie für die Menschen in jedweder Lebenssituation als lebbar erscheinen lässt und somit einen gangbaren Weg zu einem verwirklichten Menschsein für alle eröffnen kann. Gleichzeitig leuchtet in ihrer trinitarischen Ontologie und Theologie der Liebe das höchste Geheimnis Gottes als Trinität in einer Weise auf, die einen unverwechselbaren Beitrag zur Trinitätstheologie liefert, deren spekulative Kraft – zumindest im deutschsprachigen Raum – es noch zu entdecken gilt.

II. Grenzen der vorliegenden Studie

Jede wissenschaftliche Untersuchung unterliegt bestimmten Begrenzungen. Für den vorliegenden Versuch, die Trinitarische Anthropologie Lubichs vorzustellen und theologisch zu analysieren, besteht eine Grenze darin, dass es nicht möglich war, eine abgerundete und alle Themen umfassende Lehre des Menschen zu präsentieren. Eine Ursache dafür liegt in der Tatsache, dass bis dato noch nicht alle Schriften der Autorin (vor allem aus *P'49*) vollständig und in einer kritischen Gesamtausgabe publiziert sind. Außerdem hätte eine einigermaßen vollständige Anthropologie Lubichs den Rahmen dieser Studie bei Weitem gesprengt, zumal sie im deutschen Sprachraum die erste theologische Auseinandersetzung mit dieser Thematik ist und sich daher noch nicht auf Vorarbeiten als Grundlage beziehen konnte. Daher schien es vor allem wichtig, die Basis gut zu legen und die wichtigsten Eckpfeiler aufzurichten. Auf diese aufbauend können in der Folge weitere vertiefende Studien das Gesamtgebäude nach und nach vervollständigen. An Themen dafür, die von großem theologischen (und z.T. philosophischen) Interesse sind, mangelt es nicht.

III. Ausblick auf zu vertiefende Themen

Als wichtiges Thema, dessen Behandlung ursprünglich für die vorliegende Studie vorgesehen war, das aber aufgrund des zu erwartenden Umfangs fallengelassen wurde, ist *Maria* in der Trinitarischen Anthropologie Chiara Lubichs zu nennen. Maria[4] spielt im Charisma der Einheit insgesamt eine wesentliche Rolle und wird von Lubich als einer der vier inhaltlichen Angelpunkte[5] genannt, wo ihr Charisma für die Theologie ein neues Verständnis einzubringen hat. Maria ist bei Chiara

---

[4] 'Maria' bildet einen der zwölf Kernpunkte der Spiritualität Lubichs. Eine umfangreichere deutschsprachige Publikation, die Chiaras Denken über Maria darstellen würde, gibt es bislang nicht. Folgende zwei kleine Bücher enthalten grundlegende Texte zur Thematik: Lubich, Chiara: Maria, die erste Christin. Orientierung an einem Vorbild, München: Neue Stadt [6]1988 und Lubich, Chiara: Maria. Mutter – Schwester – Vorbild, München: Neue Stadt 2010. In der italienischen Originalsprache sind die wichtigsten Texte Lubichs zu Maria sowie ein Referat zu ihrem spezifischen Verständnis von Maria (Vortrag am 16. Februar 1987 im Rahmen eines Bischofstreffens in Castel Gandolfo) enthalten in: Lubich, Chiara: Maria. Trasparenza di Dio, Rom: Città Nuova [3]2003. Im Herbst 2017 erschien ein umfangreicheres Werk, in welcher auch bislang nicht publizierte Texte Lubichs über Maria zugänglich gemacht werden (Lubich, Chiara: Maria. Rom: Città Nuova 2017). Auch was wissenschaftliche Werke zur Mariologie Lubichs betrifft, gibt es bislang in der deutschsprachigen theologischen Literatur keine ausführlichen Untersuchungen. Eine synthetische Darstellung zum Verständnis von Maria im Licht der trinitarischen Theologie, die vom Charisma Chiaras geprägt ist, legt Klaus Hemmerle bei den »St.-Georgener-Gesprächen« im Jahr 1991 in Kärnten (A) vor, die anschließend publiziert wurde (vgl. das entsprechende Kapitel *Trinität und Maria. Gestalt trinitarischen Daseins*, in: Hemmerle, Leben aus der Einheit, 156-176). Stefan Tobler widmet in seiner Habilitationsschrift einen Absatz dem Verständnis Marias im Charisma Lubichs, der in seiner Kürze dennoch wesentliche Merkmale enthält (vgl. Tobler, Jesu Gottverlassenheit, 122-126). In italienischer Sprache ist unter den Monografien die Publikation der Dissertationsschrift von Leonor Maria Salierno zu nennen, die an der Theologischen Fakultät *Marianum* in Rom über die Mariologie Lubichs promoviert hat. Ihr Werk enthält 87 Texte Chiaras über Maria und eine theologische Darstellung der daraus hervorgehenden Mariologie (vgl. Salierno, Leonor Maria: Maria negli scritti di Chiara Lubich, Rom: Città Nuova [2]1994). Des Weiteren gibt es eine Reihe von theologischen Abhandlungen zu verschiedenen Aspekten der Mariologie Lubichs in Zeitschriftenaufsätzen. Besonders erwähnenswert sind unter diesen: Cerini, Marisa: La realtà di Maria in Chiara Lubich. Prime fondamentali intuizioni e nuove prospettive per la Mariologia, in: NU 110 (1997) 231-242; Cerini, Marisa: Aspetti della mariologia nella luce dell'insegnamento di Chiara Lubich, in: NU 121 (1999) 19-28 sowie drei Aufsätze von Rossé über Maria gemäß der mystischen Erfahrung Lubichs: Rossé, Gérard: Maria. La realtà dell'»Anima« alla luce del mistero di Maria nell'esperienza mistica di Chiara Lubich. I-III, in: NU 195-198 (2011).

[5] Bei der Verleihung des Ehrendoktorats in Theologie in Manila nennt Lubich folgende vier Eckpunkte der Theologie: Gott-Liebe, die Einheit, Jesus der Verlassene und Maria (vgl. Lubich, Lezione magistrale in Teologia [1997], 83).

die Form des verwirklichten Menschseins, gerade in ihrer engen Verbindung zu Jesus dem Verlassenen in seinem Nichts-Sein aus Liebe, das auch Maria als Mensch lebt. Maria unter dem Kreuz Jesu – von Chiara als *Maria Desolata* bezeichnet – muss gewissermaßen ihren Sohn verlieren und erhält vom Gekreuzigten und Verlassenen an seiner Stelle den Jünger Johannes und in ihm die gesamte Menschheit anvertraut (Joh 19,26:»Frau, siehe, dein Sohn!«). Maria lebt in exemplarischer Weise das Nichts-Sein-aus-Liebe nach dem Maß Jesu am Kreuz und zeigt damit, was es heißt, als Mensch Jesus der Verlassene zu sein, also wie Gott zu lieben und sich so in seinem von Gott gedachten Sein zu verwirklichen. Lubich spricht vom 'Maria-Sein' als Berufung und Bestimmung des Menschen und der Kirche. Hier wäre gründlich zu erforschen, was dies für die Anthropologie näherhin heißt. Im *Paradiso* '49 gibt es einige Textpassagen mit einer mystischen Sicht von Maria, die schon für sich ausreichen würden, um Maria als Thema der Anthropologie genauer zu untersuchen. Diese Andeutungen mögen genügen, um verstehbar zu machen, dass das Thema *Maria* in der Anthropologie Chiaras sehr umfangreich und komplex ist und daher in der vorliegenden Arbeit auf ihrer Behandlung verzichtet wurde, um nicht zu oberflächlich etwas zu schreiben, was letztlich der Wichtigkeit der Thematik nicht angemessen ist und vielleicht sogar zu theologischen Missverständnissen führen könnte.

Abgesehen von der noch zu vertiefenden Thematik 'Maria' ist im Verlauf der Ausführungen bereits auf einige Themen – im Textfluss oder in den Fußnoten – hingewiesen worden, die sich aus der trinitarischen Lehre des Menschen bei Lubich ergeben und die einer weiteren Auseinandersetzung harren. An dieser Stelle seien einzelne Themen nochmals stichwortartig genannt: der trinitarische Personbegriff Chiaras, gerade auch in der Verbindung zu ihrem Verständnis der 'Anima' und unter ekklesiologischem Aspekt; ihr Naturbegriff bzw. die verschiedenen Naturbegriffe in ihrem Schrifttum; die Frage nach der Konvertibilität von Sein und Liebe als theologische und philosophische Frage (Trinitarische Ontologie der Liebe); eine theologisch-philosophische Auseinandersetzung mit ihrem Verständnis des 'Nichts' ('*Nulla*') in seinen verschiedenen Formen und in ihren verschiedenen Bedeutungen und damit eng verbunden ihr Seins-Begriff (*Essere*) bzw. die verschiedenen von ihr verwendeten Seins-Begriffe; die ökumenische und interreligiöse Resonanz und Dialogfähigkeit ihres trinitarischen Menschenbildes (Nichts-aus-Liebe bei Chiara als Anknüpfungspunkt für den Dialog mit Anthropologien im Denken der östlichen Religionen); die Beziehung von Denken und Glauben bei Chiara (Denken als Lieben, als trinitarischer Vollzug); die sakramental-ekklesiologische Dimension ihrer Anthropologie wie ihres Denkens allgemein (Frage nach dem kirchlichen Ort der Theologie bei Lubich); die Tugendlehre, die sich aus ihrer Trinitarischen Anthropologie ergibt. Die Liste ließe sich verlängern, genügt aber um aufzuzeigen, dass zukünftige theologische Auseinandersetzungen mit dieser Autorin lohnens- und wünschenswert wären, um noch weitere im Gedankengut Chiara Lubichs verborgene Schätze heben zu können.

Die vorliegende Studie möge Inspiration und Anstoß für eine weitere theologische Beschäftigung mit dem literarischen Werk Chiaras sein. Diese wird dann leichter sein, wenn das *Opus* Lubichs in einer kritischen Gesamtausgabe in deutscher Sprache vorliegen wird. Bis dahin müssen Autorinnen und Autoren, wie dies für mich der Fall war, zum Teil in mühsamer Kleinarbeit viel an Quellenforschung betreiben. Wenn die Ernte am Ende aber so groß ist wie im vorliegenden Fall, hat sich jede Anstrengung allemal gelohnt.

Wissenschaftlicher Anhang

I. Schlüsseltexte von Chiara Lubich im italienischen Original

In diesem Abschnitt finden sich die, im zweiten Teil in deutscher Übersetzung wiedergegebenen, Passagen, welche als wichtige Schlüsseltexte der trinitarischen Anthropologie Chiara Lubichs fungieren, im italienischen Originalwortlaut abgedruckt. Dies ermöglicht einerseits eine Überprüfung der Gedanken am ursprünglichen Text. Anderseits können sie für weitere wissenschaftliche Auseinandersetzungen als Quelle dienen, vor allem solange es noch keine kritische Ausgabe des schriftlichen Werkes der Autorin gibt. Die Reihenfolge der Texte entspricht dabei nicht der Chronologie ihrer Entstehung, sondern der Abfolge der Kapitel in der vorliegenden Studie, in denen sie vorkommen. Die Anmerkungen innerhalb der Texte befinden sich jeweils am Textende unter der in Klammer eingefassten Anmerkungsnummer, wobei nur jene Anmerkungen wiedergegeben werden, welche inhaltlich eine wichtige Bedeutung haben und die entweder von Lubich selbst stammen oder auf Stellen der Hl. Schrift verweisen. Für den kompletten Text samt allen Anmerkungen muss auf die jeweils angegebene Publikation zurückgegriffen werden.

1. Il Patto[1]

['Der Pakt': zitiert im zweiten Teil, 2. Kapitel IV.1.]

19. Vivevamo queste esperienze[23] quando venne in montagna Foco.
20. Foco, innamorato di santa Caterina, aveva cercato sempre nella sua vita una vergine da poter seguire. Ed ora aveva l'impressione d'averla trovata fra noi. Per cui un giorno mi fece una proposta: farmi il voto d'obbedienza, pensando che, così facendo, avrebbe obbedito a Dio. Aggiunse anche che, in tal modo, potevamo farci santi come san Francesco di Sales e santa Giovanna di Chantal.
21. Io non capii in quel momento né il perché dell'obbedienza, né questa unità a due. Allora non c'era l'Opera e fra noi non si parlava molto di voti[27]. L'unità a due poi non la condividevo perché mi sentivo chiamata a vivere il 'che *tutti* siano uno'[28].
22. Nello stesso tempo però mi sembrava che Foco fosse sotto l'azione d'una grazia, che non doveva andar perduta.
23. Allora gli dissi pressappoco così: 'Può essere veramente che quanto tu senti sia da Dio. Perciò dobbiamo prenderlo in considerazione. Io però non sento quest'unità a due perché tutti devono essere uno'.
24. E aggiunsi: Tu conosci la mia vita: io sono niente. Voglio vivere, infatti, come Gesù Abbandonato che si è completamente annullato. Anche tu sei niente perché vivi nella stessa maniera.
25. Ebbene, domani andremo in chiesa ed a Gesù Eucaristia che verrà nel mio cuore, come in un calice vuoto, io dirò: 'Sul nulla di me patteggia tu unità con Gesù Eucaristia nel cuore di Foco. E fa in modo, Gesù, che venga fuori quel legame fra noi che tu sai'[29]. Poi ho aggiunto: 'E tu, Foco, fa altrettanto[30]'.
26. L'abbiamo fatto e siamo usciti di chiesa. Foco doveva entrare dalla sagrestia per fare una conferenza ai frati. Io mi sono sentita spinta a ritornare in chiesa. Entro e vado davanti al tabernacolo. E lì sto per pregare Gesù Eucaristia, per dirGli: 'Gesù' Ma non posso. Quel Gesù, infatti, che stava nel tabernacolo, era anche qui in me, ero anch'io, ero io, immedesimata con Lui[32]. Non potevo quindi chiamare me stessa. E lì ho avvertito uscire dalla mia bocca spontaneamente la parola: 'Padre'. E in quel momento[33] mi sono trovata in seno al Padre[34].
27. Mi è sembrato a questo punto che la mia vita religiosa dovesse essere diversa da quella che avevo vissuto fino allora: essa non doveva consistere tanto nell'essere rivolta a Gesù, quanto nel mettermi a fianco a Lui, Fratello nostro, rivolta verso il Padre.

28. Ero, dunque, entrata nel Seno del Padre, che appariva agli occhi dell'anima (ma è come l'avessi vista con gli occhi fisici) come una voragine immensa, cosmica. Ed era tutto oro e fiamme sopra, sotto, a destra e a sinistra.
29. Fuori di noi era rimasto il creato. Noi eravamo entrati nell'Increato.

---

[1] Originaltext nach: Lubich, Paradiso '49, 16-21 (= P'49, 19-37).

30. Non distinguevo ciò che c'era nel Paradiso ma ciò non mi disturbava. Era infinito, ma mi trovavo a casa.

31. Mi è parso di capire che chi m'aveva messo sulla bocca la parola: 'Padre' era stato lo Spirito Santo. E che Gesù Eucaristia aveva operato veramente come vincolo d'unità fra me e Foco perché sui nostri due nulla non era rimasto che Lui[35].

32. Foco intanto era uscito dal convento ed io l'ho invitato a sedersi con me su una panchina presso un torrente. E lì gli ho detto: 'Sai dove siamo?'. E gli ho spiegato ciò che mi era accaduto.

33. Poi sono andata a casa dove ho trovato le focolarine, che tanto amavo, e mi sono sentita spinta a metterle al corrente di ogni cosa. Le ho quindi invitate a venir con noi in chiesa il giorno dopo ed a pregar Gesù, che entrava nel loro cuore, a far lo stesso patto con Gesù che entrava nel nostro. Così hanno fatto. In seguito io ho avuto l'impressione di vedere nel Seno del Padre un piccolo drappello: eravamo noi[39]. Ho comunicato questo alle focolarine le quali mi facevano una così grande unità da aver l'impressione di veder anch'esse ogni cosa[40].

34. Nel frattempo non si smetteva di vivere, vivere con intensità, in mezzo ai nostri lavoretti di casa, quella realtà che eravamo, vivendo la Parola di vita.

35. Tutte le mattine si faceva la Comunione, lasciando che Gesù operasse ciò che desiderava, mentre alla sera alle sei in chiesa, davanti ad un altare della Madonna, che era sulla destra dell'altare maggiore, si faceva meditazione in una maniera un po' originale: io, pensando che Gesù volesse comunicarci qualcosa di ciò che aveva operato per la nuova Comunione fatta, invitavo le focolarine e me a non pensare a nulla, ad annientare ogni pensiero affinché Lui potesse illuminarci.

36. Nel fuoco della Trinità eravamo state, infatti, così fuse in uno[42] che io chiamavo il nostro drappello 'Anima'[43]. Eravamo l'Anima[44]. Ora il Signore, se avesse voluto, avrebbe potuto illuminare quest'Anima (attraverso di me, che ero come il suo centro[45]) sulle sue nuove realtà e per questo ci sembrava occorresse il massimo silenzio interiore.

37. Poi quanto avevo capito lo comunicavo a Foco ed alle focolarine. Erano tre, dunque, le nostre comunioni: quella con Gesù Eucaristia, con la sua Parola e quella fra noi.

-----

[23] Rileggendo tutto il testo del *Paradiso*, comprese le note, mi sono resa conto che l'esperienza del '49 è stata un fatto straordinario, una grazia. Il fatto stesso che ho »visto«, come dirò, il seno del Padre e in esso le varie realtà del *Paradiso* – ho »visto« con gli occhi dell'anima, non con quelli del corpo – è una grazia. E descrivevo così perfettamente ogni cosa alle focolarine che anche esse »vedevano« nella stessa maniera. Molti forse entrano nel seno del Padre, ma non è che tutti »vedano«. Quindi è stata una grazia. È stata inoltre un'esperienza vissuta in una spiritualità »collettiva«, una spiritualità nuova, ed in questa esperienza è nata

l'Opera, un'Opera nuova nella Chiesa. Perciò è un'esperienza che non è mai esistita, è stata – ripeto – una grazia. Nello stesso tempo è vero che la dottrina contenuta nel *Paradiso* ha le sue radici nella Scrittura ed è in continuità con i venti secoli di vita e di sviluppo dottrinale della Chiesa. Lo stesso aspetto »collettivo«, tipico della nostra spiritualità e nuovo in quanto ad attuazione, è – come ha detto Giovanni Paolo II ad un gruppo di Vescovi amici del Movimento (cf. OR 17.2.'95, p. 5) – costitutivo della vita cristiana. Quindi, approfondendo queste pagine, dobbiamo procedere con la convinzione che troveremo e potremo evidenziare sia la novità di dottrina e di vita che i vari contenuti del Paradiso apportano alla cristianità e all'umanità di oggi, sia il legame profondo che essi hanno con la Scrittura e la Tradizione della Chiesa.

(27) Era davvero così. Infatti si parlava piuttosto di un volo in Dio, che era il nostro sposalizio con Dio.

(28) *Gv* 17, 21.

(29) Ed è venuto fuori un legame migliore di quello che Foco voleva. Infatti, mentre nel voto di obbedienza c'è chi comanda e chi obbedisce, qui noi eravamo uno per l'Eucaristia, eravamo uguali, Gesù e Gesù, eravamo un unico Gesù. Dunque Foco non poteva ambire ad una cosa più bella.

(30) È un patto nuovo [...]. In precedenza avevamo vissuto altri patti, come quello dell'amore reciproco. Esso aveva operato un salto di qualità nella nostra vita, facendoci sperimentare la presenza di Gesù in mezzo con i doni dello Spirito che Egli porta con sé: la pace, la gioia, la luce, la forza. Il patto di misericordia, poi – cosi chiamavamo quel patto con cui noi focolarine ci impegnavamo a vederci nuove ogni giorno, senza ricordare i difetti dell'altra, come ci incontrassimo per la prima volta –, ci aveva aiutate a perfezionare l'amore vicendevole.

(32) È quasi matematico: qui niente, lì niente, poi Gesù Eucaristia che lega. Che resta? Zero più zero più Gesù: resta Gesù.

(33) Ero veramente come rapita, in un attimo.

(34) È stato così. Ed ora non posso, non possiamo più tornare indietro, non possiamo più uscire dal seno del Padre. Questa è per noi la volontà di Dio. E poiché in Paradiso non si resta se non si è Gesù, occorre vivere la Parola e, ricevendo l'Eucaristia, fare il Patto, essere il Patto vivo.

(35) Qui si comprende in che senso la spiritualità collettiva non suscita semplicemente una comunità di persone, ma porta ad essere uno. Infatti è Gesù che ci ingloba, e resta solo Lui. Anche il modo di pregare proprio della nostra spiritualità, quindi, non si riscontra in altre religioni, dove, pur pregando una divinità, si resta, per così dire, all'esterno di essa. Noi, invece, entriamo in Dio, nella Trinità.

(39) Angela da Foligno riferisce di aver visto »nell'immensa tenebra«, »nella notte«, se stessa in piedi al centro della Trinità (cit. in T. Špidlík, *L'idée russe*, Troyes 1994, p. 62). E ciò perché era sola. Il Paradiso che ho visto io, invece, era luminoso, era oro e fiamma, perché eravamo più persone, eravamo un drappello al centro della Trinità.

(40) Come ho già detto, io non vedevo con gli occhi del corpo, quindi, se spiegavo bene ciò che andava succedendo, le focolarine vedevano come vedevo io, perché vedevano, come me, con i sensi dell'anima.

(42) Questo nostro essere uno era tale che ci faceva non solo immagine della Trinità, non solo unite ad Essa, ma ci faceva essere, per partecipazione, Trinità.

(43) Il termine drappello esprime più la molteplicità, il termine Anima l'unità.

(44) Lì eravamo in alcuni, ma eravamo uno. Distintamente poi ognuno era l'Anima. È questa – l'Anima – la realtà nuova che nasce con il patto, fatto tra me e Foco e le focolarine che erano con me. E nasce per la grazia dell'unità, frutto dell'Eucaristia. Per questo ogni giorno, alla Comunione, io ripeto quel patto e lo affido

a Gesù perché ancora oggi sia Lui a realizzare fra noi la realtà di essere l'Anima, di vivere nell'Anima senza uscirne mai. Certo è che, se anche adesso potessimo vederci con l'occhio del Cielo, essendo in questa realtà dell'Anima, noi vedremmo un unico Cristo ed anche ciascuno di noi Cristo.

(45) Secondo la mistica classica, il Signore illumina il centro dell'anima e da lì la sua luce si irradia su tutte le facoltà dell'essere (cf. Santa Teresa di Gesù, *Il castello interiore*, II, 3: 7a mansione, in Opere, Roma 1958, p. 954). Anche l'Anima è illuminata da Dio nel suo centro, che però qui è una persona. L'Anima infatti è più persone fatte uno dall'amore reciproco e dall'Eucaristia. Perciò dico che il Signore 'avrebbe potuto illuminare quest'Anima attraverso di me che ero come il suo centro'.

2. L'essere della Trinità come Amore[2]

['Das Sein der Trinität als Liebe': zitiert im zweiten Teil, 3. Kapitel I.1.]

[...]

Il Padre genera il Figlio per amore: uscendo del tutto, per così dire, da sé, si fa, in certo modo, 'non essere' per amore; ma è proprio così che è Padre. Il Figlio, a sua volta, quale eco del Padre, torna per amore al Padre, si fa anch'egli, in certo modo, 'non essere' per amore, e proprio così è, Figlio; Lo Spirito Santo, che è il reciproco amore tra il Padre e il Figlio, il loro vincolo d'unità, si fa, anch'egli, in certo modo, 'non essere' per amore, quel non essere e quel 'vuoto d'amore', in cui Padre e Figlio s'incontrano e sono uno: ma proprio così è, Spirito Santo.

Se consideriamo il Figlio nel Padre, il Figlio lo dobbiamo pensare dunque nulla, nulla d'Amore, per poter pensare Dio-Uno. E se consideriamo il Padre nel Figlio, dobbiamo pensare il Padre nulla, nulla d'Amore, per poter pensare Dio-Uno.

Sono tre le Persone della Santissima Trinità, eppure sono Uno perché l'Amore non è ed è nel medesimo tempo. Il Padre è distinto dal Figlio e dallo Spirito, pur contenendo in Sé Figlio e Spirito. Uguale quindi allo Spirito, che contiene in Sé e Padre e Figlio, e al Figlio che contiene in Sé Padre e Spirito Santo.

Nella relazione delle Persone divine, cioè, ciascuna, perché Amore, compiutamente è non essendo: perché è tutta pericoreticamente nelle altre, in un eterno donarsi.

Nella luce della Trinità, dispiegata da Gesù abbandonato, Dio che è l'Essere si rivela, per così dire, custodiente nel suo intimo il non-essere come dono di Sé: non certo il non-essere che nega l'Essere, ma il non-essere che rivela l'Essere come Amore. È questo il dinamismo della vita intratrinitaria, che si manifesta come incondizionato reciproco dono di sé, mutuo annullamento amoroso, totale ed eterna comunione.

[...]

---

[2] Originaltext nach: Lubich, Lezione magistrale in Teologia [2003], 352f.

3. Risurrezione di Roma[3]

['Auferstehung Roms': zitiert im zweiten Teil, 3. Kapitel I.3.]

Se io guardo questa Roma così com'è, sento il mio Ideale lontano come sono lontani i tempi nei quali i grandi santi e i grandi martiri illuminavano attorno a loro con l'eterna Luce persino le mura di questi monumenti che ancora s'ergono a testimoniare l'amore che univa i primi cristiani.

Con uno stridente contrasto il mondo con le sue sozzure e vanità ora la domina nelle strade e più nei nascondigli delle case dov'è l'ira con ogni peccato e agitazione.

E lo direi utopia il mio Ideale se non pensassi a Lui che pure vide un mondo come questo, che Lo circondava, ed al colmo della sua vita parve travolto da ciò, vinto dal male.

Anch'Egli guardava a tutta questa folla che amava come Se stesso, Egli che Se l'era creata ed avrebbe voluto gettare i legami che la dovevano riunire a Lui, come figli a Padre, ed unire fratello a fratello.

Era sceso per ricomporre la famiglia: a far di tutti uno.

Ed invece, nonostante le sue parole di Fuoco e di Verità che bruciavano il frascame delle vanità sotterranti l'Eterno che è nell'uomo e passa fra gli uomini, la gente, molta gente, pur comprendendo, non voleva capire e rimaneva con gli occhi spenti perché l'anima era oscura.

E tutto perché li aveva creati liberi.

Egli poteva, sceso dal Cielo in terra, risuscitarli tutti con uno sguardo. Ma doveva lasciare ad essi – fatti ad immagine di Dio –, lasciare la gioia della libera conquista del Cielo. Era in gioco l'Eternità e per l'Eternità intera essi avrebbero potuto vivere come figli di Dio, come Dio, creatori (per partecipazione d'Onnipotenza) della propria felicità.

Guardava il mondo così come lo vedo io, ma non dubitava.

Insaziato e triste per il tutto che correva alla rovina, riguardava pregando di notte il Cielo lassù ed il Cielo dentro di Sé, dove la Trinità viveva ed era l'Essere vero, il Tutto concreto, mentre fuori per le vie camminava la nullità che passa.

Ed anch'io faccio come Lui per non staccarmi dall'Eterno, dall'Increato, che è radice al creato e perciò la Vita del tutto, per credere alla vittoria finale della Luce sulle tenebre.

Passo per Roma e non la voglio guardare. Guardo il mondo che è dentro di me e m'attacco a ciò che ha essere e valore. Mi faccio un tutt'uno con la Trinità che riposa nell'anima mia, illuminandola d'eterna Luce e riempiendola di tutto il Cielo popolato di santi e d'angeli, che, non asserviti a spazio e a tempo, possono trovarsi raccolti tutti con i Tre in unità d'amore nel mio piccolo essere.

E prendo contatto col Fuoco che, invadendo tutta l'umanità mia donatami da Dio, mi fa altro Cristo, altro uomo-Dio per partecipazione, cosicché il mio umano si fonde col divino ed i miei occhi non sono più spenti, ma, attraverso la pupilla che è vuoto sull'anima, per il quale passa tutta la Luce che è di

---

[3] Originaltext nach: Lubich, Risurrezione di Roma, 5-8.

dentro (se lascio viver Dio in me), guardo al mondo e alle cose; però non più io guardo, è Cristo che guarda in me e rivede ciechi da illuminare e muti da far parlare e storpi da far camminare. Ciechi alla visione di Dio dentro e fuori di loro. Muti alla Parola di Dio che pure parla in loro e potrebbe da essi esser trasmessa ai fratelli e risvegliarli alla Verità. Storpi immobilizzati, ignari della divina volontà che dal fondo del cuore li sprona al moto eterno che è l'eterno Amore dove trasmettendo Fuoco si viene incendiati. Cosicché riaprendo gli occhi sul di fuori vedo l'umanità con l'occhio di Dio che *tutto crede* perché è Amore.

Vedo e scopro la mia stessa Luce negli altri, la Realtà vera di me, il mio vero io negli altri (magari sotterrato o segretamente camuffato per vergogna) e, ritrovata me stessa, mi riunisco a me risuscitandomi – Amore che è Vita – nel fratello.

Risuscitandovi Gesù – altro Cristo, altro uomo-Dio, manifestazione della bontà del Padre quaggiù, Occhio di Dio sull'umanità. Così prolungo il Cristo in me nel fratello e compongo una cellula viva e completa del Mistico Corpo di Cristo, cellula viva, focolare di Dio, che possiede il Fuoco da comunicare e con esso la Luce.

È Dio che di due fa uno, ponendosi a terzo, come relazione di essi: Gesù fra noi.

Così l'amore circola e porta naturalmente (per la legge di comunione che v'è insita), come un fiume infuocato, ogni altra cosa che i due posseggono per rendere comuni i beni dello spirito e quelli materiali.

E ciò è testimonianza fattiva ed esterna d'un amore unitivo, il vero amore, quello della Trinità.

Allora veramente Cristo intero rivive in ambedue ed in ciascuno e fra noi.

Egli, uomo-Dio, con le manifestazioni più svariate umane intrise di divino, messe a servizio del fine eterno: Dio con l'interesse del Regno e – dominatore del tutto – dispensatore d'ogni bene a tutti i figli come Padre senza preferenze.

E penso che, lasciando vivere Dio in me e lasciandolo amarSi nei fratelli, scoprirebbe Se stesso in molti, e molti occhi s'illuminerebbero della sua Luce: segno tangibile che Egli vi regna.

Ed il Fuoco, distruttore del tutto a servizio dell'eterno Amore, si diffonderebbe in un baleno per Roma a risuscitarvi i cristiani ed a far di quest'epoca, fredda perché atea, l'epoca del Fuoco, l'epoca di Dio.

Ma occorre aver il coraggio di non badare ad altri mezzi, per suscitare un po' di cristianesimo a far eco alle glorie passate – o a metterli, gli altri mezzi, almeno in sottordine.

Bisogna far rinascere Dio in noi, tenerLo vivo e traboccarLo sugli altri come fiotti di Vita e risuscitare i morti.

E tenerlo vivo fra noi amandoci (e per amarsi non occorre strepito: l'amore è morte a noi – e la morte è silenzio – e vita in Dio – e Dio è il silenzio che parla).

Allora tutto si rivoluziona: politica ed arte, scuola e religione, vita privata e divertimento. Tutto.

Dio non è in noi come il Crocifisso che sta alle volte quasi amuleto su una parete d'un'aula scolastica. È in noi vivo – se Lo facciamo vivere – come legislatore d'ogni legge umana e divina, ché tutta è fattura sua. Ed Egli dall'intimo detta ogni cosa, ci insegna – Maestro eterno – l'eterno e il contingente e a tutto dà valore.

Ma non capisce questo se non chi Lo lascia vivere in sé vivendo negli altri, che la vita è amore e se non circola non vive.

Gesù va risuscitato nella Città eterna ed immesso dovunque. È la Vita e la Vita completa. Non è solo un fatto religioso...[1]. È questo separarLo dalla vita intera dell'uomo una pratica eresia dei tempi presenti, ed un asservire l'uomo a qualcosa che è meno di lui e relegare Dio, che è Padre, lontano dai figli[2].

No, Egli è l'*Uomo*, l'uomo perfetto, che riassume in Sé tutti gli uomini ed ogni verità e spinta che essi possono sentire per elevarsi al proprio posto.

E chi ha trovato quest'Uomo ha trovato la soluzione d'ogni problema, umano e divino. Basta che Lo si ami.

-----

[1] Si pensa a volte che il Vangelo non risolva tutti i problemi umani e che porti soltanto il Regno di Dio inteso in senso unicamente religioso. Ma non è così. Non è certo il Gesù storico o Lui in quanto Capo del Corpo mistico che risolve tutti i problemi. Lo fa Gesù-noi, Gesù-io, Gesù-tu... È Gesù nell'uomo, in quel dato uomo – quando la sua grazia è in lui –, che costruisce un ponte, fa una strada. Gesù è la personalità vera, più profonda, di ognuno. Ogni uomo (ogni cristiano), infatti, è più figlio di Dio (= altro Gesù) che figlio di suo padre. È come altro Cristo, membro del suo Corpo mistico, che ogni uomo porta un contributo suo tipico in tutti i campi: nella scienza, nell'arte, nella politica... È l'incarnazione che continua, incarnazione completa che riguarda tutti i Gesù del Corpo mistico di Cristo.

[2] L'uomo, in tutte le sue dimensioni e capacità umane – non va mortificato, ma elevato. Accanto ad una teologia rinnovata, 'nuova' (basata sulla vita trinitaria vissuta nel Corpo mistico di Cristo), occorre anche una scienza nuova, una sociologia nuova, un'arte nuova, una politica nuova ...: nuove perché di Cristo, rinnovate dal suo Spirito. Occorre aprire un nuovo umanesimo, dove veramente l'uomo è al centro, quest'uomo che è anzitutto Cristo, e Cristo negli uomini.

4. Vita Trinitaria[4]

['Trinitarisches Leben': zitiert im zweiten Teil, 3. Kapitel II.2.]

Esser uniti nel nome di Gesù significa sia esser uniti per Lui e cioè per adempire il suo comando (la sua volontà), sia esser uniti come Lui vuole. Quando, quindi, ci si unisce per scopi anche belli, anche religiosi, ma che non siano nel suo nome, Lui non è tra noi. Per esempio: se io mi unisco con un amico in nome dell'amicizia o per far un dato lavoro o per divertirmi, Gesù non è fra noi. Se fossi un religioso e sto unito con un fratello per partir per una data missione religiosa, Gesù ancora non è fra noi. Gesù è fra noi quando siamo uniti in Lui, nella sua volontà, che è poi in Lui stesso, e la sua volontà è che ci amiamo come Egli ci ha amati.

Questa parola di Gesù: »Dove due o più sono uniti nel mio nome ivi sono io in mezzo ad essi« (*Mt* 18, 20) va commentata con l'altra: »Amatevi l'un l'altro *come* io ho amato voi« (*Gv* 15, 12). (Solo Dio può commentare Dio; per questo solo la Chiesa che ha lo *Spirito Santo* può interpretare il Vangelo).

Perciò noi due, ad esempio, siamo uniti nel nome di Gesù se ci amiamo a vicenda come Egli ci ha amati.

Ora da ciò capirai come pure noi, che viviamo in focolare, non abbiamo sempre Gesù tra noi. Perché ci fosse occorrerebbe che io in ogni momento amassi te (ammettiamo che noi due sole vivessimo in focolare) come Lui ci ha amato e fossi da te così riamata.

Egli ci ha amato fino a morire per noi ed a soffrire, oltre tutto, l'abbandono.

Non sempre, o raramente, l'amare un fratello richiede tanto sacrificio, ma, se quell'amore che io debbo portare a te (quell'atto che è espressione d'amore) non ha dietro a sé *intenzionalmente* il modo d'amare col quale Egli ci ha amato, non amo come Lui. Se tu non fai altrettanto, nemmeno tu ami così e allora *non* siamo uniti nel suo nome e Gesù *non c'è* fra noi.

Vedi dunque che, perché ci sia, occorre amare così. Ma tu sai che amare così significa essere 'altri Gesù'. Ora perché Lui sia fra noi è necessario esser Lui prima.

Ma è un prima che è anche un dopo. E qui è il mistero facilissimo a viversi ma soprarazionale.

Infatti noi non siamo perfettamente Lui finché Lui non è fra noi.

Quand'è fra noi siamo *UNO* e siamo *TRE*, ciascuno dei quali è uguale all'uno.

Noi in pratica constatiamo quand'è fra noi: quando ci sentiamo liberi, uno, pieni di luce. Quando torrenti d'acqua viva sgorgano dal nostro seno.

Avviene dunque fra me e te come avviene fra le Persone della Trinità.

Qui è difficile spiegarsi in termini umani.

Però cerca di capirmi.

Lo Spirito Santo è terzo dopo il Padre e il Figlio.

---

[4] Originaltext nach: Lubich, Vita Trinitaria, 135-137.

Procede da Ambedue.

Ma pure è 'ab eterno' con i Due.

Infatti come si suppone un Padre che genera ed ama il Figlio se l'Amore non è in Lui? E come si suppone un Figlio che ama se l'Amore non è in Lui? Eppure lo Spirito Santo procede dagli altri Due ed è Terzo.

In termini nostri diremmo che ognuno dei Tre è prima, dopo, contemporaneamente agli altri Due.

Così avviene dove due s'uniscono nel nome di Gesù. Devono esser Gesù per averLo fra essi; ma sono Gesù quando L'hanno fra di loro.

Quando siamo uniti e Lui c'è, allora non siamo più due, ma *uno*. Infatti ciò che io dico non sono io a dirlo, ma io, Gesù e tu in me. E quando tu parli non sei tu, ma tu, Gesù ed io in te. Siamo un unico Gesù e anche distinti: io (con te in me e Gesù), tu (con me in te e Gesù), Gesù fra noi nel quale siamo io e te.

E la sua presenza è mistica tra noi.

Ed Egli è nel Padre e quindi noi due in Lui siamo nel Padre e partecipiamo alla Vita Trinitaria.

E la Vita Trinitaria scorre in noi liberamente e noi, amando gli altri come Egli ci ha amato, li facciamo partecipi di questo tesoro, della Vita divina.

O, meglio, essi sperimentano in sé il tesoro che già avevano avuto per l'innesto col Battesimo e gli altri Sacramenti in Dio per Gesù.

5. Ho un solo Sposo sulla terra[5]

['Ich habe nur einen Bräutigam auf Erden': zitiert im zweiten Teil, 3. Kapitel III. 2.]

Ho un solo Sposo sulla terra: Gesù Abbandonato; non ho altro Dio fuori di Lui. In Lui è tutto il Paradiso con la Trinità e tutta la terra con l'Umanità. Perciò il *suo* è mio e null'altro.

E *suo* è il Dolore universale e quindi mio.

Andrò per il mondo cercandolo in ogni attimo della mia vita.

Ciò che mi fa male è *mio*.

Mio il dolore che mi sfiora nel presente. Mio il dolore delle anime accanto (è quello il mio Gesù). *Mio* tutto ciò che non è pace, gaudio, bello, amabile, sereno..., in una parola: ciò che non è Paradiso. Poiché anch'io ho *il mio Paradiso*, ma è quello nel cuore dello Sposo mio. Non ne conosco altri. Così per gli anni che mi rimangono: assetata di dolori, di angosce, di disperazioni, di malinconie, di distacchi, di esilio, di abbandoni, di strazi, di ... tutto ciò che è Lui e Lui è il Peccato, l'Inferno.

Così *prosciugherò* l'acqua della tribolazione in molti cuori vicini e – per la comunione con lo Sposo mio onnipotente – lontani.

Passerò come Fuoco che consuma ciò che ha da cadere e *lascia in piedi* solo la Verità.

Ma occorre essere *come* Lui: esser Lui nel momento presente della vita.

---

[5] Originaltext nach: Lubich, Il grido, 56f. (= P‘49, 645-653).

6. Trinitizzazione[6]

['Trinitisierung': zitiert im zweiten Teil, 3. Kapitel IV.1.]

Prima di entrare in Paradiso parlavamo sempre di raggi del sole e sentivamo di dover camminare ognuno sul raggio della divina volontà, che ci stava dinnanzi, varia per ciascuno eppure una come una la sostanza del sole nella molteplicità dei raggi.

E ognuno di noi sentiva il proprio io rivestito di luce, della luce del raggio, rivestito di quell'unica divina volontà che ci faceva altri Gesù. Eravamo Chiara-Gesù; Grazia-Gesù; Giosi-Gesù, ecc.(48).

Ma quando due di noi, sapendoci nulla, facemmo che Gesù Eucaristia patteggiasse unità sulle due nostre anime, avvertii d'essere Gesù. Sentii l'impossibilità di comunicare con Gesù nel tabernacolo. Provai l'ebbrezza d'essere in vetta alla piramide di tutta la creazione come su una punta di spillo: nel punto ove i due raggi convergono: ove i due Dio (per così dire) patteggiano unità(49), trinitizzandosi(50) ove, essendo stati fatti Figlio nel Figlio, è impossibile comunicare con alcuno se non col Padre(51), come il Figlio comunica solo con Lui.

È il punto ove il creato muore nell'Increato(52), ove il nulla si perde nel Seno del Padre, ove lo Spirito pronuncia sulla nostra bocca: Abba-Padre(53).

Allora l'anima nostra è l'anima di Gesù.

Non siamo più noi a vivere, è Cristo veramente che vive in noi(54) (55).

-----

(48) Il fatto che qui si dica »Chiara-Gesù«, »Giosi-Gesù«..., e non solo »Gesù«, vuol dire che in quel Gesù che viveva in noi vi era ancora qualcosa di umano, nel senso che in noi creature non tutto era divinizzato. Infatti soltanto in Gesù in mezzo è tutto Gesù, è solo Gesù, e noi non siamo più niente.

(49) È infatti Gesù Eucaristia che in me, sul nulla di me, ha patteggiato unità con Gesù Eucaristia in Foco, sul nulla di lui, esaudendo così la nostra richiesta. Allora »non è rimasto che Lui« (cf. cpv. 31). Perciò io ho avvertito di essere Gesù, al punto di non potermi rivolgere a Lui nel tabernacolo chiamandolo per nome, perché quel Gesù »ero anch'io, ero io« (cpv. 26). Prima, vivendo la Parola, camminando »sul raggio della divina volontà, che ci faceva altri Gesù«, ero »Chiara-Gesù« (cpvv. 38-40). Ora avvertivo di »essere Gesù«, »veramente« Gesù (cf. cpv. 44): penso che questo sia avvenuto non solo per l'identificazione che Gesù Eucaristia opera sempre con Lui in chi lo riceve (pure se questi non lo avverte), ma anche per l'unità che Egli ha operato fra noi così identificati con Lui, facendoci proprio Lui, facendoci – come qui dico – »Figlio nel Figlio«, che può comunicare solo col Padre, perché, come Lui e in Lui, è nel seno del Padre. Sono evidenti gli elementi fondamentali del »patto«: il nulla di noi vissuto, come Gesù Abbandonato, quale misura dell'amore a Dio e fra noi; e la comunione con Gesù Eucaristia, cui si chiede di attuare quell'unità fra noi che Lui sa (cf. cpv. 25). Ed è soprattutto evidente l'importanza immensa e fondamentale di questo

---

[6] Originaltext nach: Lubich, Paradiso '49, 21-23 (= P'49, 38-44).

»patto« che, scaturito con semplicità da un atto di amore, dall'aderire cioè secondo il nostro spirito alla richiesta di Foco, ha dato inizio all'esperienza straordinaria del Regno dei cieli fra noi. Non solo: ha dato pure inizio ad una nuova dottrina. Infatti, poiché l'Eucaristia ci trasforma in Gesù, in noi fatti Lui si esprime il Verbo: un Verbo che è dottrina. È importante sapere questo perché fa crescere la nostra riconoscenza a Gesù che, nutrendoci di Sé, ci nutre anche di dottrina.

(50) È la prima volta che in queste pagine compare la parola »trinitizzarsi« (...). Essa vuol dire che, poiché si patteggia unità, si è uno, si è l'Anima, ma che ognuno, distinguendosi, è Anima, ognuno è l'Anima: si è, cioè, a mo' della Trinità.

(51) L'impossibilità di comunicare che provai – in quella frazione di secondo che precedette l'»Abbà Padre« – mi fece capire che essere anche Dio per partecipazione ma non essere amore e quindi non poter comunicare – dato che Dio essendo Amore è altissima Comunione fra le Persone divine – era l'inferno. Lo compresi perché lì si era Dio.

(52) Anche noi facciamo l'esperienza di cui parlano san Massimo e Guglielmo di Saint-Thierry (cf: L. Bouyer, Introduction à la vie spirituelle, Paris 1960, p. 278), ma molto più rapidamente, nel senso che non vediamo la tenebra, ma vediamo subito la luce; non sentiamo il non essere ma sentiamo subito l'essere Gesù. È un movimento più rapido perché la nostra è una spiritualità collettiva.

(53) Cf. Rm 8, 15-17; Gal 4, 6.

(54) Questo nostro essere veramente Gesù ci faceva fare l'esperienza dell'eternità, di essere cioè in paradiso e di vivere lì giorno dopo giorno. Infatti, pur vivendo nel tempo, in quanto eravamo a Tonadico nel 1949, vivevamo anche nell'eternità, in quanto eravamo Gesù.

(53) Cf. Gal 2, 20.

7. Divinizzazione[7]

['Vergöttlichung': zitiert im zweiten Teil, 3. Kapitel IV.2.]

[...]
Maria e i santi, per es., sono o non sono Dio, ovviamente per partecipazione? Sono Dio. È Dio che li ha fatti così. In Paradiso, vedendo le cose dall'Uno, si vede molto fortemente la realtà che essi sono Dio, per partecipazione s'intende. Però, l'espressione 'per partecipazione', nel modo in cui spesso viene usata, dà l'idea che abbiano ricevuto una patina di divino e non che siano stati 'fatti Dio'. Ora, essendo io sotto l'illuminazione, sottintendo il 'per partecipazione', che del resto è detto tante volte in altre pagine. E questo perché vedevo sempre Dio come Amore e dicevo che in Paradiso non continuerà a dirmi: 'Sei Dio per partecipazione, sei Dio per partecipazione'. Sarebbe come uno che adotta un figlio e continua a dirgli: 'Tu sei figlio adottivo, tu sei figlio adottivo'. Non sarebbe più Paradiso. Per cui, quando, vedendo le cose dal Paradiso, dico che Maria e i santi sono Dio, e logico che sottintendo 'per partecipazione', anche se non lo dico. La divinizzazione è veramente una realtà.
[...]

---

[7] Originaltext nach: Lubich, Paradiso '49, 24 (= P'49, 384, Anm. 342).

II. Abkürzungsverzeichnis

Die verwendeten Abkürzungen von Zeitschriften, Reihen, Quellen und Lexika folgen dem Abkürzungsverzeichnis von RGG[4] [Abkürzungen Theologie und Religionswissenschaft nach RGG[4], Tübingen: Mohr 2007 (= UTB 2868)]. Darüber hinausgehende Abkürzungen und Werksiglen in der vorliegenden Studie entsprechen der folgenden Auflistung. Die in den Fußnoten verwendeten Kurztitel befinden sich im Literaturverzeichnis jeweils am Ende der vollständigen bibliografischen Angaben in Klammer und fettgedruckt, um sie rasch identifizieren zu können.

BDS	Reihe »Bonner dogmatische Studien«, Würzburg 1987ff.
BTCon	Reihe »Biblioteca di teologia contemporanea«, Brescia 1969ff.
ChHe	Reihe »Christ heute. Eine zeitgemäße Reihe«, Einsiedeln 1947ff.
CMe	Reihe »Christliche Meister«, Einsiedeln 1979ff.
CNST	Reihe »Collana Nuovi saggi teologici«, Bologna 1973ff.
ConTe	Reihe »Contributi di teologia«, Rom 1986ff.
CoTe(R)	Reihe »Collana di teologia«, Rom 1992ff.
EETh	Reihe »Einführung in die evangelische Theologie«, München 1957ff.
Krit.	Reihe »Kriterien«, Einsiedeln 1966ff.
LeTh	Reihe »Leitfaden Theologie, Düsseldorf 1978ff.
NU	Zeitschrift »Nuova Umanità«, Rom 1979ff.
ÖF.S	Reihe »Ökumenische Forschungen. Soteriologische Abteilung«, Freiburg im Breisgau 1,1970–7,1978.
P'49	Quelle »Lubich, Chiara: Paradiso '49«. Texte aus dieser Quelle entstammen den jeweils im vorliegenden Werk angegebenen Publikationen.
P'49 [1961]	Quelle »Lubich, Chiara: 'Paradiso '49'. *Oberiberg (Svizzera), festa di San Paolo, 30 giugno 1961*«. Publiziert in: Crupi, Vincenzo, u.a. (Hg.): Come frecciate di luce. Itinerari linguistici e letterari nel racconto del '49 di Chiara Lubich. Rom: Città Nuova 2013 (= Studi della Scuola Abbà 2), 11-23.
RaFi	Reihe »Ratio fidei. Beiträge zur philosophischen Rechenschaft der Theologie«, Regensburg 1998ff.
StSSTh	Reihe »Studien zur systematischen und spirituellen Theologie«, Würzburg 1990ff.

Sym.	Reihe »Symposion. Philosophische Schriftenreihe«, Freiburg im Breisgau 1958ff.
TheoMed	Reihe »Theologische Mediationen«, München: Neue Stadt.
TheoMod	Reihe »Theologische Module«, Freiburg im Breisgau 2007ff.
ThMed	Reihe »Theologische Meditationen«, Einsiedeln 1964ff.

III. Quellen- und Literaturverzeichnis

Die bibliografischen Angaben in diesem Verzeichnis sind in drei Kategorien unterteilt. Unter 1. *Quellentexte von Chiara Lubich* finden sich die Schriften der in der vorliegenden Studie behandelten Autorin, die unter ihrem Namen publiziert sind und als primäre Quellen ihres Gedankenguts zu betrachten sind. Unter 2. sind jene Publikationen zusammengefasst, deren Autorinnen und Autoren der Studiengruppe *Scuola Abbà* angehören und die einerseits sekundäre Quellen für Texte von Chiara Lubich – vor allem für das *Paradiso '49* – sind, welche bislang noch nicht direkt unter ihrer Autorenschaft publiziert sind, und die andererseits bereits eine Rezeption und wissenschaftliche Auseinandersetzung mit den Schriften Lubichs und somit für die Kapitel 1 – 3 im zweiten Teil die wichtigste Sekundärliteratur darstellen. Unter 3. *Sekundärliteratur* sind schließlich alle übrigen Publikationen angeführt. Am Ende der bibliografischen Angaben ist in Klammer und fettgedruckt jeweils der Kurztitel angeführt, der in den Fußnoten im gesamten Textkorpus verwendet wird.

1. Quellentexte von Chiara Lubich

Lubich, Chiara: Scritti Spirituali 1. L'attrattiva del tempo moderno, Rom: Città Nuova ³1978 (= **Scritti Spirituali 1**).

-, Scritti Spirituali 2. L'essenziale di oggi, Rom: Città Nuova 1978 (= **Scritti Spirituali 2**).

-, Scritti Spirituali 3. Tutti uno, Rom: Città Nuova 1979 (= **Scritti Spirituali 3**).

-, Liebe als Ideal. Wenn zeitgemäß, dann ganz, München: Neue Stadt ⁵1980 (= **Liebe als Ideal**).

-, Scritti Spirituali 4. Dio è vicino, Rom: Città Nuova 1981 (= **Scritti Spirituali 4**).

-, L'unità e Gesù Abbandonato, Rom: Città Nuova ⁷1984 (= **L'unità e Gesù Abbandonato**).

-, Leben aus dem Wort. In der Heiligen Schrift Gott begegnen. Übers. aus d. Ital. v. Dietlinde Assmus, München: Neue Stadt ⁴1989 (= Hilfen zum christlichen Leben) (= **Leben aus dem Wort**).

-, Mitten unter ihnen. Der auferstandene Christus in der Gemeinschaft. Übers. aus d. Ital. v. Dietlinde Assmus, München: Neue Stadt ⁴1989 (= Hilfen zum christlichen Leben) (= **Mitten unter ihnen**).

-, Die Welt wird eins. Franca Zambonini im Gespräch mit der Gründerin der Fokolar-Bewegung, München: Neue Stadt ²1992 (= **Die Welt wird eins**).

-, Jesus der Verlassene und die Einheit, München: Neue Stadt ²1992 (= **Jesus der Verlassene und die Einheit**).

-, Santi insieme, Rom: Città Nuova ³1994 (= **Santi insieme**).

-, Risurrezione di Roma, in: NU 102 (1995) 5-8 (= **Risurrezione di Roma**).

-, Una spiritualità per la riconciliazione. Graz 23. Juni 1997. Publiziert in: NU 113 (1997) 543-556 (= EÖV 2) (= **Una spiritualità per la riconciliazione**).

-, Alles besiegt die Liebe. Betrachtungen und Reflexionen. Übertr. ins Deutsche v. Stefan Liesenfeld, Marianne Schneppe, Margret Simon, München: Neue Stadt 1998 (= Schriftenreihe der Fokolar-Bewegung) (= **Alles besiegt die Liebe**).

-, Il grido. Gesù crocifisso e abbandonato nella storia e nella vita del Movimento dei Focolari dalla sua nascita, nel 1943, all'alba del terzo millennio, Rom: Città Nuova ⁴2000 (= **Il grido**).

-, Se siamo uniti Gesù è fra noi, in: NU 129-130 (2000) 357f. (= **Se siamo uniti**).

-, Der Schrei der Gottverlassenheit. Der gekreuzigte und verlassene Jesus in Geschichte und Erfahrung der Fokolar-Bewegung, München: Neue Stadt 2001 (= Schriftenreihe der Fokolar-Bewegung) (= **Der Schrei**).

-, La dottrina spirituale. Hrsg. v. Michel Vandeleene, Mailand: Mondadori 2001 (= Uomini e religioni. Saggi) (= **La dottrina spirituale**).

-, Una via nuova. La spiritualità dell'unità, Rom: Città Nuova 2002 (= **Una via nuova**).

-, Vita Trinitaria, in: NU 140-141 (2002) 135-137 (= **Vita Trinitaria**).

-, Ein Weg in Gemeinschaft. Vorträge über die Fokolar-Spiritualität, Friedberg: Gemeinschaft der Fokolare 2003 (= **Ein Weg in Gemeinschaft**).

-, Vom Geschenk des gegenwärtigen Augenblicks. Betrachtungen über das Leben im Jetzt, München: Neue Stadt 2005 (= Saatkörner) (= **Geschenk des gegenwärtigen Augenblicks**).

-, Ideale dell'unità. Il »trattatello innocuo«, in: »Erano i tempi di guerra...«. Agli albori dell'ideale dell'unità. Hrsg. v. Tommaso Sorgi u. Michel Vandeleene, Rom: Città Nuova 2007, 1-40 (= **Ideale dell'unità**).

-, Se il tuo occhio è semplice, in: NU 170 (2007) 151-153 (= Se il tuo occhio è semplice).

-, Meditazioni, Rom: Città Nuova ²⁶2008.

-, Lettere dei primi tempi (1943-1949). Alle origini di una nuova spiritualità, Rom: Città Nuova 2010 (= Lettere dei primi tempi).

-, La volontà di Dio. Hrsg. v. Lucia Abignente, Rom: Città Nuova 2011 (= La volontà di Dio).

-, Paradiso '49, in: Araújo, Vera, u.a. (Hg.): Il Patto del '49 nell'esperienza di Chiara Lubich. Percorsi interdisciplinari, Rom: Città Nuova 2012 (= Studi della Scuola Abbà 1), 11-25 (= Paradiso '49).

-, L'amore reciproco. Hrsg. v. Florence Gillet, Rom: Città Nuova 2013 (= L'amore reciproco).

-, »Paradiso '49«. Oberiberg (Svizzera), festa di San Paolo, 30 giugno 1961, in: Crupi, Vincenzo, u.a. (Hg.): Come frecciate di luce. Itinerari linguistici e letterari nel racconto del '49 di Chiara Lubich, Rom: Città Nuova 2013 (= Studi della Scuola Abbà 2), 11-23 (= Paradiso '49 [1961]).

-, Gesù Eucaristia. Hrsg. v. Fabio Ciardi, Rom: Città Nuova 2014 (= Gesù Eucaristia).

-, Guardare tutti i fiori. 6 novembre 1949, in: Abignente, Lucia, u.a. (Hg.): Guardare tutti i fiori. Da una pagina del '49 di Chiara Lubich, Rom: Città Nuova 2014 (= Studi della Scuola Abbà 4), 9-13 (= Guardare tutti i fiori).

-, Favola fiorita lungo il sentiero »Foco«, in: NU 218 (2015) 131-133 (= Favola fiorita).

-, La misericordia varco per il Paradiso. Testi del Paradiso '49, in: NU 220 (2015) 487-491 (= La misericordia varco per il Paradiso).

-, L'unità. Hrsg. v. Donato Falmi u. Florence Gillet, Rom: Città Nuova 2015 (= L'unità).

-, Gesù Abbandonato. Hrsg. v. Hubertus Blaumeiser, Rom: Città Nuova 2016 (= Gesù Abbandonato).

-, Maria. Hrsg. v. Brendan Leahy u. Judith M. Povilus, Rom: Città Nuova 2017 (= Maria).

-, Lezione magistrale in Filosofia. Mexiko-Stadt (6. Juni 1997), in: Gillet, Florence / Parlapiano, Rosalia (Hg.): Dottorati honoris causa conferiti a Chiara Lubich. Laudationes, Motivazioni, Lezioni magistrali, Rom: Città Nuova 2016, 158-168 (= Lezione Magistrale in Filosofia [1997]).

-, Lezione magistrale in sacra Teologia. Manila, Philippinen (14. Jänner 1997), in: Gillet, Florence / Parlapiano, Rosalia (Hg.): Dottorati *honoris causa* conferiti a Chiara Lubich. Laudationes, Motivazioni, Lezioni magistrali, Rom: Città Nuova 2016, 79-89 (= **Lezione magistrale in Teologia [1997]**).

-, Lezione magistrale in Teologia. Trnava, Slowakei (23. Juni 2003), in: Gillet, Florence / Parlapiano, Rosalia (Hg.): Dottorati *honoris causa* conferiti a Chiara Lubich. Laudationes, Motivazioni, Lezioni magistrali, Rom: Città Nuova 2016, 349-356 (= **Lezione magistrale in Teologia [2003]**).

-, Parole di vita. Rom: Città Nuova 2017 (= Opere di Chiara Lubich 5) (= **Parole di vita**).

Lubich, Chiara / *Giordani*, Igino:»Erano i tempi di guerra...«. Agli albori dell'ideale dell'unità. Hrsg. v. Tommaso Sorgi u. Michel Vandeleene, Rom: Città Nuova 2007 (= **Erano i tempi di guerra**).

2. Schriften der Studiengruppe *Scuola Abbà* und sekundäre Quellen

Abignente, Lucia, u.a. (Hg.): Guardare tutti i fiori. Da una pagina del '49 di Chiara Lubich, Rom: Città Nuova 2014 (= Studi della Scuola Abbà 4) (= **Guardare tutti i fiori**).

Abignente, Lucia:»Qui c'è il dito di Dio«. Carlo de Ferrari e Chiara Lubich: il discernimento di un carisma, Rom: Città Nuova 2017 (= Studi e documenti 2) (= **Dito di Dio**).

Araújo, Vera, u.a. (Hg.): Il Patto del '49 nell'esperienza di Chiara Lubich. Percorsi interdisciplinari, Rom: Città Nuova 2012 (= Studi della Scuola Abbà 1) (= **Il Patto del '49 nell'esperienza di Chiara Lubich**).

Atzori, Maria Caterina:»Risurrezione di Roma«. Un approccio linguistico allo scritto di Chiara Lubich – I, in: NU 142 (2002) 431-460 (= **Risurrezione di Roma I**).

-, »Risurrezione di Roma«. La metafora del»Fuoco«: Alcuni spunti di analisi testuale – II, in: NU 143 (2002) 591-612 (= **Risurrezione di Roma II**).

-, Il Patto in Paradiso '49 (cpvv. 19-37). Brevi considerazioni di carattere linguistico-letterario, in: Araújo, Vera, u.a. (Hg.): Il Patto del '49 nell'esperienza di Chiara Lubich. Percorsi interdisciplinari, Rom: Città Nuova 2012 (= Studi della Scuola Abbà 1), 27-45 (= **Il Patto in Paradiso '49**).

-, *Guardare tutti i fiori*: il contesto dello scritto chiariano, in: Abignente, Lucia, u.a. (Hg.): Guardare tutti i fiori. Da una pagina del '49 di Chiara Lubich, Rom: Città Nuova 2014 (= Studi della Scuola Abbà 4), 15-23 (= **Guardare tutti i fiori**).

Blaumeiser, Hubertus: »All'infinito verso la disunità«. Considerazioni sull'inferno alla luce del pensiero di Chiara Lubich, in: NU 113 (1997) 557-570 (= **All'infinito verso la disunità**).

-, Attraverso la trasparenza del nostro nulla. Riflessioni sulla mediazione ecclesiale alla luce di alcuni scritti di Chiara Lubich, in: NU 120 (1998) 667-687 (= **Attraverso la trasparenza del nostro nulla**).

-, Un mediatore che è Nulla. Prospettive teologiche alla luce di alcuni scritti di Chiara Lubich, in: NU 117-118 (1998) 385-407 (= **Un mediatore che è Nulla**).

-, Il Patto d'unità come accesso esistenziale e metodo della teologia. Alcune riflessioni alla luce dell'esperienza della »Scuola Abbà«, in: NU 132 (2000) 775-791 (= **Il Patto d'unità**).

-, Un nuovo spazio relazionale. Prospettive per la comprensione e per la vita della Chiesa, in: Araújo, Vera, u.a. (Hg.): Il Patto del '49 nell'esperienza di Chiara Lubich. Percorsi interdisciplinari, Rom: Città Nuova 2012 (= Studi della Scuola Abbà 1), 153-171 (= **Un nuovo spazio relazionale**).

Blaumeiser, Hubertus / *Rossi*, Anna Maria (Hg.): Resurrezione di Roma. Dialoghi interdisciplinari su città, persona e relazioni a partire da un testo di Chiara Lubich, Rom: Città Nuova 2017 (= Studi della Scuola Abbà 5) (= **Resurrezione di Roma**).

Callebaut, Bernhard: La nascita dei Focolari. Storia e sociologia di un carisma (1943-1965), Rom: Città Nuova 2017 (= Per-corsi di Sophia 4) (= **La nascita dei Focolari**).

Cerini, Marisa: Dio Amore nell'esperienza e nel pensiero di Chiara Lubich, Rom: Città Nuova ³1992 (= **Dio Amore**).

-, Gott ist Liebe. Reflexionen über die Liebe Gottes in der Erfahrung und im Gedankengut von Chiara Lubich, Friedberg: Gemeinschaft der Fokolare 1992 (= **Gott ist Liebe**).

Cervera, Jesús Castellano: Introduzione, in: L'unità e Gesù Abbandonato, Rom: Città Nuova ⁷1984, 7-24 (= **Introduzione L'unità e Gesù Abbandonato**).

-, Una spiritualità che unisce il vertice del divino e dell'umano, in: La dottrina spirituale. Hrsg. v. Michel Vandeleene, Mailand: Mondadori 2001 (= Uomini e religioni. Saggi), 27-33 (= **Una spiritualità**).

Ciardi, Fabio: Parola di Dio e spiritualità. 1. Ogni Parola di vita contiene il Verbo, in: NU 107 (1996) 517-533 (= **Parola di Dio e spiritualità 1**).

-, Parola di Dio e spiritualità. 2. Vivere la Parola per essere la Parola, in: NU 108 (1996) 645-659 (= **Parola di Dio e spiritualità 2**).

-, Parola di Dio e spiritualità. 4. I carismi parole di Dio vive, in: NU 111-112 (1997) 387-407 (= **Parola di Dio e spiritualità 4**).

-, La Parola come Amore e la presenza di Dio sotto le cose. Lettura trinitaria di un'esperienza, in: NU 164 (2006) 155-180 (= **La Parola come Amore**).

-, Un patto fondativo per le comunità carismatiche, in: Araújo, Vera, u.a. (Hg.): Il Patto del '49 nell'esperienza di Chiara Lubich. Percorsi interdisciplinari, Rom: Città Nuova 2012 (= Studi della Scuola Abbà 1), 81-102 (= **Un patto fondativo**).

-, L'intuizione di una »spiritualità collettiva«: un'unità di anime che rispecchia la Trinità di Lassù, in: Abignente, Lucia, u.a. (Hg.): Guardare tutti i fiori. Da una pagina del '49 di Chiara Lubich, Rom: Città Nuova 2014 (= Studi della Scuola Abbà 4), 25-38 (= **Spiritualità collettiva**).

Coda, Piero: Sulla teologia che scaturisce dal carisma dell'unità, in: NU 104 (1996) 155-166 (= **Teologia che scaturisce dal carisma**).

-, Dio e la creazione. 1. Trinità e creazione dal nulla, in: NU 115 (1998) 67-88 (= **Dio e la creazione**).

-, Sul concetto e il luogo di un'antropologia trinitaria, in: Baggio, Antonio Maria / Coda, Piero / Zak, Lubomir (Hg.): Abitando la Trinità. Per un rinnovamento dell'ontologia, Rom: Città Nuova 1998 (= CoTe(R) 35), 123-135 (= **Concetto e luogo di un'antropologia trinitaria**).

-, Alcune riflessioni sul conoscere teologico nella prospettiva del carisma dell'unità, in: NU 122 (1999) 191-206 (= **Riflessioni sul conoscere teologico**).

-, Sul soggetto della teologia alla luce del carisma dell'unità, in: NU 132 (2000) 869-893 (= **Sul soggetto della teologia**).

-, Un carisma e un'opera di Dio, in: La dottrina spirituale. Hrsg. v. Michel Vandeleene, Mailand: Mondadori 2001 (= Uomini e religioni. Saggi), 15-25 (= **Un carisma**).

-, L'albero e la chioma. Un percorso di teologia trinitaria nella luce della Scuola Abbà, in: NU 177 (2008) 305-317 (= **L'albero e la chioma**).

-, Prefazione, in: Araújo, Vera, u.a. (Hg.): Il Patto del '49 nell'esperienza di Chiara Lubich. Percorsi interdisciplinari, Rom: Città Nuova 2012 (= Studi della Scuola Abbà 1), 5-9 (= **Prefazione Patto '49**).

-, Un carisma nella storia come sguardo dal centro, in: Araújo, Vera, u.a. (Hg.): Carisma storia cultura. Una lettura interdisciplinare del pensiero di Chiara Lubich. Prefazione di Pasquale Ferrara, Rom: Città Nuova 2014 (= Studi della Scuola Abbà 3), 21-35 (= **Un carisma nella storia come sguardo dal centro**).

Coda, Piero / *Di Pilato*, Vincenzo (Hg.): Teologia »in« Gesù, Rom: Città Nuova 2012 (= ConTe 69) (= **Teologia in Gesù**).

Crupi, Vincenzo, u.a. (Hg.): Come frecciate di luce. Itinerari linguistici e letterari nel racconto del '49 di Chiara Lubich, Rom: Città Nuova 2013 (= Studi della Scuola Abbà 2) (= **Come frecciate di luce**).

Folonari, Giulia (Eli): Testimonianza sull'ultimo tempo di Chiara Lubich, in: NU 182 (2009) 177-189 (= **Ultimo tempo di Chiara**).

-, Testimonianza su Chiara Lubich e le sue »notti«, in: NU 189 (2010) 361-375 (= **Testimonianza su Chiara Lubich**).

Foresi, Pasquale: Colloqui. Domande e risposte sulla spiritualità dell'unità, Rom: Città Nuova 2009 (= **Colloqui**).

-, Luce che si incarna. Commento ai 12 punti della spiritualità dell'unità, Rom: Città Nuova ²2014 (= **Luce che si incarna**).

Fratta, Anna: L'uomo-persona e la morte come dono. Riflessioni di un medico, in: NU 201 (2012) 337-348 (= **L'uomo-persona**).

Gillet, Florence / *Parlapiano*, Rosalia (Hg.): Dottorati *honoris causa* conferiti a Chiara Lubich. Laudationes, Motivazioni, Lezioni magistrali, Rom: Città Nuova 2016 (= Studi e documenti 1) (= **Dottorati honoris causa**).

Giordani, Igino: Storia del nascente Movimento dei Focolari, in: »Erano i tempi di guerra...«. Agli albori dell'ideale dell'unità. Hrsg. v. Tommaso Sorgi u. Michel Vandeleene, Rom: Città Nuova 2007, 41-228 (= **Storia del nascente Movimento dei Focolari**).

-, Storia di Light. 3. La separazione dai genitori, in: NU 219 (2015) 285-297 (= **Storia di Light 3**).

Hemmerle, Klaus: Die Spiritualität des Fokolar und die Theologie, Berlin 10.03.1984 (= **Spiritualität des Fokolar**).

-, Wegmarken der Einheit. Theologische Reflexionen zur Spiritualität der Fokolar-Bewegung, München: Neue Stadt 1982 (= TheoMed 11) (= **Wegmarken der Einheit**).

-, Unser Lebensraum – der Dreifaltige Gott. Die Gotteserfahrung von Chiara Lubich, in: das prisma 1 (1994) 17-23 (= **Unser Lebensraum**).

Henderson, Marie Thérèse: Gli infiniti toni della voce del Padre. Qualche intuizione musicologica a confronto con scritti di Chiara Lubich, in: NU 147-148 (2003) 351-385 (= **Gli infiniti toni**).

Kung-Tze Hu, Philipp: Tradurre il Paradiso '49 [1961] dall'italiano al cinese, in: Crupi, Vincenzo, u.a. (Hg.): Come frecciate di luce. Itinerari linguistici e letterari nel racconto del '49 di Chiara Lubich, Rom: Città Nuova 2013 (= Studi della Scuola Abbà 2), 233-249 (= **Tradurre il Paradiso**).

Marchetti, Giorgio: Spunti per l'etica in alcuni scritti di Chiara Lubich su Gesù Abbandonato, in: NU 170 (2007) 169-186 (= **Spunti per l'etica**).

Pelli, Anna: L'abbandono di Gesù e il mistero del Dio Uno e Trino. Un'interpretazione teologica del nuovo orizzonte di comprensione aperto da Chiara Lubich, Rom: Città Nuova 1995 (= **L'abbandono di Gesù e il mistero del Dio Uno e Trino**).

-, »Solo l'amore è«. Alcuni tratti sull'essere come amore negli scritti di Chiara Lubich, in: NU 194 (2011) 185-207 (= **Essere come amore**).

-, Uno sguardo che fa »vedere«. Prospettive filosofiche, in: Abignente, Lucia, u.a. (Hg.): Guardare tutti i fiori. Da una pagina del '49 di Chiara Lubich, Rom: Città Nuova 2014 (= Studi della Scuola Abbà 4), 53-63 (= **Uno sguardo che fa vedere**).

Rossé, Gérard: La spiritualità ,collettiva' di Chiara Lubich nella luce di Paolo, in: NU 107 (1996) 535-543 (= **Spiritualità collettiva**).

-, Rivisitare il Paradiso '49 di Chiara Lubich alla luce della Lettera agli Efesini. 2. La filiazione divina – il Padre, in: NU 184-185 (2009) 499-520 (= **Rivisitare il Paradiso 2**).

-, Rivisitare il Paradiso '49 di Chiara Lubich alla luce della Lettera agli Efesini. 3. Lo Spirito Santo – il Figlio die Dio – il cosmo, in: NU 186 (2009) 691-713 (= **Rivisitare il Paradiso 3**).

-, Rivisitare il Paradiso '49 di Chiara Lubich alla luce della lettera agli Efesini. 4. Gesù crocifisso e abbandonato – la chiesa – l'amore-agape, in: NU 187 (2010) 21-55 (= **Rivisitare il Paradiso 4**).

-, Il Paradiso '49 e la Rivelazione biblica, in: NU 190-191 (2010) 493-521 (= **Il Paradiso '49 e la Rivelazione biblica**).

-, Maria. La realtà dell'»Anima« alla luce del mistero di Maria nell'esperienza mistica di Chiara Lubich. 1. I primi giorni, in: NU 195 (2011) 291-312 (= **Maria. La realtà dell'Anima 1**).

Rossi, Anna Maria: L'uso della similitudine in *Paradiso '49*[1961], in: Crupi, Vincenzo, u.a. (Hg.): Come frecciate di luce. Itinerari linguistici e letterari nel racconto del '49 di Chiara Lubich, Rom: Città Nuova 2013 (= Studi della Scuola Abbà 2), 99-112 (= **L'uso della similitudine**).

Slipper, Callan: Verso una comprensione della persona secondo l'esperienza di Chiara Lubich nel »Paradiso '49«, in: NU 199 (2012) 15-49 (= **Verso una comprensione della persona**).

Socha, Irena Teresa: Le metafore in *Paradiso '49* [1961] alla luce della simbologia biblica, in: Crupi, Vincenzo, u.a. (Hg.): Come frecciate di luce. Itinerari linguistici e letterari nel racconto del '49 di Chiara Lubich, Rom: Città Nuova 2013 (= Studi della Scuola Abbà 2), 79-98 (= **Le metafore**).

Tobler, Stefan: Jesu Gottverlassenheit als Heilsereignis in der Spiritualität Chiara Lubichs. Ein Beitrag zur Überwindung der Sprachnot in der Soteriologie, Berlin: de Gruyter 2002 (= TBT 115) (= **Jesu Gottverlassenheit**).

-, Tutto il Vangelo in quel grido. Gesù abbandonato nei testi di Chiara Lubich, Rom: Città Nuova 2009 (= **Tutto il Vangelo in quel grido**).

-, Il significato del Patto per il pensare teologico, in: Araújo, Vera, u.a. (Hg.): Il Patto del '49 nell'esperienza di Chiara Lubich. Percorsi interdisciplinari, Rom: Città Nuova 2012 (= Studi della Scuola Abbà 1), 139-151 (= **Significato del Patto**).

Vandeleene, Michel (Hg.): Egli è vivo! La presenza del Risorto nella comunità cristiana, Rom: Città Nuova ²2006 (= **Egli è vivo**).

-, Io - il fratello - Dio. Nel pensiero di Chiara Lubich, Rom: Città Nuova 1999 (= CoTe(R) 37) (= **Io il fratello Dio**).

Zanghí, Giuseppe Maria: Alcuni cenni su Gesù Abbandonato, in: NU 103 (1996) 33-39 (= **Alcuni cenni su Gesù Abbandonato**).

-, Per una cultura rinnovata, in: NU 119 (1998) 503-519 (= **Per una cultura rinnovata**).

-, Il pensare come amore. Verso un nuovo paradigma culturale, in: NU 145 (2003) 1-19 (= **Il pensare come amore**).

-, Notte della cultura europea, Rom: Città Nuova 2007 (= Universitas 1) (= **Notte della cultura**).

-, Gesù abbandonato maestro di pensiero, Rom: Città Nuova 2008 (= Universitas 5) (= **Gesù abbandonato maestro di pensiero**).

-, La creazione. 3. La persona e le sue notti, in: NU 214-215 (2014) 341-357 (= **La creazione 3**).

-, Leggendo un carisma. Chiara Lubich e la cultura, Rom: Città Nuova 2015 (= **Leggendo un carisma**).

3. Sekundärliteratur

Abignente, Lucia: Memoria e presente. La spiritualità del Movimento dei Focolari in prospettiva storica, Rom: Città Nuova 2010 (= **Memoria e presente**).

Athanasii archiepiscopi Alexandrini opera omnia quae exstant vel quae eius nomine circumferuntur. accur. et recognosc. Jean-Paul Migne, Paris 1857 (= PG 25).

Sancti Aurelii Augustini Hipponensis episcopi opera omnia. Tomus quartus. Pars prior, accur. Jean-Paul Migne, Paris 1865 (= PL 36).

Sancti Aurelii Augustini Hipponensis episcopi opera omnia. Tomus octavus, accur. Jean-Paul Migne, Paris 1965 (= PL 42).

Baggio, Antonio Maria, Coda, Piero, Zak, Lubomir. (Hg.): Abitando la Trinità. Per un rinnovamento dell'ontologia, Rom: Città Nuova 1998 (= CoTe(R) 35) (= **Rinnovamento dell'ontologia**).

Balthasar, Hans Urs von: Skizzen zur Theologie. 1. Verbum caro, Einsiedeln: Johannes-Verl. 1960 (= **Verbum caro**).

-, Skizzen zur Theologie. 2. Sponsa verbi, Einsiedeln: Johannes-Verl. ³1971 (= **Sponsa verbi**).

-, Theodramatik. 2. Die Personen des Spiels. 1. Der Mensch in Gott, Einsiedeln: Johannes-Verl. 1976 (= **Der Mensch in Gott**).

-, Theologik. 3. Der Geist der Wahrheit, Einsiedeln: Johannes-Verl. 1987 (= **Der Geist der Wahrheit**).

Battaglia, Franco de: Wo alles anfing. In Trient auf den Spuren von Chiara Lubich, München: Neue Stadt 2013 (= **Wo alles anfing**).

Beckermann, Ansgar: Neurowissenschaft und Autonomie, in: Viertbauer, Klaus / Kögerler, Reinhart (Hg.): Das autonome Subjekt? Eine Denkform in Bedrängnis, Regensburg: Pustet 2014 (= RaFi 54), 115-133 (= **Neurowissenschaft und Autonomie**).

Benedikt XVI.: Deus caritas est. Über die christliche Liebe. Antrittsenzyklika (25. Dezember 2005), Rom: Libreria Editrice Vaticana 2005 (= **Deus caritas est**).

-, Caritas in veritate. Über die ganzheitliche Entwicklung des Menschen in der Liebe und in der Wahrheit. Enzyklika (29. Juni 2009), Bonn: Sekretariat d. Dt. Bischofskonferenz 2009 (= VApS 186) (= **Caritas in veritate**).

Benedikt XVI. / *Ratzinger,* Joseph: Wesen und Auftrag der Theologie. Versuche zu ihrer Ortsbestimmung im Disput der Gegenwart, Einsiedeln: Johannes-Verl. 1993 (= **Wesen und Auftrag der Theologie**).

Berlejung, Angelika / Frevel, Christian (Hg.): Handbuch theologischer Grundbegriffe zum Alten und Neuen Testament. 4., aktualisierte und erw. Aufl., Darmstadt: Wiss. Buchges. 2015.

Bertolini, Alejandro: Empatia y Trinidad en Edith Stein. Fenomenología, teología y ontología en clave relacional, Salamanca: Secretariado Trinitario 2013 (= **Empatia y Trinidad en Edith Stein**).

Bertolini, Alejandro, u.a. (Hg.): Antropología Trinitaria para nuestros pueblos. 2 Bde., Bogotá: Centro de Publicaciones del CELAM 2014 (= **Antropología Trinitaria**).

Bischoff, Christine, u.a. (Hg.): Methoden der Kulturanthropologie, Bern: Haupt 2014 (= UTB 3948) (= **Kulturanthropologie**).

Böhnke, Michael: Einheit in Mehrursprünglichkeit. Eine kritische Analyse des trinitarischen Ansatzes im Werk von Klaus Hemmerle, Würzburg: Echter 2000 (= BDS 33) (= **Einheit in Mehrursprünglichkeit**).

Böhnke, Michael / *Söding,* Thomas (Hg.): In Beziehung leben. Theologische Anthropologie, Freiburg im Breisgau: Herder 2008 (= TheoMod 6).

Bröker, Werner: Was ist der Mensch? Theologische Anthropologie aus dem Dialog zwischen Dogmatik und Naturwissenschaften. Hrsg. v. Erwin Dirscherl, Osnabrück 1999 (= Osnabrücker dogmatische Studien 1) (= **Mensch**).

Ciola, Nicola: Teologia trinitaria. Storia – metodo – prospettive, Bologna: EDB 1996 (= CNST 39) (= **Teologia trinitaria**).

Coda, Piero: Il logos e il nulla. Trinità, religioni, mistica, Rom: Città Nuova 2003 (= CoTe(R) 45) (= **Il logos e il nulla**).

-, Dalla trinità. L'avvento di Dio tra storia e profezia, Rom: Città Nuova 2011 (= **Dalla Trinità**).

-, Trinidad y antropologia II, in: Bertolini, Alejandro, u.a. (Hg.): Antropología Trinitaria para nuestros pueblos. 2 Bde., Bogotá: Centro de Publicaciones del CELAM 2014, 125-151 (= **Trinidad y antropologia II**).

-, Il Concilio della Misericordia. Sui sentieri del Vaticano II, Rom: Città Nuova 2015 (= CoTe(R) 85) (= **Il Concilio della Misericordia**).

Dalferth, Ingolf U.: Homo definiri nequit. Logisch-philosophische Bemerkungen zur theologischen Bestimmung des Menschen, in: ZThK 76 (1979) 191-224 (= **Homo definiri nequit**).

Denzinger, Heinrich / *Hünermann*, Peter / *Hoping*, Helmut (Hg.): Kompendium der Glaubensbekenntnisse und kirchlichen Lehrentscheidungen = Enchiridion symbolorum definitionum et declarationum de rebus fidei et morum, Freiburg im Breisgau: Herder [39]2001 (= **DH**).

Diemer, Alwin (Hg.): Philosophie, Frankfurt am Main: Fischer 1974 (= Das Fischer Lexikon 11).

Dirscherl, Erwin: Grundriss theologischer Anthropologie. Die Entschiedenheit des Menschen angesichts des Anderen, Regensburg: Pustet 2006 (= **Anthropologie**).

-, Über spannende Beziehungen nachdenken. Der Mensch als Geschöpf, als Ebenbild Gottes und seine Ambivalenz als Sünder, in: Böhnke, Michael / Söding, Thomas (Hg.): In Beziehung leben. Theologische Anthropologie, Freiburg im Breisgau: Herder 2008 (= TheoMod 6), 46-89 (= **Spannende Beziehungen**).

Dohmen, Christoph: Zwischen Gott und Welt. Biblische Grundlagen der Anthropologie, in: Böhnke, Michael / Söding, Thomas (Hg.): In Beziehung leben. Theologische Anthropologie, Freiburg im Breisgau: Herder 2008 (= TheoMod 6), 7-45 (= **Zwischen Gott und Welt**).

Drehsen, Volker (Hg.): Wörterbuch des Christentums, Gütersloh: Mohn 1988.

Dux, Günter / Plessner, Helmuth (Hg.): Gesammelte Schriften. 8. Conditio humana, Frankfurt am Main: Suhrkamp 1983 (= **Gesammelte Schriften 8**).

Ebeling, Gerhard: Dogmatik des christlichen Glaubens. 1. Prolegomena. Der Glaube an Gott, den Schöpfer der Welt, Tübingen: Mohr [3]1987 (= **Prolegomena**).

Fischer, Klaus P.: Der Mensch als Geheimnis. Die Anthropologie Karl Rahners, Freiburg im Breisgau: Herder [2]1975 (= ÖF.S 5) (= **Mensch als Geheimnis**).

Fischer, Joachim: Exzentrische Positionalität. Plessners Grundkategorie der Philosophischen Anthropologie, in: DZPh 48 (2000) 265-288 (= **Exzentrische Positionalität**).

Fondi, Enzo Maria / Zanzucchi, Michele: Un popolo nato dal Vangelo. Chiara Lubich e i Focolari, Mailand: San Paolo 2003 (= Attualità e storia Sezione Protagonisti 57) (= **Un popolo nato dal Vangelo**).

Franziskus, Papst: Evangelii gaudium. Die Freude des Evangeliums. Über die Verkündigung des Evangeliums in der Welt von heute. Apostolisches Schreiben (24. November 2013). Mit Einführung von P. Bernd Hagenkord SJ, Freiburg im Breisgau: Herder 2013 (= **Evangelii gaudium**).

-, *Lumen fidei*. Über den Glauben. Enzyklika (29. Juni 2013). Unter Mitarbeit von Benedikt XVI., Vatikan 2013 (= **Lumen fidei**).

-, »Laudato si'«. Über die Sorge für das gemeinsame Haus. Enzyklika (24. Mai 2015), Freiburg im Breisgau: Herder 2015 (= **Laudato si'**).

-, Amoris laetitia – Freude der Liebe. Über die Liebe in der Familie. Nachsynodales Apostolisches Schreiben (19. März 2016). Mit einer Einführung von Kardinal Reinhard Marx sowie den Bischöfen Heiner Koch und Franz-Josef Bode, Freiburg im Breisgau: Herder 2016 (= Herder-Spektrum 6919) (= **Amoris laetitia**).

Frevel, Christian: Die Frage nach dem Menschen. Biblische Anthropologie als wissenschaftliche Aufgabe – Eine Standortbestimmung, in: Frevel, Christian (Hg.): Biblische Anthropologie. Neue Einsichten aus dem Alten Testament, Freiburg im Breisgau: Herder 2010 (= QD 237), 29-63 (= **Frage nach dem Menschen**).

Frick, Andreas: Der dreieine Gott und das Handeln in der Welt. Christlicher Glaube und ethische Öffentlichkeit im Denken Klaus Hemmerles, Würzburg: Echter 1998 (= StSSTh 24) (= **Der dreieine Gott**).

Gallagher, Jim: A woman's work. Chiara Lubich, London: Fount 1997 (= **A woman's work**).

-, Chiara Lubich. Dialogo e profezia, Mailand: San Paolo 2014 (= **Chiara Lubich**).

Gamba, Fulvio / *Körner*, Bernhard: Das Kreuzesereignis in der Theologie Hans Urs von Balthasars und in der spirituellen Erfahrung Chiara Lubichs, in: FZPhTh 55 (2008) 418-433 (= **Kreuzesereignis in der Theologie**).

Giordani, Igino: »Ich habe die Freiheit gefunden«. Geistliches Tagebuch, München: Neue Stadt ²1989 (= **Geistliches Tagebuch**).

-, Erinnerungen. Ein Schriftsteller und Politiker erzählt, München: Neue Stadt 1991 (= Aus dem Leben) (= **Erinnerungen**).

-, Leben heißt Reifen. Aufzeichnungen aus vierzig Jahren, München: Neue Stadt 2001 (= Zeugen unserer Zeit) (= **Leben heißt Reifen**).

Goebel, Bernd / *Suarez*, Fernando (Hg.): Kritik der postmodernen Vernunft. Über Derrida, Foucault und andere zeitgenössische Denker, Darmstadt: Wiss. Buchges. 2007 (= **Kritik der postmodernen Vernunft**).

Gregorii theologi vulgo Nazianzeni, archiepiscopi Constantinopolitani opera quae exstant omnia, accur. et recogn. Jean-Paul Migne, Paris 1862 (= PG 37).

Greshake, Gisbert: Der dreieine Gott. Eine trinitarische Theologie. 4., durchges. und erw. Aufl., Freiburg im Breisgau: Herder 2001 (= **Der dreieine Gott**).

Gruber, Franz: Das entzauberte Geschöpf. Konturen des christlichen Menschenbildes, Regensburg: Pustet 2003 (= Topos-plus-Taschenbücher 486) (= **Geschöpf**).

Habermas, Jürgen: Art. Anthropologie, in: Diemer, Alwin (Hg.): Philosophie, Frankfurt am Main: Fischer 1974 (= Das Fischer Lexikon 11), 18-35 (= **Anthropologie**).

-, Erkenntnis und Interesse. Mit einem neuen Nachwort, Frankfurt am Main: Suhrkamp ^{13}2001 (= Suhrkamp-Taschenbuch Wissenschaft 1) (= **Erkenntnis und Interesse**).

Habermas, Jürgen / *Reemtsma*, Jan Philipp: Glauben und Wissen. Friedenspreis des Deutschen Buchhandels 2001, Frankfurt am Main: Suhrkamp 2009 (= **Glauben und Wissen**).

Halík, Tomáš: Geduld mit Gott. Leidenschaft und Geduld in Zeiten des Glaubens und des Unglaubens, Freiburg im Breisgau: Herder ^{3}2011 (= **Geduld mit Gott**).

Hemmerle, Klaus: Thesen zu einer trinitarischen Ontologie, Einsiedeln: Johannes-Verl. 1976 (= Krit. 40) (= **Thesen**).

-, Der Himmel ist zwischen uns, München: Neue Stadt 1977 (= Skizzen zur Pastoral) (= **Der Himmel ist zwischen uns**).

-, Wie Glauben im Leben geht. Schriften zur Spiritualität, München: Neue Stadt 1995 (= Theologie und Glaube) (= **Glauben im Leben**).

-, Zum Thema »Kirche«, München: Neue Stadt 2012 (= **Thema Kirche**).

Hemmerle, Klaus / *Blättler*, Peter: Leben aus der Einheit. Eine theologische Herausforderung, Freiburg im Breisgau: Herder 1995 (= **Leben aus der Einheit**).

Herder, Johann Gottfried: Abhandlung über den Ursprung der Sprache, Berlin: Europäischer Literaturverlag 2015 (= **Ursprung der Sprache**).

Hilberath, Bernd Jochen: Gnadenlehre, in: Schneider, Theodor / Hilberath, Bernd Jochen (Hg.): Handbuch der Dogmatik. 2. Gnadenlehre – Ekklesiologie – Mariologie – Sakramentenlehre – Eschatologie – Trinitätslehre, Düsseldorf: Patmos-Verl. ^{2}1995, 3-46 (= **Gnadenlehre**).

Höhn, Hans-Joachim: Zustimmen. Der zwiespältige Grund des Daseins, Würzburg: Echter 2001 (= GlaubensWorte) (= **Zustimmen**).

Honnefelder, Ludger: Art. Anthropologie. A. Allg. Wissenschaftsgeschichte, in: LThK³ 1 (2006) 721-724 (= **Anthropologie**).

Hoping, Helmut: Gottes Ebenbild. Theologische Anthropologie und säkulare Vernunft, in: ThQ 185/2 (2005) 127-149 (= **Gottes Ebenbild**).

Hoping, Helmut / *Tück*, Jan-Heiner (Hg.): Die anstößige Wahrheit des Glaubens. Das theologische Profil Joseph Ratzingers, Freiburg im Breisgau: Herder 2005 (= **Wahrheit des Glaubens**).

Horstmann, Ulrich: Das Untier. Konturen einer Philosophie der Menschenflucht, Wien: Medusa ³1983 (= **Das Untier**).

Hünermann, Peter: Trinitarische Anthropologie bei Franz Anton Staudenmaier, Freiburg im Breisgau: Alber 1962 (= Sym. 10) (= **Trinitarische Anthropologie**).

Johannes Paul II.: Celebrazione della Parola in onore di San Giovanni della Croce. Apostolische Reise in Spanien. Predigt in Segovia (04.11.1982), in: http://w2.vatican.va/content/john-paul-ii/it/homilies/1982/documents/hf_jp-ii_hom_19821104_segovia.html [abgerufen am 07.05.2017].

-, Mulieris dignitatem. Über die Würde und Berufung der Frau anlässlich des Marianischen Jahres. Apostolisches Schreiben (15. August 1988), Vatikan: Libreria Editrice Vaticana 1988 (= **Mulieris dignitatem**).

-, Brief an die Familien. Zum Jahr der Familie (2. Februar 1994), Vatikan: Libreria Editrice Vaticana 1994 (= **Brief an die Familien**).

-, Novo millennio ineunte. Zum Abschluss des Großen Jubiläums des Jahres 2000. Apostolisches Schreiben (6. Jänner 2001), Bonn 2001 (= VApS 150) (= **Novo millennio ineunte**).

Jüngel, Eberhard: Das Verhältnis von ,ökonomischer' und ,immanenter' Trinität, in: Jüngel, Eberhard (Hg.): Entsprechungen Gott – Wahrheit – Mensch. Theologische Erörterungen, München: Kaiser 1980 (= BEvTh 88), 265-275 (= **Ökonomische und immanente Trinität**).

-, Der Gott entsprechende Mensch, in: Jüngel, Eberhard (Hg.): Entsprechungen Gott – Wahrheit – Mensch. Theologische Erörterungen, München: Kaiser 1980 (= BEvTh 88), 290-299 (= **Der Gott entsprechende Mensch**).

Kamper, Dietmar: Geschichte und menschliche Natur. Die Tragweite gegenwärtiger Anthropologie-Kritik, München: Hanser 1973 (= Reihe Hanser 133) (= **Geschichte und menschliche Natur**).

Kasper, Walter: Christologie von unten. Kritik und Neuansatz gegenwärtiger Christologie, in: Scheffczyk, Leo / Fries, Heinrich (Hg.): Grundfragen der Christologie heute, Freiburg im Breisgau: Herder 1975 (= QD 72), 141-169 (= **Christologie von unten**).

Kessler, Hans: Christologie, in: Schneider, Theodor / Hilberath, Bernd Jochen (Hg.): Handbuch der Dogmatik. 1. Prolegomena – Gotteslehre – Schöpfungslehre – Christologie – Pneumatologie, Düsseldorf: Patmos-Verl. ²1995, 241-442 (= **Christologie**).

Klann, Thomas, u.a.: Einfach Chiara, München: Neue Stadt 2009 (= **Einfach Chiara**).

Kongregation für die Glaubenslehre: Iuvenescit Ecclesia (15. Mai 2016), in: http://www.vatican.va/roman_curia/congregations/cfaith/documents/rc_con_cfaith_doc_20160516_iuvenescit-ecclesia_ge.html [abgerufen am 25.06.2019].

Körner, Bernhard: Il Padre come luogo della teologia nella prospettiva dei »loci theologici«, in: NU 132 (2000) 851-861 (= **Il Padre come luogo della teologia**).

-, Der Himmel ist zwischen uns. Klaus Hemmerles Trinitarische Ontologie und ihre spirituelle Bedeutung, in: GuL 82/6 (2009) 401-411 (= **Der Himmel ist zwischen uns**).

-, Die Bibel als Wort Gottes auslegen. Historisch-kritische Exegese und Dogmatik, Würzburg: Echter 2011 (= **Die Bibel als Wort Gottes auslegen**).

-, Teologia tra scienza e spiritualità, frammentazione e unità, in: Coda, Piero / Di Pilato, Vincenzo (Hg.): Teologia »in« Gesù, Rom: Città Nuova 2012 (= ConTe 69), 19-40 (= **Teologia tra scienza e spiritualità**).

-, Orte des Glaubens – loci theologici. Studien zur theologischen Erkenntnislehre, Würzburg: Echter 2014 (= **Orte des Glaubens**).

-, Zum Abschluss: Kleines Plädoyer für eine nicht selbstbezogene Theologie, in: Prenga, Eduard / Ulz, Stefan (Hg.): Gott ver(w)orten. Festschrift für Bernhard Körner, Würzburg: Echter 2014, 375-379 (= **Kleines Plädoyer für eine nicht selbstbezogene Theologie**).

-, Il Dio dell'in-mezzo, in: Sophia 8/2 (2016) 180-190 (= **Dio in mezzo**).

Kronreif, Franz: gott.los.heute. Samen des Wortes in einer säkularisierten Welt, Rom: Città Nuova 2013 (= **gott.los.heute**).

Lebedewa, Jekaterina: Die vollkommene Übersetzung bleibt Utopie, in: https://www.uni-heidelberg.de/presse/ruca/ruca07-3/wort.html [abgerufen am 25.06.2019].

Léthel, Francois-Marie: Prefazione, in: Lubich, Chiara: Lettere dei primi tempi (1943-1949). Alle origini di una nuova spiritualità, Rom: Città Nuova 2010, 5-13 (= **Prefazione**).

-, La presenza di Maria nel »castello interiore« dell'anima e nel »castello esteriore« della comunità, in: Clemenzia, Alessandro, u.a. (Hg.): Castello interiore e castello esteriore. Per una grammatica dell'esperienza cristiana, Prato: Città Ideale 2015, 89-122 (= **La presenza di Maria**).

Löser, Werner: Das Sein – ausgelegt als Liebe. Überlegungen zur Theologie Hans Urs von Balthasars, in: IKaZ 4 (1975) 410-424 (= **Sein als Liebe**).

-, Kleine Hinführung zu Hans Urs von Balthasar, Freiburg im Breisgau: Herder 2005 (= **Hans Urs von Balthasar**).

Marx, Karl: Werke – Schriften – Briefe. 2. Frühe Schriften. Hrsg. v. Hans-Joachim Lieber u. Peter Furth, Stuttgart: Cotta 1971 (= **Frühe Schriften**).

Mazzer, Stefano: »Li amò fino alla fine«. Il nulla-tutto dell'amore tra filosofia, mistica e teologia, Rom: Città Nuova 2014 (= **Li amò fino alla fine**).

-, La »trinitizzazione«: per un'ermeneutica teologica, in: Sophia 7/1 (2015) 28-43 (= **La trinitizzazione**).

Menke, Karl-Heinz: Art. Mensch. V. Systematisch-theologisch, in: LThK³ 7 (2006) 113-117 (= **Mensch**).

Meuffels, Hans Otmar: Einbergung des Menschen in das Mysterium der dreieinigen Liebe. Eine trinitarische Anthropologie nach Hans Urs von Balthasar, Würzburg: Echter 1991 (= BDS 11) (= **Einbergung des Menschen**).

Monod, Jacques: Zufall und Notwendigkeit. Philosophische Fragen der modernen Biologie, München: Dt. Taschenbuch-Verl. ²1975 (= dtv 1069) (= **Zufall und Notwendigkeit**).

Munteanu, Daniel: Was ist der Mensch? Grundzüge und gesellschaftliche Relevanz einer ökumenischen Anthropologie anhand der Theologien von K. Rahner, W. Pannenberg und J. Zizioulas. Mit einem Vorwort von Jürgen Moltmann, Neukirchen-Vluyn: Neukirchener Verlagshaus 2010 (= **Was ist der Mensch**).

Nietzsche, Friedrich: Die fröhliche Wissenschaft. Vollständiger, durchgesehener Neusatz mit einer Biografie des Autors bearbeitet und eingerichtet von Michael Holzinger, Berlin: Holzinger 2013 (= **Die fröhliche Wissenschaft**).

Ohlig, Karl-Heinz: Impulse zu einer »Christologie von unten« bei Karl Rahner, in: Vorgrimler, Herbert / Rahner, Karl (Hg.): Wagnis Theologie. Erfahrungen mit der Theologie Karl Rahners, Freiburg im Breisgau: Herder 1979, 259-273 (= **Christologie von unten**).

Ouellet, Marc: Die Familie – Kirche im Kleinen. Eine trinitarische Anthropologie, Einsiedeln: Johannes-Verl. 2013 (= Neue Kriterien 13) (= **Familie**).

Pannenberg, Wolfhart: Anthropologie in theologischer Perspektive, Göttingen: Vandenhoeck & Ruprecht 1983 (= **Anthropologie**).

Päpstlicher Laienrat: Opera di Maria (Movimento dei Focolari). Statuti generali. 900/90/S-61/ A-23 (29. Juni 1990), Vatikanstadt: Città Nuova 1990.

Pesch, Otto Hermann: Frei sein aus Gnade. Theologische Anthropologie, Freiburg im Breisgau: Herder 1983 (= **Gnade**).

Plessner, Helmuth: Die Stufen des Organischen und der Mensch. Einleitung in die philosophische Anthropologie, Berlin: de Gruyter 2010 (= Sammlung Göschen 2200) (= **Stufen des Organischen**).

Pree, Bernhard: Mitgliedschaft in kirchlichen Vereinigungen. Die Fokolar-Bewegung, Linz: Trauner 2000 (= Linzer kanonistische Beiträge) (= **Fokolar-Bewegung**).

Prenga, Eduard / *Ulz*, Stefan: Gott als existentielle Wirklichkeit. Vom Intellektualismus zum theo-logischen Denken: H. U. v. Balthasar in der Interpretation B. Körners, in: Prenga, Eduard / Ulz, Stefan (Hg.): Gott ver(w)orten. Festschrift für Bernhard Körner, Würzburg: Echter 2014, 239-254 (= **Gott als existentielle Wirklichkeit**).

Prenga, Eduard: Von der trinitarischen Ontologie Piero Codas zur trinitarischen Phänomenologie der Intersubjektivität und Interpersonalität. Phänomenologische Untersuchung zur Erschließung neuer Perspektiven im Bereich der Trinitätslehre, Graz 2015 (= Habilitationsschrift Universität Graz) (= **Trinitarische Phänomenologie**).

-, Gottes Sein als Ereignis sich schenkender Liebe. Von der trinitarischen Ontologie Piero Codas zur trinitarischen Phänomenologie der Intersubjektivität und Interpersonalität, Freiburg im Breisgau: Herder 2018 (= **Gottes Sein als Ereignis sich schenkender Liebe**)

Pröpper, Thomas: Theologische Anthropologie. 2 Bde., Freiburg im Breisgau: Herder 2011 (= **Theologische Anthropologie**).

Rahner, Karl: Schriften zur Theologie. 1. [Gott, Christus, Maria, Gnade], Zürich: Benziger 1954 (= **Schriften zur Theologie I**).

-, Die zwei Grundtypen der Christologie, in: Lehmann, Karl / Raffelt, Albert (Hg.): Karl-Rahner-Lesebuch. Aktual. Sonderausg. der u.d.T. »Rechenschaft des Glaubens« 1982 in 2. Aufl. publ. Ausg., Freiburg im Breisgau: Herder 2004, 235-239 (= **Grundtypen der Christologie**).

-, Grundkurs des Glaubens. Einführung in den Begriff des Christentums. 11. Aufl. der Sonderausg., Freiburg im Breisgau: Herder 2005 (= **Grundkurs des Glaubens**).

Ratzinger, Joseph: Europa in der Krise der Kulturen, in: Pera, Marcello / Benedikt XVI. (Hg.): Ohne Wurzeln. Der Relativismus und die Krise der europäischen Kultur, Augsburg: Sankt-Ulrich-Verl. 2005, 62-84 (= **Europa in der Krise**).

Richard, von Sankt-Viktor: De Trinitate. Die Dreieinigkeit. Übertr. u. Anm. von Hans Urs von Balthasar, Einsiedeln: Johannes-Verl. 1980 (= CMe 4) (= **De Trinitate**).

Rölli, Marc (Hg.): Fines Hominis? Zur Geschichte der philosophischen Anthropologiekritik, Bielefeld: Transcript-Verl. 2015 (= Edition Moderne Postmoderne) (= **Fines Hominis**).

Rossé, Gérard: Il grido di Gesù in croce. Una panoramica esegetica e teologica, Rom: Città Nuova ²1996 (= **Il grido di Gesù**).

Scheele, Paul-Werner: Was ist der Mensch? Die Antwort des II. Vatikanischen Konzils, Würzburg: Echter 2015 (= **Mensch**).

Scheffczyk, Leo / Fries, Heinrich (Hg.): Grundfragen der Christologie heute, Freiburg im Breisgau: Herder 1975 (= QD 72).

Scheler, Max: Die Stellung des Menschen im Kosmos, Bonn: Bouvier ¹¹1988 (= **Stellung des Menschen**).

Schoberth, Wolfgang: Einführung in die theologische Anthropologie, Darmstadt: Wiss. Buchges. 2006 (= Einführung Theologie) (= **Theologische Anthropologie**).

Schönborn, Christoph: Über die richtige Fassung des dogmatischen Begriffs der Vergöttlichung des Menschen, in: FZPhTh 34/1 (1987) 3-47 (= **Vergöttlichung des Menschen**).

Sedlmeier, Franz: »Vom Mutterschoß her bin ich geworfen auf dich« (Ps 22,11). Wert und Würde des Menschen nach Texten des Alten Testaments, in: Frevel, Christian (Hg.): Biblische Anthropologie. Neue Einsichten aus dem Alten Testament, Freiburg im Breisgau: Herder 2010 (= QD 237), 300-316 (= **Vom Mutterschoß her**).

-, L'abbandono di Gesù in croce alla luce del Salmo 22, in: Gen's 46/4 (2016) 142-147 (= **L'abbandono di Gesù**).

Singer, Peter: Praktische Ethik. Neuausg., 2., rev. u. erw. Aufl., Stuttgart: Reclam 1994 (= Universal-Bibliothek 8033) (= **Praktische Ethik**).

Siniscalco, Paolo / Toscani, Xenio (Hg.): Paolo VI e Chiara Lubich. La profezia di una Chiesa che si fa dialogo. Giornate di studio, Castel Gandolfo (Roma), 7-8 novembre 2014, Brescia: Centro Stampa 2015 (= Edizioni Studium Roma) (= **Paolo VI e Chiara Lubich**).

Söding, Thomas: Der erste und der zweite Adam. Anthropologie und Christologie bei Paulus im Kontext Biblischer Theologie, in: Frevel, Christian (Hg.): Biblische Anthropologie. Neue Einsichten aus dem Alten Testament, Freiburg im Breisgau: Herder 2010 (= QD 237), 390-424 (= **Der erste und der zweite Adam**).

Sorč, Ciril: Trinitarisierung der zwischenmenschlichen Verhältnisse, in: Prenga, Eduard / Ulz, Stefan (Hg.): Gott ver(w)orten. Festschrift für Bernhard Körner, Würzburg: Echter 2014, 173-189 (= **Trinitarisierung der zwischenmenschlichen Verhältnisse**).

Tobler, Stefan: Gottes Ort in dieser Welt. Menschwerdung bis zum Tod am Kreuz, in: Prenga, Eduard / Ulz, Stefan (Hg.): Gott ver(w)orten. Festschrift für Bernhard Körner, Würzburg: Echter 2014, 277-295 (= **Gottes Ort in dieser Welt**).

Ulz, Stefan C.: Wirtschaft in Gemeinschaft, Graz 1994 (= Diplomarbeit Universität Graz) (= **Wirtschaft in Gemeinschaft**).

Veronesi, Silvana: Was in Trümmern begann. Die Anfänge der Fokolar-Bewegung in Trient, München: Neue Stadt 2007 (= **Was in Trümmern begann**).

Viertbauer, Klaus: Am Abstellgleis der Wirklichkeit? Eine Skizze über »das autonome Subjekt« als Prinzip der Moderne und dessen subversive Unterwanderung, in: Viertbauer, Klaus / Kögerler, Reinhart (Hg.): Das autonome Subjekt? Eine Denkform in Bedrängnis, Regensburg: Pustet 2014 (= RaFi 54), 13-39 (= **Am Abstellgleis der Wirklichkeit**).

Vletsis, Athanasios: Vergöttlichung oder Vermenschlichung? Skizzen einer christlichen Anthropologie der Vervollkommnung als Teilhabe am Leben Gottes aus der Perspektive orthodox-patristischer Theologie, in: ÖR 2 (2008) 144-167 (= **Vergöttlichung oder Vermenschlichung**).

Weizsäcker, Carl Friedrich von: Der Garten des Menschlichen. Beiträge zur geschichtlichen Anthropologie, Frankfurt am Main: Fischer-Taschenbuch-Verl. 1992 (= Fischer-Taschenbücher 6543) (= **Garten des Menschlichen**).

Werbick, Jürgen: Trinitätslehre, in: Schneider, Theodor / Hilberath, Bernd Jochen (Hg.): Handbuch der Dogmatik. 2. Gnadenlehre – Ekklesiologie – Mariologie – Sakramentenlehre – Eschatologie – Trinitätslehre, Düsseldorf: Patmos-Verl. ²1995, 481-576 (= **Trinitätslehre**).

Werk Mariens: Die Fokolar-Bewegung. Eine Kurzinformation, München: Neue Stadt 2003 (2003).

Zamboni, Doriana (Hg.): I fioretti di Chiara e dei Focolari, Cinisello Balsamo: Edizioni Paoline 2002 (= Il pozzo. Seconda serie 19) (= **I fioretti**).